Meyer/Tretter/Englisch (Hrsg.)
Praxisleitfaden auffällige Schüler und Schülerinnen

Praxisleitfaden auffällige Schüler und Schülerinnen

Basiswissen und Handlungsmöglichkeiten

Mit Online-Materialien

Herausgegeben von
Barbara E. Meyer, Tobias Tretter und Uta Englisch

BELTZ

Dr. Barbara E. Meyer ist wissenschaftliche Mitarbeiterin an der Ludwig-Maximilians-Universität (LMU) München und führt mit dem Trainerverbund »sprachraum« freiberuflich Fortbildungen durch.
Tobias Tretter ist wissenschaftlicher Mitarbeiter am Lehrstuhl für Grundschulpädagogik an der Universität Augsburg.
Uta Englisch ist Schulpsychologin, Seminarlehrerin und Mitarbeiterin am Staatsinstitut für Schulqualität und Bildungsforschung (ISB) München.

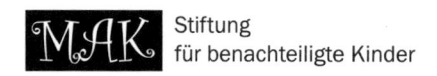

MAK Stiftung für benachteiligte Kinder

Dieses Buch ist auch als E-Book erhältlich
(ISBN 978-3-407-29422-7).

Das Werk und seine Teile sind urheberrechtlich geschützt.
Jede Nutzung in anderen als den gesetzlich zugelassenen Fällen
bedarf der vorherigen schriftlichen Einwilligung des Verlages.
Hinweis zu § 52a UrhG: Weder das Werk noch seine Teile dürfen
ohne eine solche Einwilligung eingescannt und in ein Netzwerk
eingestellt werden. Dies gilt auch für Intranets von Schulen
und sonstigen Bildungseinrichtungen.

© 2015 Beltz Verlag · Weinheim und Basel
www.beltz.de

Lektorat: Miriam Frank
Herstellung und Satz: Michael Matl
Druck und Bindung: Beltz Bad Langensalza GmbH, Bad Langensalza
Umschlagabbildung: © inakiantonana, getty images
Reihengestaltung: glas ag, Seeheim-Jugenheim
Umschlaggestaltung: Sarah Veith
Printed in Germany

ISBN 978-3-407-62943-2

1 Einleitung

Barbara E. Meyer

»Was mach ich nur mit Lena?« – so oder ähnlich klingen verzweifelte Aussagen von Lehrkräften, die besonders auffällige Schülerinnen oder Schüler in ihren Klassen unterrichten. Sie sprechen von Unterricht, der an wenigen, alles boykottierenden Schüler/innen scheitert, oder von erfolglosen Versuchen, Kindern in ihren Klassen zu helfen. Immer mehr Lehrkräfte scheinen das Gefühl zu haben, dass ihr Beruf aufgrund einzelner »problematischer« Schüler/innen anstrengender geworden ist. Fakt ist: Spätestens seit der Umsetzung der Inklusion steigt die Heterogenität der Schüler/innen in allen Regelschulen bundesweit an (Klemm 2013). Und: Häufig werden Regelschullehrkräfte in ihrer Ausbildung, aber auch in ihrem Berufsalltag mit der Frage allein gelassen, wie sie mit auffälligen Schüler/innen im Unterricht und darüber hinaus umgehen sollen (z. B. BLLV 2013).

Es ist für Lehrkräfte die enorme Herausforderung unserer Zeit, mit der immer größer werdenden Vielfalt von Kindern und Jugendlichen im Klassenzimmer so umzugehen, dass sie möglichst allen gerecht werden. Dass sie beispielsweise auffällige Schülerinnen und Schüler bestmöglich fördern und auffälliges Verhalten nicht dramatisieren oder die Schülerinnen und Schüler stigmatisieren. Dass sie auf der anderen Seite weder ihren Unterricht noch den Rest der Klasse aus den Augen verlieren, dass sie aber auch sich selbst nicht überfordern oder über ihre Kräfte gehen.

1.1 Was sind »auffällige Schüler/innen«?

Doch was ist mit dem Begriff »auffällige Schülerin«/»auffälliger Schüler« genau gemeint? George S. Mouzakitis (2010) hält es für schwierig, für alle Formen von Auffälligkeit eine gemeinsame Bezeichnung zu finden. Denn wenn zum Beispiel auch speziell begabte Kinder zu dieser Gruppe zählen, sind die gängigen Bezeichnungen seiner Ansicht nach nicht richtig: So wird häufig der Begriff »Schüler/in mit Verhaltensstörung« verwendet, der aber einerseits stigmatisiert und zum anderen jene Auffälligkeiten nicht einschließt, die einen besonderen Umgang erfordern, sich jedoch nicht in einem störenden Verhalten zeigen. Mouzakitis macht den Vorschlag, den Sammelbegriff »children deserving special care« (2010, S. 4030) zu verwenden, frei übersetzt »Schüler/innen, denen eine spezielle Fürsorge zukommen sollte«. Mit ähnlicher Intention wird im deutschsprachigen Raum teilweise der Ausdruck »Schüler/innen mit Förderbedarf« gebraucht. Doch in diesem Buch geht es nicht nur um die mit diesem Begriff gemeinte Personengruppe, sondern auch um zum Beispiel gemobbte Kinder, trennungsängstliche Grundschüler oder sich selbst verletzende Teenager ohne festgestellten Förderbedarf, eben das, was Lehrkräften »auffällt«.

Wem das zu vage ist, der könnte die anerkannte Definition Myschkers (2009, S. 49) zum Begriff »Verhaltensauffälligkeit« als Grundlage nehmen und sie wie folgt vereinfachen und auf den Schulkontext passend abwandeln:

> »Auffälligkeiten bei Schüler/innen« bezeichnen das besonders facettenreiche, häufige oder schwere Abweichen der Entwicklungs-, Lern- und Arbeitsfähigkeit einer Schülerin oder eines Schülers bzw. ihr/sein Abweichen in der Interaktion mit der Umwelt von der Erwartungsnorm einer Lehrkraft, die durch den zeit- und kulturspezifischen Kontext geprägt ist. Damit sich diese Auffälligkeiten im Kontext Schule bestmöglich entwickeln, ist eine gezielte Intervention erforderlich.

Diese Definition trifft unser Verständnis von »auffälligen Schüler/innen« in diesem Buch, denn einerseits wird deutlich, dass die Einschätzung, was »auffällig« ist, sehr subjektiv ist und mit Normen und Intensitäten zu tun hat, andererseits betont sie, dass für eine gute Entwicklung immer eine Intervention erforderlich ist. Zudem ist benannt, in welchen Bereichen die Auffälligkeit zutage tritt.

1.2 Zur Entstehung des Praxisleitfadens

Der Aufbau und die Intention des Praxisleitfadens hängen sehr eng mit seiner Entstehungsgeschichte zusammen, die einige Besonderheiten des Buches erklärt. Der Ausgangspunkt waren Fragen von Studierenden nach einer verständlichen Darstellung von für Lehrkräfte relevanten Fakten über Auffälligkeiten, mit denen sie später zu tun haben könnten. Diese Nachfragen wurden aufgegriffen und zunächst trafen sich Studierende mit mir (B. E. M.), ihrer Dozentin, um über mögliche Inhalte nachzudenken. Zu Beginn war lediglich eine übersichtliche Darstellung von verschiedenen relevanten Auffälligkeiten angedacht.

Nachdem beschlossen war, dass die Inhalte veröffentlicht werden sollten, konstituierte sich ein professioneller Beraterkreis, der die Auswahl und Darstellung der Inhalte sowie organisatorische Belange der Veröffentlichung regelmäßig beriet. Darin waren aus der LMU München Wissenschaftler/innen (Dr. Barbara Meyer, Gabriele Kurz, zu Beginn Prof. Dr. Reinhard Markowetz) und Studierende (Nicolas Majora), ebenso ein Wissenschaftler der Universität Augsburg (Tobias Tretter), Mitarbeiterinnen des Staatsinstituts für Schulqualität und Bildungsforschung (ISB) Bayern (Uta Englisch, Johanna Schlagbauer) sowie der Schulpsychologe Robert Roedern. Alle Personen brachten noch zusätzliche Qualifikationen und Funktionen, zum Beispiel als Lehrkräfte, Beratungsfachkräfte oder Seminarlehrkräfte, ein. Sehr schnell wurde klar, dass eine reine Darstellung von Auffälligkeiten zu defizitorientiert schien und daher zusätzlich ressourcenorientiert und systemisch die Frage nach einem grundsätzlichen Umgang beantwortet werden sollte. Zudem sollten sich die Inhalte des Buches stark an den Bedürfnissen von Lehrkräften orientieren. Zu diesem Zweck wurde für diesen Praxisleitfaden eine systematische Erhebung durchgeführt. Dabei wurden per Online-Fragebogen die Erfahrungen und Wünsche von 317 Lehrkräften ohne Zusatzausbildung in Psychologie oder dem Bereich Beraten aus allen Regelschulen in ganz Bayern ermittelt und ausgewertet.

Im Rahmen des Praxisleitfadens entstanden auch mehrere Zulassungsarbeiten, in denen entweder Bedürfnisse und Erfahrungen erhoben und ausgewertet (Svenja Deringer und Stefanie Mensching) oder aber Inhalte aufbereitet wurden (Severin Furtmayr und Stefan Schickart).

1.3 Zum Aufbau des Praxisleitfadens

Der Aufbau des Buches basiert auf den Diskussionen und der Expertise des Beraterkreises sowie den Ergebnissen der erwähnten Studie. Grundsätzlich ist das Buch in zwei Teile aufgeteilt: Im vorderen Teil (Kapitel 1 bis 5) wird der grundsätzliche Umgang mit Auffälligkeiten thematisiert. Im hinteren Teil (Kapitel 6) werden, der ursprünglichen Intention folgend, Informationen über verschiedene Auffälligkeiten dargestellt.

In Analysen zu Anforderungen im Beruf hat sich als ganz wesentlicher Unterschied zwischen Lehrkräften, die im Förderbereich tätig sind, und Regelschullehrkräften die im Berufsalltag eingenommene Haltung herausgestellt (Weiß/Kollmannsberger/Kiel 2013). Diese Haltung kann den Umgang mit Auffälligkeiten grundsätzlich erleichtern, weshalb sie im anschließenden zweiten Kapitel besprochen wird, das von Robert Roedern verfasst wurde (Schulpsychologe, Lehrkraft und Mitarbeiter an einer schulpsychologischen Beratungsstelle).

Im dritten Kapitel ist thematisiert, wie Lehrkräfte von einer hilfreichen Haltung zu hilfreichem Handeln kommen könnten. Dabei sind die Fragen zentral, was Regelschullehrkräfte im Umgang mit auffälligen Schüler/innen unternehmen können und was sie tun sollten, wo sie sich aber auch im Sinne ihrer eigenen Gesundheit abgrenzen müssen. Dieses Kapitel schrieb Jürgen Bader, der sich mit Lehrergesundheit auseinandersetzt und Lehrkraft, Seminarlehrer für Psychologie sowie teilabgeordnete Lehrkraft für die universitäre Lehrerausbildung ist.

Das vierte Kapitel behandelt die Dokumentation auffälligen Verhaltens und getroffener Maßnahmen sowie Informations- und Schweigepflichten. Es wurde von Uta Englisch, Studiendirektorin, Schulpsychologin, Seminarlehrerin und Mitarbeiterin am ISB Bayern, verfasst.

Uta Englisch stellt im anschließenden Kapitel 5 ebenfalls vor, wie mit Auffälligkeiten bei Schüler/innen grundsätzlich umgegangen werden kann. Dabei führt sie den hauptsächlich von ihr entwickelten Sechs-Schritte-Ablauf ein. Die sechs Schritte werden nach dieser Einleitung dann durch verschiedene Autor/innen konkretisiert:

Abschnitt 5.1 widmet sich der sinnvollen Beobachtung von auffälligen Schüler/innen und wurde von Robert Roedern und Barbara Meyer (wissenschaftliche Mitarbeiterin am Lehrstuhl für Schulpädagogik und Psycholinguistin) verfasst.

Den Beginn des Abschnittes 5.2 schrieb Tobias Tretter (wissenschaftlicher Mitarbeiter am Lehrstuhl für Grundschulpädagogik und angehender Kinder- und Jugendpsychotherapeut). Er thematisiert dort Gespräche im schulischen Kontext allgemein und was dabei beachtet werden sollte. Speziell zu den Gesprächen mit Kollegen, auffälligen Schüler/innen, Eltern bzw. Erziehungsberechtigten, Freunden und der Klasse verfasste Ulrike Becker den restlichen Abschnitt. Sie ist Lehrkraft und Schulpsychologin und gibt Fortbildungen zum fruchtbaren Gespräch mit Schüler/innen.

In Abschnitt 5.3 geht Ingrid Karlitschek, die als Förderlehrkraft in einer Partnerklasse unterrichtet, darauf ein, wie man in einer Klasse mit auffälligen Schüler/innen »trotzdem« gut unterrichten kann, wobei sie sowohl auf die Thematisierung und gegebenenfalls Sonderbehandlung der Auffälligkeit als auch auf sinnvolle Unterrichtsmethoden zu sprechen kommt.

Der nächste Abschnitt 5.4 behandelt Möglichkeiten, sich als Regelschullehrkraft Beratung und Hilfe zu holen. Für dieses Kapitel wurden zunächst Texte verfasst von Uwe Schuckert (Lehrer, Schulpsychologe, Seminarlehrer für Psychologie und Schulpsychologie und Fachberater für die Seminarausbildung in Psychologie) und Sylvia Fratton-Meusel, die Lehrkraft, Beratungsrektorin, Supervisorin sowie Lehrbeauftragte an der LMU München ist und über viele Jahre Fragen beantwortete, die über ein bundesweites anonymes Beratungsportal in Bezug auf Auffälligkeiten bei Schüler/innen gestellt wurden. Angereichert wurden diese beiden Texte durch Tobias Tretter und Barbara Meyer, die auch den roten Faden in diesem Kapitel sicherstellte; das Unterkapitel 5.4.2, in dem Ansprechpartner je nach Anlass übersichtlich dargestellt sind, wurde von Frau Fratton-Meusel verfasst, in 5.4.1 werden die Institutionen bereits vorab vorgestellt. Heinz Schlegel (Leiter der Schulberatungsstelle Oberbayern West, Schulberatungsrektor, Supervisor bdp, Coach für Bildungsmanager/innen, Schulentwicklungsberater und Lehrbeauftragter an der LMU München) ergänzt das Kapitel um eine Beschreibung, wie Lehrkräfte durch Supervision und kollegiale Beratung Hilfe erhalten können, was er an einem Fallbeispiel ausführt.

Die Fragen, wie auffällige Schüler/innen bestmöglich gefördert werden und welchen Anteil Regelschullehrkräfte dabei haben können, werden von Sarah Seeger (Studienrätin im Förderschuldienst und Lehrbeauftragte der Universitäten Bamberg und München) in Abschnitt 5.5 besprochen.

Oft fruchten Versuche des guten Umgangs nicht im ersten Anlauf oder könnten noch weiter verbessert werden, daher ist es hilfreich, vorgenomme Maßnahmen zu analysieren, zu bewerten und gegebenenfalls nachzusteuern. Wie das geschehen könnte, wird in Abschnitt 5.6 von Heinz Schlegel und Barbara Meyer thematisiert.

Nach diesem handlungsorientierten fünften Kapitel des Buches werden im sechsten Kapitel spezifische Auffälligkeiten, Störungen und Behinderungen vorgestellt, mit denen Lehrkräfte in Kontakt kommen könnten. Denn über diese in groben Zügen Bescheid zu wissen, kann sinnvoll und wichtig sein, wenn ein passendes Vorgehen gefunden werden soll. Der einführende Überblick dazu wurde von Tobias Tretter verfasst, der weiterhin im Unterkapitel 6.1 thematisiert, welche Schüler/innen überhaupt auffällig werden. Danach werden einzelne Auffälligkeiten nach jeweils dem gleichen Schema systematisch und mit weiterführenden Hinweisen vorgestellt. Diese schematischen Vorstellungen wurden von unterschiedlichen studentischen Autoren zusammengestellt und in Zusammenarbeit mit Experten für die jeweiligen Bereiche weiter fundiert und überprüft. Besonders haben sich darum Tobias Tretter und Dr. Helga Ulbricht, Lehrerin, Schulpsychologin und Leiterin der Staatlichen Schulberatungsstelle München, verdient gemacht.

Wir sind sehr froh, im Laufe der Entstehung des Praxisleitfadens viel Zuspruch gefunden zu haben. Viele Lehrkräfte und Experten bekundeten einen großen Bedarf an dem hier zusammengefassten Wissen, aber auch die MAK (Maximilian und Alexander Knauf)-Stiftung in München schätzte den Wert so hoch ein, dass sie den Entstehungsprozess des Buches im Sinne der Statuten finanziell unterstützt hat. Ohne diese Förderung hätte das

Buch nicht erscheinen können, weshalb wir an dieser Stelle noch einmal unseren herzlichen Dank aussprechen möchten. Ebenso danken wir allen Mitgliedern des Beraterkreises für die aufgebrachte Zeit, ihre wertvollen Anregungen und Ideen, die die Ausrichtung des Buches ganz wesentlich verändert haben. Zudem sei allen Autorinnen und Autoren unser herzlicher Dank ausgesprochen. Ohne ihren Einsatz und ihre Expertise hätte diese Veröffentlichung niemals die hohe Qualität erreichen können. Ein weiterer Dank gilt Johanna Schlagbauer und Heinz Schlegel, die die Herausgeber/innen dabei unterstützt haben, den Autor/innen Anregungen zur weiteren Verbesserung der Beiträge zu geben, und Dr. Helga Ulbricht für die kritische Durchsicht und ihre Anregungen zu den Beschreibungen von Auffälligkeiten. Für die organisatorische Unterstützung sei ganz herzlich Nicolas Majora und Angela Rauch gedankt, die dem Projekt eine wertvolle Stütze waren. Auch allen Studierenden, die an dem Projekt mitgewirkt haben, gilt unser bester Dank, sei es als Ideengeber, als Beiträger oder indem sie ihre Zulassungsarbeit im Rahmen des Projektes geschrieben haben.

Dieser Praxisleitfaden ist verfasst worden mit dem Wissen, dass in Ausbildung und Literatur zum guten Umgang mit Auffälligkeiten eine Lücke existiert, und mit dem Ziel, Lehrkräften den hilfreichen Umgang zu erleichtern. Wir haben mit diesem Buch den Anspruch, wissenschaftlich gut fundiertes und gleichzeitig im Schulalltag umsetzbares, praktisch erprobtes Überblickswissen darzubieten. Wer an detaillierterem Wissen oder praktischen Beispielen zu den Ausführungen interessiert ist, kann auf die weiterführende Literatur zurückgreifen, die wir zu den jeweiligen Inhalten angeführt haben. Wir haben Zeit und Mühe investiert, damit Sie, werte Leserinnen und Leser, fündig werden bei der Suche nach einem guten Umgang mit Schülerinnen oder Schülern, die ihnen auffallen. Wir hoffen, dass dies gelingt, und freuen uns auf Ihre Rückmeldung.

Literatur

BLLV: Inklusion an Bayerns Schulen, Lehrerbefragung 2013. Abrufbar unter www.bllv.de/fileadmin/Dateien/Land-PDF/Wissenschaft/Befrag_Inklusion_Bericht.pdf (Abruf: 13.08.14).

Klemm, K. (2013): Inklusion in Deutschland – eine bildungsstatistische Analyse. Gütersloh (Erstellt im Auftrag der Bertelsmann Stiftung).

Mouzakitis, G. S. (2010): Special education: Myths and reality. In: Procedia – Social and Behavioral Sciences 2 (2), S. 4026–4031.

Myschker, N. (2009): Verhaltensstörungen bei Kindern und Jugendlichen. Erscheinungsformen, Ursachen, hilfreiche Maßnahmen. Stuttgart: Kohlhammer.

Weiß, S./Kollmannsberger, M./Kiel, E. (2013). Sind Förderschullehrkräfte anders? Eine vergleichende Einschätzung von Expertinnen und Experten aus Regel- und Förderschulen. Empirische Sonderpädagogik 5 (2), S. 167–186.

2 Förderliche Haltung im Umgang mit Auffälligkeiten

Robert Roedern

»Wenn nicht bald eine Weiche kommt, sind wir verloren!«

Abb. 1: Weiche

Angesichts zahlloser Veränderungen und Umbauten im Schulsystem – Lehrplanänderungen, Forderungen nach Ganztagsschulen, nach der Förderung sogenannter Menschen mit Migrationsgeschichte, nach Inklusion – und mit Schüler/innen und Eltern, die von vielen Lehrkräften als immer schwieriger erlebt werden (Vodafone Stiftung 2012), scheint ein Gedanke zunehmend aus dem Blickfeld zu geraten: Menschen, die in der Schule arbeiten, machen etwas, das funktioniert. Mündige, selbstbewusste, selbst denkende, leistungsbereite, mitfühlende Schülerinnen und Schüler mit Wissen und Fähigkeiten verlassen die Institution Schule. Trotz medialer Katastrophenmeldungen scheinen Bildungsprozesse in der Mehrzahl zu gelingen. Dem einseitig negativen Blick unterliegen auch Lehrkräfte im Unterricht, wie in den beiden folgenden Beispielen dargestellt:

- Claudia stört durch ihr unruhiges Verhalten wiederholt den Unterricht. Sie ruft herein, steht auf, redet mit anderen. Die Lehrkraft reagiert immer verärgerter mit lauten Ermahnungen und disziplinarischen Maßnahmen. Dabei fällt es ihr zunehmend schwer, wahrzunehmen, dass sowohl die Schülerin oft gut mitarbeitet als auch andere Mitschüler während der Störungen unbeirrt weiter mitmachen. Stattdessen schimpft sie schnell auf Kleinigkeiten anderer Jugendlicher in der Klasse oder hat letztens Claudia wortlos beiseitegeschoben, als sie stolz ihren gelungenen Aufsatz präsentieren wollte.
- Peter stürmt stolz mit seinem Übungsblatt, auf dem sich zahllose Versuche zum Buchstaben F finden, zu seiner Erstklasslehrerin. Nach einem flüchtigen Blick deutet ihr Finger sofort auf die nicht so gelungenen, die schiefen, aus der Zeile gefallenen Buchstaben. Eventuell hat sie ihn vorher noch ermahnt, nicht durch das Klassenzimmer zu laufen.

Es lässt sich vermuten, dass sowohl Claudia als auch Peter eher frustriert zurückbleiben werden, mit weniger Bereitschaft zu Einsatz und Veränderung.

Wie anders könnte es laufen, wenn die Schülerin des ersten Beispiels nach einem Unterrichtsvormittag von ihrer Lehrkraft einen Brief mitbekommen würde, in dem sie für ihre ausdauernde Mitarbeit in der dritten Stunde und dem sehr gelungenen Aufsatz gelobt wird. Oder die Erstklasslehrkraft fragt Peter, welche Buchstaben ihm besonders gut gefallen, und bestätigt daraufhin seinen Erfolg. Schließlich fordert sie ihn mit Zuversicht dazu auf, beim nächsten Mal noch mehr davon zu schaffen.

Manchmal fällt es den Lehrkräften schwer, mit den eigenen Anforderungen an sich selbst und den Forderungen anderer angemessen umzugehen, gerade in Situationen, die sie immer wieder an ihre Grenzen führen. Dann fällt der Blick eher auf das noch nicht Erreichte als auf das schon Erreichte, eher auf die Rückschritte und das vermeintlich Festgefahrene und weniger auf die Fortschritte und Erfolge. Schließlich sollen die Schülerinnen und Schüler bestimmte Lernziele erreichen, für alle verbindlich festgeschrieben in Jahres-, Monats-, Wochen- und Tagesplänen – noch dazu unter dem Leistungsdruck, die Prüfung, den Übertritt, die Jahrgangsstufe, die Schulart zu bestehen.

An dieser Stelle ist die Versuchung groß, über das Schulsystem und den richtigen Unterricht zu diskutieren. Wie müsste Schule organisiert sein, damit sie noch mehr mündige, selbst denkende und mitfühlende Menschen mit Wissen und Fähigkeiten entlässt? Das ist eine wichtige Frage, die gestellt werden soll. Allerdings geht es in diesem Buch um das Näherliegende, den Menschen, auf den jede/r den größten Einfluss hat, nämlich die eigene Person, ihre Haltungen, Einstellungen, Methoden und Verhaltensweisen.

Es geht um einen Perspektivwechsel, weg vom Problem hin zur Lösung: WOWW – »Working On What Works«. Arbeite mit und an dem, was schon funktioniert, und nicht mit dem, was fehlt. Dies ist ein zentraler Gedanke der lösungsorientierten Philosophie, den Insoo Kim Berg und Lee Shilts (2009) mit dem WOWW-Konzept für Schule und Unterricht erprobt haben. Dahinter steckt die Absicht, kooperativ an positiven Veränderungen zu arbeiten, um nicht nur andere zu unterstützen, sondern auch sich selbst zu entlasten und weiterzuentwickeln.

Im Folgenden werden grundlegende Ideen lösungsorientierten Arbeitens vorgestellt, die in einem pädagogischen Alltag nützlich sein können:
- Vom Problem zur Lösung
- Zielorientierung
- Motivation zur Veränderung
- Wertschätzung

2.1 Vom Problem zur Lösung

Oft wird auf eine bestimmte Art und Weise über Probleme gesprochen, ob unter Kolleg/innen (*Warum ruft Claudia bloß immer rein? Wenn die vielen Klassenarbeiten nur nicht wären!*) oder zwischen Eltern und Lehrkräften (*Seit Sie Manuels Lehrer sind, hat er Bauchschmerzen*) oder Lehrkräften und Schüler/innen (*Warum nur hast du Klaus geschlagen? Wenn Sie nicht so streng wären!*). Diese Problemfokussierung führt eher zu Schuldzuweisungen und Rückzug. Eine ungünstige Dynamik entsteht, die Geisbauer wie folgt darstellt:

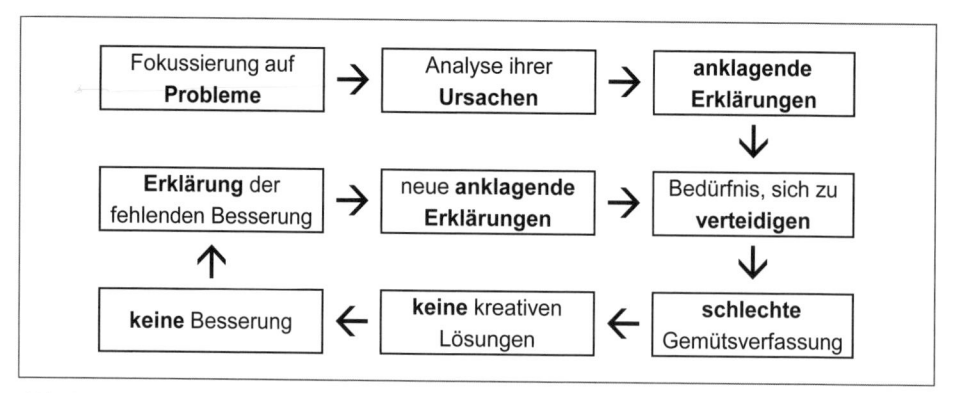

```
┌─────────────────────────────────────────────────────────────────────┐
│  Fokussierung auf  →  Analyse ihrer  →   anklagende                 │
│     Probleme              Ursachen         Erklärungen              │
│                                                 ↓                   │
│  Erklärung der     →  neue anklagende →  Bedürfnis, sich zu         │
│  fehlenden Besserung    Erklärungen       verteidigen               │
│       ↑                                         ↓                   │
│  keine Besserung   ←  keine kreativen ←     schlechte               │
│                          Lösungen          Gemütsverfassung         │
└─────────────────────────────────────────────────────────────────────┘
```

Abb. 2: Problem-Teufelskreis (Geisbauer 2012, S. 18)

Der Vorstellung, zur Lösung eines Problems müsse dieses erst detailliert analysiert werden, steht beim lösungsorientierten Ansatz die Idee gegenüber, hinter jedem Problem verstecke sich ein Ziel. Dementsprechend gilt es, wahrgenommene Probleme in entsprechende Ziele umzuwandeln. Der aus der Praxis heraus entwickelte Ansatz der Lösungsorientierung geht sogar davon aus, dass es keine direkte Verbindung zwischen Problemen und Lösungen geben muss.

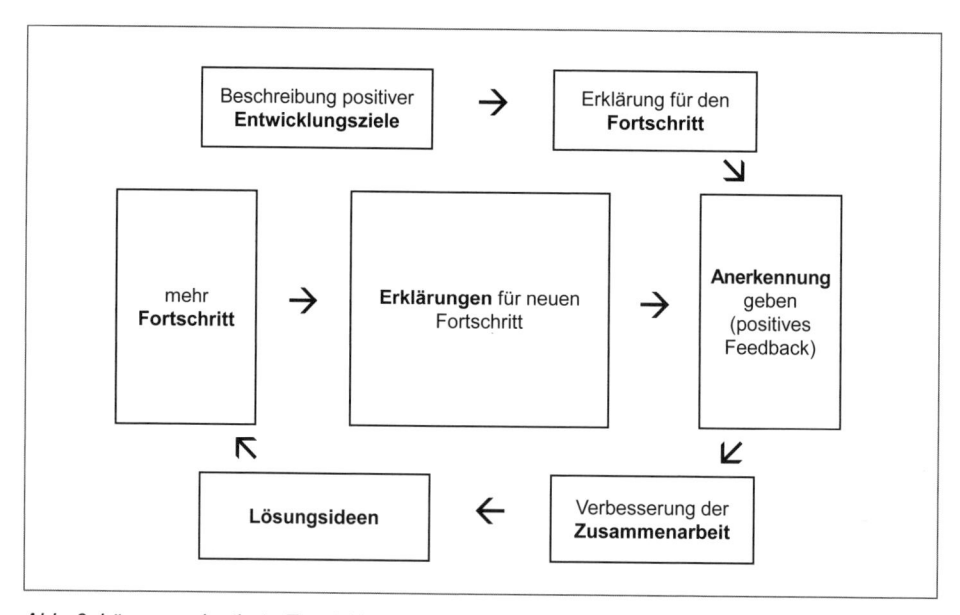

```
┌─────────────────────────────────────────────────────────────────────┐
│           Beschreibung positiver   →   Erklärung für den            │
│             Entwicklungsziele           Fortschritt                 │
│                                               ↘                     │
│                                                                     │
│    mehr       →   Erklärungen für  →    Anerkennung                 │
│  Fortschritt       neuen Fortschritt     geben                      │
│                                          (positives                 │
│                                          Feedback)                  │
│       ↖                                       ↙                     │
│       Lösungsideen   ←   Verbesserung der                           │
│                           Zusammenarbeit                            │
└─────────────────────────────────────────────────────────────────────┘
```

Abb. 3: Lösungsorientierte Entwicklungsdynamik (Geisbauer 2012, S. 29)

Vereinfacht könnte eine solche Dynamik wie folgt aussehen: Anton steht im Unterricht ständig auf und geht zu anderen Mitschülern. Als Ziel wird mit ihm gefunden, er solle an seinem Platz sitzen bleiben und zum Gespräch mit anderen die Pause abwarten. Jedes Mal, wenn ihm das gelingt, wird das wertgeschätzt und mit ihm nach Gründen für das Gelingen gesucht. Durch diese Anerkennung der Fortschritte gestärkt, kommt er auf neue

Ideen, sein Ziel zu verwirklichen. So schafft er es noch häufiger, am Platz zu bleiben. Dieser Fortschritt wird erneut mit seinem eigenen Handeln erklärt und positiv wahrgenommen, sodass sich der Kreislauf schließt.

Dieser Entwicklungsdynamik stellen Berg und Shilts (2009, S. 15 ff.) folgende Aussagen zur Seite, die sie als grundlegende Einstellungen für ihre Arbeit in der Schulklasse verstehen:

- Wenn es nicht kaputt ist, repariere es nicht. Wo für niemanden ein Problem besteht, braucht auch nichts verändert zu werden.
- Wenn etwas nicht funktioniert, mache es nicht noch einmal. Mache etwas ander(e)s. Hier können Versuche als Experiment gerahmt werden, um zu einem anderen Verhalten zu ermutigen.
- Veränderung findet immer statt, Veränderung ist unausweichlich.
- Die Zukunft wird ausgehandelt und geschaffen. Auch Menschen, die in einer sehr belastenden Umwelt aufwachsen, verfügen über Ressourcen, um zu einem gelingenden Leben zu kommen (siehe auch Furman 2008).
- Kleine Schritte können zu großen Veränderungen führen.
- Kein Problem tritt ständig auf. Es gibt immer Ausnahmen, die für Veränderungen genutzt werden können.

2.2 Zielorientierung

Der Aspekt der Zielorientierung korrespondiert mit schulischem Lernen. Es sollen vorgegebene Ziele erreicht werden, ob Lehrplanziele oder schulische Regeln. Um Menschen darin zu unterstützen, Ziele zu erreichen, sollten diese bestimmte Bedingungen erfüllen. Sie sollten positiv, spezifisch und auf den Prozess hin formuliert sein, sich auf das Hier und Jetzt beziehen und im eigenen Einflussbereich liegen.

positiv	Stattdessen!	»Was wirst du <u>stattdessen</u> tun?«
prozesshaft	Wie?	»<u>Wie</u> wirst du das tun?« (Verbalform wählen)
hier und jetzt	Jetzt!	»Was kannst du <u>jetzt</u> anders machen, oder wie kannst du <u>jetzt</u> anders zu dir sprechen?«
so spezifisch wie möglich	Ganz genau!	»Wie wirst du das <u>ganz genau</u> tun?«
im eigenen Einflussbereich	Du ganz persönlich!	»Was wirst <u>du selber</u> dazu tun?«

Abb. 4: Wohldefinierte Ziele (Walter/Peller 2004, S. 78 ff.)

Für das oben beschriebene Fallbeispiel könnte das Modell folgendermaßen umgesetzt werden: Statt reinzurufen kann Claudia sich dieses Ziel setzen: Sie meldet sich und wartet ab, bis sie aufgerufen wird. Sie nimmt sich vor, sich aufrecht und der Lehrkraft zugewandt hinzusetzen und ihren rechten Arm zu heben, wenn sie merkt, dass sie zum Unterricht etwas beitragen möchte.

2.3 Motivation zur Veränderung

Ziele sind wichtig, um Veränderungen anzugehen und Neues zu lernen. Vor dem Hintergrund der wissenschaftlichen und empirisch überprüften Theorie zur Motivation von Atkinson (vgl. Rheinberg 2004) stellt folgende Formel einen praxisorientierten Zugang dar, der die Grundelemente der Lösungsorientierung einbezieht. Geisbauer (2012) formuliert die Motivation zur Veränderung als Produkt:

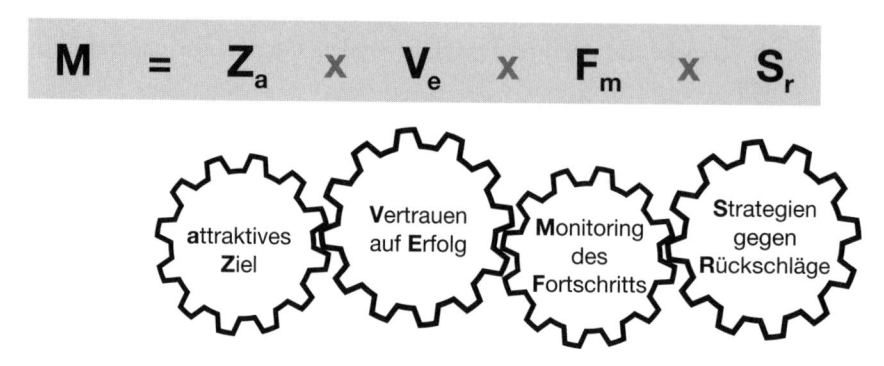

$$M = Z_a \times V_e \times F_m \times S_r$$

- Z_a: attraktives Ziel
- V_e: Vertrauen auf Erfolg
- F_m: Monitoring des Fortschritts
- S_r: Strategien gegen Rückschläge

Abb. 5: Motivation (Geisbauer 2012, S. 29)

Ein einfaches Beispiel veranschaulicht das Zusammenspiel der beiden ersten Variablen dieses Modells: Max hat als großes Ziel, Weltmeister mit der deutschen Fußballnationalmannschaft zu werden. Das besitzt eine hohe Attraktivität für ihn (Z_a hoch). Allerdings hat sich bei seinen letzten Versuchen, mit seinem Freund Fußball zu spielen, gezeigt, dass er darin nicht besonders talentiert ist (V_e niedrig). So wird er dieses Ziel nicht weiter verfolgen. Letztens wurde er gefragt, ob er nicht das Volleyballteam der Schule bei einem Wettbewerb unterstützen möchte, weil er sich dabei zuletzt ganz geschickt angestellt hat (V_e hoch). Allerdings spielt keiner seiner Freunde in dieser Mannschaft, sodass es nicht attraktiv für ihn ist, mitzumachen (Z_a niedrig). Auch an diesem Ziel wird er nicht festhalten.

Ein Kind oder Jugendlicher wird sich umso wahrscheinlicher für das Erreichen eines Zieles einsetzen, wenn folgende Bedingungen gegeben sind:
- Ein attraktives Ziel,
- das konkret und genau beschrieben werden kann,
- bei dessen Erreichen ein Nutzen oder Gewinn erwartet wird,
- das in den Handlungsmöglichkeiten des Lernenden liegt,
- das in kleine, erreichbare Schritte aufgeteilt werden kann,
- in dessen Bereich zuletzt bereits Fortschritte erzielt worden sind
- oder früher in vergleichbaren Bereichen Erfolge erreicht wurden.

Unter Beachtung dieser Startfaktoren, die zur Einleitung einer Handlung beitragen, werden mit den Lernenden Ziele bzw. Fähigkeiten gefunden, die das wahrgenommene Problem verringern oder auflösen, und der Nutzen überlegt. Ferner hilft es, Fortschritte anerkennend zu begleiten und Strategien für mögliche Rückschläge zu überlegen. Gemeinsam wird zudem nach Unterstützungsmöglichkeiten und Helfern gesucht, um Schülerinnen und Schüler in der Umsetzung zu bestärken (zur Vertiefung: Furman 2005; Bauer/Hegemann 2008; Furman/Ahola 2010; Steiner 2011; Geisbauer 2012).

2.4 Wertschätzung

Ein wichtiger Rahmen für diesen Perspektivwechsel ist eine wohlwollende und wertschätzende Haltung. Dabei gelten Kinder und Jugendliche als autonome Menschen und Experten für ihre Lebenswelt. Dem liegt erst einmal ein positives Menschenbild zugrunde (Baeschlin/Baeschlin/Spiess o. J.), das Menschen als neugierige, interessierte und soziale Wesen begreift, die partizipieren, aber auch in Freiräumen agieren möchten:

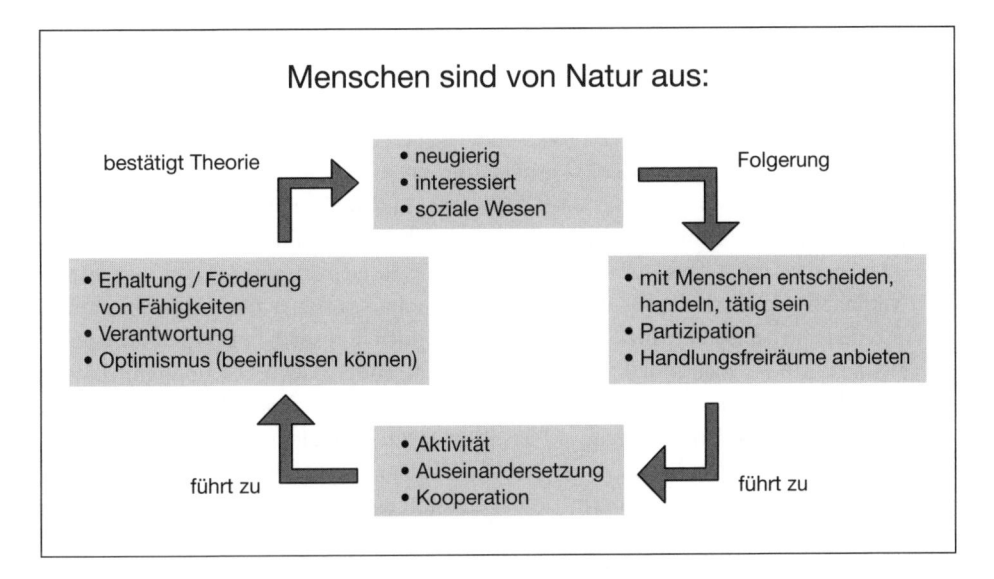

```
                    Menschen sind von Natur aus:

  bestätigt Theorie      • neugierig              Folgerung
        ┌──────▶         • interessiert       ──────┐
        │                • soziale Wesen            ▼

  • Erhaltung / Förderung                    • mit Menschen entscheiden,
    von Fähigkeiten                            handeln, tätig sein
  • Verantwortung                            • Partizipation
  • Optimismus (beeinflussen können)         • Handlungsfreiräume anbieten

        ▲                • Aktivität                
        └──────          • Auseinandersetzung  ◀────┘
     führt zu            • Kooperation          führt zu
```

Abb. 6: Menschen sind (Baeschlin/Baeschlin/Spiess o. J., S. 6)

Insbesondere bei Schülerinnen und Schülern, die im Unterricht durch Störungen auffallen und als belastend erlebt werden, lohnt es sich, gute Gründe für deren Verhalten zu überlegen, im Sinne von Hypothesen. Dann kann ihnen wohlwollender begegnet werden, sowohl im Unterricht als auch in einem Gespräch mit ihnen. Eine solche Sichtweise kann die Situation für die Lehrkraft sowie den Kontakt zum Gegenüber entspannen. Hier ein Beispiel:

Petra ruft im Unterricht regelmäßig dazwischen, ohne sich zu melden. Welche guten Gründe könnten sich dahinter verstecken? Sie sucht Aufmerksamkeit, weil sie diese von anderen wichtigen Personen momentan nicht bekommt. Sie fühlt sich in ihren Leistungen nicht gewürdigt. Sie ist so engagiert, dass es ihr schwerfällt, zu warten. Die Schülerin will ihr Wissen gerne mitteilen. Sie ist es gewohnt, sich gegen ihren großen Bruder zu Hause durchzusetzen.

Berg und Shilts (2009, S. 29 f.) formulieren folgende Annahmen über Schüler/innen bzw. Kinder:

»Bis zum Beweis des Gegenteils glauben wir, dass alle Kinder
- möchten, dass ihre Eltern und Lehrer/innen stolz auf sie sind,
- ihren Eltern und anderen wichtigen Erwachsenen in ihrem Leben gefallen möchten,
- neue Dinge lernen, neue Fähigkeiten beherrschen und Wissen ansammeln möchten,
- als Teil einer sozialen Gruppe akzeptiert sein möchten,
- mit anderen gemeinsam Dinge machen möchten,
- ihre Meinung äußern und Entscheidungen treffen möchten, wenn sie die Möglichkeit dazu haben,
- einer sozialen Gruppe angehören möchten.«

Lob, Komplimente und Ermutigung öffnen und motivieren. Indirektes Lob wirkt dabei besser als direktes Lob (Steiner 2011, S. 33 f.). Dabei wird dem Lernenden die Gelegenheit gegeben, selbst zu schildern, wie er eine Leistung zustande gebracht hat. Dadurch wird nicht nur die Selbstwirksamkeit gestärkt, sondern auch die Chance erhöht, dass sich dieser Erfolg in einer ähnlichen Situation erneut einstellt.

Ein Beispiel: Klaus kommt seit einiger Zeit zu spät in den Unterricht. Sobald er es rechtzeitig schafft, kann die Lehrkraft das anerkennend wahrnehmen und ihn fragen, wie er das dieses Mal geschafft hat. Das kann Ausgangspunkt für die gemeinsame Weiterarbeit an seinem Verhalten sein (nach dem Motto: Wenn etwas funktioniert, mach mehr davon!).

Abschließend sei noch einmal auf die guten Gründe eines solchen Perspektivwechsels hingewiesen, den Furman und Ahola (1996, S. 23) folgendermaßen beschreiben: »Es gibt nur zwei Möglichkeiten, Menschen zu helfen, ihre Probleme zu lösen. Die eine ist, ihnen eine neue Art des Handelns in Bezug auf das Problem zu ermöglichen, und die andere, ihnen eine neue Art des Denkens in Bezug auf das Problem zu ermöglichen.« Bei allen Herausforderungen und erlebten Überforderungen lohnt es sich, mit Wertschätzung, Zuversicht und einem attraktiven Ziel, mit Blick auf die Stärken und das Gelingende kooperativ mit Eltern, Kindern und Jugendlichen sowie anderen an Schule Beteiligten zusammenzuarbeiten. Es wirkt sich nicht nur günstig auf die Stimmung aus. So können auch neue Ideen und kreative Lösungen gefunden werden, damit sich Menschen, Unterricht und letztlich Schule insgesamt weiterentwickeln.

Literatur

Baeschlin, K./Baeschlin, M./Spiess, W.: Strafe muss sein! … Muss Strafe sein? www.zlb-schweiz.ch/pdf/downloads/strafe.pdf (Abruf: 10.06.2014).
Bauer, Chr./Hegemann T. (2008): Ich schaffs! – Cool ans Ziel. Das lösungsorientierte Programm für die Arbeit mit Jugendlichen. Heidelberg: Carl-Auer.
Berg, I. K./Shilts, L. (2009): Einfach Klasse. WOWW-Coaching in der Schule. Dortmund: Borgmann.
Furman, B. (2005): Ich schaffs! Spielerisch und praktisch Lösungen mit Kindern finden – Das 15-Schritte-Programm für Eltern, Erzieher und Therapeuten. Heidelberg: Carl-Auer.
Furman, B. (2008): Es ist nie zu spät, eine glückliche Kindheit zu haben. 6. Aufl. Dortmund. Borgmann.

Furman, B./Ahola, T. (1996): Die Kunst, Nackten in die Taschen zu greifen. Systemische Therapie: Vom Problem zur Lösung. Dortmund: Borgmann.

Furman, B./Ahola, T. (2010): Es ist nie zu spät, erfolgreich zu sein. Ein lösungsfokussiertes Programm für Coaching von Organisationen, Teams und Einzelpersonen. Heidelberg: Carl-Auer.

Geisbauer, W. (2012): Das Reteaming-Konzept. In: Geisbauer, W. (Hrsg.): Reteaming. Methodenhandbuch zur lösungsorientierten Beratung. 3. Aufl. Heidelberg: Carl-Auer, S. 16–30.

Rheinberg, F. (2004): Motivation. 5. Aufl. Stuttgart: Kohlhammer.

Steiner, T. (2011): Jetzt mal angenommen ... Anregungen für die lösungsfokussierte Arbeit mit Kindern und Jugendlichen. Heidelberg: Carl-Auer.

Vodafone Stiftung (Hrsg.) (2012): Lehre(r) in Zeiten der Bildungspanik. Eine Studie zum Prestige des Lehrerberufs und zur Situation an den Schulen in Deutschland. www.vodafone-stiftung.de/meta_downloads/.../allensbach_04_2012.pdf (Abruf 10.06.2014).

Walter, J. L./Peller, J. E. (2004): Lösungsorientierte Kurztherapie. Ein Lehr- und Lernbuch. 6. Aufl. Dortmund: Modernes Lernen.

3 Von der Haltung zum gesunden Handeln

Jürgen Bader

> »Was auch immer geschieht, du darfst nie so tief sinken,
> den Kakao, durch den man dich zieht, auch noch zu trinken.«
> (Erich Kästner)

Das vorangegangene Kapitel hat bereits dargestellt, dass es entlastend sein kann, wenn Lehrkräfte eine bestimmte Haltung auffälligen Schüler/innen gegenüber einnehmen. Aber natürlich belastet diese Haltung auch insofern, als sie die Aufforderung zum Handeln mit sich bringt. Auch wenn es in manchen Fällen bequemer und weniger riskant zu sein scheint, nichts zu tun, ist es auch dann wichtig, tätig zu werden (siehe auch »Dos« und »Don'ts« in Kapitel 5). Doch genau das benötigt Zeit und Energie. Beides steht nur begrenzt zur Verfügung und ein Mangel daran bedeutet Stress für Lehrer/innen. Daher behandelt dieses Kapitel Wege, dem möglicherweise entstehenden Stress und dabei auch sich selbst konstruktiv zu begegnen.

Lehrer/innen gehören zu den gefährdetsten Berufstätigen, wenn es um psychosomatische Erkrankungen geht. Jedoch bleibt circa ein Drittel aller Lehrer/innen weitgehend gesund, hat überdauernd Freude am Beruf und ist langfristig leistungsfähig. Es gibt also auch im pädagogischen Kontext offenbar Positionen und Wege der dauerhaften Gesunderhaltung oder Genesung, die nicht allein Anlagefaktoren zuzuschreiben sind. Besonders hervorzuheben ist diesbezüglich eine grundsätzlich konstruktive Grundhaltung dem Leben und seinen Widrigkeiten gegenüber. Diese Haltung ist ganz im Sinne der Positiven Psychologie auf Ressourcen- und Prozessorientierung ausgerichtet, statt mit einem »Rotstift im Kopf« überwiegend fehler- oder defizitorientiert zu sein – dies gilt sowohl im Umgang mit sich selbst als auch mit Schülerinnen und Schülern. Sich selbst und andere lebenslang als Lernende in einem fortwährenden Wachstums- und Entwicklungsprozess zu begreifen, der – da nicht linear – neben Fortschritten immer auch Pausen und Rückschritte beinhalten muss, stellt eine weitere Stress reduzierende Haltung dar; zumal dann, wenn man sich selbst dabei nicht als Einzelkämpfer versteht, sondern schon früh damit beginnt, weitere Ressourcen zu erschließen, und sich im Kollegium oder Ausbildungsseminar als »Teamplayer« begreift.

3.1 Stresserleben

Flowerlebnisse repräsentieren die wohl intensivsten Eustress-Erfahrungen. Der Begriff »Flow« (nach Csikzentmihalyi 2002) beschreibt einen Zustand, in dem ein Mensch völlig in einer Tätigkeit vertieft und ganz bei der Sache ist. Konzentration und Kontrolle sind hoch, Alltagsnöte und Sorgen treten in den Hintergrund, das Zeitgefühl verändert sich. Es herrscht eine optimale Relation zwischen Leistungsanforderung und Leistungsfähigkeit. Dabei macht nicht der Inhalt eine Flowaktivität aus, sondern einzig deren subjektiv attribuierte Qualität und der Sinnbezug. Eine derartige Aktivität führt nach Abschluss zu einem Gefühl von Glück, Selbstbestätigung und tiefer Freude, selbst wenn zuvor größere Anstrengungen zu leisten waren. Für Pädagogen kann dies bedeuten, dass sinnvolles Engagement (z. B. in Form einer zusätzlichen außerschulischen Aktivität mit der Klasse) Energie freisetzt und darüber hinaus Beziehungen fördert. Dabei ist der Beziehungsaspekt für die pädagogische Arbeit von überragender Bedeutung, da in der Regel unerwünschtes Verhalten und damit negativer Stress auf eine Störung auf der Beziehungsebene zurückzuführen ist.

Während Eustress die Leistungsfähigkeit steigert, die Konzentration verbessert und Zufriedenheit erzeugt, belastet Disstress Kreativität und Tatkraft, führt zu Überanstrengung und erzeugt Unzufriedenheit (vgl. auch psychosomatische Reaktionen wie Angst, Depressivität, Nervosität oder auch Muskelverspannungen und Herzkreislauferkrankungen). Treten negative Stresserlebnisse regelmäßig über einen längeren Zeitraum auf, werden psychisches wie physisches Befinden massiv negativ beeinflusst – bis hin zu schwerwiegenden Erkrankungen, wie zum Beispiel dem sogenannten Burn-out, einem sehr komplexen Krankheitsbild, das vor allem durch drei zentrale Merkmale gekennzeichnet ist:
- anhaltende emotionale Erschöpfung,
- das Gefühl, dass die eigene Arbeit ineffektiv und sinnlos geworden ist, sowie
- der Widerwille gegenüber den Menschen, die einem am Arbeitsplatz begegnen.

»Stete Tropfen höhlen den Stein«: Selbst eine vereinzelt auftretende massive negative Stresserfahrung (vgl. z. B. Scheidung oder Tod eines Angehörigen) hat oft weniger negative Konsequenzen für den Organismus als permanente »kleinere« Überforderungserfahrungen und das Gefühl, die Kontrolle über sich selbst und das eigene Leben zu verlieren. Dabei entscheidet jedes Individuum meist ein gutes Stück weit selbst darüber, ob ein Ereignis positiv oder negativ erfahren wird. Es kommt darauf an, wie man es beurteilt. Es gibt nur wenige »absolute« Stressoren, die generell als Beeinträchtigung der Lebensqualität empfunden werden, wie zum Beispiel »Lärm«. Musik hingegen wird dem einen zur Bereicherung, dem anderen zur Belästigung – je nach Geschmack. Hauptstressor Nummer eins sind demnach immer wieder wir selbst und unsere Neigung, alles und jeden zu be- oder gar zu verurteilen. Gerade in einem Beziehungsberuf, wie dem des Lehrers, ist es von elementarer Bedeutung, dass nicht eine Sicht auf einen Sachverhalt als richtig angesehen wird, sondern es immer mehrere Varianten gibt, wie eine Situation eingeschätzt werden kann. Folgerichtig erweist sich dann auch jedes Urteil gleichermaßen als mögliches Fehlurteil. Weniger Be- und Verurteilung (insbesondere der eigenen Person) lässt aber mehr Raum für konstruktive Lösungen in Konfliktfällen und sorgt für mehr Flexibilität und Offenheit. In höchstem Maße jedoch trägt die Fähigkeit, sich von seinen eigenen Urteilen und Glaubenssätzen lösen zu können, dazu bei, die Beziehung zu sich selbst und zum Gegenüber positiv zu gestalten und damit die Grundlage für konstruktive Lösungen zu schaffen. Intervision oder Supervision (vgl. Kapitel 5.4.2) können hierzu wertvolle Hilfestellung leisten.

3.2 Stresspersönlichkeiten

Insbesondere »Perfektionisten« und »Helfer« scheinen im Lehrerberuf in höherem Maß stressanfällig zu sein. Glaubenssätze, die oft aus der Kindheit stammen – wie »Ich bin dann gut, wenn ich für andere da sein kann« oder »Ich bin dann gut, wenn ich es perfekt mache« – stellen offenbar gerade im Berufsfeld »Schule« Grundeinstellungen dar, die auf Dauer im Alltag zu energetischen Defiziten führen, da gerade hier häufiger die Grenzen der eigenen Belastbarkeit überschritten werden. So wird es für viele Lehrkräfte zum Dauerproblem, Stunden immer wieder nicht perfekt vorbereitet zu haben oder nicht für alle Schüler/innen in ausreichendem Maße da sein zu können.

Schaarschmidt/Fischer (2001) unterscheiden vier Muster arbeitsbezogenen Verhaltens und Erlebens:

Muster G	Muster S
Hohes Engagement, hohe Widerstandskraft, positives Lebensgefühl	Schonungstendenz, hohe Widerstandskraft, positives Lebensgefühl
Risikomuster A	**Risikomuster B**
Überhöhtes Engagement, reduzierte Widerstandskraft, eher negatives Lebensgefühl	Geringes Engagement, reduzierte Widerstandskraft, negatives Lebensgefühl

Abb. 7: Muster arbeitsbezogenen Verhaltens und Erlebens (vgl. Schaarschmidt/Kieschke 2007, S. 24)

Es leuchtet ein, dass das Risikomuster A schnell in das Burn-out führen kann.

3.3 Hilfen bei Stress

Nach Bangert (2004) lassen sich zehn Bausteine aktiven Selbstmanagements ausmachen, in deren Mittelpunkt die persönlichen Erklärungsmuster für Belastungen, Denkstile und subjektive Theorien stehen. Auch nach Ansicht der Konstruktivisten (vgl. P. Watzlawick) schafft sich jeder Mensch seine eigene Wirklichkeit, die sich von den Wirklichkeiten anderer unterscheidet, ist jeder Mensch ein Stück weit in seiner subjektiven Welt gefangen. Demnach ist es hilfreich, alle Bausteine hinsichtlich der dahinter stehenden persönlichen Hintergründe zu reflektieren und Handlungen und Haltungen sukzessive den jeweiligen (Stress-)Situationen anzupassen bzw. auszubalancieren:

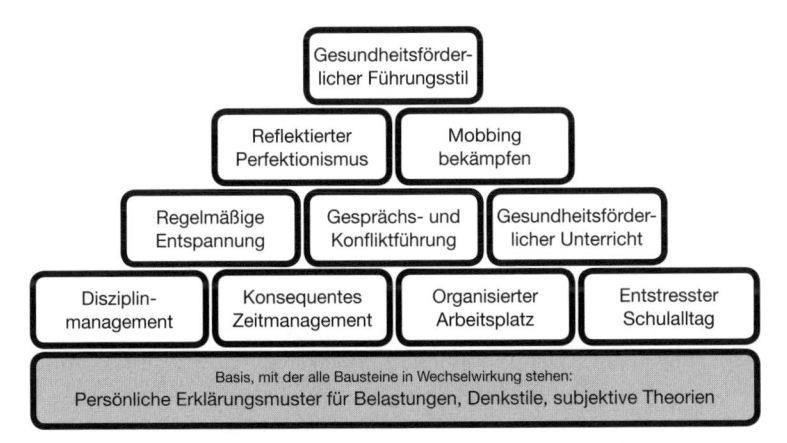

Abb. 8: Bausteine gesundheitsförderlichen Verhaltens (Bangert 2005, S. 11)
www.arbeitsschutz.nibis.de/seiten/allgembild/grundschule/dokumente/Gesundheitsfoerderung/11_Selbstmanagement.pdf

Dabei kann auch eine Orientierung an erfolgreichen Modellen von Nutzen sein. Vogt (2005) fasst folgende Fähigkeiten bzw. Kompetenzen »als hochwirksam im Sinne der Burn-out-Prophylaxe« zusammen:
- Kompetenz (fachlich, pädagogisch, emotional)
- soziale Unterstützung
- Selbstvertrauen
- Energie-Auffüllmöglichkeiten
- Empathiefähigkeit
- Fähigkeit, ein gutes Lernklima zu schaffen
- Genussfähigkeit
- Humor als Selbstdistanzierungsfähigkeit
- positives Feedback
- Hobbys, Interessen
- über die Schule hinausreichende Lebensorientierung
- Bewegung
- Entspannung/Meditation

Darüber hinaus liefert das Chairperson-Postulat der Themenzentrierten Interaktion (TZI) nach Cohn (1984) ein gutes Leitbild für Pädagogen:

> »Sei dein eigener Chairman/Chairwoman, sei die Chairperson deiner selbst. […] Sei dir deiner inneren Gegebenheiten und deiner Umwelt bewusst. Nimm jede Situation als Angebot für deine Entscheidungen. Nimm und gib, wie du es verantwortlich für dich selbst und andere willst. Ich bin verantwortlich für meine Anteilnahme und meine Handlungen, nicht aber für die der anderen. […] Ich bin nicht allmächtig; ich bin nicht ohnmächtig; ich bin partiell wichtig. Und ich bin immer nur meine eigene Leitperson und nie die des anderen, außer wenn dieser seine Bewusstheit verliert oder noch nicht erreicht hat« (Farau/Cohn 1984, S. 358 f.).

Weitere Hilfen bei Stress werden in Kapitel 5.4 thematisiert. Dort ist beschrieben, wo Sie sich grundsätzlich in schulischen und außerschulischen Institutionen Hilfe holen können. In Kapitel 6 kann bei den jeweiligen Beschreibungen von Auffälligkeiten nachgelesen werden, wo speziell bei diesen Auffälligkeiten Hilfe gesucht werden kann.

3.4 Balance und Konfliktfähigkeit

Angesichts der steigenden Zahlen an psychosomatischen Erkrankungen stellt es eine besondere Herausforderung für jede Lehrkraft dar, sich immer wieder professionell um einen Ausgleich und innere Balance im Alltag zu kümmern. Mit sich gütig und mit seinen Ressourcen vernünftig umzugehen, sich Pausen und Entspannungsphasen zu gönnen und zwischen sinnvoller Belastung und sinnloser Entlastung zu unterscheiden, muss vielfach erst gelernt werden. Zentraler Aspekt hierbei ist: die Selbstannahme. Erst wenn es mir gelingt, mich selbst mit all meinen Schwächen wertzuschätzen und mir selbst wohlwollender zu begegnen, bin ich gerüstet für Konflikte. Dies vor allem deshalb, weil sich diese konstruktive Grundhaltung dann auch auf mein Gegenüber übertragen kann, das in der Regel selbst mit Schwierigkeiten in der Selbstannahme zu kämpfen hat (vgl. aggressive Schüler/innen). Es gilt also nicht nur Lebensweisen, sondern insbesondere »Glaubenssätze« zu verändern; ein Prozess, der Zeit braucht. Den Körper sowie das eigene Gefühlsleben mit den darunter liegenden Bedürfnissen urteilsfrei wahrzunehmen, stellen bereits zentrale Schritte zu mehr Stressresistenz dar. Ein weiteres wesentliches Mittel ist im eigenen kommunikativen Handeln zu sehen, denn über das *Wie* in der Kommunikation werden Beziehung und damit das Konfliktmanagement von vornherein in höchstem Maß beeinflusst.

Das Praktizieren von Entspannungs- oder Meditationsverfahren (z. B. Jakobsons-Muskelentspannung, Autogenes Training, Tai Chi, Qi Gong, Achtsamkeitstraining, Yoga u. a.) stellt ein äußerst wirksames Hilfsmittel zur Wahrnehmungssensibilisierung und Stressreduzierung dar. Insbesondere Achtsamkeitsübungen, wie zum Beispiel in Form einer Zen-Meditation oder das Meditationsprogramm nach Jon Kabat-Zinn, zeitigen sehr positive Resultate, da sie auf den Menschen in seiner Ganzheit »wirken« und dem ständigen Gedankenstrom, dem permanenten Urteilen wie auch der Reizüberflutung von außen die nachhaltige Vehemenz nehmen. Im Zentrum dieser Techniken stehen der »Atem« (vgl. auch den Zusammenhang zwischen Bauchatmung und Entspannung) und das nichtwertende Beobachten des jeweiligen Moments. Werden diese Entspannungs- und Wahrnehmungsmuster in regelmäßigen Übungsformen gelernt und vertieft, ergeben sich Freiräume und Möglichkeiten zu mehr Gelassenheit im Umgang mit sich selbst und anderen – insbesondere in stressbeladenen Situationen.

Das WAAGE-Programm (nach Stollreiter/2000, vgl. bpv, S. 26 f.) übernimmt Aspekte der oben angeführten Verfahren und lässt sich im Alltag situativ anwenden:

- W – Wahrnehmen des Problems, des jeweiligen Gegenübers und der eigenen (inneren) Reaktionen
- A – Akzeptieren und Annehmen der Problematik in ihrer jeweiligen Erscheinungsform (ohne diese *zusätzlich* negativ zu be- oder verurteilen)
- A – Abkühlen sowie Aktivierung von Ressourcen (z. B. Anwendung von Atemtechniken, Vertagung des Konfliktlösungsgesprächs oder Vorbereitung dieses Gesprächs)

- G – Gewohnheiten hinterfragen und unter Umständen verändern (z. B. Tagesrhythmisierung von Anstrengung und Entspannung, Beachten des eigenen Biorhythmus)
- E – Einstellungsmodulation, die ein *Ja* zum Beruf beinhaltet und die eigene Widerstandsfähigkeit stärkt

Außerdem sind Pausen von großer Wichtigkeit hinsichtlich der Regeneration. Ein wiederkehrender Mangel an Schlaf beispielsweise stellt eine besondere Gefahr dar, da die Leistungsfähigkeit dann stark abnimmt, die Stress- und Krankheitsanfälligkeit in hohem Maß zunimmt. Hier situativ körperliche Bedürfnisse wahr- und ernst zu nehmen, schützt langfristig vor negativen Entwicklungen. Dies gilt auch für »Bewegungspausen«: Hier werden Aggressionen und überschüssiges Adrenalin abgebaut und positive Botenstoffe und Hormone frei gesetzt, allerdings nur, wenn die körperliche Betätigung nicht mit einem Leistungsanspruch verbunden und als angenehm empfunden wird.

Oft jedoch werden diese notwendigen »Zeit-lass-Inseln« mit dem Hinweis, dass dazu die Zeit fehle, erst gar nicht aufgesucht oder zu bald wieder verlassen. Dies beruht auf dem weit verbreiteten Irrtum, Stress sei die Folge von Zeitmangel. Stattdessen resultiert das Gefühl, keine Zeit zu haben, vielmehr aus der Wahrnehmung heraus, gestresst zu sein. Terminddruck ruft solange keinen negativen Stress hervor, solange wir uns als Herren der Lage fühlen. Ängste und Kontrollverlust aber setzen eine Stressreaktion in Gang – unabhängig von der zur Verfügung stehenden Zeit. Problemlösefähigkeit und Kreativität sinken, der so Gestresste macht Fehler, muss diese korrigieren, verzettelt sich … und braucht insgesamt mehr Zeit. Das einfachste und effektivste Mittel: Statt den Einsatz und die Anstrengung zu erhöhen, sollte man eine ausreichend lange (oft genügt eine halbe Stunde) Atem- und/oder Bewegungspause einlegen, um Adrenalin und Stresshormone abzubauen und konzentriertes Arbeiten wieder möglich zu machen.

Das Pareto-Prinzip

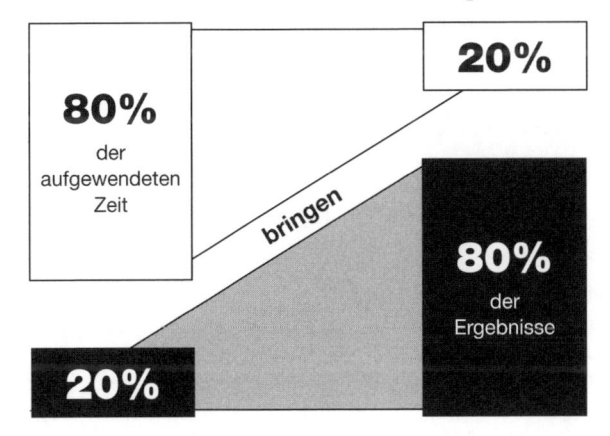

Abb. 9: Das Pareto Prinzip

Nach dem sogenannten Pareto-Prinzip reichen in der Regel 20 Prozent an Einsatzzeit aus, um 80 Prozent des gewünschten Ergebnisses zu erzielen; nicht selten wird demnach ein zu hohes Maß an Zeit ausschließlich zur Perfektionierung aufgewendet. Für eine Unterrichtsstunde kann das bedeuten, dass eine zu lange und intensive Vorbereitungszeit auf Kosten der Präsenz und Effizienz in der Stunde selbst gehen.

Dass eine bewusste und ausgewogene Ernährung das allgemeine Wohlbefinden auf Dauer positiv beeinflusst, steht außer Frage. Eine natürliche Ausbalancierung ist auch in diesem Bereich grundsätzlich der künstlichen vorzuziehen. Nikotin, Koffein, Alkohol und vor allem Zucker werden oft kurzfristig als Stress mindernd bzw. Leistung steigernd empfunden. Mittel- und längerfristig jedoch wird der Organismus durch diese Arten der Manipulation zusätzlich belastet. Wird beispielsweise der Blutzuckerspiegel durch den Genuss von Süßigkeiten oder zuckerhaltigen Getränken rasch in die Höhe getrieben, steht dem Organismus sehr kurz sehr viel Energie zur Verfügung. In der Folge aber wird dieses Zuviel ausgeglichen: Der Blutzuckerspiegel fällt stark ab – und über einen längeren Zeitraum bleibt die Leistungsfähigkeit ebenso stark eingeschränkt, Müdigkeit und Nervosität (»Mini-Entzug«) wachsen an.

Wer weiß, warum er mit Kindern bzw. jungen Erwachsenen arbeiten will, der findet oft auch allen Widrigkeiten zum Trotz im Lehrerberuf ausreichend Kraft und Geduld für sinnvolle Wege, selbst wenn situativ das Verhalten von Schüler/innen problematisch zu sein scheint. Die Feststellung »XY hat (gerade) ein Problem« statt »XY ist (ständig) ein Problem« kann vor Stigmatisierung und Beschädigung der Beziehung schützen und damit verhindern helfen, wiederkehrend anhaltenden Aggressionen ausgesetzt zu sein. Ein wohlwollender, empathischer Umgang mit sich selbst und anderen sowie die Bereitschaft, über sich auch einmal herzlich zu lachen, stärken die eigene Selbstdistanzierungsfähigkeit und damit die Fähigkeit, in Stress-Situationen ruhiger und konstruktiver zu bleiben. Wer sich darüber hinaus in schulischen Konfliktsituationen als »Vom-Leben-Befragter« begreift, der situativ möglichst sinnvolle Antworten finden soll, verlässt die Opferhaltung und begreift sich als Handelnder mit Gestaltungsmöglichkeiten (vgl. Chairperson bzw. V. Frankl). Er versteht Fehler als Angebot zur Veränderung, die Geduld braucht und immer mit einem ersten Schritt beginnt – und in dem Vertrauen, dass positive Umgestaltung möglich ist.

»Gras wächst nicht schneller, auch wenn man dran zieht.«
(Afrikanisches Sprichwort)

Literatur

Basu, A./Faust, L. (2013): Gewaltfreie Kommunikation, Haufe.
Ders. (1985): Der Mensch vor der Frage nach dem Sinn: Eine Auswahl aus dem Gesamtwerk. Piper.
Frankl, V. (2009): Trotzdem Ja zum Leben sagen. Kösel.
Kaltwasser, V. (2010): Persönlichkeit und Präsenz. Achtsamkeit im Lehrerberuf. Weinheim und Basel: Beltz.
Hansch, D. (2012): Erste Hilfe für die Psyche. Selbsthilfe und Psychotherapie: Die wichtigsten Therapieformen, Fallbeispiele und Lösungsansätze. Anaconda.
Hornig, M. (2013): 30 Minuten Flow. Gabal.
Kabat-Zinn, J./Kauschke, M. (2013): Achtsamkeit für Anfänger. Arbor.

Kabat-Zinn, J./Knappen, H. (2013): Gesund durch Meditation: Das große Buch der Selbstheilung mit MBSR. Arbor.
Kaltwasser, V. (2013): Achtsamkeit in der Schule. Weinheim und Basel: Beltz.
Ricard, M. (2009): Glück. Knaur.
Rosenberg, M.-B. (2012): Gewaltfreie Kommunikation: Eine Sprache des Lebens. Junfermann.
Schaarschmidt, U./Fischer, A. W. (2001): Bewältigungsmuster im Beruf. Göttingen: Vandenhoeck & Ruprecht.
Schaarschmidt, U./Kieschke, U. (Hrsg.) (2007): Gerüstet für den Schulalltag: Psychologische Unterstützungsangebote für Lehrerinnen und Lehrer. Weinheim und Basel: Beltz.
von Horn, D. (2013): 111 Gründe, Lehrer zu sein. Eine Hommage an den schönsten Beruf der Welt. Schwarzkopf und Schwarzkopf.
Watzlawick, P. (2008): Wenn du mich wirklich liebtest, würdest du gern Knoblauch essen. Über das Glück und die Konstruktion der Wirklichkeit. München und Zürich: Piper.

4 Dokumentation, Informations- und Schweigepflicht

Uta Englisch

In den vorangehenden Kapiteln wurden Einstellungen und Haltungen beschrieben, die den Umgang mit auffälligen Schüler/innen förderlich gestalten: wünschenswerte Haltungen der Pädagoginnen und Pädagogen gegenüber den Kindern und Jugendlichen (vgl. Kapitel 2), aber auch Einstellungen der Lehrkräfte zur eigenen Arbeit und den eigenen Ressourcen (vgl. Kapitel 3). Damit diese Grundvoraussetzungen jedoch in konkrete positive Handlungen umgesetzt werden können, ist eine weitere Gelingensbedingung zu beachten: die Chance und Befähigung der einzelnen Lehrkraft zur Kooperation.

Kooperation im schulischen Miteinander beinhaltet die Auseinandersetzung mit folgenden drei Kerngedanken:

- Dokumentation – also die Mitschrift und Sammlung von Beobachtungen zur weiteren Verwendung,
- Informationspflicht – oder die Frage »Was muss wann an wen kommuniziert werden?« und
- Schweigepflicht – klare Grenzen für die Weitergabe personenbezogenen Daten an Dritte.

Zunächst zur Dokumentation: Eine wichtige Voraussetzung für alle weiteren Aktionen ist, dass eine Lehrkraft Informationen über ihre Schüler zusammenträgt und meist schriftlich dauerhaft einordnet, um diese zu einem späteren Zeitpunkt gezielt nutzbar zu machen. Konkret heißt das, die Lehrkraft beobachtet die ihr anvertrauten Schülerinnen und Schüler nach den Anregungen und Vorgaben des Kapitels 5.1. Dabei dokumentiert sie die Beobachtungen und Gespräche nach folgenden Grundideen:

Tab. 1: Leitfragen zur Dokumentation

Was kann dokumentiert werden?	• Möglichst umfassend alle Beobachtungen zur Schülerin oder zum Schüler sowie • Gespräche mit allen Beteiligten. Ideal schon während der Situation als Mitschrift, ansonsten hinterher im Gedankenprotokoll, am besten mit Datum und klaren Belegen.
Wer soll dokumentieren?	Jede beteiligte Lehrkraft – je mehr Informationen umso deutlicher wird das Gesamtbild.
Warum soll dokumentiert werden? oder: »Was bringt der Aufwand?«	Dokumentation • hilft einen Sachverhalt neutral und objektiv zu formulieren, • erleichtert das spätere Erinnern, • das Vergleichen und • jegliche Art der Weitergabe von Informationen (dazu später mehr).
Wie kann die Dokumentation aussehen?	Hilfen können standardisierte Gesprächsprotokolle (siehe Online-Anhang) und Beobachtungsprotokolle sein (zum Sozialverhalten, zum Leistungsverhalten und zur Selbstbeobachtung sind Beispiele im Online-Anhang).

Doch wie geht es mit diesen Dokumenten weiter? Wen muss die Lehrkraft in kritischen Situationen unbedingt informieren und was muss im Schülerakt offiziell für die weitere Schullaufbahn der Schülerin oder des Schülers notiert werden? Wo hat die Lehrkraft auf der anderen Seite aber eine Pflicht zur Verschwiegenheit und damit auch die Vorgabe, die nach dem oben beschriebenen Muster erstellten Aufzeichnungen sorgsam und sicher zu verwahren?

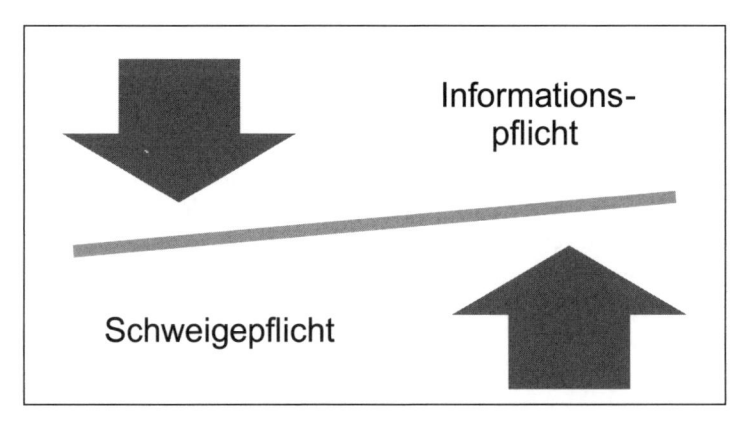

Abb. 10: Informations- und Schweigepflicht

Was die Verschwiegenheitspflicht anbelangt, so regeln das die Lehrerdienstordnungen, zum Beispiel in Bayern in § 14: Die einzelne Lehrkraft muss grundsätzlich außerhalb der Schule Verschwiegenheit bewahren und darf »Auskunft über Schüler und ihre Leistungen« nur den Erziehungsberechtigten geben. Weiter wird aber formuliert, dass »Spannungen und Gegensätze innerhalb der Schule […] vertrauliche Behandlung« erfordern.

So ist unmissverständlich festgelegt, dass schulische Daten sowie Informationen über Schülerinnen und Schüler der Geheimhaltung unterliegen und nur an Erziehungsberechtigte weitergegeben werden dürfen. Diese Schweigepflicht nach außen darf nur unterbrochen werden, wenn ein sogenannter »Notstand« gemäß § 34 StGB vorliegt, also eine gegenwärtige massive Selbst- oder Fremdgefährdung des Kindeswohls, zum Beispiel in den Bereichen Drogenkonsum, Gewalt und Missbrauch. Hier sind Lehrkräfte aufgefordert, unverzüglich das Jugendamt oder die Polizei zu informieren.

Darüber hinaus formuliert der Hinweis, Informationen von und über Schülerinnen und Schüler innerhalb der Schule zu besprechen, aber bereits, dass bei akuten Problemen nicht die einzelne Lehrkraft gefragt ist, sondern alle beteiligten Pädagogen als Team und insbesondere mit der Schulleitung handeln. Und damit dürfen und müssen diese Kolleginnen und Kollegen auch umfassend informiert werden.

Dies bedeutet also, dass die einzelne Lehrkraft entscheidet, wann sie sich in einer pädagogischen Situation allein überfordert fühlt, wann sie Hilfe und Unterstützung benötigt. Als Erstes informiert sie dann die Kolleginnen und Kollegen in der Klasse, vorzugsweise die Klassenleiterin oder den Klassenleiter. Darüber hinaus ist es wichtig und hilfreich, den Kontakt zur Schulleitung herzustellen, insbesondere wenn Maßnahmen und Handlungsalternativen außerhalb des Unterrichts angedacht sind oder sich der Kontakt mit den Erziehungsberechtigten als schwierig erweist.

Die Schulleitung ihrerseits ist zum einen dazu befugt, Auskünfte auch außerhalb der Schule zu erteilen, zum Beispiel an andere Schulen und in besonderen Fällen an die Öffentlichkeit. Deshalb ist es ratsam, immer dann die eigene Schulleitung frühzeitig zu informieren und in die Planung und Ausführung der pädagogischen Intervention miteinzubeziehen, wenn Fälle über die eigene Schule hinausgehen und zum Beispiel das Jugendamt oder externe Beratungseinrichtungen (siehe Kapitel 5.4.2), aber auch andere Schulen involviert sind. Zum anderen gibt die Schulleitung als Vertretung der Lehrerkonferenz das pädagogische Leitbild der Schule als Ganzes und damit auch die Richtung jeder einzelnen Handlung vor.

Unabhängig von dieser Vorgehensweise bleibt es der Lehrkraft im Einzelfall natürlich unbenommen, jederzeit eine schulische Beratungsfachkraft, also eine Schulpsychologin oder einen Schulpsychologen oder eine Beratungslehrkraft hinzuziehen (siehe Kapitel 5.4), sei es zur direkten Beratung und Betreuung der Schülerin oder des Schülers, aber auch zum eigenen Coaching (siehe Kapitel 5.4.1). Die Beratungsfachkräfte unterliegen in allen Fällen der besonderen Verschwiegenheitpflicht und sind gleichzeitig Mitglieder der Schulgemeinschaft, von daher verletzt der Erstkontakt keinesfalls die eigene Schweigepflicht.

5 Vorgehen in sechs Schritten

Uta Englisch

Sieht eine Lehrkraft sich mit auffälligem Verhalten einer Schülerin oder eines Schülers konfrontiert, stellt sie sich mit großer Wahrscheinlichkeit folgende Fragen:
- »Welche Handlungsmöglichkeiten stehen mir zur Verfügung?«
- »Welche lösungsorientierten Hilfemaßnahmen kann ich anwenden?«
- »Was muss ich dabei zwingend beachten?«

Dargelegt wurde bereits, dass jede Lehrkraft im Falle einer auftretenden Auffälligkeit auch tatsächlich aktiv werden muss, um die Situation des Kindes, der ganzen Klasse oder auch die eigene zu verbessern – denn keine der in diesem Kapitel (5) beschriebenen Auffälligkeiten wird sich dauerhaft ohne Veränderung der Situation oder der Reaktion darauf korrigieren. Deshalb gilt es immer abzuwägen, welche Aktionen in welcher Reihenfolge und Intensität erfolgversprechend sind.

Die hier vorgeschlagenen Maßnahmen werden im Folgenden als »sechs Schritte« bezeichnet: »Schritte« implizieren die Bewegung auf ein Ziel hin, also die Beschreibung eines gewünschten Sollzustandes, zum Beispiel die Vermeidung weiterer Unterrichtsstörungen oder die Wiederherstellung des kindlichen Wohlbefindens. Gleichzeitig ist jeder einzelne Schritt aber erst einmal eine Veränderung der aktuellen individuellen Position und eröffnet damit die Möglichkeit zum Perspektivwechsel und so zur realistischen Beurteilung des Ausgangszustandes. Dazu gehört zum Beispiel die Klärung der Frage, wer der Beteiligten, also die Schülerin oder der Schüler, die Lehrkraft oder vielleicht die Eltern, denn überhaupt ein Problem hat (vgl. Kapitel 5.2).

Diese sechs Schritte müssen nicht immer in der vorgegebenen Reihenfolge ausgeführt werden und manchmal muss man einen Schritt oder mehrere Schritte auch öfter gehen, um sich tatsächlich von der Stelle zu bewegen. Ebenso kann der Ausgangspunkt variieren – je nachdem, ob der Anstoß für das Vorgehen, also das auffällige Verhalten einer Schülerin oder eines Schülers, in der eigenen Beobachtung (vgl. Kapitel 4.1) oder im Gespräch mit den Beteiligten (vgl. Kapitel 4.2) offensichtlich wird. Und natürlich kann auch eine von außen gestellte Diagnose das Handeln der Lehrkraft schon von vornherein beeinflussen.

Allerdings können die sechs Schritte in eben der beschrieben Reihenfolge gerade für weniger erfahrene oder Hilfe suchende Lehrerinnen und Lehrer einen möglichen Routenplan vorgeben, der alle wichtigen Stationen bedenkt und alle Beteiligten so sicher von einem erklärten Ist-Zustand an ein mögliches Ziel lenkt, ohne dabei wichtige Aspekte zu vernachlässigen. Diese Schritte sind in Grafik 11 im Überblick dargestellt.

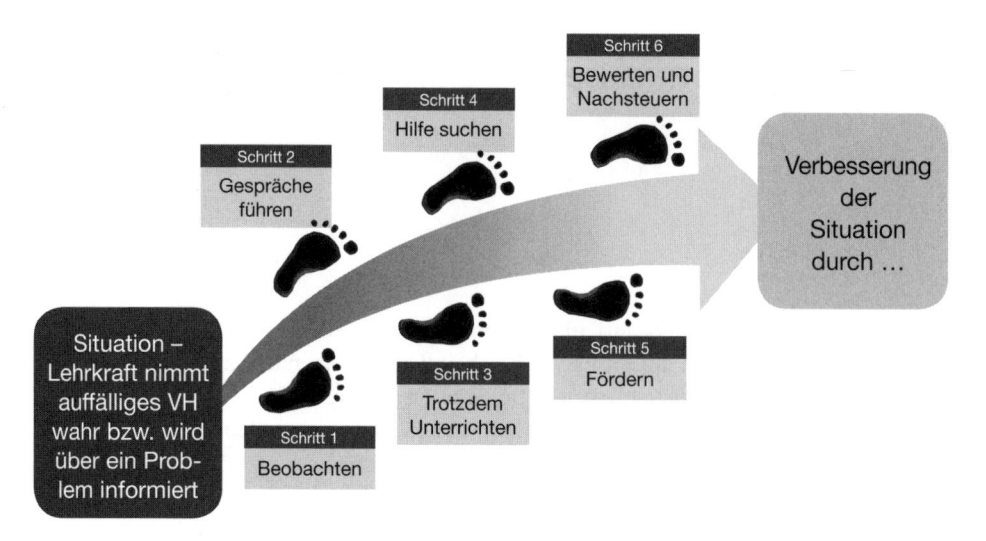

Schritt 1: Beobachten
Schritt 2: Gespräche führen
Schritt 3: Trotzdem Unterrichten
Schritt 4: Hilfe suchen
Schritt 5: Fördern
Schritt 6: Bewerten und Nachsteuern

Situation – Lehrkraft nimmt auffälliges VH wahr bzw. wird über ein Problem informiert → Verbesserung der Situation durch …

Abb. 11: Sechs Schritte

In jedem Fall geben die nachfolgenden Unterkapitel einen vollständigen Leitfaden, wie Lehrkräfte schwierigen pädagogischen Herausforderungen achtsam begegnen können und welche Handlungsmöglichkeiten, aber auch Handlungsverpflichtungen sich im Umgang mit auffälligen Schülerinnen und Schülern eröffnen.

Gleichzeitig werden Signale formuliert, welche Maßnahme wann kontraproduktiv ist oder gar negative Auswirkungen haben kann, denn blinder Aktionismus hilft niemandem weiter. So sollte man die folgende »do-and-don't-do-Liste« beherzigen, welche viele junge Lehrerinnen und Lehrer im Laufe ihrer Berufszeit als häufigste oder bedeutsamste Fehler beschrieben haben, und die auch erfahrenen Kolleginnen und Kollegen als Reflexionskontrolle helfen kann.

Tab. 2: Dos and Don'ts

Dos	Don'ts
Seien Sie immer handlungsbereit. So sind Sie lösungsfähig!	Machen Sie nicht aus Angst vor Fehlern nichts! Der größte Fehler ist tatsächlich, gar nicht zu handeln.
Haben Sie keine Angst vor Rückschlägen oder Stagnation: Es dauert, bis sich Probleme zeigen, also dauert es auch, bis wir sie lösen.	Versprechen Sie nichts, was Sie nicht halten können. Enttäuschte Hoffnungen können eine schwierige Situation noch verschärfen.
Haben Sie Vertrauen in Ihr Handeln, aber auch in die Resilienz der Kinder und Jugendlichen.	Bewahren Sie Distanz – zu den Problemen und auch zu den Kindern oder Jugendlichen.
Sehen Sie das Kind/den Jugendlichen weiterhin als Kind/Jugendlichen – mit Stärken und Schwächen.	Definieren Sie das Kind oder den Jugendlichen nicht nur noch über das Problem.
Holen Sie sich Unterstützung und Hilfe – für sich selbst genauso wie für das Kind oder den Jugendlichen!	Verlieren Sie die anderen Schülerinnen und Schüler nicht aus dem Blick.

In erster Linie aber möchte dieses Sechs-Schritte-Vorgehen allen Lehrkräften – egal ob jung oder alt, erfahren oder weniger erfahren – Mut machen: Jeder der Schritte ist für sich genommen klein und gewiss auch schon vielfach erprobt. Zusammen aber ergeben alle Schritte einen komplexen Plan für ein erfolgreiches Lehrerhandeln im Kontext mit Schülerinnen und Schülern, Erziehungsberechtigten und natürlich eingebettet in ein Kollegium als Team.

5.1 Schritt 1: Schüler/innen beobachten
Barbara E. Meyer, Robert Roedern, Stephan Schickart, Tobias Tretter

Es ist egal, ob eine Schülerin oder ein Schüler wiederholt im Schulalltag auffällt oder ob einer Lehrkraft beispielsweise zu Beginn eines Schuljahres eine fertige Diagnose zu einem Kind oder Jugendlichen in der eigenen Klasse mitgeteilt wird: Der nächste Schritt auf dem Weg zu einem guten Umgang wird immer sein, mehr herauszufinden. Dazu können einerseits Gespräche mit Betroffenen oder Expert/innen geführt werden (siehe Kapitel 5.3), andererseits kann die Lehrkraft auffällige Kinder bzw. Jugendliche beobachten. Dieses Kapitel behandelt die Fragen, warum das gezielte Beobachten von Schüler/innen sinnvoll ist, was eine gute Beobachtung ausmacht und wie bzw. wann sinnvollerweise beobachtet werden kann.

Warum gezielt beobachten?

Jede Lehrkraft nimmt ihre Schüler/innen auf eine eigene Art und Weise wahr, auch die auffälligen. Dabei werden Letztere je nach Art der Auffälligkeit meist sogar intensiver beobachtet als ihre Klassenkameraden. Was begründet dann den Mehrwert einer systematischeren, gezielten Beobachtung? Der wichtigste Grund ist, dass das Wahrgenommene nicht unabhängig von der eigenen Beobachterposition ist. Ohne Mehraufwand können Lehrkräfte, die mitten im Unterrichtsgeschehen stehen, schwer losgelöst von eigenen Stimmungen, Gefühlen und ihren oft eingeschränkten Perspektiven agieren.

Eine Lehrperson kann zum Beispiel im Handumdrehen wahrnehmen und kategorisieren: »Susi ist eine Heulsuse.« Einem solchen Urteil folgen oft weitere negative Zuschreibungen (Halo-Effekt): »Es ist ja klar, dass sie keiner mag.« Die Lehrperson kann aber auch im Rahmen einer gezielten Beobachtung feststellen: »Susi habe ich letzte Woche dreimal dabei erlebt, wie sie leise weinend aus der Pause zurückgekehrt ist.« Weiterhin kann ein und dieselbe Begebenheit je nach Vorerfahrungen und Stimmung ganz anders wahrgenommen werden (interpretationsbedingte Beobachtungsfehler): »Peter stört ständig, weil er reinruft.« Oder aber: »Peter ist so engagiert im Unterricht, dass er vergisst, sich zu melden.«

Diese Beispiele machen in ihrer überspitzten Gegenüberstellung deutlich, dass es im schulischen Alltag oft schwer ist, die Beschreibung einer Beobachtung (meldet sich nicht vor einem Beitrag) von deren Deutung (ruft herein versus vergisst sich zu melden) und Bewertung (stört ständig versus ist engagiert) klar zu trennen.

Wenn sich Lehrkräfte ihrer eigenen Wahrnehmung bewusst werden und die Trennung von beschreibender Beobachtung, Deutung und Bewertung (Meyer 2014) systematisieren, kann ihnen das zur Freiheit verhelfen, Schüler/innen in unterschiedlichen Situationen unterschiedlich wahrzunehmen, sie mit ihren Stärken zu erleben und sie nicht nur in belastenden Momenten zu sehen. Der Gewinn an Distanz ist dann ein Schritt auf dem Weg, Schwierigkeiten im Umgang nachhaltiger und für alle Seiten befriedigender zu lösen. Denn wenn eine Lehrkraft Susi damit konfrontiert, dass sie »ständig heult«, wird diese viel weniger Kraft und Willen zu einer Veränderung aufbringen, als wenn die Lehrkraft damit beginnt, ihre Beobachtung schlicht zu beschreiben, und zudem erwähnt, dass sie die Schülerin auch oft sehr gut gelaunt erlebt.

Je besser also die Unterscheidung zwischen Beobachtung, Interpretation und Bewertung gelingt, desto erfolgreicher können in der Folge Gespräche zwischen Lehrkräften, Schüler/innen, Eltern, Kollegen und anderen beteiligten Experten sein. Zudem können umso gezielter Pläne zur Förderung und Helfersysteme entwickelt werden, da dabei Stärken und Ausnahmen von dem als Problem wahrgenommenen Verhalten eine wichtige Rolle spielen. Nicht zuletzt ist ein weiterer Gewinn, dass sich Lehrkräfte durch den distanzierten Blick schützen und wieder Kraft schöpfen können (Peter möchte gar nicht meinen Unterricht boykottieren oder mich ärgern!).

Schüler/innen profitieren im Unterrichtsalltag und darüber hinaus von der differenzierten und wohlwollenden Haltung der Lehrkraft, die einen positiven Kreislauf (im Gegensatz zu einem Teufelskreis) in Gang bringen kann.

Was macht eine gute Beobachtung aus?

Wenn feststeht, dass eine Schülerin oder ein Schüler beobachtet werden soll, ist die nächste Frage, wie dies sinnvollerweise geschehen kann. Was sinnvoll ist, ist abhängig von dem Ziel, das mit der Beobachtung verfolgt wird. Denn eine Beobachtung ist nur dann gut, wenn sie zum Ziel führt. In einem ersten Schritt muss also festgelegt werden, welches Verhalten (z. B. Weinen) oder welche Anzeichen (z. B. blaue Flecken) im Fokus stehen. Anschließend geht es darum, möglichst ohne Bewertung und lediglich vorsichtig deutend mehr über die Auftretenshäufigkeit und über die Zusammenhänge herauszufinden.

Bei problematischem Verhalten können beispielsweise hilfreiche Fragen sein:
- Wie oft wird problematisches/wie oft wird positives Verhalten gezeigt?
- Wo wird das Verhalten jeweils gezeigt, wo nicht?
- Welches Problem möchte die Schülerin/der Schüler ggf. durch das problematische Verhalten lösen?
- (Kurz bevor das negative Verhalten schlimmer wurde:) Was hat die Schülerin/der Schüler, was haben die Mitschüler/innen bzw. ich oder andere Personen getan?
- Was ging voraus, wenn sich das Kind/die oder der Jugendliche positiv verhält?

Bestimmte Fragen können nicht auf Anhieb beantwortet werden und es bleibt länger nicht klar, ob die Ideen zu den Ursachen eines bestimmten Verhaltens richtig sind (z. B. Steckt Angst oder Übermut hinter einer Aggression?). In diesen Fällen könnte eine Lehrperson möglichst viele Hypothesen zu Zusammenhängen aufstellen, die sie dann durch Gespräche – möglicherweise sogar im Rahmen einer kollegialen Fallberatung (siehe Kapitel 5.4) – und weitere Beobachtungen zu beweisen oder zu widerlegen versucht. Dabei können Hypothesen besonders gut erstellt werden, wenn das Umfeld der Schülerin oder des Schülers in den Blick genommen wird. Eine Lehrkraft kann sich auf den Sitzplatz der auffälligen Schülerin oder des auffälligen Schülers setzen, sich eine diagnostizierte Auffälligkeit vorstellen oder sie simulieren, sich in die familiäre Situation hineinversetzen und/oder sich einen Schultag aus Sicht des Kindes/der oder des Jugendlichen vorstellen etc. und dabei die Welt aus der Schülersicht betrachten. Ein gemeinsames Überlegen mit Kolleg/innen führt vermutlich zu mehr Ideen als ein Gedankenspiel allein. Auch die Beobachtungshilfe, die sich in diesem Kapitel findet (siehe S. 39 ff.), kann auf der Suche nach Hypothesen eine Hilfe sein. Es ist wichtig, sich vor Augen zu halten, dass eine aufgestellte Hypothese, mag sie auf Anhieb noch so schlüssig sein, deshalb noch lange nicht richtig sein muss. Jedoch sind die Hypothesen sehr wichtige Ausgangspunkte für weitere Beobachtungen und Gespräche.

Aus der in diesem Praxisleitfaden zu Beginn eingeführten Definition von »auffälligen Schüler/innen« (siehe S. 8) wurde deutlich, dass die Frage, wann eine andere Person »auffällt«, höchst subjektiv ist. Daher ist es sinnvoll, wenn eine Lehrkraft auch sich selbst in Zusammenhang mit dem Verhalten der Schülerin oder des Schülers beobachtet:
- Wann stört mich das beschriebene Verhalten besonders?
- Wann ist es für mich kein Problem oder zumindest weniger schlimm?
- Gibt es Situationen, in denen mich ähnliches Verhalten nicht oder weniger stört?

Möglicherweise wird die Auffälligkeit für alle Seiten erträglicher oder verschwindet sogar, wenn Lehrkräfte eine andere Haltung dazu einnehmen oder das Verhalten unter einem anderen Blickwinkel betrachten. Dabei können auch folgende Überlegungen helfen (siehe auch Kapitel 2):
- Welche guten Gründe hat das Kind/die oder der Jugendliche, sich so zu verhalten?
- Welche Belastungen oder Probleme versucht die Schülerin/der Schüler auf diese Art zu bewältigen?

Neben diesen Punkten kann bei einem Verdacht – oder einer diagnostizierten Auffälligkeit – folgendes Vorgehen sinnvoll sein:
- Bei konkretem Verdacht, ggf. in Rücksprache mit Schulpsycholog/innen, werden die Symptome des jeweiligen »Verdachts« aufgegriffen und daraus ein Beobachtungsbogen erstellt (siehe Kapitel 4 zur Dokumentation). Es können dabei auch die Symptom-Listen, die bei den jeweiligen Auffälligkeiten in Kapitel 6 angeführt sind, aufgenommen werden. Gerade bei einer Zusammenarbeit mit diagnostizierenden Institutionen muss ggf. beobachtet werden, um eine Diagnose zu erleichtern.
- Bei gestellter Diagnose wird am besten in Absprache mit Fördereinrichtungen in der vorgeschlagenen Art und Weise beobachtet, um Therapie/Interventionen zu kontrollieren (siehe auch Kapitel 5.5). Hier empfiehlt sich mit einem kritischen Blick zu fragen, ob die Diagnose wirklich richtig ist (beispielsweise könnte Kindern Legasthenie diagnostiziert werden, obwohl das tatsächlich zugrundeliegende Problem ist, dass sie Tätigkeiten mit der »falschen« Hand ausführen, also Linkshänder sind, die mit rechts schreiben). Im Vorfeld müssten sich in diesem Fall die Lehrkräfte selbstverständlich darüber informieren, was typisch für die jeweilige Auffälligkeit ist, was dabei immer vorhanden sein müsste etc. (siehe auch Kapitel 6).

Es ist sehr hilfreich, auch dann zu beobachten, wenn eine Lehrkraft oder aber auch eine andere Institution interveniert hat, um zu überprüfen, ob sich das Verhalten oder die Anzeichen verbessert haben oder ob nach wie vor Symptome vorliegen (siehe auch Kapitel 5.6).

Wann und wie beobachten?

Ideal wäre es, wenn systematische Beobachtungen zu verschiedenen Zeitpunkten (auch in festgelegten Intervallen), an verschiedenen Orten und in unterschiedlichen Situationen stattfinden könnten. So könnte systematisch das Verhalten einer Schülerin oder eines Schülers in der ersten und letzten Stunde des Tages, vor und nach Gruppenarbeiten/Pausen/Ferien/bestimmten Unterrichtsfächern oder an verschiedenen Wochentagen beobachtet werden.

Dieses Vorgehen ist sehr sinnvoll, aber kann von einer »normalen« Lehrkraft im Rahmen ihrer Arbeitszeit kaum geleistet werden. Noch schwieriger wird es, wenn eine Lehrkraft lediglich wenige Stunden in einer Klasse ist, und zudem sind manche Symptome (wie bei Computersucht) im Rahmen des Unterrichts kaum oder gar nicht beobachtbar. In diesen Fällen sind Lehrkräfte auf Fremdbeobachtungen angewiesen durch

- die betroffenen Schüler/innen selbst,
- Mitschüler/innen,
- Eltern,
- verschiedene Lehrkräfte, auch Beratungsfachkräfte,
- Schulbegleiter,
- den Mobilen Sonderpädagogischen Dienst,
- Schulsozialpädagogen etc.

Dabei können auch Beobachtungsaufträge vergeben bzw. zusammen erdacht werden (z. B. »Tim, magst du für uns mal zwei Tage lang Folgendes notieren: Was genau tun deine Klassenkameraden oder auch andere Personen, bevor – wie du sagst – die Wut in dir hochsteigt und du am liebsten zuschlagen würdest?«). Auch der Besuch von Kolleg/innen im eigenen Unterricht kann Ideen über Zusammenhänge liefern. Vielleicht liegen dazu Freistunden günstig. Ohne großen Aufwand können auch Praktikant/innen oder Referendar/innen gebeten werden, einen Blick auf die beobachteten Symptome oder auf die betroffenen Schüler/innen und deren Verhalten insgesamt zu werfen. Aus der Perspektive im hinteren Bereich des Klassenzimmers können gerade auch dann, wenn die Lehrkraft mit anderen Schüler/innen beschäftigt ist, zusätzliche und hilfreiche Eindrücke gewonnen werden.

Es ist sehr sinnvoll, wenn die beobachtenden Personen jeweils Kontextbedingungen mitnotieren, also wann, wo, wie lange war das Symptom vorhanden, was ging voraus? etc. Als Hilfe kann hierzu auch ein Beobachtungsbogen erstellt bzw. ein vorhandener verwendet werden.

Es gibt im Schulleben Momente, die sich besonders gut für Beobachtungen eignen und in denen man besonders sensibel sein sollte (vgl. auch Mensching 2014). Dazu gehören zum Beispiel:

- *Gruppenarbeiten*
  Gerade hier ist oft die Zeit, eine Schülerin oder einen Schüler gezielt zu beobachten, zum Beispiel hinsichtlich der sozialen Interaktion, wobei Symptome für Mobbing, extreme Zurückgezogenheit etc. beobachtet werden könnten.

- *Aufsätze und Zeichnungen*
  Vor allem in freien Aufsätzen und thematisch nicht vorgegebenen Zeichnungen können die angesprochenen Themen Einblicke geben, zum Beispiel hinsichtlich der psychischen Stabilität oder des Aggressionspotenzials.
- *Sportunterricht (evtl. bei Verdacht mit Sportlehrkraft sprechen)*
  Hier ist die Interaktion mit anderen Schüler/innen besonders gut beobachtbar, sodass Symptome für Mobbing, extreme Zurückgezogenheit, Depression, eklektiven Mutismus, Probleme im Umfeld des Kindes o. Ä. beobachtet werden können. Ebenso können hier aufgrund der meist kürzeren Sportkleidung Verletzungen Hinweise auf Missbrauch, Borderline, Ritzen etc. geben. Weiterhin könnte im Sportunterricht eine falsche Händigkeit (schreibt mit rechts, aber wirft besser mit links) beobachtet werden.
- *Schulfahrten (z. B. Schullandheim, Skilager)*
  Nur wenn Lehrkräfte mit einer Klasse eine längere Zeit gemeinsam verbringen, können bestimmte Symptome, zum Beispiel im Bereich des Essverhalten, der sozialen Interaktionen oder des Schlafverhaltens, beobachtet werden. Hier können Hinweise auf Angststörungen, Essstörungen, Mobbing, sozialer Rückzug etc. auftauchen.
- *Prüfungen*
  In Bezug auf verschiedene Angststörungen könnte etwa beobachtet werden, was und wie Schüler/innen im Vorfeld zu einem Test fragen (z. B. »Wird es ein schwerer Test?«) oder wie sie sich im Vorfeld bzw. während der Prüfung verhalten.

Dokumentation der Beobachtung

Zur Dokumentation ist in Kapitel 4 einiges angesprochen, hier werden weiterführende Gedanken angeführt. Die Dokumentation ist nicht nur für die Systematisierung der eigenen Beobachtung hilfreich, sondern immer dann besonders notwendig, wenn weitere Helfersysteme einbezogen werden (z. B. Jugendhilfe). In jedem Fall ist es für die Betrachtung von Zusammenhängen sinnvoll, Kontextbedingungen mitzunotieren (Fach, Dauer, Zeitpunkt etc.).

Lehrkräfte sollten sich überlegen, ob sie Beobachtungen entweder während des Unterrichts (z. B. in einer Gruppenarbeit/Stillarbeitsphase) oder aber nach dem Unterricht notieren. Bei einer Aufzeichnung im Nachgang werden Beobachtungsfehler (Greve/Ventura 1997) wahrscheinlicher, jedoch ist dann oft mehr Zeit und Ruhe für die Reflexion. Daher kann sich eine Kombination bewähren, wie Strichlisten während der Stunde, eine kurze Notiz zu den Kontextbedingungen nach der Stunde und die schriftliche Reflexion über Zusammenhänge in Ruhe am Schreibtisch.

Spätestens an dieser Stelle wird klar, dass hilfreiches Beobachten Zeit kostet. Der Lohn ist jedoch, dass es möglich wird, statt an Symptomen an den Ursachen von Auffälligkeiten anzusetzen und Schwierigkeiten – auch mithilfe anderer – nachhaltig entgegenzuwirken. Im Sinne der Lehrergesundheit (siehe auch Kapitel 3) sollte allerdings jede Lehrkraft für sich abwägen, wie weit die eigenen Möglichkeiten und Kräfte reichen und welche Hilfe gegebenenfalls in Anspruch genommen wird.

Beobachtungshilfe

Am Ende dieses Kapitels möchten wir Ihnen eine Hilfe für Ihre Beobachtungen anbieten. Dabei geht es um die Beantwortung der Frage, welches Schülerverhalten auf welche Auffälligkeit hinweisen könnte. Stephan Schickart hat dazu im Rahmen einer Zulassungsarbeit eine Tabelle erstellt: In der der ersten Spalte sind Symptome und in der zweiten Spalte verschiedene Auffälligkeiten aufgelistet. Die Verwendung dieser Tabelle birgt jedoch nicht nur Chancen, sondern auch Risiken, dir wir mit folgenden Warnhinweisen zu minimieren suchen:

a) Das Ziel der abgedruckten Übersicht ist die Erweiterung und nicht die Einengung des Blickfelds von Beobachtenden. Die Tabelle soll dabei helfen, Hypothesen zu generieren und schafft keine Beweise. Wenn Sie also lesen, dass regelverletzendes Verhalten ein Hinweis dafür sein kann, dass eine Schülerin ein Mobbingopfer sein könnte, dann ist dies kein logischer Schluss, sondern eine Möglichkeit. Die Tabelle kann aber dafür sensibilisieren, dass Mobbing eine Ursache bei regelverletzendem Verhalten sein kann, und genau in dieser Weitung des Blickfelds liegt ihr Wert. Vorsichtig muss man hier aber mit einer Übersensibilisierung sein. Insbesondere Einwirkungen durch das Umfeld (Missbrauch) können zu ganz unterschiedlichen Auffälligkeiten bei Schülerinnen und Schülern führen. Es wäre fatal, auf der Grundlage von Symptomen sofort einen Verdacht, statt einer weiter zu beobachtenden Hypothese, zu entwickeln.

b) Gleichzeitig wurden Auffälligkeiten, die zwar durchaus mit einem Symptom auftreten können (also kein Ausschlusskriterium sind), allerdings wohl viel stärker in anderen Kontexten beobachtet werden, nicht mit dem jeweiligen Symptom genannt. Ein Beispiel wäre hier Trennungsangst, bei der es auch zu aggressiven Verhaltensweisen in den Trennungssituationen kommen kann. Da dies allerdings nicht besonders typisch ist und der Ausdruck von Trennungsangst vielmehr in der Anhänglichkeit vor der Trennung oder den Schülersorgen während der Trennung gesehen wird, würde eine solche Auflistung ein verzerrtes Bild erscheinen lassen. Aus diesem Grund haben wir auch darauf verzichtet, Persönlichkeitsstörungen und Manie mit in der Tabelle aufzuführen. Wir gehen davon aus, dass diese Auffälligkeiten so schwerwiegend sind, dass die Schülerinnen und Schüler ohne »geweiteten Blick« einer Lehrkraft auffallen und sie durch hinzugezogene Schulpsycholog/innen therapeutische Hilfsangebote erfahren oder nahegelegt bekommen.

c) Die Diagnose von Störungsbildern, wie sie zum Beispiel im ICD 10[1] festgehalten werden (ADHS, Depression, Autismus etc.), muss durch eine speziell ausgebildete Fachkraft vorgenommen werden. Nur diese Fachkräfte haben die Ausbildung, das Instrumentarium, die Erfahrung und den Überblick, um zum Beispiel ähnliche Störungsbilder auszuschließen. Sich vor der Diagnose durch eine Fachkraft auf eine »Auffälligkeit« festzulegen und eine Schülerin oder einen Schüler so zu behandeln, als wäre das Störungsbild bei ihr oder ihm vorhanden, ist keinesfalls sinnvoll bzw. kann im Gegenteil sehr kontraproduktiv sein. Bitte diagnostizieren Sie also nicht im Vorfeld, sondern sprechen Sie mit zuständigen Schulpsycholog/innen über Ihre Hypothesen. Diese sind vernetzt und können daher gegebenenfalls Kontakt zu Fachärzten oder Therapeuten herstellen.

Wie beschrieben finden Sie in der Tabelle 3 auf der linken Seite verschiedene Symptome, die Sie im Unterricht oder im Rahmen ihrer Tätigkeit als Lehrkräfte bei Schüler/in-

---

1 Internationale statistische Klassifikation der Krankheiten und verwandter Gesundheitsprobleme

nen möglicherweise feststellen. Auf der rechten Seite finden Sie Auffälligkeiten, auf die diese Symptome hinweisen *könnten*. Stephan Schickart und Tobias Tretter haben sich auf die Symptome und die Auflistung jener Auffälligkeiten beschränkt, die in diesem Praxisleitfaden am Ende näher ausgeführt sind, natürlich gibt es noch weitere bzw. natürlich könnte ein Symptom unter Umständen auch noch zu einer anderen als den genannten Auffälligkeiten »gehören«.

Tab. 3: Symptome und Auffälligkeiten

Symptome	Mögliche Auffälligkeiten
Aggressives und aufbrausendes Verhalten (verbal oder physisch)	Störung des Sozialverhaltens, gesteigerte Gewaltbereitschaft, Delinquenz, ADHS, Mobbing, Alkoholmissbrauch, Drogenmissbrauch, Computerspielsucht, häusliche Gewalt, sexueller Missbrauch, Trennung und Scheidung, Tod eines Familienmitglieds, Verwahrlosung, Depression (im Jugendalter), geistige Behinderung
Alkoholmissbrauch	»Alkoholmissbrauch«, Drogenmissbrauch, Depressivität, Delinquenz, ADHS, Verwahrlosung, Störung des Sozialverhaltens, gesteigerte Gewaltbereitschaft, häusliche Gewalt, Mobbing, Prüfungsangst, Schulangst, selbstverletzendes Verhalten, Suizidalität, Tod eines Familienmitglieds, sexueller Missbrauch
Angst	Trennungsangst, Prüfungsangst, Schulangst, Somatisierung, Depressivität, elektiver Mutismus, Zwänge, Mobbing, Trennung und Scheidung, Tod eines Familienmitglieds, selbstverletzendes Verhalten, Suizidalität, häusliche Gewalt, sexueller Missbrauch
Antriebslosigkeit	Depressivität, Computerspielsucht, Drogenmissbrauch, Alkoholmissbrauch, Tod eines Familienmitglieds
Defizite im Lernen und geringe Schulleistung	Legasthenie, Dyskalkulie, Prüfungsangst, Schulangst, Somatisierung, ADHS, Depressivität, Mobbing, Hochbegabung (Underachiever), Alkoholmissbrauch, Drogenmissbrauch, Computerspielsucht, Trennung und Scheidung, Tod eines Familienmitglieds, Verwahrlosung, häusliche Gewalt, sexueller Missbrauch, geistige Behinderung
Defizite in der Schriftsprache	Legasthenie
Delinquentes Verhalten (Lügen, Stehlen, Erpressen)	»Delinquenz«, Störungen des Sozialverhaltens, gesteigerte Gewaltbereitschaft, Verwahrlosung, ADHS, Alkoholmissbrauch, Drogenmissbrauch, Trennung und Scheidung, Tod eines Familienmitglieds
Depressive Stimmung (Langeweile, Lust- und Interessenlosigkeit, sozialer Rückzug)	Depressivität, Computerspielsucht, Drogenmissbrauch, Alkoholmissbrauch, Tod eines Familienmitglieds, Trennung und Scheidung, Mobbing
Drogenmissbrauch	Drogenmissbrauch, Alkoholmissbrauch, ADHS, Delinquenz, Störungen des Sozialverhaltens, Depressivität, Suizidalität, Trennung und Scheidung, Tod eines Familienmitglieds
Entwicklungsverzögerung im Schriftspracherwerb	Legasthenie, Hörschädigung, Verwahrlosung, geistige Behinderung
Entwicklungsverzögerungen	Autismus-Spektrum-Störung, geistige Behinderung, Verwahrlosung, Hörschädigung, Sehbehinderung, Epilepsie

Symptome	Mögliche Auffälligkeiten
Erhöhte Schreckhaftigkeit	Autismusspektrumsstörung, sexueller Missbrauch, ADHS
Essattacken	Bulimie, Anorexie, Depressivität, Mobbing
Geringes Selbstwertgefühl	Depressivität, Somatisierung, Trennungsangst, Prüfungsangst, Schulangst, elektiver Mutismus, Mobbing, Alkoholmissbrauch, Drogenmissbrauch, selbstverletzendes Verhalten, Suizidalität, häusliche Gewalt, sexueller Missbrauch
gewichtsreduzierende Maßnahmen	Anorexie, Bulimie
Impulskontrollstörung	ADHS, Störungen des Sozialverhaltens, gesteigerte Gewaltbereitschaft, Computerspielsucht, Dyskalkulie, Legasthenie, Hochbegabung, Mobbing, Bulimie, Trennung und Scheidung, Tod eines Familienmitglieds, Autismusspektrumsstörung, Tic-Störungen, Zwänge
Konzentrationsprobleme	ADHS, Depressivität, Computerspielsucht, Mobbing, Hochbegabung (Underachiever), Trennung und Scheidung, Hörschädigung, Epilepsie, Zwänge, Tod eines Familienmitglieds, Autismusspektrumsstörung, Tic-Störungen, Zwänge, häusliche Gewalt, sexueller Missbrauch
Motorische Unruhe	ADHS, Computerspielsucht, Tic-Störungen
Psychosomatische Beschwerden	Somatisierung, Depressivität, Trennungsangst, Prüfungsangst, Schulangst, Computerspielsucht, Dyskalkulie, Legasthenie, Mobbing, Trennung und Scheidung, Tod eines Familienmitglieds, sexueller Missbrauch, häusliche Gewalt, Verwahrlosung, elektiver Mutismus
Regressives Verhalten (sich auf eine frühere Entwicklungsstufe zurückbegeben)	Tod eines Familienmitglieds, Trennung und Scheidung, Trennungsangst, Prüfungsangst, Schulangst, sexueller Missbrauch, häusliche Gewalt
Scham	Tic-Störungen, Zwänge, Somatisierung, Bulimie, Mobbing, Trennung und Scheidung, Alkoholmissbrauch
Schulabstinenz oder Schuleschwänzen	Somatisierung, Schulangst, Trennungsangst, Prüfungsangst, Mobbing, Delinquenz, Trennung und Scheidung
Schlafprobleme	Depressivität, Computerspielsucht, Mobbing, Trennung und Scheidung, Tod eines Familienmitglieds, sexueller Missbrauch, Computerspielsucht, Drogenmissbrauch, Alkoholmissbrauch
Schuldgefühle	Depressivität, Zwänge, Tic-Störungen, Alkoholmissbrauch, Drogenmissbrauch, Computerspielsucht, Trennung und Scheidung, Tod eines Familienmitglieds, Verwahrlosung, häusliche Gewalt, sexueller Missbrauch, Verwahrlosung
Selbstverletzendes Verhalten	»selbstverletzendes Verhalten«, Suizidalität, Autismusspektrumsstörung, geistige Behinderung, Depressivität, sexueller Missbrauch, häusliche Gewalt
Selbstinduziertes Übergeben	Bulimie, Anorexie
Soziale Unsicherheit	Trennungsangst, Prüfungsangst, Schulangst, Somatisierung, Depressivität, elektiver Mutismus, Mobbing, Alkoholmissbrauch, Drogenmissbrauch, selbstverletzendes Verhalten, Suizidalität, häusliche Gewalt, sexueller Missbrauch

Symptome	Mögliche Auffälligkeiten
Sozialer Rückzug	Depressivität, Trennungsangst, Prüfungsangst, Schulangst, Somatisierung, elektiver Mutismus, Mobbing, Computerspielsucht, Alkoholmissbrauch, Drogenmissbrauch, selbstverletzendes Verhalten, Suizidalität, häusliche Gewalt, sexueller Missbrauch, Stottern, Tic-Störung, Zwänge
Spezifische Angst	Prüfungsangst, Trennungsangst
Verzerrtes Körperbildschema	Anorexie, Bulimie
Unangemessen hoher Stellenwert des Körperbildes	Anorexie, Bulimie
Zwangshandlungen und wiederkehrende Verhaltensweisen (Tics, Stereotypien)	Tic-Störungen, Zwänge, Autismusspektrumsstörung, geistige Behinderung

Literatur

Greve, W./Wentura, D. (1997): Wissenschaftliche Beobachtung. Weinheim und Basel: Beltz-PVU.
Mensching, S. (2014): Auffälligkeiten bei Schülerinnen und Schülern: Welche Empfehlungen geben Schulpsycholog/innen Lehrkräften für den Umgang mit Auffälligkeiten? Am Beispiel von Essstörungen und depressiven Erkrankungen. Zulassungsarbeit, Ludwig-Maximilians-Universität München. urn:nbn:de:bvb:19-epub-21084-0.
Meyer, B. E (2014). Rhetorik für Lehrerinnen und Lehrer. Weinheim und Basel: Beltz.
Schickart, S. (2014): Verhaltensauffälligkeiten bei Kindern und Jugendlichen: Ein Vergleich der Symptomatik im Rahmen der Arbeitsgemeinschaft Schülerauffälligkeiten. Zulassungsarbeit, Ludwig-Maximilians-Universität München. urn:nbn:de:bvb:19-epub-21091-3.

5.2 Schritt 2: Gespräche führen

Lehrkräfte führen täglich Gespräche und haben dazu in ihrer Ausbildung oft auch viele Theorien gelernt (wie z. B. von Watzlawick; zu allgemeinen Kommunikationstheorien in der Pädagogik, worauf dieser Beitrag nicht eingeht, siehe Schäfer 2005). Trotzdem zeigt sich in Fortbildungen, im Kontakt mit Kollegen und in Universitätsseminaren, dass viele Lehrkräfte Anregungen zur Verbesserung von Gesprächsabläufen gerne aufgreifen. Kapitel 5.2.1 gibt deshalb zunächst einen Überblick darüber, was vor einem Gespräch bedacht werden sollte. Das darauf folgende von Ulrike Becker verfasste Unterkapitel nimmt dann die Durchführung von Gesprächen mit Personen und Personengruppen in der Schule in den Blick, also mit der auffälligen Schülerin oder dem auffälligen Schüler, mit Kollegen, der Klassen- oder Schulleitung, mit Freunden von auffälligen Schüler/innen und mit der gesamten Klasse. Abschließend gibt Robert Roedern Hinweise und Ideen zum Gespräch mit Erziehungsberechtigten.

5.2.1 Allgemeines zum Führen von Gesprächen
Tobias Tretter

Vor dem Gespräch

Für Gespräche mit Schülerinnen und Schülern sowie mit Bezugspersonen (Eltern, Peers, andere Lehrkräfte) ist es hinsichtlich eines planvollen und erfolgsversprechenden Vorgehens sinnvoll, wenn ich mir als Lehrkraft über die folgenden drei Dinge klar werde:

- Welche Ziele habe ich (weniger für dieses Gespräch als insgesamt bezogen auf die Schülerin oder den Schüler bzw. meinen Gesprächspartner)?
- Welcher Zeit- und Gesprächsrahmen steht mir zur Verfügung bzw. wie muss dieser in Hinblick auf Erreichung dieses Ziels aussehen?
- Wie realistisch sind meine Ziele (Punkt 1) in Hinblick auf den Zeit- und Gesprächsrahmen (Punkt 2)? Und wie realistisch sind meine Ziele in Hinblick auf die Situation (Umfang der Störung, Ressourcen des Kindes oder Jugendlichen, Umfeld etc.)? Muss ich eine Priorisierung, eine Angleichung der Ziele oder eine Veränderung des Rahmens vornehmen?

Im letzten Punkt stecken bereits Vorüberlegungen für das konkrete Gespräch. Oft klafft eine große Lücke zwischen den Zielen, also dem, was als nötig empfunden wird, und dem, was durch ein oder mehrere Lehrergespräche erreicht werden kann. Zu hoch gesteckte Ziele (z. B. absolute Lernzielgleichheit in der Rechtschreibung bei einer Legasthenie) helfen niemandem weiter und führen schließlich nur zu einem Gefühl der Ohnmacht bzw. zu Passivität. Andererseits kann es auch sein, dass erst mit Blick auf das Ziel der notwendige (Zeit-)Rahmen klarer wird. Was in einem einzigen Gespräch nicht erwartet werden kann, könnte in vier Gesprächen realisiert werden. Habe ich als Lehrkraft dafür überhaupt die Zeit? Probleme kosten immer Ressourcen, wenn nicht die Zeit, die für Gespräche da sein muss, dann die Vorbereitungszeit für die Planung von Individualisierungsmaßnahmen oder kostbare Unterrichtszeit, welche durch Störungen verringert wird. Die Investition in eine intensivere Intervention durch das Führen mehrerer Gespräche könnte sinnvoll sein und sich langfristig bei einer Veränderung oder Reduktion des Problems sogar in der Ressourcenfrage als effizient erweisen. In Abhängigkeit vom Kontext (z. B. als kaum betroffene Fachlehrkraft bei einem umfassenden Schülerproblem und unkooperativen Eltern) ist mit dem Verweis auf Effizienz allerdings auch die Reduktion von Zielen und ein verringerter Ressourcenaufwand zu rechtfertigen. Die Anpassung von beidem gilt auch, wenn während des Gesprächs deutlich wird, dass entweder der Rahmen nicht realistisch ist (z. B. bei zusätzlichen Problemen, wie die Trennung der Eltern während einer zunächst gut angelaufenen Intervention) oder dass Ziele überdacht werden müssen (z. B. aufgrund einer unvorhergesehenen Zielvorstellung des Gesprächspartners, wie ein konkreter Berufswunsch bei derzeit zu schlechten Zensuren dafür).

Wer hat das Problem? (in Anlehnung an Thomas Gordon)

Oftmals scheitern Gespräche schon daran, dass die gemeinsame Basis fehlt. Grundlage für den Wunsch nach Veränderung ist in aller Regel eine Diskrepanz zwischen einem Ist- und einem Soll-Zustand (Pikowsky/Wild 2009). Was aber, wenn der Gesprächspartner eine solche Diskrepanz gar nicht feststellt? Im Sinne der humanistischen Psychologie – ein Theoriegebäude, auf dem der gesamte Beitrag fußt – hat Thomas Gordon (2012) diesen Gedanken mit der Frage »Wer hat das Problem?« schon vor Jahrzehnten präzise zu Ende gedacht. Diese Frage überrascht viele und wird in der Routine manchmal außer Acht gelassen.

Was das Problem ist – so möchte man meinen – wäre meist schnell gefunden, beispielsweise das impulsive und unruhige Verhalten eines Schülers mit ADHS während einer konzentrierten Stillarbeit. Wer also hat das Problem? Wohl der beschriebene Schüler mit ADHS. Er passt schließlich nicht auf, nimmt nicht am Unterricht teil und stört andere. Doch so einfach ist es oft nicht, weil die Lösungssuche bei dieser Haltung leicht in eine Sackgasse gerät. Beispielsweise dann, wenn der Schüler trotz dieses Verhaltens mittelmäßige oder gute Noten erzielt und seine Mitschüler die aufregende Abwechslung des Unterrichts durch dessen Verhalten zu schätzen wissen. In diesem Fall wird er kaum daran interessiert sein, mit großer Anstrengung an einer Lösung des Problems zu arbeiten.

Also noch einmal gefragt: Wer hat hier das Problem bzw. den Leidensdruck? Offensichtlich ist es in dem genannten Beispiel nämlich nicht der Schüler, sondern vielmehr die Lehrkraft. Sie möchte störungsfrei unterrichten und hat das Ziel, dass alle Schülerinnen und Schüler am Lernprozess optimal teilnehmen können. Vielleicht gibt es auch noch weiteren Leidensdruck bei einzelnen anderen Schülerinnen und Schülern. Nämlich dann, wenn diese das Verhalten auf die Dauer doch nicht unterhaltsam, sondern vielmehr nervig finden oder wenn sie in Folge der Ablenkung schlechtere Zensuren erfahren.

Für die Problemlösung gibt es zwei Möglichkeiten. Entweder löst die Lehrkraft das Problem selbst, weil derjenige am meisten für die Problemlösung motiviert ist, der das Problem auch wirklich hat. In diesem Beispiel könnte die Lehrkraft den Unterricht anders rhythmisieren, sodass Stillarbeitsphasen kürzer sind. Sie könnte sich zudem stärker damit auseinandersetzen, wie sie ein Thema aufbereitet, damit es auch diesen Schüler in einer konzentrierten Arbeitsphase interessiert – beim Spielen am Computer kann sich ein Schüler mit ADHS schließlich auch konzentrieren. Dieser Vorschlag ist nicht trivial, da hiervon sicherlich auch die anderen Schüler ohne ADHS profitieren würden. Die Störung hat folglich einen Sinn (vgl. Winkel 2011), da das Schülerverhalten zu einer Verbesserung des Unterrichts beitragen kann.

Falls aber die Lehrkraft mit ihren Bemühungen, das Problem selbst zu lösen, schon an ihre Grenzen gelangt ist, muss sie versuchen, dass auch der Gesprächspartner die Situation als Problem erlebt. Dies entspricht der zweiten Möglichkeit des Vorgehens. Oftmals wird ein solches Problembewusstsein bei Schülerinnen und Schülern durch Sanktionen aufgebaut – und auch im beschriebenen Beispiel kann man sich eine derartige »schnelle Lösung« vorstellen. Alternativ ist aber auch ein Gespräch möglich, in dem zunächst durch Ich-Botschaften die Basis für die gemeinsame Auseinandersetzung gelegt wird. Eine mögliche Formulierung wäre: »Wenn du in einer Stillarbeitsphase laut redest [nicht urteilende Beschreibung des Verhaltens], kostet es mich mehr Zeit, Arbeit und Nerven, die Unterrichtsstunde zu halten [konkreter Effekt], und das macht mich wütend und frustriert mich [Emotion].« Zwar ist ein sofort einsichtiges Verhalten (»Entschuldigung, das wollte ich nicht. Wie können wir es ändern?«) eher nicht zu erwarten. Doch auch eine freche Antwort (»Das ist doch nicht mein Problem!«) kann die Basis für das weitere Gespräch bilden (Ziele klären). Mit aktivem Zuhören bzw. Paraphrasieren (»Du hast den Eindruck, ich spreche etwas an, was gar nicht dein Problem ist«) kann es gelingen, ein Problem beim Gegenüber transparent zu machen. Wenn Gesagtes immer wieder gespiegelt wird, so hat schließlich auch in diesem Beispiel der Schüler zuletzt gar keine andere Möglichkeit, als ein Problem einzugestehen (»Ja, also es ist ja nicht meine Absicht, Sie zu frustrieren« oder »Ich möchte ja gar nicht laut sein, aber es platzt aus mir einfach so heraus«). Dies bietet die Grundlage für das weitere Gespräch, welches sich dann auf ein für beide Seiten transparentes und veränderungswürdiges Problem bezieht.

Ablauf eines Gesprächs (Leitfaden)

In der Literatur gibt es zahlreiche Vorschläge für mögliche Gesprächsabläufe (z. B. Pikowsky/Wild 2009; Sponheurer 2013) und angesichts der verschiedenen Wege, ein erfolgreiches Gespräch zu führen, wäre die Suche nach einem allgemein gültigen Leitfaden mühselig. Zudem ist es für jede einzelne Lehrkraft notwendig, einen individuellen Gesprächsstil zu finden, der zu den eigenen Fähigkeiten und Überzeugungen passt und an die jeweilige Situation oder den jeweiligen Kontext angepasst ist. Ein Leitfaden kann daher nur begründete Elemente liefern, die zur Orientierung und zur Reflexion über einen eigenen Gesprächsleitfaden dienen.

Ein solcher Vorschlag für den Ablauf eines Gesprächs findet sich in der nachfolgenden Tabelle mit Beispielen aus Eltern- und Schülergesprächen.

Tab. 4: Gesprächsleitfaden

Gesprächsleitfaden	Beispiele aus Elterngesprächen	Beispiele aus Schülergesprächen
freundliche Begrüßung	Eisbrecher: »Haben Sie einen Parkplatz gefunden?«	»Hallo Thomas, mir ist da etwas durch den Kopf gegangen …«
Ziele klären	»Was kann ich für Sie tun?«, »Bevor wir mit Ihrem Anliegen einsteigen, gibt es sonst noch etwas, was wir heute klären sollten?«	»Ich möchte von dir noch hören, was da auf dem Sportplatz gewesen ist, und mit dir eine Lösung finden, damit es zukünftig keinen Stress mehr gibt.«
Rahmen absprechen	»Es haben sich noch andere Eltern angemeldet. Wir hätten also 20 Minuten Zeit für unser Gespräch.«	»Gut, ich habe jetzt nach der Schule Zeit. Hast du irgendeinen Zeitdruck?«
Überlegung: »Was muss/will mein Gegenüber hören?«*	Anerkennung für bisherige Bemühungen mein echter Wunsch um eine Lösung Aussicht auf Verbesserung	Verständnis für seine Gefühle keine Schuldzuweisung echtes Interesse an seiner Sichtweise
Themen abarbeiten (Wichtigstes zuerst)	»Sammeln wir doch erst einmal, was Sie und ich versucht haben«, »Wann bestehen denn Ausnahmen?«, »Haben Sie schon eine Lösungsidee?«	»Da musst du aber wütend gewesen sein«, »Und würdest du das noch einmal genauso machen?«, »Was hätte euch denn auf dem Sportplatz geholfen?«

Gesprächs-leitfaden	Beispiele aus Elterngesprächen	Beispiele aus Schülergesprächen
Abmachung festklopfen und Zeitrahmen festlegen**	»Dann versuchen wir, was wir besprochen haben. Am besten wir geben uns vier Wochen Zeit, bevor wir prüfen, ob sich etwas verändert hat.«	»O. K., du hast selbst folgende Strafe bei Wiederholung vorgeschlagen«, »Und ich verspreche dir, darauf zu achten, ob dich jemand provoziert«, »In drei Wochen frag ich dich dann, ob unsere Idee gut war.«
Huckepack-Frage***	»Kann ich sonst noch etwas für Sie tun?«	»Damit haben wir alles besprochen, was mir wichtig war. Gibt's noch etwas, das dir im Kopf umhergeht?«
Prozedere und Verabschiedung	»Dann sehen wir uns also wieder, wenn es etwas Neues zu besprechen gibt bzw. in vier Wochen, um zu überlegen, ob wir noch etwas verändern müssen.«	»Also dann bis morgen, und wenn du den Eindruck hast, ich achte nicht genügend darauf, sprich mich einfach an.«

* Zur Beantwortung dieser Frage ist bedeutsam, was ich über sie/ihn bereits weiß, wie ich die Situation aus ihrer/seiner Sicht einschätze und wie ich sie/ihn im Gespräch erlebe. Weniger geht es anschließend um die Formulierung eines Satzes, der daraus folgt, als vielmehr um die Berücksichtigung im gesamten Gespräch.

** Bei der Festlegung des Zeitrahmens geht es weniger um eine Evaluation des Erfolgs, den eine Lehrkraft unter Umständen auch anders bewertet, sondern vielmehr um eine stärkere Verbindlichkeit durch einen zeitlich überschaubaren Rahmen. Gleichzeitig kann die gemeinsame Kontrolle natürlich Ausgangspunkt für ein folgendes Gespräch sein.

*** Mit »Huckepack-Frage« ist eine Frage gemeint, welche die Möglichkeit eröffnet, ein umfassenderes Problem anzusprechen (evtl. für das nächste Gespräch), nachdem Vertrauen geschöpft wurde.

Die richtige Atmosphäre

Noch einmal gesondert soll auf den Rahmen des Gesprächs eingegangen werden. Dabei geht es nicht nur um die Frage, wie viel Zeit zur Verfügung steht, sondern auch darum, wie eine für das Gelingen des Gesprächs förderliche Atmosphäre geschaffen werden kann. Sicher, für ein ausführliches Elterngespräch in der Sprechstunde lässt sich leicht eine günstige Atmosphäre herstellen. Vielleicht steht ein ansprechendes (z. B. durch Bilder an der Wand) und gleichzeitig professionell wirkendes Elternsprechzimmer mit einem runden Tisch zur Verfügung, in dem viele, oft kostenlos zu beziehende, Infomaterialien bzw. Zeitschriften geordnet bereitliegen. Wenn es absehbar ist, dass das Gespräch über zehn Minuten dauert, kann es auch angemessen sein, etwas zu trinken anzubieten (nichts Heißes, da das Gespräch oft schlechter beendet werden kann). Als Grundschullehrkraft, bei der die Sprechstunde im eigenen Klassenzimmer stattfindet, habe ich mir für Elterngespräche eigens eine Ecke eingerichtet. Im Klassenbetrieb wird sie als Rückzugsort und Konzentrationsplatz genutzt. Jedenfalls habe ich es verhindert, dass das Gespräch auf dem Flur oder in einer »Abstellkammer« stattfindet.

Doch was tun, wenn ein Gespräch am Telefon (siehe hierzu Marks 2013) oder auf der Türschwelle beginnt? Soll die Lehrkraft auf ihre Sprechstunde verweisen, nur um die richtige Atmosphäre herzustellen? Ja, das ist wohl nötig, wenn bei der Abwägung der Ziele (oder durch das Anliegen) deutlich wird, dass der Türrahmen eben keinen ausreichenden Rahmen bietet. Wenn es jedoch wirklich nur um einen kurzen Austausch von Informationen geht, können vielleicht folgende Sätze angemessener sein: »Super, dass Sie es ansprechen. Ich nehme mir noch einen Stift und komme auf den Flur, wo wir ungestörter sind. Drei Minuten habe ich noch, bevor der Unterricht beginnen muss.«

Die für eine positive Atmosphäre notwendigen äußeren Rahmenbedingungen sollten also auf den Gesprächsanlass abgestimmt und für den Gesprächspartner sowie – nicht zu vergessen – für die eigene Person positiv gestaltet werden. Zudem muss jedoch noch die Atmosphäre durch gesprächsförderliche affektive Rahmenbedingungen gestaltet werden. Wesentlich hierfür sind Offenheit sowie eine wertschätzende und akzeptierende Haltung während des Gesprächs.

Gesprächsmethoden

Noch unmöglicher als einen generellen Leitfaden für Gespräche im gegebenen Kontext zu entwickeln, wäre es, alle Methoden, Tipps und Rezepte für eine erfolgreiche Gesprächsführung aufzuzählen. Die Liste wäre zu lang. Formuliert werden können allerdings einige Prinzipien mit konkreten Umsetzungsvorschlägen (vgl. Abb. 12). Sie fußen auf einschlägigen Kommunikationstheorien und etablierter Literatur über Lehrer-Schüler-Gespräche, welche hier in Hinblick auf eine übersichtliche Darstellung konkretisiert und komprimiert wird (vgl. Kowalczyk/Ottich 2013; Scharlau/Rossié 2012).

Auch hierbei handelt es sich um Vorschläge, die in Hinblick auf die eigene Lehrerpersönlichkeit und bisherige Erfahrungen in Gesprächen abgeglichen werden sollten. Vielleicht ist es hilfreich, sich die Punkte zu markieren, die man bisher weniger berücksichtigt hat, und sich jeweils für das nächste Gespräch vorzunehmen, auf einen dieser Aspekte besonders zu achten – bis sie allesamt Routine werden.

Ein häufiger Einwand gegen diese Hinweise zur Gesprächsführung ist, dass, wer sie alle berücksichtigt, mit einem Gespräch nicht fertig wird. Man habe als Lehrkraft gar nicht die Zeit, beispielsweise durch Paraphrasierungen zu überprüfen, ob die Aussage beim Gegenüber auch angekommen sei. Der Hinweis auf das Problem ist berechtigt, da eine empathische und professionelle Gesprächsführung viel Zeit benötigt. Andererseits ist es nicht sinnvoll, ein Gespräch von vornherein so zu führen, dass es weniger Aussicht auf Erfolg hat. Wenn die Zeit nicht aufgebracht werden kann, ist doch vielmehr, wie oben beschrieben, die Zielsetzung und somit vielleicht sogar das Führen oder eher Nichtführen eines Gesprächs noch einmal zu überdenken. Des Weiteren stellen diese Hinweise Empfehlungen für ein schwieriges (nicht unbedingt konfliktreiches) Gespräch dar. Keine Frage, dass bei Gesprächen über einfache Themen diese Methoden weniger wichtig sind.

Konflikte im Gespräch

Ein weiterer wichtiger Punkt in Bezug auf die Gesprächsführung ist für viele Lehrkräfte die Sorge, dass Grenzen überschritten werden könnten (siehe auch Kanitz/Mentzel 2012). Die genannten Gesprächshinweise mögen zwar präventiv dazu beitragen, die Eskalation einer konflikttrachtigen Situation zu verhindern, ausschließen können sie ein – meist ver-

Transparenz und Selbstoffenbarung	• eigene Gefühle benennen und mit Situation verknüpfen • eigenen Grund (Betroffenheit) finden, weswegen man etwas sagt • generell: Ich-Botschaften statt Du-Botschaften verwenden
Gesprächsstruktur, Klarheit und Fremdstrukturierung	• Verantwortung in der Moderation des gesamten Gesprächs und in jedem Teil übernehmen • klare Fragen (ohne Entschuldigungen, sondern besser mit Grund) formulieren • pro Redesequenz nur eine Botschaft transportieren und kurze Formulierungen wählen • Mut für höfliche Unterbrechungen aufbringen (Wertschätzung für Gesagtes, Grund für Steuerung und Hinweis auf Moderation)
Authentizität und Offenheit	• Kongruenz aller Aussagen beachten • Kongruenz in Mimik, Gestik und Worten zeigen • Körpersprache: freundlicher Blick, aufrechte und offene Sitzhaltung beachten • keine Double-Bind-Signale oder Double-Bind-Botschaften senden (z. B. »Selbstverständlich können Sie immer anrufen, aber bitte rufen Sie doch nur an, wenn es wirklich wichtig ist.«)
Wahrnehmen des Gegenübers	• sich wirklich in Belastung, Anstrengung, feindseliges Erleben oder Ähnliches hineinversetzen • Aussagen des Gegenübers paraphrasieren oder Verstandenes wiederholen (aktives Zuhören) • Vermutung über fremde Gefühle und Bedürfnisse aussprechen und mit der Situation verknüpfen • Erlaubnis holen, um Tipps, Diagnosen, Bewertungen oder Interpretationen zu formulieren
Akzeptanz verschiedener Sichtweisen/ Wahrheiten	• Beobachtungen und Beschreibungen formulieren (ich sehe ...) • beim Gegenüber zwischen Beobachtung und Interpretation trennen (durch Paraphrasieren) • Ideen vom Gegenüber entwickeln/formulieren lassen • Folgen der Überlegungen gemeinsam verifizieren (z. B. durch »Wenn, ... dann, ...«)

Abb. 12: Gesprächsregeln

bal – übergriffiges Verhalten jedoch nicht. Sollte nun in einem Gespräch der Gesprächspartner (also Schülerinnen und Schüler oder Erziehungsberechtigte) Grenzen überschreiten, erscheinen zwei Wege hilfreich. Auf Aggression kann mit einer heftigen, allerdings knappen Gegenaggression und einem sofortigen Wechsel in die Verbindlichkeit reagiert werden (mit lauter Stimme: »Vorsicht, so lasse ich nicht mit mir reden!« und anschließend mit freundlicher Stimme: »Wir wollen ja beide das Beste für Johannes, lassen Sie uns also noch einmal gemeinsam überlegen ...«). Zwar ist diese Vorgehensweise oftmals wirksam, doch birgt sie die Gefahr, dass mit der Gegenaggression eine erneute Grenzüberschreitung, diesmal jedoch bei dem Gegenüber, stattfindet oder dass der Wechsel in die Verbindlichkeit nicht schnell genug erfolgt. Beides kann zu einer Eskalationsspirale führen, weswegen viele Lehrkräfte diese Option ablehnen. Die andere Möglichkeit sieht ein schnelles, routiniertes Vorgehen entlang eines inneren Leitfadens vor. Die einzelnen Punkte lassen sich aus der untenstehenden Grafik mit jeweils einem Beispiel entnehmen. Dabei handelt es sich um eine Redesequenz, die tatsächlich gesprochen maximal 30 Sekunden dauert. Es geht also um Sätze, die man sich vor dem Gespräch für die eigene Sicherheit zurechtlegen kann. Gleichzeitig muss der Leitfaden flexibel sein, um ihn auf die jeweilige Situation adaptieren zu können und dabei einzelne Schritte auszulassen oder deren Reihenfolge zu verändern. Generell gilt auch, dass Grenzüberschreitungen nicht geduldet werden müssen. Sowohl der Abbruch der Zusammenarbeit mit Aufgabe oder Neujustierung der Ziele wie auch das Hinzuziehen von Unterstützung (Schulleiter oder schulische Beratungsfachkraft) für zukünftige Gespräche sind denkbar.

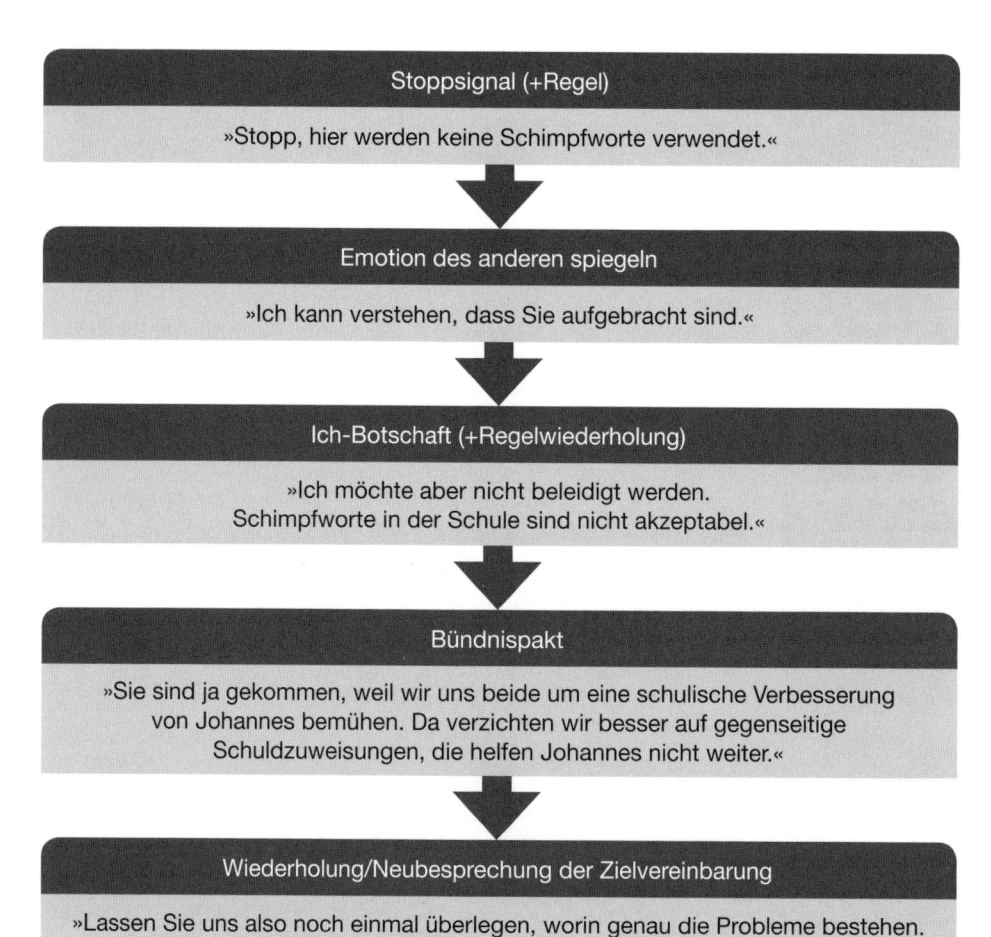

Stoppsignal (+Regel)
»Stopp, hier werden keine Schimpfworte verwendet.«

⬇

Emotion des anderen spiegeln
»Ich kann verstehen, dass Sie aufgebracht sind.«

⬇

Ich-Botschaft (+Regelwiederholung)
»Ich möchte aber nicht beleidigt werden.
Schimpfworte in der Schule sind nicht akzeptabel.«

⬇

Bündnispakt
»Sie sind ja gekommen, weil wir uns beide um eine schulische Verbesserung von Johannes bemühen. Da verzichten wir besser auf gegenseitige Schuldzuweisungen, die helfen Johannes nicht weiter.«

⬇

Wiederholung/Neubesprechung der Zielvereinbarung
»Lassen Sie uns also noch einmal überlegen, worin genau die Probleme bestehen. Dann können wir verschiedene Lösungsideen entwickeln und auswählen.«

Abb. 13: Vorgehen bei Grenzüberschreitung

Literatur

Gordon, T. (2011): Lehrer-Schüler-Konferenz. Wie man Konflikte in der Schule löst. München: Heyne.
Kowalczyk, W./Ottich, K. (2013): Grundkurs Schulmanagement V. Gespräche im schulischen Alltag erfolgreich führen. Kronach: Carl Link.
Lanig, J./Marks, T./Sponheuer, C. (2013): Elternarbeit. Den Dialog mit den Eltern konstruktiv gestalten. Berlin: Raabe.
Marks, T. (2013): Bei Anruf Stress. Souverän mit aufgebrachten Eltern telefonieren. In: Lanig, J./Marks, T./Sponheuer, C. (Hrsg.): Elternarbeit. Den Dialog mit den Eltern konstruktiv gestalten. Berlin: Raabe, S. 33–48.
Pikowsky, B./Wild, E. (2009): Pädagogisch-psychologische Beratung. In: Wild, E. (Hrsg.): Pädagogische Psychologie. Berlin: Springer.
Schäfer, K.-H. (2005): Kommunikation und Interaktion. Grundbegriffe einer Pädagogik des Pragmatismus. Wiesbaden: VS.
Scharlau, C./Rossié, M. (2012): Gesprächstechniken. München: Haufe.
Sponheuer, C. (2013): Mit schwierigen Gesprächssituationen konstruktiv umgehen. Elterngespräche professionell führen. In: Lanig, J./Marks, T./Sponheuer, C. (Hrsg.): Elternarbeit. Den Dialog mit den Eltern konstruktiv gestalten. Berlin: Raabe, S. 1–32.
Wild, E. (Hrsg.) (2009): Pädagogische Psychologie. Berlin: Springer.
Winkel, R. (2011): Der gestörte Unterricht. Diagnostische und therapeutische Möglichkeiten. 10. Aufl. Baltmannsweiler: Schneider Hohengehren.

5.2.2 Gespräche mit Personen und Personengruppen in der Schule

Ulrike Becker

Wenn es um auffällige Schüler/innen geht, führen Lehrkräfte Gespräche mit unterschiedlichen Personen und Personengruppen. Grundlegende Überlegungen zu Ablauf und Atmosphäre wurden in Kapitel 5.2.1 bereits ausgeführt. Im Folgenden ist der Fokus auf die spezifischen Personenkonstellationen in den verschiedenen Kommunikationssituationen gerichtet. Meist sucht die Lehrkraft zuerst das Gespräch mit der Schülerin oder dem Schüler, mit ihr oder ihm ist sie durch den Unterricht in regelmäßigem direktem Kontakt, hier werden die direkten Beobachtungen gemacht und hier findet die direkte Interaktion statt. Darauf folgt oft der Kontakt zu Kolleginnen und Kollegen sowie je nach Situation auch zur Schulleitung. Das Gespräch mit der Klasse muss gesondert betrachtet werden, denn hier agiert die Lehrkraft in einer sehr komplexen sozialen Situation jenseits des Unterrichtens.

Bisher ist das System Schule nicht verlassen worden, das geschieht beim Kontakt mit den Eltern, wobei je nach Schulart die Distanz zwischen Schule und Elternhaus sehr differieren kann. In der Grundschule kennen die Lehrkräfte in der Regel die Eltern oder zumindest einen Elternteil. In der Mittelschule besteht oftmals kaum oder nur sporadischer Kontakt, während am Gymnasium manche Eltern die schulische Entwicklung des Kindes und die Aktivitäten der Lehrkräfte sehr genau verfolgen. Der abschließende Abschnitt dieses Kapitels, der von Robert Roedern verfasst wurde, behandelt daher das Gespräch mit Eltern.

Gespräch mit der auffälligen Schülerin oder dem auffälligen Schüler

Lehrkräfte haben für sich eine Vorstellung, was sie unter »auffällig« verstehen. Sie haben in der Regel schon verschiedene pädagogische Interventionen gesetzt, bevor sie das Einzelgespräch mit einer Schülerin oder einem Schüler suchen. Was hat nun letztlich den Ausschlag gegeben, mit ihr oder ihm individuell zu sprechen? Viele Überlegungen, die in den vorangegangenen Kapiteln beschrieben wurden, und auch weitere, sind es wert, im Vorfeld des Gesprächs zusammengetragen zu werden. Denn es ist wichtig,

- *sich Rechenschaft über die bisherigen Beobachtungen und Interventionen zu geben.* Gerade wenn das negativ bewertete Verhalten besonders heraussticht, sind speziell Beobachtungen von Situationen mit adäquatem Verhalten zu berücksichtigen (siehe auch Kapitel 5.1 zur Beobachtung bzw. zur Dokumentation Kapitel 4).
- *sich Rechenschaft über die eigenen Vermutungen hinsichtlich der Gründe für das Verhalten der Schülerin/des Schülers zu geben.* Was führt zu diesen Vermutungen? Wie weit kann ich sie als Lehrkraft erhärten, wie weit reicht die eigene Kompetenz gerade bei der konkreten Thematik? Wie verändern diese Vermutungen oder Erklärungen das eigene Verhalten, inwieweit helfen sie im Umgang mit der Schülerin/dem Schüler?
- *die bisherige Beziehung zwischen der Lehrkraft und der Schülerin/dem Schüler zu betrachten.* Wie schätze ich als Lehrkraft diese Beziehung ein, auf welche Elemente der bisherigen Beziehungsgeschichte oder auch der bekannten Vorgeschichte kann konstruktiv aufgebaut werden?
- *sich der eigenen Rolle und des Hierarchiegefälles zu der Schülerin/zum Schüler bewusst zu sein.*
- *sich über die Situation der Schülerin/des Schülers in der Klasse klar zu werden.* Welche Vorteile hat die Klasse oder haben bestimmte Gruppen in der Klasse vom Verhalten dieser Schülerin/dieses Schülers? Wie sind die bisherigen Maßnahmen der Lehrkraft im Beziehungsgefüge Lehrer – Schüler – Klasse einzuschätzen?
- *die Informationen von Kolleginnen/Kollegen einzubeziehen.*
- *sich günstige situative und räumliche Möglichkeiten zu überlegen bzw. solche zu gestalten* (siehe Anmerkungen in Kapitel 5.2.1 zu Atmosphäre).

Auf der Basis dieser Vorüberlegungen kann die Lehrkraft für sich genauer klären, welches Ziel – und es sollte ein beschränktes Ziel sein – sie mit dem Gespräch erreichen will. Die Ziele variieren stark nach Alter, Schulsituation und Schulart, weshalb hier nur einzelne Hinweise gegeben werden können. Es kann das Ziel verfolgt werden,

- *das Verhalten der Schülerin/des Schülers besser zu verstehen, ihre oder seine Sicht der Situation zu erfahren und möglichst im Detail zu erfassen.* Damit werden möglicherweise neue Einsichten gewonnen, Vermutungen werden bestätigt oder revidiert und weitere Handlungsvarianten eröffnen sich.
- *die Sorge über bestimmte Beobachtungen auszudrücken und der Schülerin/dem Schüler die Bereitschaft zur Unterstützung zu vermitteln.* Das Spektrum ist dabei sehr weit und kann von Sozialem über Gesundheitliches bis zu Leistungsaspekten reichen.
- *einen Konflikt anzusprechen, den die Lehrkraft sieht oder der deutlich aufgebrochen ist, und wenn möglich einer Klärung näherzubringen oder einen neuen Modus Vivendi zu finden.*

- *bestimmte Verhaltens- und Umgangsregeln in ihrem Sinn und ihrer Konsequenz zu verdeutlichen.* Dabei formuliert die Lehrkraft aus hierarchisch höherer Position und vielleicht als Vertreterin des Systems Schule soziale Erwartungen, hinter denen sie – im besten Falle – selbst steht, und setzt Grenzen.

Selbst wenn die Lehrkraft atmosphärisch günstige Rahmenbedingungen geschaffen hat, kann es sein, dass sie das Kind, wie man so sagt, »auf dem falschen Fuß erwischt«. Bevor das Gespräch etwa nach dem vorgestellten Leitfaden (siehe Kapitel 5.2.1) beginnen kann, sollte man sich bei dem Kind oder Jugendlichen vergewissern, ob dem Gespräch nichts entgegensteht. Möglicherweise ist die Vereinbarung eines anderen Termins oder eines anderen Ortes notwendig, weil der Schüler zum Beispiel dringend mit dem Lehrer XY noch etwas wegen der Schulaufgabe klären muss oder weil Klassenkameraden mit neugierig aufgesperrten Ohren in der Nähe sind. Andererseits sind aus Sicht der Lehrkraft unglaubwürdige oder ausweichende Erklärungen als solche zu benennen. Dagegen ist dann der ernsthafte Wunsch der Lehrkraft zum Gespräch zu setzen. Denn die Lehrkraft bestimmt aufgrund ihrer Rolle den Rahmen, in dem das Gespräch stattfindet. Es ist immer zu bedenken, welches Signal sie durch Entgegenkommen bzw. Beharren auf einem Austausch für den Schüler setzt.

Auch wenn Gesprächsbereitschaft signalisiert worden ist, verlaufen Gespräche manchmal sehr einseitig: Der Redeanteil des Lehrkraft ist sehr hoch. Es ist zu bedenken,
- dass Schüler/innen an Zweiergespräche mit Lehrkräften nicht gewöhnt sind,
- dass Schüler/innen der unangenehmen Situation durch Schweigen ausweichen oder
- dass sie sich der sprachlich eloquenteren Lehrkraft deutlich unterlegen fühlen.

Lehrkräfte, die das Gespräch mit einer Schülerin oder einem Schüler suchen, brauchen deshalb
- Geduld, um auch die Stille bis zur Antwort der Schülerin/des Schülers auszuhalten.
- eine überzeugende Haltung, um die Ernsthaftigkeit des Gesprächs glaubwürdig zu vermitteln.
- Zuversicht, dass die Schülerin/der Schüler das für sie/ihn Wichtige ansprechen wird.
- »Hebammenfähigkeiten«, um die kurzen Antworten zu großen Erläuterungen wachsen zu lassen. So kann die Wiederholung der Aussage mit fragendem Ausdruck das Kind oder den Jugendlichen schon zu weiteren Erklärungen anregen.
- konkrete Fragen, um die kleinen Andeutungen der Schülerin/des Schülers zu erlebten, plastischen Situationen werden zu lassen. So kann behutsames Nachfragen nach dem Wo und Wann, nach einzelnen Umständen dem Schüler weiterhelfen.
- Ideen, um die angesprochene Situation anders zu erklären und damit eine neue Perspektive zu eröffnen.

Andererseits reagieren Schüler/innen, die auf ein bestimmtes Verhalten, auf einen Vorfall oder eine wiederkehrende Situation von der Lehrkraft angesprochen werden, mit Rechtfertigungen und/oder Schuldzuweisungen – kaum dass das Gesprächsthema genannt oder auch nur angedeutet worden ist. Sie haben für sich selbst plausible Erklärungen parat. Hier geht es für die Lehrkraft zuerst um genaues Zuhören, denn nur dadurch fühlt sich die Schülerin oder der Schüler angenommen.

Die Lehrkraft greift in den Redefluss der Schülerin oder des Schülers steuernd ein, zum Beispiel
- durch pointierte Zusammenfassungen des Gesagten, die dem Schüler helfen, Widersprüche, Lücken oder auch emotionale Hintergründe zu erkennen.
- durch die Aufforderung, die vorliegende Situation wie eine Geschichte zu sehen, oder durch den Versuch, sie auch so stellvertretend für den Schüler zu erzählen. Geschichten können dann in dieser oder jener Richtung weitergesponnen werden.
- durch die Frage nach einer besseren Lösung für die Zukunft, wenn das Kind oder der Jugendliche diese oder jene Fähigkeit eingesetzt hätte, über die es/er ganz sicher verfügt.

Schließlich kann eine Schülerin oder ein Schüler sich auch verweigern und dezidiert nichts zu dem von der Lehrkraft genannten Anliegen sagen wollen. In diesem Fall ist es wichtig,
- deutlich Verständnis für diese Haltung und diese autonome Entscheidung zu signalisieren,
- sie als Schutzmaßnahme der Schülerin/des Schülers zu beschreiben und zu würdigen,
- sich die Erlaubnis der Schülerin/des Schülers geben zulassen, die eigene, betont subjektive Sicht der Situation darzulegen bzw. ganz persönliche Überlegungen bzw. Gedanken dazu vorzutragen,
- andere Sichtweisen von Mitschülern oder unterrichtenden Lehrkräften vorzutragen und damit das Thema zu entfalten.

Bleibt die Schülerin oder der Schüler in der Verweigerung, kann die Lehrkraft nur ihre weitere Gesprächsbereitschaft betonen und sich für die Aufmerksamkeit und das ernsthafte Zuhören der Schülerin oder des Schülers bedanken.

Schüler/innen reagieren auf die eine oder andere Äußerung manchmal auch ganz empört, weil sie sich missverstanden fühlen, dann kann sich hier die Tür für ein Gespräch öffnen. Hat das Gespräch diese intensive Phase auf dem einen oder anderen Weg erreicht und hat sich die Schülerin bzw. der Schüler geöffnet, ist es wichtig, hellhörig für andere Aspekte und Themen zu sein, die der Schüler gerne ansprechen möchte. Es darf dafür Raum sein bzw. diese Anliegen der Schülerin oder des Schülers müssen beachtet werden, denn dadurch festigt sich die vertrauensvolle Beziehung. Dennoch kann auf das eigentliche Gesprächsziel zurückgeführt und nach möglichen Vereinbarungen gesucht werden.

Wünschenswert sind konkrete Absprachen, die in einer knappen Form auch schriftlich fixiert werden können. Genaue Festlegungen darüber, wann und wo das Gespräch wieder aufgenommen oder neu angesetzt werden soll, können oder sollen am Ende stehen. Betrifft die Vereinbarung die Klasse oder müssen die Klassenkameraden bzw. andere Lehrkräfte informiert werden, dann ist mit dem Kind oder dem Jugendlichen und gegebenenfalls auch mit den Eltern zusammen zu überlegen, in welcher Form dies geschehen soll. Folgende Fragen könnten von Bedeutung sein:
- Was ist in der Klasse schon bekannt und was sollen die Mitschüler zusätzlich wissen?
- Welche Missverständnisse sollen ausgeräumt werden?
- Welche Gerüchte kursieren möglicherweise?

- Welche Informationen, Details oder Hintergründe sollen ausgespart werden?
- Welches Verhalten, welche Art des Umgangs wünscht sich der Schüler von seiner Klasse bzw. von den Lehrkräften, wenn es zum Beispiel um gesundheitliche Einschränkungen geht?
- Welche Form ist sinnvoll? Informiert der Schüler selbst, der Klassenleiter oder ein von außen zugezogener Experte, wie es bei Schülern mit einer Störung aus dem Formenkreis des Autismus der Fall ist?
- Was halten die Eltern oder gegebenenfalls der Arzt für sinnvoll?
- Wo sehe ich als Lehrkraft die Grenzen meiner Kompetenz?

Den Abschluss setzt auf jeden Fall die Lehrkraft, die sich für die positiven Aspekte, die im Gespräch aufgetreten sind, bei der Schülerin oder beim Schüler bedankt.

Die Ergebnisse des Gespräches sollte die Lehrkraft knapp für sich in Stichworten festhalten, ebenso die getroffene Vereinbarung.

Außer über neue Beobachtungen zur Schülerin oder zum Schüler ist auch über die Stimmung während des Gesprächs bzw. über Veränderungen in der Stimmung zu reflektieren. Die eigene Haltung und die Gefühle gegenüber der Schülerin oder dem Schüler sind kritisch zu betrachten (siehe hierzu Kapitel 5.6).

Gespräch mit Kolleginnen und Kollegen, der Klassen- oder der Schulleitung

Ständig sind Lehrkräfte im Lehrerzimmer miteinander im Gespräch. Oft geht es um Schüler, denn »Wes das Herz voll ist, des läuft der Mund über« (Sprichwort). Solche Gespräche stehen hier nicht im Zentrum, die Überlegungen können aber möglicherweise auch diese kurzen Gesprächssequenzen verändern. Es soll um das gezielt gesuchte kollegiale Gespräch über einen für mich als Lehrkraft auffälligen Schüler gehen, ein Gespräch, mit dem ein bewusstes Anliegen verbunden ist.

Bedeutsam ist, dass über das Kind oder den Jugendlichen, der in unsere Obhut gegeben ist und den wir in seiner Entwicklung fördern sollen, gesprochen wird. Damit schwingen die Vorstellungen, die sich in den Gesprächspartnern schon gebildet haben, immer mit oder rücken ganz in den Vordergrund.

Ziel kann dabei sein,
- Beobachtungen und Informationen zu sammeln, um ein vollständigeres Bild zu bekommen (siehe Kapitel 5.2),
- mit dem auffälligen Schüler adäquater umgehen zu können und Handlungsoptionen auszuloten,
- ein gemeinsames Vorgehen gegenüber dem Schüler, seinen Eltern oder der Schulleitung abzusprechen,
- gegebenenfalls ein aus der eigenen Sicht unangemessenes Handeln der Kollegin/des Kollegen gegenüber dem Schüler anzusprechen und/oder besser zu verstehen,
- sich wechselseitig zu unterstützen bzw. den Kollegen, der möglicherweise an seine Grenzen gekommen ist, zu stärken,
- die eigenen Beobachtungen und Sorgen an die Klassenleitung heranzutragen und sie zum Handeln zu bewegen.

Es handelt sich um ein Gespräch auf gleicher Augenhöhe mit einem Kollegen, mit dem die Lehrkraft zum Beispiel zusammen in der Klasse unterrichtet oder der in der Klasse die Klassenleitung hat. Deshalb steht die Kollegialität und die Anerkennung der Bemühungen des Gegenübers ganz im Vordergrund. Gleichzeitig ist die zugewandte Haltung gegenüber der Schülerin oder dem Schüler immer wieder zu betonen. Es geht nicht um Kampf oder Abwehr, allerdings durchaus um Abgrenzung und vor allem um Förderung und Unterstützung von Potenzialen, die die Schülerin oder der Schüler mitbringt. Gleichzeitig sind Bedürfnisse, Erwartungen und Forderungen des Gesprächspartners zu beachten, ja anzuerkennen. Bildlich lässt sich dies vorstellen als Dreieck, das im besten Fall gleichschenklig ist, also keine Überbetonung der einen oder anderen Position enthält (Grinder 2000):

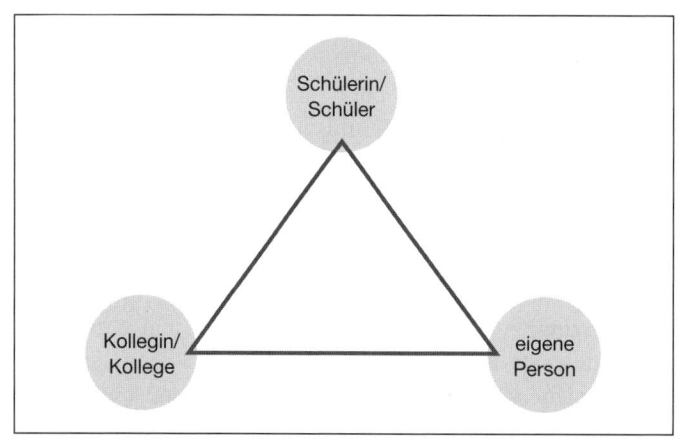

Abb. 14: Beziehungsdreieck

Bei einem Gespräch mit der Schulleitung oder Vertretern der Schulleitung verändert sich in der Regel der Fokus des Gesprächs, denn es handelt sich um eine andere Hierarchieebene. Auch können schulrechtliche Regelungen bzw. organisatorische oder verwaltungstechnische Überlegungen eine größere Bedeutung haben. Ansonsten kann auf Kapitel 5.2.1 »Gespräche führen« verwiesen werden.

Ziel kann dabei sein,
- die Schulleitung über den Schüler und sein Verhalten zu informieren und die bisherigen Maßnahmen zu benennen. Häufig erfährt die Schulleitung erst in diesem Gespräch etwas über die Schülerin oder den Schüler. Eine sorgfältige Auswahl der Informationen hinsichtlich Wichtigkeit und/oder Brisanz ist daher notwendig, um angemessene Reaktionen zu ermöglichen.
- die Schulleitung für weiter reichende Maßnahmen, zum Beispiel die Einschaltung des Jugendamtes, zu gewinnen, denn dafür muss die Leitung die Verantwortung übernehmen.
- rechtliche Aspekte anzusprechen, die möglicherweise nützlich oder auch hinderlich sind (vgl. Kapitel 4),
- sich der Zustimmung und Rückendeckung der Schulleitung zu versichern.

Ins Kalkül zu ziehen ist,
- der Führungsstil, der in der konkreten Schule gepflegt wird, bzw. das Leitbild, das sich die Schule gegeben hat.
- das Verhältnis der jeweiligen Kollegin/des jeweiligen Kollegen zur Schulleitung.
- die Vorerfahrungen, die schon gemacht worden sind.
- die eigene Erwartungshaltung: Soll der Schulleiter beispielsweise der väterliche oder mütterliche Problemlöser sein, der alle Verantwortung übernimmt und damit kurzfristig entlastet, oder wird er vielleicht als der Chef gesehen, der notgedrungen informiert werden muss, weil er eben diese Position innehat, oder wird er als die Beurteilungsinstanz betrachtet, die nun belästigt werden muss? etc.

Zur Rolle des Schulleiters gehört es, Entscheidungen zu treffen Die Kollegin oder der Kollege kann darauf in ihrem Sinne Einfluss nehmen, allerdings ohne die Entscheidungskompetenz des Schulleiters anzutasten.

Gespräche mit Freunden der Schülerin oder des Schülers aus der Schule

Auffällige Schüler/innen bewegen sich nicht im luftleeren Raum, sie haben zum Teil freundschaftliche Kontakte zu verschiedenen Mitschülern in der eigenen oder in anderen Klassen. Diese Freund/innen kennen das betreffende Kind oder den Jugendlichen meist aus anderen sozialen Situationen als die Lehrkräfte und können im besten Falle ihre Verbindung und ihren Einfluss konstruktiv nutzen (vgl. Mensching 2014). Für die Vorüberlegung und die Gesprächsführung gelten die zum Gespräch mit dem auffälligen Schüler und die in Kapitel 5.2.1 »Gespräche führen« schon genannten Aspekte.

Zusätzlich ist zu bedenken, dass gerade bei einer solchen indirekten Einflussnahme durch die Lehrkraft die Zielsetzung und die wohlwollende Absicht für den Mitschüler absolut glaubwürdig sein muss. Es ist deshalb darauf zu achten, dass
- die Loyalität des Freundes gewürdigt und beachtet wird,
- das Ziel der Lehrkraft auch im Sinne des Freundes ist,
- der Freund in seinen Fähigkeiten und Möglichkeiten nicht überfordert wird,
- die Freundschaft nicht über Gebühr belastet wird,
- auf Freiwilligkeit geachtet, d. h. auch eine Ablehnung akzeptiert wird,
- das Verhalten der auffälligen Schülerin/des Schülers auch auf der Verhaltensebene angesprochen wird,
- Schuldzuweisungen und/oder Etikettierungen vermieden werden,
- wenn möglich konkrete Hilfestellungen besprochen werden,
- die Auswirkungen auf das Verhältnis zu dem Freund wie zu anderen im sozialen Umfeld bedacht werden.

So kann es gelingen, für die auffällige Schülerin oder den Schüler ein Unterstützungsnetzwerk von Peers auf den Weg zu bringen. Es wird nur dann Bestand haben, wenn für den Mitschüler der Nutzen erkennbar und das dauerhafte Interesse der Lehrkraft deutlich ist, zum Beispiel allein dadurch, dass die Lehrkraft nonverbal signalisiert, dass sie den mäßigenden, unterstützenden … Einfluss des Mitschülers in einer bestimmten Situation wahrnimmt.

Gespräche mit der Klasse

Dass ein Kind in der Klasse auffällig ist, sozusagen aus dem Rahmen fällt, ist meist den Mitschülern in der Klasse klar. Eine Lehrkraft, die sich entschließt, mit der Klasse als sozialem Verband zu sprechen, steht vor einer komplexen Aufgabe. Günstig ist die Situation, wenn sie auf eingeführte Methoden wie Klassenrat, »Zeit für uns« etc. zurückgreifen kann, denn dann haben die Schülerinnen und Schüler schon Erfahrung in der Reflexion ihres eigenen Verhaltens und im Austausch über Vorfälle in der Klasse. Dennoch sind Überlegungen im Vorfeld wichtig:
- Welche Informationen dürfen weitergegeben werden?
- Welche Vermutungen, welche Gerüchte kursieren in der Klasse?
- Wie stehen die betroffene Schülerin/der Schüler und ihre/seine Eltern zu einem Klassengespräch?
- Soll das Gespräch mit oder ohne die Schülerin/den Schüler in der Klasse geführt werden?
- Welche Position hat die betreffende Schüler/der Schüler in der Klasse?
- Wie stark sind die Mitschüler durch das Verhalten der Schülerin/des Schülers belastet?
- Welche Bedürfnisse oder Wünsche der Mitschüler sind zu erkennen?
- Wie sind die Dynamik und die Stimmung in der Klasse einzuschätzen?

Bleiben zu viele Fragen offen, entscheidet sich die Lehrkraft möglicherweise gegen ein Gespräch und für andere pädagogische Maßnahmen im Unterricht. Ein angesetztes Klassengespräch ist aus der alltäglichen Kommunikation herausgehoben und gewinnt dadurch schon an Bedeutung. Die Intention sollte wohlüberlegt sein.

Das Ziel kann sein,
- die Mitschüler über Sonderregelungen für den betroffenen Schüler zu informieren und diese zu erklären,
- Konflikte einzelner Mitschüler mit der auffälligen Schülerin/dem Schüler aufzuarbeiten und verstehbarer zu machen,
- Regelungen zu entwickeln, wie in bestimmten kritischen Situationen in der Klasse zu handeln ist,
- eine konstruktive, von Verständnis getragene Haltung der Mitschüler untereinander zu fördern.

Über allem steht das Ziel, die Bedingungen für das Lernen für alle zu verbessern.

Je nach Ziel ist die Lehrkraft im Klassengespräch eher in der Rolle des Erklärenden, zum Beispiel wenn es um Informationen geht und nur Nachfragen zugelassen werden; mehr in der des Moderators, zum Beispiel wenn es um die Entwicklung von Regeln geht; oder mehr in der Rolle des Schlichters, wenn es zum Beispiel um Konflikte zwischen Klassenkameraden geht. Einerseits die Schüler/innen mit ihrer Meinung und ihren Gefühlen zu Wort kommen zu lassen und andererseits dem auffälligen Schüler gerecht zu werden, stellt eine Herausforderung dar:
- Es kann ein Balanceakt zwischen klarer Darstellung der Situation und Schutz der Schülerin/des Schülers vor Bloßstellung und Verletzung sein.
- Es kann ein Balanceakt zwischen den berechtigten Interessen und Bedürfnissen der Mitschüler und den Möglichkeiten des auffälligen Schülers sein.

- Es kann eine Übung im Aushalten von Dingen sein, die nicht verändert werden können, und der Suche nach Kräften, die dies ermöglichen.

Die Lehrkraft braucht dafür: eine hohe Präsenz, gute Kenntnis der und gutes Gespür für die Klasse, Gelassenheit in der Steuerung oder Begleitung des Gruppenprozesses, die Fähigkeit, im Raum Stehendes in Worte zu fassen sowie Zutrauen in die Fähigkeit der Schüler/innen, ihre eigene Situation zu gestalten.

Ein Klassengespräch zielt auf ein Ergebnis. Dieses am Ende nochmals zu formulieren, ist Aufgabe der Lehrkraft, die damit auch den Schlusspunkt setzt. Zugleich ist ein solches Gespräch Teil eines fortlaufenden Prozesses, vielleicht nur ein Ausrufezeichen darin.

Weiterführende Literatur

- Göppel, R. (2007): Lehrer, Schüler und Konflikte. Bad Heilbrunn: Klinkhardt.
- Hanke, O. (2005): Die Kraft der Klasse fördern. Berlin: Scriptor.
- Palmowski, W. (2000): Anders handeln. Lehrerverhalten in Konfliktsituationen. Dortmund: Borgmann.
- Prior, M. (2012): MiniMax für Lehrer. Weinheim und Basel: Beltz

Literatur

Grinder, M. (2000): Absolute Spitzenklasse. Gruppendynamik in Schulklassen. Köln: Synergeia.
Mensching, S. (2014): Auffälligkeiten bei Schülerinnen und Schülern: Welche Empfehlungen geben Schulpsycholog/innen Lehrkräften für den Umgang mit Auffälligkeiten? Am Beispiel von Essstörungen und depressiven Erkrankungen. Zulassungsarbeit, Ludwig-Maximilians-Universität München. urn:nbn:de:bvb:19-epub-21084-0.

5.2.3 Gespräche mit Eltern

Robert Roedern

Eine Lehrkraft erlebt eine Schülerin oder einen Schüler in ihrem Unterricht als schwierig oder belastend. Sie sucht den Kontakt zu den Eltern. Es lassen sich verschiedene Reaktionsweisen aufseiten der Erziehungsberechtigten finden:
- Die Eltern kennen das beschriebene Verhalten von zu Hause und erleben es ähnlich belastend. Sie werden eher verständnisvoll reagieren.
- Den Eltern ist das Verhalten noch nicht aufgefallen und sie sind dankbar, dass die Lehrkraft es anspricht. Sie erhoffen sich Unterstützung.
- Die Eltern reagieren verständnislos, weil sich das Kind aus ihrer Sicht zu Hause anders bzw. unproblematisch verhält. Schlimmstenfalls werfen sie der Lehrkraft sogar vor, für das auffällige Verhalten verantwortlich zu sein.

In allen Fällen helfen eine lösungsorientierte Haltung (siehe Kapitel 2) und damit verbundene Methoden und Vorgehensweisen.

Im besten Falle hatte die Lehrkraft bereits im Verlauf des Schuljahres Kontakt zu den Eltern, der nicht von Problemen bestimmt wurde, sondern frei von Belastungen war (Jäger-Flor/Jäger 2010). Eltern schätzen zudem die Atmosphäre deutlich positiver ein, wenn Lehrkräfte häufiger von sich aus Kontakte initiieren, zum Beispiel durch gelegentliche kurzfristige – auch telefonische – Rückmeldungen (Staatsinstitut für Schulqualität und Bildungsforschung 2009).

Im konkreten Gespräch geht es darum, zunächst einmal Kontakt bzw. eine Verbindung oder gemeinsame Basis mit den Eltern herzustellen. Die in Kapitel 5.2 angeführten Strategien unterstützen den ersten Zugang: ein ruhiger Raum mit Sitzgelegenheiten auf Augenhöhe, Türöffner, Transparenz hinsichtlich Zeit und Ablauf, aktives Zuhören.

Drei Grundhaltungen begleiten das weitere Vorgehen:
- Wertschätzung
- Autonomie
- Ressourcenorientierung

Wertschätzung

Die Lehrkraft hat zunächst keinen unmittelbaren Zugang zur Lebenswelt der Eltern, sie weiß kaum etwas über ihre Vorstellungen von Erziehung oder die besonderen Herausforderungen in ihrem Familienleben. Sie begegnet ihnen mit einer respektvollen Neugier, mit dem Ziel, ihre Sichtweisen kennenzulernen. Denn die eigene Perspektive ist nur eine von mehreren möglichen Deutungen. Sachliches Nachfragen (»Wie machen Sie das genau?« »Was verstehen Sie unter Strenge?«) unterstützt den Versuch, die Perspektive des Gegenübers einzunehmen und mit eigenen Annahmen abzugleichen. Es ist nützlich für den weiteren Verlauf des Gesprächs, mit den gelingenden Aspekten im Umgang mit dem Kind zu beginnen und nach den Stärken zu suchen (»Was läuft gerade gut?« »Worauf sind Sie besonders stolz?«). Schließlich (und das ist besonders wichtig) wertschätzen: »Schön, dass Sie sich die Zeit genommen haben. Das haben Sie gut hinbekommen. So erlebe ich Ihr Kind auch immer wieder; damit beeindruckt sie/er mich oft. Mir gefällt, wie positiv Sie Ihr Kind beschreiben.« Es gilt: Anerkennung, Komplimente und Ermutigung für Kind und Eltern öffnen und erhöhen die Bereitschaft zur Kooperation.

Gerade vor einem Gespräch mit Eltern, die als schwierig wahrgenommen werden, können die folgenden Annahmen entlastend sein und eine wohlwollende Begegnung erleichtern (Berg/Shilts 2009, S. 31):

»Bis zum Beweis des Gegenteils glauben wir, dass alle Eltern den Wunsch haben:
- auf ihr Kind stolz sein zu können,
- einen positiven Einfluss auf ihr Kind zu nehmen,
- schöne Nachrichten über ihr Kind zu erhalten und darüber, was es gut kann,
- ihrem Kind eine gute Erziehung zu geben und die besten Chancen auf ein erfolgreiches Leben,
- eine gute Beziehung zu ihrem Kind zu haben,
- Hoffnung auf ihr Kind setzen zu können,
- zu sehen, dass ihr Kind eine bessere Zukunft hat als sie selbst,
- zu fühlen, dass sie gute Eltern sind.«

Autonomie

Ausgangspunkt bildet der Gedanke, dass jede Realität subjektiv ist und letztlich das wahr ist bzw. wahr wird, was wir wahrnehmen und was wir, im sozialen Prozess, wahr machen. Dementsprechend ist das Gegenüber Experte in eigener Sache. Eltern sind Experten für ihre Kinder, kennen sie deutlich länger als die Lehrkraft und erleben sie in unterschiedlichsten Lebenswelten. Wenn Eltern das in der Schule beobachtete problematische Verhalten ähnlich sehen, so sind sie damit unter Umständen schon länger konfrontiert. Meist haben sie bereits einiges unternommen, um die Situation für das Kind und die Familie zu verbessern. Das ist die Gelegenheit für die Lehrkraft, Eltern als Fachleute anzusprechen und nach erfolgreichen Strategien und Fortschritten zu fragen. Wenn etwas funktioniert, mache mehr davon, lautet der lösungsorientierte Gedanke. Wenn das Gegenüber sich ernst genommen und autonom erfährt, schafft das wieder eine maximale Motivation für Kooperation und Veränderung.

Ressourcenorientierung

Bevor über das belastende Verhalten gesprochen wird, sollten die Stärken und Fähigkeiten im Vordergrund stehen. Diese werden nämlich von Eltern und Lehrkräften weniger wahrgenommen, wenn sich der familiäre und/oder schulische Alltag fast ausschließlich um das Problem dreht, ob es sich um Schwierigkeiten in einem Fach handelt oder um Auffälligkeiten im Sozial- oder Arbeitsverhalten. Durch Fragen und Nachspüren werden Stärken gefunden und bewusst gemacht. Wann und wo tritt das Problemverhalten nicht oder weniger auf? Was macht das Kind dann? Wie erleben Sie es? Was macht Ihr Kind gerne? Welche Hobbys und Interessen hat es? Welche Fähigkeiten entdecken Sie darin? Die so aufgespürten Stärken können oft zu überraschenden Lösungsideen führen. Dabei sind verschiedene kreative Methoden wie Ressourcen-Hände[2] oder Comics hilfreich (Steiner/Berg 2006).

Schließlich beginnt die Arbeit an einem gemeinsamen Ziel. Wo, glauben Sie, kann Ihr Kind noch besser werden? Welche Fähigkeit sollte das Kind aus Ihrer Sicht neu oder besser lernen, damit die Probleme geringer werden oder sogar verschwinden? Das sind Überlegungen, die von der Lehrkraft schon im Vorfeld aus ihrer Sicht angestellt werden sollten. Alternativ ließe sich auch nach einer näheren Zukunft fragen, in der alles gut läuft. Es geht darum, dass alle Beteiligten eine Vorstellung davon bekommen, wie das gewünschte Verhalten aussieht. Dieses Ziel ist Grundlage für ein lösungsfokussiertes Gespräch (Steiner 2011, S. 16), das folgende Elemente enthalten kann:
- Zielklärung
- Suche nach Ausnahmen: Es wird gemeinsam nach Situationen gesucht, in denen das erwünschte Verhalten und die zu erlernende Fähigkeit bereits ein wenig zum Vorschein kommt.
- Zuversicht wecken: Der Blick auf vorhandene Ressourcen und frühere Fortschritte bzw. Erfolge unterstützt die Zielerreichung.

---

2 Dabei zeichnet das Kind die Umrisse seiner Hände auf ein Blatt und schreibt in jeden Finger eine Fähigkeit, die es gut oder gerne macht. Besonders bei belasteten Kindern können dann die Hände ein Anker in schwierigen Situationen sein, um sich an die eigenen Stärken zu erinnern.

- Skalierung: Auf einer Skala von 1 bis 10 wird eingeordnet, wo sich der Prozess hinsichtlich des angestrebten Zieles momentan befindet. Hargens (2011, S. 17 ff.) zeigt, wie die Arbeit mit Skalierungen aussehen kann.
- Konkretisierung: Die von den Beteiligten zu beobachtende Verbesserung wird prozesshaft und möglichst detailliert antizipiert. Woran erkennt die Lehrkraft, der Banknachbar, die Schwester, der Vater, der beste Freund, die Oma, dass sich die Situation um einen Schritt verbessert hat? Mithilfe der Skala: Was kannst du schon, wenn du dich auf Stufe 3 siehst? Stell dir vor, du bist auf der Stufe 4 angelangt. Worin bist du besser geworden?
- Planung der ersten Schritte: Ausgehend von dieser Beschreibung werden die ersten kleinen Schritte geplant, die zeitnah und mit Aussicht auf Erfolg umgesetzt werden können und überprüfbar sind.

Für diesen Prozess ist es wichtig, dass das Kind bzw. der Jugendliche, um dessen Verhalten es geht, von Beginn an oder zumindest möglichst frühzeitig eingebunden wird. Im Sinne der Autonomie soll die Schülerin/der Schüler mitentscheiden, welche Fähigkeiten für eine Verbesserung hilfreich sind, wo diese bereits gezeigt werden, welche ersten Schritte leicht erreichbar sind oder den größten Einfluss auf die Problemsituation nehmen (dazu mehr in Kapitel 5.2.2).

Literatur

Berg, I. K./Shilts, L. (2009): Einfach Klasse. WOWW-Coaching in der Schule. Dortmund: Borgmann.
Hargens, J. (2011): Bitte nicht helfen! Es ist auch so schon schwer genug. (K)ein Selbsthilfebuch. 8. Aufl. Heidelberg: Carl-Auer.
Jäger-Flor, D./Jäger R. S. (2010): Ergebnisse des Bildungsbarometers zum Thema Kooperation Elternhaus-Schule. https://www.uni-koblenz-landau.de/aktuell/archiv-2010/bildungsbarometer-kooperation-elternhaus-schule (Abruf: 11.06.2014).
Staatsinstitut für Schulqualität und Bildungsforschung in Zusammenarbeit mit der Stiftung Bildungspakt Bayern: Schule und Familie – Verantwortung gemeinsam wahrnehmen. www.schule_und_familie__verantwortung_gemeinsam_wahrnehmen_isb_2009.pdf (Abruf: 11.06.2014).
Steiner, T. (2011): Jetzt mal angenommen … Anregungen für die lösungsfokussierte Arbeit mit Kindern und Jugendlichen. Heidelberg: Carl-Auer.
Steiner T./Berg I. K. (2006): Handbuch Lösungsorientiertes Arbeiten mit Kindern. 2. Aufl. Heidelberg: Carl-Auer.

5.3 Schritt 3: Trotzdem unterrichten

Ingrid Karlitschek

Auch wenn Lehrkräfte möglicherweise einzelnen auffälligen Schüler/innen viel Zeit und Aufmerksamkeit widmen, gibt es trotzdem immer noch eine Klasse, die »trotzdem« unterrichtet werden will und schon aus Gründen der Gerechtigkeit nicht aus dem Blick verloren werden darf. Dieses Kapitel thematisiert daher die Heterogenität im Klassenzimmer und legt den Blick darauf, dass kaum unterrichtet werden kann, wenn eine Auffälligkeit nicht von Lehrkräften und Mitschülern verstanden wird. Zudem gibt es Hinweise dazu, wie der Klassenraum und der Unterricht so strukturiert werden können, dass das Unterrichten mit auffälligen Schüler/innen möglich ist. Da unter gewissen Umständen auffälligen Schüler/innen ein Schulbegleiter zur Seite gestellt wird, der Lehrkräften das »trotzdem unterrichten« ermöglichen sollte, werden auch Rahmenbedingungen und die Arbeit mit den Schulbegleitern thematisiert.

5.3.1 Heterogenität im Klassenzimmer

Abb. 15: Aufgabe bei heterogener Klasse: »Zur Umsetzung der Gerechtigkeitsregel in unserer Klasse lautet die Aufgabe für alle gleich: Klettern Sie auf den Baum!« © Hans Traxler

Die Karikatur führt vor Augen, in welchem Spannungsfeld sich Lehrerinnen und Lehrer gerade dann, wenn sie auffällige Schüler/innen in ihren Klassen haben, bereits heute befinden und in dem sie sich zukünftig mehr und mehr bewegen werden. Zudem wird sichtbar, dass die Gleichbehandlung von Schüler/innen nicht zwangsläufig Gerechtigkeit zur Folge hat. Man kann sich förmlich vorstellen, wie die im Moment noch aufmerksam zuhörenden Tiere ein sehr vielfältiges, auffälliges Verhalten an den Tag legen werden, wenn sie erst versuchen, die gestellte Aufgabe zu bewältigen. Konkret geht es um die Frage: Wie werde ich den besonderen Bedürfnissen einzelner Schüler/innen gerecht, ohne dass damit die Bevorzugung oder Benachteiligung von anderen Schüler/innen verbunden ist? Dies bezieht sich sowohl auf Lerninhalte wie auch auf allgemeine Verhaltensregeln. Klassenregeln. Schüler/innen haben einen ausgeprägten Sinn für Gerechtigkeit. Sie beobachten, was die anderen machen, bemerken, wenn sie andere Aufgaben erhalten, wenn Regelverstöße nicht geahndet werden, und fordern ihre Rechte ein. Die scheinbaren Widersprüche müssen offen kommuniziert werden, wobei der Lehrkraft die Aufgabe zukommt, durch ihren Standpunkt und ihre Haltung als Vorbild zu wirken. Das Menschenbild, das sie transportiert, hat auch Einfluss auf das Lernklima und die Wertschätzung, die jeder einzelnen Schülerin und jedem Schüler entgegengebracht wird.

Lehrer/innen haben in der Regel den Anspruch, all ihren Schüler/innen zumindest die grundsätzlichen Anforderungen des Lehrplans zu vermitteln, stehen sie doch in der Tradition, »alle Menschen alles ganz zu lehren« (Comenius 2007, S. 1). Dies hat in der aktuellen

Inklusionsdebatte neu an Brisanz gewonnen. Eltern wünschen eine Vergleichbarkeit innerhalb der Klasse, ja sogar darüber hinaus unter den Klassen. Wenn diese nicht im gleichen Tempo lernen, können Lehrer/innen unter enormen Druck geraten. Weiterführende Schulen sind es ohnehin gewohnt – durch Übertrittsvoraussetzungen – relativ homogene Lerngruppen zu unterrichten. An Förderzentren hingegen, vor allem für geistige Entwicklung, sind Klassen von Schüler/innen mit unterschiedlichen Lernniveaus und Verhaltensweisen ein vertrautes Bild. Für diese Schüler/innen gehört es zur Normalität, dass ihre Banknachbarin oder ihr Nachbar andere Aufgaben erhält, dass sie phasenweise getrennt in Lerngruppen zusammenarbeiten, dass für einen Schüler allein ein bestimmtes Tokensystem gilt oder dass eine Schülerin im Nebenraum eine Auszeit nimmt. In Artikel 5.4 der Behindertenrechtskonvention der UNO über »Gleichberechtigung und Nichtdiskriminierung« heißt es: »Besondere Maßnahmen, die zur Beschleunigung oder Herbeiführung der De-facto-Gleichberechtigung behinderter Menschen erforderlich sind, gelten nicht als Diskriminierung« (UN BRK 2008, Art. 5.4). Beispielsweise wurde in Bayern ein Lernziel differentes Lernen erstmals 2003 im Gesetz für Erziehung und Unterricht verankert (BayEUG 2003), später übrigens als in vielen anderen Bundesländern. Dies kann zumindest den amtlichen Druck auf Lehrer/innen verringern, dass am Ende des Schuljahres alle Schüler/innen der Klasse alle Lernziele des Lehrplans erreicht haben müssen. Im Extremfall ermöglicht es die Befreiung von der Notengebung für einzelne Schüler/innen in Abstimmung mit der Lehrerkonferenz. Aufgrund der unterschiedlichen Schulgesetze und Traditionen in den einzelnen Bundesländern herrscht vor Ort eine Vielfalt im Umgang mit Heterogenität.

Was sind aber nun diese in der UN-Konvention genannten »besonderen Maßnahmen«? Es scheint allgemein einleuchtend, dass jemand mit einer Sehschwäche eine Brille trägt oder ein Kind mit einer Lähmung der Beine einen Rollstuhl und Rampen benötigt. Es fällt nicht schwer, technische Hilfsmittel, mit denen in solchen Fällen Probleme behoben werden können, als Hilfestellung, also als besondere Maßnahme von »Assistenz« zu akzeptieren, ohne dass ein Verdacht von Diskriminierung aufkäme und die Zugehörigkeit zur Klassengemeinschaft infrage gestellt würde. Wie steht es aber um andere Beeinträchtigungen und Auffälligkeiten? Inwiefern sind wir in der Lage, Unterstützung als ein »technisches Problem« zu sehen, losgelöst von der Persönlichkeit der Schülerin/des Schülers? Bildlich gesprochen: Welche Schiene stellen wir einem Kind zur Verfügung, das langsamer lernt als die meisten in der Klasse, ein Verhaltensproblem hat oder eine Störung aus dem Autismus-Spektrum?

Bevor ein Lehrer oder eine Lehrerin den Unterricht für einzelne Schüler/innen umstellt, fragt sie/er sich vermutlich zu Recht, ob sich der Aufwand für den Einzelfall lohnt. Zur Beantwortung dieser Frage sollen an dieser Stelle ein paar Anhaltspunkte gegeben werden, die Erfahrungen aus dem Schulalltag wiederspiegeln:

- Viele Einzelmaßnahmen haben auch auf andere Schüler/innen eine positive Wirkung, sodass im besten Fall die ganze Klasse von dem Angebot profitiert. Wenn zum Beispiel zur Veranschaulichung mit konkretem Material gehandelt wird, kann das die Motivation und Vorstellungskraft aller Beteiligten steigern.
- Der Aufwand für differenziertes Material sollte im Verhältnis dazu stehen, wie oft und von wie vielen Schüler/innen es benutzt wird. Schüler/innen mit Lernschwierigkeiten brauchen häufig eine Wiederholung von Übungsaufgaben. Wenn das Material zum Beispiel durch Laminieren haltbar gemacht wird, kann ein Ausdruck gegebenenfalls öfter verwendet werden.

- Hilfesysteme eignen sich besonders, wenn Schüler/innen sie selbstständig anwenden können. Dazu muss ihre Verwendung eingeübt werden und sie müssen verfügbar sein (z. B. in einer eigenen Kiste mit Anschauungsmaterial, Rechenwürfel, Rechenschieber, Nachschlagewerk, ...).

Material, das unter diesen Aspekten zusammengestellt wird, kann auf Dauer insofern eine Erleichterung darstellen, als sich die Lehrkraft nicht jede Unterrichtsstunde von Neuem überlegen muss, was sie den Schüler/innen anbieten soll. Nach der Einarbeitung arbeiten sie im besten Fall selbstständig.

5.3.2 Auffälligkeiten verstehen

In Kapitel 6 dieses Buches wird auf unterschiedliche Auffälligkeiten bei Kindern und Jugendlichen eingegangen. Angesichts deren Vielzahl kann vermutet werden, dass es unmöglich ist, für jede Schülerin und jeden Schüler ein passendes Lernumfeld zu schaffen. Hinzu kommt, dass selbst klar beschriebene Syndrome unterschiedlich in Erscheinung treten. So gibt es Menschen mit Autismus-Sprektrum-Störung, die Körperkontakt meiden, und andere, die ihn suchen. Umso mehr ist die Fähigkeit der Lehrkraft gefordert, sich in die Bedürfnisse der Schüler/innen hineinzuversetzen. Die Kenntnis über Krankheitsbilder, Syndrome oder Auffälligkeiten können der Orientierung dienen.

Auffälliges Verhalten steht häufig in Zusammenhang mit der Wahrnehmungsfähigkeit der Schüler/innen. Wie man aus der konstruktivistischen Erkenntnistheorie ableiten kann, versucht der Handelnde mit seinem Verhalten, die Bausteine seines Umfeldes sinnvoll zusammenzufügen. Auch ein störendes Verhalten ist Ergebnis einer Sinnfindung (siehe dazu auch Kapitel 2). Ein Faktor, der in Verbindung mit »störenden Sinngebungen« zum Tragen kommen kann, sei an dieser Stelle herausgehoben. Während Verhaltensstörungen häufig bei Lernproblemen auftreten (Spiess nach Hellwig 2002/2010, S. 19), können diese wiederum in Zusammenhang mit einer gestörten Sinneswahrnehmung stehen (Milz nach Hellwig 1980/2010, S. 14). Mit Legasthenie, Hyperaktivität, ADS und Autismus-Spektrum-Störung seien nur einige genannt (Hellwig 2010, S. 22 ff.). Es ist daher wichtig, sich als Lehrkraft mit der Wahrnehmungsfähigkeit von Schüler/innen auseinanderzusetzen und infolgedessen vorbeugende Maßnahmen zur Vermeidung von Verhaltensauffälligkeiten zu ergreifen.

Für die Schüler/innen können Einfühlungsübungen ein erster Anstoß für Gespräche und ein besseres Verständnis für Probleme ihrer Klassenkameraden sein. An dieser Stelle können nur ein paar Beispiele genannt werden:
- mit Handschuhen eine Schleife binden
- durch eine Taschenlampe geblendet, die schnell hin und her schwenkt, lesen oder eine Sehaufgabe bewältigen
- ein Diktat bei lauter Musik schreiben

Je nach Bedarf könnte man versuchen, weitere Übungen zu suchen oder gemeinsam mit Experten wie Schulpsychologen zu entwickeln.

Diese Übungen ersetzen aber nicht die tägliche Aufgabe aller am Unterrichts- und Erziehungsprozess Beteiligten, ein Verständnis in konkreten Alltagssituationen immer wieder neu zu entwickeln und zu pflegen. Außerdem ist zu beachten, dass die Schüler/innen nicht nur auf ihre Hilfsbedürftigkeit reduziert werden. Wer von uns möchte schon über seine Schwächen definiert werden.

5.3.3 Strukturierung im Klassenraum und Unterricht

»Jeder Mensch braucht Struktur und profitiert somit von Strukturierung, da sie die Verarbeitung von Informationen erleichtert« (Häußler 2005, S. 44). Im TEACCH-Ansatz, der ursprünglich in der Zusammenarbeit mit Menschen mit Autismus-Spektrum-Störung entwickelt wurde und auch hauptsächlich in diesem Bereich zum Einsatz kommt, finden sich Überlegungen zur Bedeutung und zum Einsatz strukturierten Lernens (Häußler 2005). Er soll an dieser Stelle nicht umfassend und nicht in seiner Reinform behandelt werden, kann aber wertvolle Hinweise zur Gestaltung des Lernumfelds und der Lernmaterialien von Schüler/innen bieten, die selbst Schwierigkeiten bei der Organisation ihres Umfelds und ihres Lernens haben.

Das Klassenzimmer strukturieren

Oft genug stellt sich die Frage, wohin mit all den Schüler/innen und dem Unterrichtsmaterial in einem beengten Klassenzimmer. Zudem gilt es, die gegensätzlichen Bedürfnisse unterschiedlicher Lerntypen unter einen Hut zu bringen, nämlich solche, die von zu vielen Reizen überfordert sind, und jene, die von zu wenig Reizen unterfordert sind:

- Reduzierung von Reizen: So schön Bilder, Schülerarbeiten und sonstige Dekoration im Klassenzimmer auch sein mögen, sie können für manche Schüler/innen eine Reizüberflutung darstellen (Arnold 2009, S. 260). So ist zu empfehlen, gegebenenfalls die Wand neben der Tafel leer zu lassen, damit sich die Schüler/innen auf die Tafel konzentrieren können. Auch schlechte Lichtverhältnisse im Klassenzimmer können die Konzentration von Schüler/innen beeinträchtigen (Arnold 2009, S. 259).
- Strukturierung der Informationen, die den Schüler/innen immer parat stehen sollen (Klassenregeln, Ämterplan, Stundenplan, Anlauttabelle, Merksätze, …)
- Flexible Sitzordnung: Die Sitzordnung kann verschiedene Möglichkeiten bieten, die die Schüler/innen nach Bedarf nutzen: die klassisch frontal aufgereihten Tische oder die Kinoreihe für einen uneingeschränkten Blick auf die Tafel, der Gruppentisch für die Zusammenarbeit mit anderen, eventuell von Reizen abgeschirmte Einzeltische mit dem Blick zur leeren Wand als Lernecke, eine gemütlich eingerichtete Leseecke. Wichtig ist, dass Schüler/innen durch einen bestimmten Platz nicht stigmatisiert werden. Sie sollen befähigt werden, selbst zu reflektieren, in welcher Situation welcher Platz der beste für sie ist.

Unterrichtsabläufe strukturieren

Die Vielzahl von Methoden, Materialien, Inhalten oder Veranstaltungen im Rahmen des Schullebens, die in die Gestaltung eines Schultages einfließen, erfordern ein hohes Maß an Organisation. Spontane Änderungen können für manche Schüler/innen aufgrund ih-

res Bedürfnisses nach Struktur fatale Beeinträchtigungen darstellen. Mit einer transparenten Planung kann Konflikten vorgebeugt werden:
- *Visualisieren des Tagesablaufes durch einen Stundenplan:* Schüler/innen, die wissen, was auf sie zukommt, können ihr Verhalten selbst steuern und müssen nicht die Lehrkraft oder Nachbarn fragen. Sie wissen zum Beispiel, wann Pausen sind, wie lange sie sich konzentrieren müssen (Variationen des Stundenplans: Symbole oder Wortkarten in passender Größe, Stundenplan für eine Woche oder einen Tag, individuell oder für die ganze Klasse).
- *Rechtzeitige Ankündigung von Veränderungen (ebenfalls visualisieren)*
- *Strukturierung des Unterrichtsangebots:* Je offener ein Unterrichtsangebot ist, desto wichtiger ist die Strukturierung, zum Beispiel durch Stationenkarten, Laufzettel, Materialliste etc.
- *Transparente Zeiteinteilung:* Klare Zeitangaben über die Dauer einer Arbeit dienen zur Orientierung. Bei Schüler/innen, die die Uhr nicht lesen können, sind »Time Timer« sehr beliebt, die ähnlich einer Eieruhr funktionieren.
- *Einführung und Einübung von Unterrichtsroutinen, Ritualen:* Handlungen, Regeln und Anforderungen, die vertraut sind, verringern die Notwendigkeit von Erklärungen. Das schafft Zeit und Raum für die wesentlichen Inhalte des Unterrichts.
- Manchmal bedeutet dies aber auch den Verzicht auf einen weiteren Unterrichtspunkt.
- *Aufstellen von Klassenregeln:* Wenige Regeln, die aber verlässlich gelten (ebenfalls visualisieren). Ausnahmen müssen nachvollziehbar sein (ggf. mit eigener Regelkarte für einen Schüler).

Akustische Reize strukturieren

Je interaktiver oder selbstaktiver der Unterricht abläuft, desto größer wird vermutlich der Geräuschpegel in der Klasse sein. Im Gegensatz zu den Augen kann man die Ohren aber nicht schließen. Zu große Lautstärke benachteiligt diejenigen, deren Konzentration darunter besonders leidet. Von der Ruhe in der Klasse hingegen profitieren alle Schüler/innen. Daher bieten sich folgende Vorgehensweisen an:
- Rhythmisierung: Ruhephasen sind besonders im Kontrast zu aktiven, lauten und Bewegungsphasen zu erleben. Schüler/innen benötigen Gelegenheit, beides zu erfahren.
- Reizreduktion und Strukturierung: Durch klare Absprachen darüber, in welcher Phase des Unterrichts kommuniziert werden kann und wann bzw. wo Ruhe zu herrschen hat.
- Stilleübungen, kleine Pausen von akustischen Reizen, können die Schüler/innen für die Ruhe, die sie zum Arbeiten benötigen, sensibilisieren. Anregungen dazu findet man in »Tiefe Ruhe für Kinder« (Zeisler/Jaufenthaler 2005, dem Klang einer Zimbel lauschen – Augen schließen und Geräusche außerhalb des Klassenzimmers wahrnehmen, zählen …. Bei dieser Gelegenheit können auch Störgeräusche z. B. von Geräten entdeckt und beseitigt werden.)
- Einrichten eines Rückzugsorts: Als konstruktives Angebot zur Konzentrationssteigerung.
- Möglicherweise liegen den störenden akustischen Reizen im Klassenzimmer auch eine schlechte Lärmdämmung zu Grunde, wodurch ein zu langer Nachhall im Raum entsteht. Gegebenenfalls könnte mit Berufung auf das Arbeitsschutzrecht ein lärmmindernder Umbau des Klassenzimmers bewirkt werden.

Interaktionen strukturieren

Auch hier gilt, dass den Schüler/innen das Arbeiten in den verschiedenen Konstellationen unterschiedlich gut gelingt. Liegt der Schwerpunkt auf dem Inhalt, ist es vielleicht zweitrangig, ob Schüler/innen allein oder in einer Gruppe zu einem Ergebnis kommen. Oder liegt der Fokus auf dem gemeinsamen Lernen? Wie werden Gruppen dann zusammengestellt?

- Losverfahren haben den Vorteil, dass sie als neutrale Verfahren akzeptiert werden.
- Durch eine gewisse Lenkung der Zusammenstellung von Gruppen können kritische Zusammenstellungen vermieden werden, wie zum Beispiel die Ballung von sehr aktiven Jungen.
- Feste Teams haben den Vorteil, dass sich eine Gruppe auf die Bedürfnisse ihrer Mitglieder einstellen kann und mit der Zeit Lösungen findet, wie sie am effektivsten arbeitet.
- Häufiges Wählen und Herstellen neuer Gruppen kann sehr viel Zeit im Unterricht kosten.
- Abwechslungsmöglichkeiten zwischen zugeordneten Partnern oder Teams beim Arbeiten und freie Partnerwahl zum Beispiel in Pausen stellen einen Ausgleich zwischen beiden Formen dar.
- Unterstützerteams können eingerichtet werden, die zeitlich begrenzt zusammenarbeiten.

Lehrersprache und Lehrerverhalten

In »Grundriss der Verhaltensgestörtenpädagogik« führt Goetze Untersuchungen an, die Lehrersprache und Lehrerverhalten zum Gegenstand hatten (Goetze 2001, S. 47 f.). Laut diesen beträgt die Redezeit des Lehrers 80 Prozent und die der Schüler 10 Prozent. Weitere 10 Prozent wurden schweigend zugebracht (Goetze 2001, S. 47). Angesichts dieser Tatsache liegt nahe, welches Gewicht die Lehrersprache in nahezu jedem Augenblick des Unterrichts hat, auch wenn an dieser Stelle nicht erwähnt wird, inwiefern sich die Zahlen in den verschiedenen Schularten unterscheiden. Die Untersuchungen ergaben auch, dass von den 10 Prozent Redezeit der Schüler/innen wiederum »80 % der Verbalaktivitäten von Schüler/innen auf Wiedergabe und Behalten, also niedere kognitive Prozesse gerichtet seien. Nur 10 Prozent entfallen auf höhere Denkaktivitäten« (Goetze 2001, S. 47). Weitere Ergebnisse belegen, dass Lehrer/innen, die höhere Denkaktivitäten einforderten, weniger Kontrolle auf das Schülerverhalten ausüben mussten (Goetze 2001, S. 47 f.). Außerdem konnte nachgewiesen werden, dass Lehrer/innen, die durch ein gezieltes Empathietraining geschult wurden, verbesserte Schülerleistungen erzielen konnten (Goetze 2001, S. 48). »Je jünger die Schüler waren, desto erfolgreicher waren die Wirkungen« (Goetze 2001, S. 48). Demnach ist es von signifikanter Bedeutung, inwieweit Lehrer/innen auf emotionale Äußerungen von Schüler/innen eingehen. Je nach Alter und kognitiver Entwicklung muss die Lehrersprache an die Schüler/innen angepasst werden, wobei natürlich alle Schüler/innen von verständlicher Sprache profitieren. Einige Überlegungen hierzu:

- Wie viele Worte, wie viele Nebensätze kann eine Schülerin/ein Schüler aufnehmen?
- Wie viele Informationen können die Schüler/innen auf einmal verarbeiten? Wie viele Handlungsanweisungen der Lehrkraft werden tatsächlich umgesetzt?

- Unterstützung der Lehrersprache durch Bilder, Gebärden und Handlungen:
- Im Anfangsunterricht der Förderschule werden beim Erlernen der Buchstaben Handlaut-Zeichen eingesetzt zur Ergänzung der Wahrnehmung mit einem handelnden und visuellen Reiz (z. B. Leselehrgang MOMEL). Durch die Verwendung von Symbolen oder Gesten können auch Sprache und somit akustische Reize reduziert werden. Anregungen hierzu bieten die Zeichen der Deutschen Gebärdensprache (DGS). Wahrscheinlich sind ein paar wenige Gebärden für Standartsituationen ausreichend. Colette de Bruin beschreibt Geheimgesten, wie sie eine Mutter mit ihrer Tochter vereinbart hat (de Bruin 2013, S. 129): eine erhobene Hand für »Stopp«; mit dem Finger um den Mund fahren für »Sprichwort, Redewendung« (um sie nicht als wörtlich misszuverstehen); Finger unter das Kinn für »Witz/Spaß« (zum Verständnis von Ironie); das Ohr berühren »jetzt zuhören, nicht reden«. In diesem Fall nutzte auch die Lehrerin die Gesten, um die Schülerin nicht in eine Außenseiterposition zu bringen (de Bruin 2013, S. 129).
- »Stopp!« (de Bruin 2013, S. 126): Das Wort gegebenenfalls in Verbindung mit oder gar ersetzt durch eine Geste/Signalkarte kann in unterschiedlichen Situationen helfen, unerwünschtes oder auch irreführendes Verhalten zu unterbrechen. Als etablierte Intervention ermöglicht das »Stopp«, auch spontan eine sonst notwendige Routine zu unterbrechen. Wichtig ist es, in dieser Situation ein alternatives Verhalten anzubieten und dies gegebenenfalls zu einem späteren Zeitpunkt zu besprechen (de Bruin 2013, S. 126 ff).
- Die im Zusammenhang mit der Autismus-Spektrum-Störung beschriebene 5-W-Methode (de Bruin 2013, S. 56) unterstützt vermutlich auch andere Schüler/innen, die Komponenten ihrer Handlungen zusammenzufügen und zu verstehen. Folgende W-Fragen sind zu berücksichtigen:

»WAS: die jeweilige Aufgabe, die das Kind durchführen soll
WIE: die Art und Weise, in der es die Aufgabe durchführen soll
WANN: wann es damit anfangen soll und wann es damit fertig sein soll
WO: an welchem Platz sich das Kind beim Ausführen der Aufgabe befinden soll
WER/mit WEM: Soll das Kind es allein tun? Was tun andere dabei?«
(de Bruin, 2013 S. 57).

Es mag banal klingen, könnte aber durchaus aufschlussreich für die Reflexion sein, wenn man merkt, dass der Unterricht in einer gewissen Phase nicht nach Plan lief, weil vielleicht eine dieser fünf W-Fragen für die Schüler/innen nicht klar war.

Als sechstes W fügt de Bruin schließlich die Frage *Warum* hinzu. Sie ist zwar nicht nötig, um eine Handlung sachgemäß auszuführen und gerade Kinder mit einer Autismus-Spektrum-Störung können durch komplexe Begründungen eher noch verwirrt werden. Für andere Schüler/innen spielen diese Hintergrundinformationen aber durchaus eine Rolle (de Bruin 2013, S. 66).

Weitere sehr ausführliche Anregungen zur Reflexion und Anpassung der eigenen Lehrersprache finden sich in »Rhetorik für Lehrerinnen und Lehrer« von Meyer. Hier werden neben Körpersprache, Stimme und Wortwahl auch der Zusammenhang zwischen Sprache und Beziehungsqualität, Motivation, Struktur und vieles mehr behandelt (Meyer 2014, S. 55 ff.).

Das Lernmaterial strukturieren

Manchmal müssen Aufgaben auch für die besonderen Bedürfnisse einzelner Schüler/innen verändert werden:
- Die Aufgaben müssen an die Wahrnehmungsfähigkeit der Schüler/innen angepasst werden, zum Beispiel durch Vergrößern, Reduzieren, Abdecken, Schablonen, Laminieren, Lupen, …
- Die einzelnen Arbeitsschritte werden mittels Listen, Symbolkarten, … aufgeschlüsselt.
- Wenn man nach Anregungen für das Üben einfacher Inhalte mit häufigen Wiederholungen sucht, kann man im TEACCH-Ansatz fündig werden (Häußler 2005).

Lerninhalte strukturieren, Unterrichtsmethoden

Die Frage, welche Unterrichtsformen sich für Schüler/innen zum Beispiel mit Verhaltensauffälligkeiten besser eignen, konnte noch nicht abschließend beantwortet werden (Stein/Stein 2006, S. 200). Umso wichtiger scheint daher, mit welchen Absichten Unterrichtsmethoden gewählt werden. Soll zum Beispiel vordringlich die Klassengemeinschaft gestärkt werden, kann weniger auf Differenzierung geachtet werden. Steht die individuelle Förderung im Vordergrund, eignen sich gegebenenfalls offene Formen des Unterrichts.

Im Folgenden sollen verschiedene methodische Beispiele kurz angerissen werden, da davon auszugehen ist, dass die Methoden den Lehrer/innen allgemein bekannt sind. Man sollte jedoch nicht vernachlässigen, dass die Voraussetzungen für eine gelungene Durchführung jedweder Unterrichtsform bei den Schüler/innen zunächst geschaffen werden müssen. Das heißt, die Schüler/innen in den anzuwendenden Methoden zu schulen (Krieger 2005, S. 22 ff.), da sie sonst Gefahr laufen, von den Erwartungen an sie überfordert zu werden. Viele Anregungen zur Methodenschulung wie auch generell zu offenen Unterrichtsformen finden sich bei Krieger 2005.

Die Lerntheke
Da die Lerntheke verschiedene Elemente offener Unterrichtsformen enthält, bietet sie erfahrungsgemäß vielfältige Möglichkeiten für den Einstieg in und das Ausprobieren von diversen Methoden. Deswegen wird sie an dieser Stelle, auch im Sinne einer Methodenschulung, ein wenig ausführlicher behandelt.
- Die Lerntheke bietet ein reduziertes, themenbezogenes Angebot, das von der Lehrkraft vorstrukturiert und gegebenenfalls mit einer To-do-Liste ergänzt werden kann (Variationen: an der Tafel/OHP, individuell angepasst in Anzahl/Auswahl der Aufgaben, mit Worten/Symbolen, zum Abhaken, …).
- Die Regeln für selbstgesteuertes Lernen können im Rahmen einer Lerntheke in kleinen Unterrichtseinheiten erprobt werden. Das heißt die Lehrkraft kann austesten, was für ihre Schüler/innen möglich und nötig ist, wie sie mit dem Material umgehen, wie sie die Anweisungen und Arbeitsaufträge verstehen, wie sie das Arbeitspensum und Tempo selbst einteilen und bewältigen etc.
- Die Lerntheke kann anfangs mit einem kleinen Angebot ausgestattet sein und mit neu eingeführtem Stoff ergänzt werden. Je nach Beschaffenheit kann das Material den Schüler/innen für einen längeren Zeitraum zur Verfügung stehen, in Zwischenphasen

von schnellen Schüler/innen oder zu Übungszwecken von schwächeren Schüler/innen verwendet werden.
- Dadurch, dass jede/jeder für das Erledigen ihrer/seiner Aufgaben selbst verantwortlich ist, kann auch das Bedürfnis, sich mit anderen zu vergleichen, in den Hintergrund treten. Dennoch kann man andere Schüler/innen zu Hilfe holen und mit- bzw. voneinander lernen.

Je nach den Erfahrungen beim Arbeiten mit der Lerntheke kann dieses Modell weiterentwickelt und gewonnene Kompetenzen auch bei den folgenden Unterrichtsformen angewandt werden.

Lernen an Stationen
Eine andere Möglichkeit für ein abwechslungsreiches und rhythmisiertes Lernangebot mit hoher Schüleraktivität stellen Stationen dar. Sie unterscheiden sich von der Lerntheke insofern, als die Aufgaben nicht an einer Theke gesammelt, sondern auf mehrere Stationen verteilt sind. Sie fördern außerdem die Teamfähigkeit. Differenzierung ist hier nicht automatisch gewährleistet und muss eigens geklärt werden. Krieger beschreibt den Einsatz von Stationen ebenso als mögliche Hinführung zur Freiarbeit (Krieger 2005, S. 77).

Der Wochenplan
Auch der Wochenplan stellt eine Möglichkeit dar, die enge Führung des Unterrichts schrittweise zu öffnen (Moosecker 2008, S. 11). Als institutionalisierter Bestandteil des Stundenplans beinhaltet er folgende Elemente:
- Vorstrukturierung, Begleitung und Kontrolle der Schüleraktivität durch die Lehrkraft
- selbstkontrolliertes Arbeiten mithilfe von Wochenplänen
- individuelle Schülerpläne mit individuellen Aufgaben
- ggf. auch Gruppen-, Partneraufträge

Freiarbeit
Krieger charakterisiert Freiarbeit als eine Organisationsform, »in der die Schülerinnen und Schüler frei arbeiten können« und die »größtmögliche Freiheit zu spontaner, selbstbestimmter, schulischer Arbeit in einer pädagogisch gestalteten Umgebung und innerhalb klar definierter, akzeptierter Rahmenbedingungen« gewährt. »Freiwilligkeit und Motivation zu eigeninitiativem Lernen sind ihre wichtigsten Vorbedingungen« (Krieger 2005, S. 113).

Projektunterricht
Einen problemorientierten Ansatz stellt der Projektunterricht da. Da er sehr zeitaufwändig ist, findet er oft nur in Elementen Eingang in den alltäglichen Unterricht. Der Projektunterricht bietet den Schüler/innen die Möglichkeit, ein Thema in einem komplexen Zusammenhang, der über den schulischen Kontext hinausgeht, zu durchdringen. Daraus ergeben sich verschiedene Lernfelder, in die sich die Schüler/innen sehr differenziert gemäß ihren Fähigkeiten einbringen können. Anregungen dazu finden sich ebenfalls bei Krieger (2005, S. 89–109).

Gruppenarbeit
Gruppen- und Partnerarbeit können prinzipiell in alle Modelle eingearbeitet werden. Sie fördern soziale Kompetenzen. Gruppenprozesse sind abhängig von ihren Teilnehmer/innen. Die Ergebnisse können nicht einzelnen Schüler/innen zugeordnet werden.

Zur Lehrerzentrierung in offenen Unterrichtsformen
Allgemein stellt sich bei offenen Unterrichtsformen die Frage, wie forschendes und entdeckendes Lernen integriert werden kann. Die stark lehrerzentrierte Vorstrukturierung kann möglicherweise im Widerstreit zur Entwicklung eigenständigen Denkens und Handelns stehen. Inwiefern wird den Schüler/innen hier etwa nur Scheinselbstständigkeit zugebilligt, wenn die Vorgaben der Lehrerin/des Lehrers zu eng sind und Übungsaufgaben zu gleichförmig, sodass das Entwicklungspotenzial der Schüler/innen nicht in dem ihnen entsprechendem Maß gefordert ist?

Frontalunterricht
Grundsätzlich macht auch der Einsatz offener Unterrichtsformen wie oben angedeutet den klassischen Frontalunterricht nicht entbehrlich. Er bietet einen strukturierenden Rahmen für Lehreransagen, Unterrichtsgespräche und Lerninhalte. In ihm wird die Klasse als ganze Gruppe angesprochen. Er scheint auch für heterogene Klassen unerlässlich zur Einführung, Entwicklung und abschließenden Beurteilung/Zusammenfassung von Inhalten.

Der Schwerpunkt dieses Kapitels lag auf der Strukturierung des Unterrichts. Sie soll aber nicht missverstanden werden als Maßnahme, die die Schüler/innen reglementiert und sie auf ihr »Funktionieren« beschränkt. Vielmehr sollte sie das Halt gebende Fundament bilden, auf dem die Schüler/innen Kompetenzen aufbauen und sich entfalten. Manchmal scheint allerdings dabei die größte Herausforderung für die Lehrkraft, sich selbst an die eigenen Vorgaben zu halten.

5.3.4 Einsatz von Schulbegleitern

Im Zuge der neuen Rechte auf inklusive Beschulung nutzen immer mehr Eltern die Möglichkeit der Einzelintegration, d.h. Schüler/innen mit den unterschiedlichsten Förderschwerpunkten nehmen durchgängig am Unterricht der Regelschule teil. Oft werden sie dabei von Schulbegleitungen unterstützt. Da die Schulbegleiter einen wesentlichen Anteil daran leisten sollten, dass Klassen »trotzdem unterrichtet« werden können, werden sie bzw. der Umgang mit ihnen im Unterricht hier thematisiert.
Um Schulbegleiter zu beantragen, sollte man mit den Mobilen Diensten (MSD) der Förderschulen aus dem eigenen Schulsprengel und den medizinisch-psychiatrischen Kliniken zusammenzuarbeiten. Die Einbindung dieser Dienste ist für die Förderung der Schüler/innen von großer Wichtigkeit. Aufgrund der Kulturhoheit der Länder unterscheiden sich Organisation und Aufgaben der Integrationshilfen stark voneinander. Während in Baden-Württemberg pädagogische Fachkräfte mit geeigneten beruflichen Qualifikationen eingestellt werden (Sautter/Schwarz/Trost 2012, S. 243), arbeiten im benachbarten Bundesland Bayern meist nicht qualifizierte Kräfte aus allen Berufssparten. Hier entsteht vielerorts das Dilemma, dass die »schwierigsten Schüler« dem am wenigsten darauf vor-

bereiteten Personal zugeteilt sind. In der Regel sind auch die Lehrer/innen nicht für Schüler/innen mit sonderpädagogischem Förderbedarf ausgebildet, sodass es unter Umständen zu falschen gegenseitigen Erwartungen kommt.

Die Lehrkraft muss sich nicht nur bezüglich des Förderbedarfs ihrer Schülerin/ihres Schülers in ein völlig neues Aufgabengebiet einarbeiten, sondern sie muss auch eine schulfremde Person in den Unterricht integrieren und anleiten. Dazu gehört:
- die Beschaffung von Informationen zur Auffälligkeit ihrer Schüler/innen und geeignetem Unterrichtsmaterial (möglichst in Zusammenarbeit mit Förderschulen)
- die Einarbeitung und fortlaufende Anleitung der Schulbegleitung
- die gemeinsame Abstimmung der Maßnahmen sowie die kontinuierliche Überprüfung dieser vereinbarten Maßnahmen in regelmäßigen Teambesprechungen mit der Schulbegleitung
- der Austausch mit dem Kostenträger der Schulbegleitung

Sautter, Schwarz, Trost (2012, S. 245) nennen einige Aufgaben von Schulbegleiter/innen, die diese allerdings nur in Abhängigkeit von ihrer Fachlichkeit übernehmen können. Grundlegendes Prinzip für die Unterstützung ist das Selbstständigkeitstraining der Schüler/innen nach dem bekannten Satz »Hilf mir, es selbst zu tun« von Maria Montessori:
- »Aufbau von Eigenverantwortung und Eigenständigkeit durch schrittweises Einüben der Übernahme von Verantwortung für alltägliche Handlungen (z. B. Hausaufgaben selbstständig notieren und notwendiges Arbeitsmaterial einpacken)« (Sautter/Schwarz/Trost 2012, S. 245)
- Anleitung zu lebenspraktischen Fertigkeiten (An- und Ausziehen, Händewaschen, evtl. mithilfe von TEACCH-Strukturierung)
- Bereitstellen von Strukturierungshilfen bei der Umsetzung der Anweisung der Lehrkraft (Visualisierung, Zeitmesser, Zerlegen von Aufgaben in Teilschritte)
- »Bedarfsorientierte didaktische Aufbereitung und Anpassung von Unterrichtsinhalten« (Sautter/Schwarz/Trost 2012, S. 245), in Absprache mit der Lehrkraft
- »Motivation zur Mitarbeit durch behutsame Lenkung der Aufmerksamkeit auf das Wesentliche« (Sautter/Schwarz/Trost 2012, S. 245); (ggf. Begleitung bei Auszeiten)
- »Aufbau von Kontakt- und Sozialverhalten« (Sautter/Schwarz/Trost 2012, S. 245). (Die Schulbegleitung kann in einer Gruppensituation dazu eingesetzt werden, unter den Schüler/innen zu vermitteln. In diesem Fall ist eine sehr hohe Integrationsfähigkeit und situatives Einfühlungsvermögen auch in die Bedürfnisse der Klassenkameraden seitens der Schulbegleitung gefragt.)
- vorausschauendes Beobachten, um Krisen vorzubeugen
- angemessene Intervention zum Schutz des Kindes bei Konflikten und Gefahren (Sautter/Schwarz/Trost 2012, S. 245)

5.3.5 Und wenn es trotzdem nicht klappt – Abschlussbemerkungen

Manchmal verbringt man als Lehrkraft viel Zeit mit Vorbereitungen zur Umsetzung von Ideen, die dann nicht so funktionieren, wie man es geplant hat. Geben Sie sich und Ihren Schüler/innen Zeit, sich Arbeitsweisen anzueignen. Nicht nur der Unterrichtsstoff will vertieft und geübt werden. Das Gleiche gilt für Regeln und Abläufe. Wenn etwas beim ersten Mal nicht klappt, muss das nicht heißen, dass eine Maßnahme nicht geeignet ist (siehe auch Kapitel 5.6).

Und schließlich steckt die größte Ressource einer Schule im Erfahrungsschatz des Kollegiums. Wie eine Schulklasse bildet es einen heterogenen Kosmos von unterschiedlichen Persönlichkeiten mit unterschiedlichen Unterrichtsstilen und Herangehensweisen an Herausforderungen. Durch das Öffnen des eigenen Klassenzimmers für gegenseitige Hospitation und kollegiale Beratung können alle Lehrkräfte aus diesem Pool zur Reflexion und Weiterentwicklung der Unterrichtspraxis schöpfen. Im besten Fall gelingt es, unterschiedliche Verhaltensweisen sowohl im Kollegium als auch innerhalb der Klasse als Bereicherung zu erkennen und zu schätzen.

Weiterführende Literatur

Unterrichtsmaterialien

Dreher, J./Pfaffendorf, R. (2009): MOMEL – Fibelprogramm. Hamburg: Persen.
Forster, M./Martschinke, S. (2006): Leichter lesen und schreiben lernen mit der Hexe Susi. 5. Aufl. Donauwörth: Auer.
(Die Methode »Lesen durch Schreiben« ist durchaus umstritten, bietet aber viele Möglichkeiten, leistungsdifferenziert zu arbeiten.)
Zeisler, M./Jaufenthaler, G. (Hrsg.) (2005): Tiefe Ruhe für Kinder. Wien: Sotto Voce Edition und homebase-records.
Tabelle zur Lerntheke: http://www.beltz.de/fileadmin/beltz/aktuelles/Arbeiten_mit_der_Lerntheke.pdf (Abruf: 20.07.14)
Grundschulbilder CD-ROM: http://www.medienwerkstatt-online.de (Abruf: 21.2.2015)
Diverse Sammlungen zu Signal- und Bildkarten für die Unterrichtsorganisation (Verlage: Auer und Persen)
Gebärden im Internet:
http://gebaerdenservice.de/hand-in-hand/schulfacher/ (Abruf: 15.6.2014)
www.sign-lang.uni-hamburg.de/alex/index.html (Abruf: 15.6.2014)
www.spreadthesign.com/de/ (Abruf: 15.6.2014)

Etwas Schönes, das zu diesem Thema gelesen werden kann

Bilderbücher zum Thema »Ich bin etwas Besonderes«:
Lobe, M. (1997): Das kleine Ich bin ich. 11. Aufl. Wien: Jungbrunnen.
Heine, H. (1992): Das schönste Ei der Welt. Köln: Gertraud Middelhauve.
Prosa für die Kolleg/innen:
Brauns, A. (2002): Buntschatten und Fledermäuse. Hamburg: Hoffmann und Campe.

Literatur

Arnold, D. (2009): Was hat Bewegung mit erfolgreichem Lernen zu tun? Norderstedt: Books on Demand.
BayEUG 2003.
Comenius, J. (2007): Große Didaktik (Übersetzung). 10. Aufl. Stuttgart: Klett-Cotta.
Goetze, H. (2001): Grundriss der Verhaltensgestörtenpädagogik. Berlin: Edition Marhold.
Häußler, A. (2005): Der TEACCH Ansatz zur Förderung von Menschen mit Autismus. Basel: Borgmann.
Hellwig, N. (2010): Verhaltensstörungen bei Kindern pädagogisch behandeln. Augsburg: Brigg Pädagogik.

Krieger, C. G. (2005): Wege zu offenen Arbeitsformen. Baltmannsweiler: Schneider Hohengehren.
Moosecker, J. (2008): Der Wochenplan im Unterricht der Förderschule. Stuttgart: Kohlhammer.
Sautter, H./Schwarz, K./Trost, R. (2012): Kinder und Jugendliche mit Autismus-Spektrum-Störung. Stuttgart: Kohlhammer.
Stein, R./Stein, A. (2006): Unterricht bei Verhaltensstörungen. Bad Heilbrunn: Klinkhardt.
Übereinkommen der Vereinten Nationen über die Rechte von Menschen mit Behinderungen (2008): Publikation des Bundesministeriums für Arbeit und Soziales www.bmas.deSharedDocs/Downloads/DE/PDF-Publikationene/a729-un-konvention.pdf?_blob=publicatioinFile (Abruf: 14.6.2014).

5.4 Schritt 4: Hilfe aktivieren

Uwe Schuckert, Silvia Fratton-Meusel, Tobias Tretter, Barbara E. Meyer

Hilfe zu aktivieren ist ein wichtiger Schritt im Prozess des Umgangs mit Auffälligkeiten, da eine einzelne Lehrkraft sehr schnell an ihre Grenzen gerät. Dieser Schritt kann, wie im hier dargestellten Sechs-Schritte-Plan nahegelegt, im Anschluss an die Beobachtung, das Führen von Gesprächen mit Betroffenen und die Umstellung des Unterrichts erfolgen, aber natürlich auch bereits zu Beginn – wenn etwa eine Lehrkraft eine Diagnose noch vor der Schülerin oder dem Schüler selbst zu sehen bekommt. Doch welche Art der Unterstützung kann eine Lehrkraft für sich selbst in Anspruch nehmen und welche Hilfsnetzwerke kann sie möglicherweise der Schülerin/dem Schüler oder den Erziehungsberechtigten an die Hand geben? Angesichts der vielfältigen schulischen Anforderungen im Laufe der langen schulischen bzw. studien- und ausbildungsbezogenen Laufbahn eines jungen Menschen werden von einem hohen Prozentsatz der Eltern und Lehrkräfte, manchmal auch von den Kindern/Jugendlichen selbst, Beratungsdienste aufgesucht. Beratungs- und Unterstützungsangebote sind sowohl innerhalb des Schulsystems als auch außerhalb der Schule zu finden. Eine vermehrte bzw. zunehmende Inanspruchnahme von inner- und außerschulischen Beratungsinstanzen scheint in den letzten Jahrzehnten verzeichnet zu werden.

Zur besseren Orientierung und zur Unterstützung der regionalen Angebote gibt es an allen Schulen ein eigenes Beratungsangebot. Beratung wird im Bildungswesen erst seit den 70er-Jahren als eigenständige Aufgabe gesehen (Ingenkamp 1970). Seither gibt es eine Ausdifferenzierung der Beratungsfunktionen im Schulbereich. Seither können Eltern und Lehrer/innen innerhalb des Schulsystems Beratung von Beratungsfachkräften (Schulpsycholog/innen und Beratungslehrer/innen) in Anspruch nehmen. Individualisierung und Differenzierung machen es notwendig, dem Lernenden durch sachkundige Beratung zu helfen, damit er die Bildungsangebote und Lernmöglichkeiten wählen kann, die die Entfaltung seiner Persönlichkeit fördern und ihm gleichzeitig berufliche und gesellschaftliche Chancen bieten. Auch die Berufswelt ist für den Einzelnen so unübersichtlich, dass die Wahl seines Bildungsweges zu einer schwierigen Entscheidung geworden ist, was für Schüler/innen mit Auffälligkeiten in besonderem Maße gilt.

Diese Beispiele machen deutlich, dass das Hilfsangebot, auf das Lehrkräfte zurückgreifen können, sehr breit gefächert sein muss, um die unterschiedlichsten Bedürfnisse zu treffen. Dadurch jedoch ist das Angebot für die einzelne Lehrkraft sehr schwer zu überblicken. Das Anliegen dieses Kapitels ist es daher, einerseits einen Überblick über die verschiedenen Hilfsangebote zu geben, von schulischen Ressourcen ausgehend über Beratungsfachkräfte für die Einzelschulen und weitere überregionale Ressourcen für das System Schule bis hin zu externen Institutionen. Andererseits wird dargestellt, welche Ansprechpartner je nach Anlass kontaktiert werden können. In einem letzten Punkt wird auf die besondere Möglichkeit eingegangen, sich durch Kolleg/innen im Rahmen von Supervision oder kollegialer Fallberatung Unterstützung zu holen.

Nicht zuletzt aufgrund des föderalen Aufbaus des Bildungswesens sind auch die Hilfsnetzwerke von Bundesland zu Bundesland sehr unterschiedlich. Eine Beschreibung, die versuchte, alle unterschiedlichen Systeme zu berücksichtigen, müsste zwangsläufig sehr oberflächlich bleiben. Wir haben uns daher dazu entschieden, tendenziell das bayerische System darzustellen und immer wieder auf die Gegebenheiten in anderen Bundesländern zu verweisen.

5.4.1 Vorstellung unterschiedlicher Institutionen

Es wird im Arbeitsalltag immer wieder Situationen geben, in denen die Lehrperson ihre individuelle Beratungskompetenz abrufen und erfolgreich anwenden kann. Diese gehört schließlich zu ihren Dienstpflichten und somit zum Berufsspektrum der Lehrkraft, denn sie berät die Erziehungsberechtigten in schulischen Fragen. Dies ist zum Beispiel in den Lehrerdienstordnungen der Bundesländer festgehalten, in Bayern etwa in § 6 oder aber auch in den §§ 17 und 18 der ZALG (Zulassungsordnung für die Ausbildung von Lehrern am Gymnasium).

Beratungsangebote in der Schule sind gedacht für Schüler, Eltern und Lehrer. Wenn Schwierigkeiten bei Schüler/innen oder in der Arbeit mit diesen auftreten, sind häufig zuerst Lehrer/innen involviert und denken über mögliche Unterstützung der Schüler/innen bzw. auch deren Eltern nach. Für Schüler/innen und deren Eltern sind also die unterrichtenden Lehrer/innen sicherlich die ersten Ansprechpartner, wenn Probleme auftauchen. Sie können sich aber, wie Lehrer/innen auch, an alle anderen Beratungsinstanzen in den Schulen wenden.

Jedoch kann es im Schulalltag Situationen geben, in denen Lehrkräfte an ihre Grenzen kommen und überlegen, welche Kolleginnen und Kollegen oder welche Einrichtungen unterstützend zur Verfügung stehen. Grenzen können vorliegen, wenn es darum geht, ob rechtliche Bestimmungen zu berücksichtigen sind. Für diese Fragen sind die Schulleiter zuständig. Wenn es um Grenzen geht, die dadurch entstehen, dass man sich bezüglich der Beratungsthemen unsicher ist, geht man auf die Suche nach Unterstützung. Anzuraten wäre, dass man das Prinzip »vom Nahen zum Fernen« berücksichtigt, also zuerst einmal überlegt, welche Ressourcen oder Beratungssysteme die eigene Schule bietet, danach an Instanzen denkt, die spezielle Beratung in der Zuständigkeit für die betroffene Schule anbieten, und schließlich in Betracht zieht, welche außerschulischen Beratungssysteme in Frage kommen.

Erste schulische Ressourcen zur Unterstützung

Je nach Fragestellung stehen Lehrkräften in der eigenen Schule auch ohne den Gang zu Beratungsfachkräften eine ganze Reihe von Personen oder Institutionen zur Verfügung, die von Nutzen sein könnten. So könnte man sich beispielsweise wenden an:

- Klassenleiter, Kollegen in der Klasse
- Verbindungslehrer
- Stufenbetreuer, Oberstufenkoordinatoren
- Mitarbeiter in der Schulleitung
- Schulseelsorger
- Lotsenlehrer im Übertrittsverfahren
- Suchtpräventionsbeauftragte
- Schulsanitätsdienst
- Streitschlichter
- Schulsozialarbeit

Die Schulsozialarbeit wird zum Beispiel in Bayern an vielen Mittelschulen und staatlichen Förderschulen angeboten. Hinzu kommen Grund- und Berufsschulen. An Grundschulen gibt es nur in Gebieten mit besonderem sozialpolitischem Unterstützungsbedarf Schulsozialarbeit. Die Mitarbeitenden kümmern sich um schulische, persönliche, familiäre und entwicklungsbedingte Probleme von Kindern, Jugendlichen und jungen Erwachsenen. Folgende Angebote werden an den Schulen durchgeführt: Beratung von einzelnen Kindern, Jugendlichen und jungen Erwachsenen; Beratung für Eltern, Lehrkräfte und andere schulische Fachdienste; Gruppenarbeit und Freizeitmaßnahmen zu sozialpädagogischen Themen; Projektarbeit mit Klassen zu Themen, die das soziale Miteinander betreffen.

Beratungsfachkräfte für die eigene Schule

Eine der ersten Adressen, an die sich eine Lehrkraft mit auffälligen Schüler/innen in der Klasse wendet, werden dennoch vermutlich die Beratungsfachkräfte für die eigene Schule sein: An jeder Schule gibt es in der Regel eine oder mehrere Beratungsfachkräfte, die bezüglich aller Beratungsthemen angesprochen werden können. Ist dies nicht der Fall, stehen sie an einer nahen Schule zur Verfügung. Welche Beratungsfachkräfte, also Schulpsycholog/innen und Beratungslehrer/innen, für die eigene Schule zuständig sind, erfahren Betroffene im Sekretariat oder Rektorat einer Schule, oder auf deren Homepage.
Die Arbeit der Beratungsfachkräfte wird je nach Bundesland unterschiedlich koordiniert. Sie finden Informationen zu Ihrer Region auf der Internetseite www.schulpsychologie.de. Meist können die Beratungsfachkräfte von Eltern / Schüler/innen und Lehrkräften zu bestimmten telefonischen Sprechstunden persönlich erreicht werden. Die Zuständigkeiten und Sprechstunden werden am Anfang des Schuljahres von den Schulen bekannt gegeben, die Beratung ist kostenfrei. Bei komplexeren Fragestellungen im pädagogisch-psychologischen Bereich sind die Schulpsycholog/innen als erste Anlaufstelle bzw. erste Ansprechpartner anzuführen, bei Schullaufbahnfragen können ebenso Beratungslehrkräfte Auskunft geben und weiterhelfen.

In Bayern sind die Beratungsfachkräfte vor Ort Kollegen, welche die Befähigung zu einem Lehramt an öffentlichen Schulen besitzen und sich für die besonderen Beratungsaufgaben durch ein Studium (Schulpsychologen, s. a. unten) oder durch ein Studium und andere Ausbildungsmöglichkeiten (Beratungslehrer) qualifiziert haben. Diese Personen arbeiten in der Regel sehr selbstorganisiert. Viele Kolleginnen und Kollegen qualifizieren sich in Fort- und Weiterbildungen, sodass sie häufig auch Spezialkompetenzen entwickelt haben. Insofern ist es gar nicht einfach, allgemeingültige Aussagen zu den unterschiedlichen Beratungsangeboten zu machen.

Grundsätzlich soll die Arbeit der Beratungsfachkräfte im Rahmen der pädagogisch-psychologischen Beratung bei der Bewältigung von Schulproblemen wie Lern- und Leistungsschwierigkeiten, Verhaltensauffälligkeiten und schulischen Konflikten helfen. Die Beratung schließt auch die Arbeit mit Erziehungsberechtigten und gegebenenfalls mit Ausbildungsbetrieben ein. Darüber hinaus sollen die in der Einzelberatung gewonnenen Erkenntnisse und bewährten Methoden für den Unterricht, für die erzieherische Wirksamkeit der Schulen und für die Weiterentwicklung der Schulen und des Schulsystems nutzbar gemacht werden.

Schulische Beratungsfachkräfte halten Verbindung mit allen Schulen des örtlichen Bereichs und deren Beratungsinstanzen, insbesondere den Mobilen Sonderpädagogischen Diensten der Förderschulen und anderen zuständigen beratenden Diensten, wie dem schulärztlichen Dienst und Fachärzt/innen, Berufsberatung und Studienberatung, Erziehungs- und Familienberatungsstellen, Jugendämtern und den Trägern der freien Jugendhilfe sowie anderen Trägern und Einrichtungen der außerschulischen Erziehung und Bildung. Diesen Verbindungen kommt besondere Bedeutung zu in Fragen der Beratung von Schulen, in Krisensituationen und im Rahmen der Prävention. Für Problembereiche, in denen ein vertieftes Wissen hilfreich ist, gibt es auch besonders qualifizierte Beratungsfachkräfte (zum Beispiel Mobbingmultiplikatoren oder Supervisoren etc.).

Schulpsycholog/innen unterstützen die pädagogische Arbeit der Schulen mit den wissenschaftlichen Methoden der Psychologie. Dabei ist die schulpsychologische Beratung im Schwerpunkt auf schulische Anlässe und Möglichkeiten bezogen; dies schließt Maßnahmen der heilkundlichen Psychotherapie aus.

Die Erfahrung zeigt, dass die häufigsten Aufgabenbereiche schulpsychologischer Beratung in folgenden Feldern liegen:
- Schuleignung, Übertritt, Schullaufbahn
- Begabung, kognitive Fähigkeiten
- Begleitung von Schüler/innen im Rahmen der Inklusion
- Teilleistungsschwächen wie Lese-/Rechtschreibschwäche, Legasthenie, Dyskalkulie
- Lernschwierigkeiten, defizitäres Lern- und Arbeitsverhalten
- Selbsteinschätzung, schulisches Selbstkonzept
- Ängstlichkeit in Prüfungen und in der Schule, auch unabhängig von Prüfungssituationen
- besondere Begabung, Hochbegabung
- mangelnde Motivation
- Attributionsverzerrung im Sinne einer Misserfolgsorientierung
- Konzentrationsschwierigkeiten
- Aufmerksamkeit, Abgelenktheit, AD(H)S
- aggressive Verhaltensweisen, unangepasstes Verhalten, mangelnde Sozialkompetenz
- Mobbing oder mobbingähnliche Verhaltensweisen
- Ess-Störungen
- Selbstverletzendes Verhalten
- Suizidalität
- Konflikte von Schüler/innen mit Lehrer/innen

- kollegiale Fallbesprechung für Lehrer/innen
- ungünstiges familiäres Lernumfeld, unangemessenes Erzieherverhalten, hohe Leistungserwartungen von Eltern
- und manche mehr

Die Art der Beratung in der Schule durch Schulpsycholog/innen
Wenn eine Lehrkraft noch nicht (oft) mit einer Schulpsychologin oder einem Schulpsychologen in Kontakt stand, kann es hilfreich sein, zu wissen, wie diese/r Lehrkräfte, Erziehungsberechtigte und Schüler/innen berät. Daher werden nun in Kurzform zentrale Prinzipien als Grundlage der Beratung vorgestellt, ebenso wie klassische bzw. weiterführende Vorgehensweisen.

Zentrale Prinzipien als Grundlage der Beratung
<u>Verschwiegenheitspflicht</u>
Wenn der Ratsuchende es möchte, kann das gesamte Beratungsgespräch, auch die Tatsache der Beratung überhaupt, der Verschwiegenheit unterliegen. Diese ist ausdrücklich in § 203 Strafgesetzbuch geregelt. Grenzen der Verschwiegenheitspflicht entstehen nur bei außergewöhnlichen Gefahren- oder Notsituationen. Freilich werden Schüler/innen und/oder deren Eltern nicht immer die vollständige Verschwiegenheit in Anspruch nehmen, sie ist auch für Teile der Beratungsgespräche anwendbar. Soll die Beraterin oder der Berater mit anderen Personen Kontakt aufnehmen und sich austauschen, kann sie/er sich eine Entbindung von der Verschwiegenheitspflicht geben lassen.

<u>Freiwilligkeit</u>
Bis auf die wenigen Fälle, in denen eine Beratung angeordnet wird, ist die Freiwilligkeit des Klienten ein entscheidender Gesichtspunkt. Der Ratsuchende muss jederzeit das Recht verspüren, dass er die Beratungssituation beenden kann. Da das oberste Ziel ist, dass einem Ratsuchenden Unterstützung zuteilwird, darf er das Beratungssetting verlassen, wenn es ihn stärker belasten sollte, als dass es ihm hilft. Eine wichtige Basis für gelingende Beratung ist die sogenannte »Compliance«, das heißt, dass sich der Ratsuchende auf die Vereinbarungen aus der Beratung einlassen kann.

<u>Klarheit/Transparenz</u>
Beratung muss so gestaltet sein, dass allen Beteiligten die zentralen Gesprächsinhalte klar sind. Somit wird sich das Sprachniveau jeweils dem Alter und der Verstehenskompetenz des Ratsuchenden anpassen. Für beide Seiten im Gespräch ist Transparenz die Basis.

<u>Offenheit</u>
Die genannten Rahmenbedingungen möchten den Nährboden bieten für eine größtmögliche Offenheit bezüglich aller Themen und Aspekte, die für eine zielführende Beratung nötig ist.

<u>Mithilfe</u>
Schließlich kann man nur von einem gelingenden Beratungsprozess ausgehen, wenn die Ratsuchenden nicht nur etwas wollen, etwas mitnehmen möchten, sondern auch bereit sind, selbst aktiv zu werden. Selbsttätigkeit ist eine weitere Grundlage der Beratung in der Schule.

Klassische Vorgehensweisen in der Beratung
Im Folgenden werden die wichtigsten Bausteine eines Beratungsgesprächs angeschnitten, die in der Regel vorkommen werden.

Den Beginn der Beratung stellt die Kontaktaufnahme dar. Entweder die ratsuchende Person geht von sich aus auf eine mögliche Beraterin oder einen Berater zu oder sie wird von einem Dritten geschickt oder ermuntert, sich beraten zu lassen.

Im Erstgespräch werden die Rahmenbedingungen der Beratung geklärt und Compliance im Sinne eines Arbeitsbündnisses hergestellt. Eine Klärung des Auftrags an den Berater seitens des Ratsuchenden sollte in Absprache gesichert werden. Häufig ist eine Art Anamnese im Sinne einer Informationssammlung nötig, erste Hypothesen werden formuliert. Zudem kann eine mögliche Diagnostik besprochen und vereinbart werden, mögliche Interventionen sollten erörtert und erste Ziele (ein großes Ziel) festgeschrieben werden. Auf dieser Basis kann das weitere Vorgehen geplant werden.

Im Sinne eines systemischen Vorgehens finden die Lebensfelder (Familie, Mitschüler, Freundeskreis etc.) Berücksichtigung. Eine Vernetzung mit Lehrer/innen, dem Elternhaus und möglicherweise außerschulischen Beratungsinstanzen wird angestrebt.

Und letztlich hört Beratung nicht einfach auf, sondern Beratungsprozesse werden abgerundet und abgeschlossen. Die Nachsorge wird nach ersten Beratungssequenzen immer eine Rolle spielen.

Mögliche weiterführende Vorgehensweisen
Schulische Beratung kann jeweils auf andere Beratungsmöglichkeiten hinweisen. Wenn es nötig und sinnvoll ist, werden schulische Berater die Kontaktaufnahme zu außerschulischen Beratungsinstanzen anbieten, einfädeln und vorbereiten. Dazu haben sie Adressen und Informationen, die sie gegebenenfalls an Eltern und Lehrkräfte weitergeben. Diese Vernetzungskompetenz mit anderen Beratungsdiensten ist eine der zentralen Aufgaben der Beratungsfachkräfte an Schulen. Sollten im Rahmen außerschulischer Beratung Wartezeiten auftreten, so kann die schulische Beratung zur zeitlichen Überbrückung bis zu therapeutischen Settings dienlich sein.

Weitere überregionale Ressourcen für das System Schule

Beratungslehrkräfte und Schulpsychologen sind, wie dargestellt, in der Regel die ersten, die Schüler, Eltern und Lehrerkollegen bei Schwierigkeiten und Sorgen kontaktieren sollten. Je nach Bundesland gibt es weitere wichtige Beratungsinstanzen, die überregional arbeiten. Diese werden am Beispiel Bayerns im Folgenden als relativ allgemeine Übersichtsinformation vorgestellt.

Überregionale Schul- und Bildungsberatungsstellen
In allen Bundesländern sind zentrale Beratungsstellen eingerichtet, die jedoch sehr unterschiedlich organisiert und angebunden sind. So gibt es in Bayern staatliche Schulberatungsstellen, deren Mitarbeiter ein Team aus Beratungslehrkräften und Schulpsychologen der verschiedenen Schularten sind. Auf der Internetseite www.schulberatung.bayern.de finden Betroffene in Bayern alle zuständigen Beratungsfachkräfte und deren Einsatzgebiete im Bezirk sowie Informationen zu allen wichtigen Beratungsthemen.

Die Staatliche Schulberatungsstelle erfüllt in ihrem Zuständigkeitsbezirk die Aufgaben einer zentralen Beratungsstelle. Dabei ist sie zuständig für alle Schulen des jeweiligen Regierungsbezirks und Ansprechpartner für Ratsuchende in schulischen Fragen. Sie kann zum Beispiel auch dann angefragt werden, wenn es sich um Fragestellungen handelt, die über die Beratung an einer Schule vor Ort hinausgehen, so etwa bei einem Schulwechsel von einem Bundesland in ein anderes. Sie organisiert die auf Bezirksebene erforderlichen Maßnahmen und trägt zur Qualitätssicherung der Schulberatung bei. Die Staatliche Schulberatung hilft, Schulprobleme zu klären und zu bewältigen. Sie ist Teil des staatlichen Bildungs- und Erziehungsauftrags und bietet Schülern, Eltern und Lehrern qualifizierte Ansprechpartner an den Schulen.

MSD (Mobiler Sonderpädagogischer Dienst)
Die Mobilen Sonderpädagogischen Dienste unterstützen die Unterrichtung von Schülerinnen und Schülern mit sonderpädagogischem Förderbedarf, die eine allgemeine Schule besuchen können (in Bayern nach Maßgabe des Art. 41). Die Aufgaben sind in Bayern in Art. 21 des BayEUG (Bayerisches Erziehungs- und Unterrichtsgesetz) geregelt. Mobile Sonderpädagogische Dienste diagnostizieren und fördern die Schülerinnen und Schüler, sie beraten Lehrkräfte, Erziehungsberechtigte und Schülerinnen und Schüler, koordinieren sonderpädagogische Förderung und führen Fortbildungen für Lehrkräfte durch. Mobile Sonderpädagogische Dienste werden von den nächstgelegenen Förderschulen mit entsprechendem Förderschwerpunkt geleistet.

MSD Autismus (Sonderform des MSD für autistische Fälle)
Eine zusätzliche Form des MSD stellt der MSD-Autismus dar. Dessen Mitarbeiterinnen und Mitarbeiter bieten kollegiale Praxisberatung vor Ort, Fallbesprechungen mit Schulen, Schulleitungen und Eltern, die Kontaktvermittlung zu Fachärzten für umfassende Diagnostik, die Vermittlung von Kompetenzen bei der Benutzung und im Umgang mit individuell geeigneten Lernhilfen. Weiterhin geht es um die gemeinsame Festlegung eines erforderlichen Nachteilsausgleichs, Unterstützung bei Beantragung und Einsatz eines Schulbegleiters, unterstützende Angebote vor allem bei der Bewältigung von Übergängen sowie Fortbildungsangebote für alle Schularten.

ISB Bayern (Institut für Schulqualität und Bildungsforschung)
Das Institut für Schulqualität und Bildungsforschung München unterstützt und berät nicht nur das Staatsministerium bei der Weiterentwicklung des gegliederten bayerischen Schulwesens; vielmehr bietet es Lehrkräften aller Schularten professionelle Orientierungshilfe für die Gestaltung einer zukunftsfähigen Bildung sowie konkrete Unterstützung für die tägliche Gestaltung von Schule und Unterricht. Dieses Angebot wird vermittelt durch kompetente Ansprechpartner für Fragen rund um Didaktik, Methodik und Pädagogik, Experten in der Lehrerfortbildung und einer Vielzahl aktueller anwendungsorientierter Umsetzungshilfen zur Unterstützung der schulischen Arbeit in Form von Handreichungen und Portalen.

Externe Institutionen

Bei bestimmten Fragestellungen können sich Eltern direkt an externe Institutionen wenden. Aufgabe von Lehrkräften ist es hierbei meist, die Eltern zu informieren, welche Anlaufstelle für sie richtig sein könnte und sie gegebenenfalls zu motivieren. Schule verwehrt sich in seinen Lehrplänen gegen eine einseitig kognitive Schwerpunktsetzung und Ausrichtung (vgl. neueste Lehrpläne) und strebt ganzheitliche Bildung an. Der Fokus in den Schulen wird nicht nur auf kognitive und unterrichtsbezogene Aspekte gelegt, sondern es werden gleichrangig soziale und emotionale Bildungsziele thematisiert und umgesetzt. Diese Sichtweise des Unterrichtens und Erziehens bedeutet einen Einbezug von vielfältigen Erziehungsaspekten bei der Wissensgenerierung der Schüler/innen. Lernen kann nicht losgelöst von sozialen und emotionalen Aspekten gesehen werden. Außerschulische Förderung muss dementsprechend differenziert und in unterschiedlichsten Bereichen angesiedelt werden. Demzufolge werden nicht mehr ausschließlich Nachhilfeangebote bereitgestellt und aufgesucht, sondern ebenso Maßnahmen, die den sozialen und emotionalen Entwicklungsbereich einer Schülerin oder eines Schülers betreffen und unterstützen. Zu nennen sind hier in erster Linie erziehungsunterstützende Maßnahmen (z. B. Elternabende an Erziehungsberatungsstellen oder therapeutischen Praxen zur Unterstützung von Eltern mit Kindern mit ADHS; Hilfen von Jugendämtern). Bei Vorliegen oder Verdacht auf eine psychische Störung (und diese ist meist gegeben, wenn die Frage, ob ein Kind oder das Umfeld unter den Symptomen leidet, gestellt wird) besteht außerdem ein breites (psycho-)therapeutisches Angebot, welches von den Krankenkassen gezahlt wird. Es ist sehr ausdifferenziert und die einzelnen Aufgabengebiete können sich überschneiden. Dennoch lassen sich Kernkompetenzen nennen:

- Kinder- und Jugendpsychotherapie: Eine Behandlung findet durch Spiel, Gespräche und weiteren Methoden (Rollenspiele etc.) statt, welche abhängig sind vom gewählten Verfahren (verhaltenstherapeutische und tiefenpsychologisch/analytisch). Kosten der Therapie werden von der Krankenkasse übernommen und es steht auch ein Kontingent für die Arbeit mit Eltern zur Verfügung. Oft gibt es lange Wartezeiten vor Beginn einer Therapie. Vor Behandlung kann eine ausführliche Diagnostik stattfinden, wobei eine klassische Testdiagnostik oft an Kinder- und Jugendpsychiater abgegeben wird.
- Kinder- und Jugendpsychiater: Anders als ein Psychotherapeut kann ein Kinder- und Jugendpsychiater im Rahmen einer Behandlung auch auf medikamentöse Mittel zurückgreifen. Eine ausführliche Therapie (im Sinne einer Verhaltenstherapie oder tiefenpsychologisch orientierten Therapie) kann zwar stattfinden, wird meist jedoch an einen Kinder- und Jugendpsychotherapeuten weitergegeben. Psychiatrische Praxis ist besonders hilfreich in der Diagnostik sowie in der mehrjährigen Begleitung eines Kindes oder Jugendlichen mit einer Auffälligkeit.
- Kinder- und Jugendpsychiatrie: Diese besitzen meist einen ambulanten, teilstationären, vollstationären und geschlossenen Bereich (nur Selbst- und Fremdgefährdung) für die Behandlung von Kindern und Jugendlichen. In den Psychiatrien arbeitet ein interdisziplinäres Team von Ärzten, Therapeuten, Sozialarbeitern und Pflegepersonal bzw. Erziehern. Eine Schule ist meist angegliedert und wird bei vollstationärer Unterbringung und häufig bei teilstationärem Aufenthalt (von morgens bis nachmittags, Wochenende zu Hause) besucht. Eine Zurückführung in die alte Schule oder eine besser passende Schule ist die Regel in der Arbeit der Kliniken.

Oftmals tritt das Problem auf, dass es bei dieser Vielfalt an Unterstützungsangeboten für Eltern und Lehrkräfte schwirig ist, das Richtige auszuwählen. Im folgenden Abschnitt soll deshalb Lehrkräften und Eltern auf der Suche nach Beratungsmöglichkeiten ein Leitfaden gegeben werden, um passende Angebote zu finden. In diesem Zug werden einerseits die konkreten Zuständigkeiten der bereits beschriebenen Stellen noch einmal dargestellt, andererseits werden externe Institutionen vorgestellt.

5.4.2 Ansprechpartner je nach Anlass

Silvia Fratton-Meusel

In diesem Kapitel finden sich zwei Tabellen, die zum einen Eltern und Schüler/innen und zum anderen Lehrkräfte dabei unterstützen sollen, die richtigen Stellen bzw. Ansprechpartner zu finden. Die Auflistung hat keinerlei verpflichtenden Charakter und keinen Anspruch auf Vollständigkeit, nicht zuletzt deshalb, weil es sehr große regionale Unterschiede gibt.

In den Tabellen werden Beratungslehrer/innen und Schulpsycholog/innen teilweise als Beratungsfachkräfte zusammengefasst, teilweise einzeln benannt, je nachdem, um welche Beratungsschwerpunkte es sich handelt.

Ansprechpartner für Eltern und Schüler/innen

Die Auflistung in Tabelle 5 können Lehrkräfte den Eltern zeigen oder als Grundlage für eine Weiterempfehlung verwenden. Weitere hilfreiche Stellen und Ansprechpartner zu den einzelnen Auffälligkeiten sind jeweils im sechsten Kapitel zu finden.

Tab. 5: Ansprechpartner

Fragestellungen/Problembereiche	Mögliche Ansprechpartner
Schullaufbahnfragen	(Klass-)Lehrkräfte, Beratungsfachkräfte
Erziehungsprobleme, Trennung/Scheidung in der Familie	Erziehungsberatungsstelle, Schulpsycholog/innen
Konzentrationsprobleme, AD(H)S	Schulpsycholog/innen, Kinder- und Jugendpsychiater/innen, Kinder- und Jugendpsychotherapeut/innen
Schwierigkeiten im Lesen und Schreiben, Legasthenie	(Klass-)Lehrkräfte, Beratungsfachkräfte, Kinder- und Jugendpsychiater/innen
Rechenschwierigkeiten, Dyskalkulie	(Klass-)Lehrkräfte, Beratungsfachkräfte, Kinder- und Jugendpsychiater/innen
Mobbing/Gewalt in der Schule	Schulpsycholog/innen, Kinder- und Jugendpsychotherapeut/in (bei entsprechenden Folgen)
Probleme mit Hör- und Sehvermögen	Kinderärzte, Fachärzt/innen; Mobiler Sonderpädagogischer Dienst

Einschulung (Zurückstellung, vorzeitige Einschulung)	Schulleitungen entscheiden in der Regel über die Aufnahme und Ablehnung von Schüler/innen an ihrer Schule; Beratungslehrkräfte; in Zweifelsfällen und bei vorzeitiger Einschulung: Schulpsycholog/innen
Inklusion bzw. sonderpädagogischer Förderbedarf	(Klass-)Lehrkräfte, Mobiler Sonderpädagogischer Dienst (an Förderzentren), Förderschullehrkräfte, Beratungsfachkräfte, Inklusionsberatung an Schulämtern, überregionale Schul- und Bildungsberatungsstellen
Übertritt an weiterführende Schulen	Beratungslehrkräfte
Hochbegabung, besondere Begabungen	Schulpsycholog/innen, anerkannte Stellen für Hochbegabung
Klinische Symptome wie Angst, Depression, Suizid	Schulpsycholog/innen, Kinder- und Jugendpsychiater/innen, Kinder- und Jugendpsychotherapeut/innen
Suchtverhalten	Schulpsycholog/innen, Drogenberatungsstellen, Kinder- und Jugendpsychotherapeut/innen
Berufs- und Studienwahlorientierung	Beratungslehrkräfte, Arbeitsamt

Bei den verschiedenen Fragestellungen im Rahmen einer Beratung geht es zunächst darum, dass an die Eltern und Schüler/innen Informationen weitergegeben werden, zum Beispiel Adressen von Fachärzten und Möglichkeiten der Diagnostik sowie regionale Unterstützungsmöglichkeiten, zum Beispiel Therapeuten.

Psychologische Berater (Schulpsycholog/innen, Psychotherapeut/innen) haben in keiner Form Entscheidungsgewalt, sondern sind wie bereits beschrieben an Vertraulichkeit und Schweigepflicht gebunden. Nur so können (schul-)psychologische Berater den Ratsuchenden neben Informationen Hilfen zur Selbstfindung bieten.

Die pädagogischen und psychologischen Berater (Beratungslehrkräfte, Schulpsychologen/innen) unterstützen Eltern und Lehrer/innen in ihrer Lösungsfindung oder beim schrittweisen Angehen von schwierigen Problematiken. Beratung im Bildungswesen ist ein sozialer Prozess, in dem ein an relevanten Fachkenntnissen oder psychologischer Einsicht überlegener Ratgeber einem Ratsuchenden zu Informationen und/oder Einsichten verhilft, die der Ratsuchende für wichtige Entscheidungen zu seinem Bildungsweg benötigt.

In der Schullaufbahnberatung ist der Lehrer der erste Ansprechpartner für Schüler/innen und Eltern. Er kennt die Schülerin oder den Schüler, kann seine subjektiven Eindrücke durch objektive Verfahren ergänzen und absichern, ihm sind auch die alternativen Beschulungsmöglichkeiten bekannt, er ist der Schülerin oder dem Schüler und den Eltern vertraut. Aufgabe der Schullaufbahnberatung kann es nicht sein, Schüler/innen und Eltern auf die vorweggenommene Entscheidung der Lehrerin oder des Lehrers zu verpflichten. Die Lehrkraft muss davon ausgehen, dass der explizite Wunsch von Schüler/innen und/oder Eltern eine Realität ist, die auch prognostischen Wert für die gewünschte Schullaufbahn hat. Beratung bei den Beratungsfachkräften ist bei aller Überlegenheit, die die Lehrkraft hier an persönlichen und leistungsbezogenen Erfahrungen mit der Schülerin oder dem Schüler hat, auch in diesem Fall Hilfe für die eigene Entscheidung.

Auch bei Lernstörungen oder Erziehungsproblemen, die sich im Unterricht bemerkbar machen, ist die Lehrkraft im Allgemeinen auch der erste Gesprächspartner für Schüler/innen und Eltern. Für den Fall, dass ihre diagnostischen Kompetenzen nicht ausreichen, dass ihre eigene Rolle bei der Auslösung von Lernstörungen kritisch analysiert werden soll, dass sie Schüler/innen und Eltern zu sehr als Partei erscheint, sollten weitere Beratungsfachkräfte miteinbezogen werden.

In vielen Fällen können sich die Eltern und Lehrer/innen auch Hilfe suchend an Erziehungsberatungsstellen wenden. Die Erziehungsberatungsstellen – in staatlicher oder freier Trägerschaft – wenden sich traditionell auch in einem erheblichen Teil ihrer Arbeit den Problemen zu, die mittelbar oder unmittelbar mit dem Bildungssystem zusammenhängen. Die Erziehungsberatungsstellen stehen zur Beratung in allgemeinen Fragen der Erziehung und Entwicklung junger Menschen zur Verfügung, bei erzieherischen Fragen, die häufig auch in Zusammenhang mit Ehe- und Partnerschaftskonflikten sowie Trennung und Scheidung stehen, und bei der Bewältigung erheblicher erzieherischer Probleme. Auf der Internetseite der Bundeskonferenz für Erziehungsberatung können Erziehungsberatungsstellen in Wohnortnähe gesucht werden: www.bke.de.

Die institutionell größere Distanz zum Schulsystem muss die Zusammenarbeit im Einzelfall nicht erschweren, macht die Systemberatung aber fast unmöglich (außer es wird von der Schweigepflicht entbunden). Im Allgemeinen haben die Erziehungsberatungsstellen, bedingt durch ihr breites Aufgabenspektrum und die breitere Kompetenzvariation im Personal, auch ein umfangreicheres Therapieangebot. Oftmals ist dann wieder eine Vernetzung mit der Schulpsychologin oder dem Schulpsychologen vor Ort sinnvoll, um die Schüler/innen in ihrer Feldkompetenz zu stärken und die therapeutischen Lernerfahrungen im alltäglichen schulischen Umfeld umzusetzen.

Die Berufsberatung, die sich nicht auf Informationen und Gespräche kurz vor Eintritt in die Berufsausbildung oder vor Aufnahme des Studiums beschränken darf, spielt in unserem Bildungswesen eine erstaunlich kleine Nebenrolle. Der Grund ist darin zu sehen, dass die Bundesanstalt für Arbeit nach dem Arbeitsförderungsgesetz von 1969 das Monopol für diese Beratung hat. Lehrer/innen und Beratungslehrer/innen haben es natürlich auch in der Hand, in Berufsbildungs- und Berufsberatung zu intensivieren, sich dafür einsetzen, dass ihre Schüler/innen die Untersuchungsmöglichkeiten der Arbeitsämter wahrnehmen.

Institutionell außerhalb der Schule angesiedelt, aber für die Schule zuständig, ist der Schulärztliche Dienst. Die Eltern kommen vor allem bei Einschulungsuntersuchungen mit dem Schularzt in Kontakt, dies ist regional jedoch sehr unterschiedlich geregelt.

Bei klinischen Fragestellungen (ADHS, Angst, Depression) ist eine Abklärung beim Kinder- und Jugendpsychiater oder in einer kinder- und jugendpsychiatrischen Klinik erforderlich. Legasthenie und Dyskalkulie können ebenfalls von diesen Fachärzt/innen diagnostiziert werden.

Neben diesen mit den Institutionen des Bildungswesens unmittelbar zusammenarbeitenden Beratungsdiensten gibt es noch andere, die im weiteren Umfeld tätig sind und bei spezielleren Fragen herangezogen werden können, aber regional sehr unterschiedlich ansässig sind, zum Beispiel Drogenberatung, Kriseninterventionsstellen oder Trennungsberatungsstellen.

Die Verfügbarkeit der Beratungsmöglichkeiten ist in Städten und ländlichen Bereichen sehr unterschiedlich.

Ansprechpartner für Lehrkräfte

Die folgende Auflistung ermöglicht Lehrkräften einen Überblick darüber zu bekommen, welche Anlaufstelle sie selbst aufsuchen können; sei es, um Kinder oder Jugendliche zu schützen oder weil ihnen selbst Schwierigkeiten aus dem Umgang mit auffälligen Schüler/innen entstehen.

Fragestellungen/Problembereiche	Mögliche Ansprechpartner
Arbeitsüberlastung	Schulpsycholog/innen
Fragen hinsichtlich Optimierung/Verbesserung des Unterrichts	Kolleg/innen, Seminarleiter/innen, Schulleitung
Probleme mit einzelnen Schüler/innen	Schulpsycholog/innen, Beratungslehrkräfte
Supervision	Zertifizierte Supervisoren, z. B. Schulpsychologen
Selbst-und Fremdgefährdung von Kindern/Jugendlichen	Jugendamt, ggf. Polizei (Jugendbeamte)
Gewalt, Missbrauch bei Kindern	Jugendamt, ggf. Polizei (Jugendbeamte)

Angebote im Bereich Coaching und Supervision für Lehrkräfte und Schulleitungen wird zunehmend von erfahrenen Schulpsycholog/innen angeboten, die eine Zusatzqualifikation aufweisen können. Auf diese Sonderform der Unterstützung wird gemeinsam mit der Möglichkeit der kollegialen Beratung in 5.4.3 »Unterstützung durch Supervision und kollegiale Beratung« mithilfe eines Beispiels eingegangen.

Das Jugendamt stellt sehr vielfältige Unterstützungsmöglichkeiten für Familien (familienbegleitende Maßnahmen, Beratung in schwierigen (Lebens-)Situationen, Unterstützung für benachteiligte Kinder und Jugendliche) bereit. Es muss bei Missbrauch, Gewalt, Verwahrlosung von Schüler/innen hinzugezogen werden.

Bei Gewaltvorfällen, Selbst- und Fremdgefährdung muss die Lehrkraft die Schulleitung informieren und einbeziehen. Innerhalb der Schulen gibt es für gravierende Vorfälle meist ein schulinternes Krisenteam, das die Schulleitungen in solchen Fällen unterstützt. Falls vorhanden, kann dieses auch ein KIBBS Team hinzuziehen (Kriseninterventions- und Bewältigungsteam Bayerischer Schulpsychologinnen und -psychologen, in anderen Bundesländern werden Entsprechungen aufgebaut).

Es wird deutlich, wie verwoben die verschiedenen Bereiche im schulischen Feld sind, umso wichtiger ist es dem Einzelnen, eine gute Vernetzung und eine gezielte Unterstützung aufzuzeigen und umzusetzen. Bei schwierigen Fragestellungen muss über die institutionelle Grenze hinweg gedacht und kooperiert werden.

5.4.3 Unterstützung durch Supervision und kollegiale Beratung

Heinz Schlegel

Spezielle Unterstützungsangebote, die eine Lehrkraft für sich selbst in Anspruch nehmen kann, sind Supervision und kollegiale Beratung. Diese Beratungsformen können ganz außergewöhnliche Effekte erzielen. Um dies zu veranschaulichen, wird der Ablauf anhand eines Beispiels dargestellt:

> Frau Bergbauer, Lehrerin einer 4. Klasse, ist mehr und mehr verzweifelt und hilflos, weil Manuel, einer ihrer Schüler, ständig ihren Unterricht stört. Ein Beispiel: Wenn die anderen anfangen zu arbeiten, ist er oft noch damit beschäftigt, sein Heft zu suchen, den Füller zu »reparieren« oder in der Klasse umherzuschauen. Nicht selten muss er ausgerechnet dann »aufs Klo«, wenn schriftliche Arbeitsaufträge gegeben werden. Wenn er endlich zu arbeiten anfängt, sind die meisten Mitschüler schon halb fertig. Außerdem stört Manuel durch Zwischenrufe, Blödeleien und Diskussionen mit den Mitschülern. Immer öfter gerät er mit seinem Nachbarn während des Unterrichts in Streit, aus Sicht der Lehrerin ohne erkennbaren Grund. Ermahnungen wirken nur kurz, nicht selten kommentiert Manuel sie, wie zum Beispiel: »Ich hab doch gar nix gemacht«.
>
> Frau Bergbauer fühlt sich dieser Situation mehr und mehr ausgeliefert, denn keine ihrer pädagogischen Maßnahmen ist von dauerhaftem Erfolg. Frau Bergbauer merkt, dass sie auch zu Hause nicht mehr abschalten kann und dass sie immer mehr Ablehnung gegenüber Manuel entwickelt. Damit gerät sie aber in Konflikt mit ihrem pädagogischen Anspruch, möglichst allen Kindern »gerecht zu werden«.

Frau Bergbauer handelt nach einem inneren Deutungsmuster, das die bestehende ungünstige Situation eher stabilisiert:
- Manuel ist unerzogen.
- Der will mich persönlich ärgern.
- Der braucht ständig Druck und Kontrolle, die ich aber nicht leisten kann.
- Der ist unverbesserlich.
- Der bringt mich noch zur Verzweiflung.
- Schön, wenn er mal nicht da ist.

Meist verengen solche Deutungsmuster die Wahrnehmung; positives Verhalten, das es immer gibt, wird nicht mehr registriert. Solange die Lehrerin nach diesen inneren Deutungsmustern handelt, ist sie pädagogisch wenig wirksam. So wird es kaum nachhaltige Veränderungen im Verhalten von Manuel geben. Auch ihre eigene emotionale Belastung wird dadurch vermutlich weiter steigen.

Sehr hilfreiche Möglichkeiten, mit eigenen Belastungen umzugehen, alternative Deutungsmuster zu gewinnen und dadurch die eigenen Handlungsoptionen zu erhöhen, sind Supervision und kollegiale Fallberatung: Unter der Leitung eines ausgebildeten Supervisors besprechen bei der Gruppensupervision ca. sechs bis zehn Teilnehmer die von diesen eingebrachten Anliegen mit dem Ziel, dem Supervisanden (Fallgeber) Unterstützung zuteilwerden zu lassen. Dies bedeutet, dass Supervision eine konkrete und situationsbezogene Beratungsform ist; im Mittelpunkt steht also das konkrete Anliegen eines Supervisanden, nicht allgemeine Probleme. Supervision nutzt das kreative Potenzial der Gruppe, d. h. die Supervisionsgruppe hilft gemeinsam dem Supervisanden weiter, indem sie eigene Empfindungen und Wahrnehmungsperspektiven thematisiert, Erklärungen und Lösungsideen produziert und sich damit ganz in dessen Dienst stellt.

Besonders bedeutsam ist, dass die Verantwortung für die Lösungen beim Supervisanden bleibt, d. h. dieser wird durch Supervision nicht entmündigt, sondern gestärkt, da die Entscheidung, was er mit den Hilfestellungen anfangen will, allein bei ihm liegt. Supervision hat somit nichts mit Therapie gemein, sondern aktiviert die persönlichen Ressourcen, reichert die Wahrnehmungsperspektiven an und erhöht dadurch die Handlungsoptionen. In der Regel führt sie auch zu einer emotionalen Entlastung, weil sich der Supervisand von eigenen Versagens- und Schuldgefühlen befreien kann.

Im Fall von Frau Bergbauer könnte Supervision eine Veränderung der Deutungsmuster bewirken, die etwa so aussehen könnte:
- Manuel verhält sich so, um eigenes Versagen zu vermeiden.
- Er macht das, um sein Selbstwertgefühl zu erhalten.
- Er braucht Zutrauen und Unterstützung.
- Er kann sich in kleinen Schritten ändern.
- Schule ist nicht mein einziger Lebensinhalt.
- Es hilft ihm, wenn ich Positives rückmelde.

Ein wichtiger Wirkfaktor von Supervision ist die klare Strukturierung des Gesprächsverlaufs, auf die der Supervisor achtet:
- Finden einer konkreten Problemsituation, eines Anliegens
- Darstellung der aktuellen Problemsituation durch den Teilnehmer (Worum geht es?)
- Ziel- und Auftragsklärung (Was soll erreicht werden?)
- Nachfragen durch die Gruppenmitglieder (Was fehlt an Informationen?)
- Bearbeiten des Anliegens mit verschiedenen Methoden
- lösungsorientierte Diskussion der Gruppe
- Abschluss: Feedback durch den Supervisanden (Welche Lösungen für das Problem habe ich jetzt gewonnen? Was hat die Besprechung bei mir bewirkt?)

Für die Hilfe im Umgang mit Verhaltensproblemen besitzen besonders Schulpsychologen mit supervisorischer Zertifizierung eine entsprechende Expertise. Angeboten werden neben Gruppensupervision auch Teamsupervision, bei der die Lehrkräfte aus einem Kollegium kommen und gemeinsame Ziele verfolgen (z. B. Stärkung des Teamgeistes und der gegenseitigen Unterstützung), sowie Einzelsupervision in Klassenführungsfragen.

Ähnlich der Supervision ist auch die Wirkung von kollegialer Beratung, mit dem Unterschied, dass diese Gruppen keine externe Leitung haben, sondern sich selbst organisieren und strukturieren. »Strukturmodelle der Kollegialen Beratung sind geeignet, freien und lebendigen Wissens- und Erfahrungsaustausch zu ermöglichen (Synergien durch Erfahrungsaustausch). Kollegiale Beratungsgruppen sind ein wirkungsvolles Personalentwicklungsinstrument im schulischen Bereich (Arbeitszufriedenheit, Lehrerbelastung). Lehr- und Lernkompetenzen der Lehrkräfte können nachhaltig gefördert und erweitert werden« (Bauhofer 2004). Strukturmodelle für kollegiale Beratung weisen große Ähnlichkeit zur Strukturierung von Supervision auf (nachzulesen z. B. bei Tietze 2003).

Schließlich sei noch erwähnt, dass eine weitere lohnende Maßnahme, die mithilfe eines kollegialen Teams durchgeführt wird, die Prävention von Verhaltensstörungen im Rahmen eines systematischen Schulentwicklungsprozesses ist. Dadurch kann das Sozialklima einer Schule positiv beeinflusst werden, hin zu einem Klima des Respekts und der Achtsamkeit. Die Erfahrung zeigt, dass negative Phänomene wie Mobbing und Gewalt im Verlauf derartiger Entwicklungsprozesse deutlich abnehmen (Melzer et al. 2011, Spröber et al. 2008). Die externe Begleitung der Veränderungen durch entsprechende Berater kann solche Vorhaben wesentlich erleichtern.

Im skizzierten Fall der Frau Bergmann könnte Supervision bewirken, dass sie ihren Schüler Manuel auch in seinen positiven Anteilen wahrnehmen kann (vgl. Kapitel 2), durch die Gruppe neue Erklärungen für sein Verhalten gewinnt und dadurch sicherer in ihren Interaktionen wird.

Lehrkräfte, die Supervision und kollegiale Beratung längerfristig nutzen, berichten von der Erhöhung ihrer Klassenführungskompetenz, von der Erweiterung ihres erzieherischen Repertoires und von der Stärkung ihrer eigenen Selbstkompetenz. Untersuchungen zeigen, dass diese Maßnahmen präventiv auch der Lehrergesundheit dienen (Arens/Gerke 2014, Schlee 2012).

5.4.4 Resümee/Fazit

Wenn Lehrerinnen oder Lehrer überlegen, ob sie mit ihrer eigenen Beratungskompetenz an ihre Grenzen kommen, sollten sie zuallererst das Prinzip Achtsamkeit anwenden. Lehrkräfte dürfen im Sinne der Lehrergesundheit überlegen, wie viel Zeit und Energie sie selbst für schwierigere Beratungssituationen zur Verfügung haben. Achtsamkeit ist des Weiteren auch anzuwenden hinsichtlich der Schülerinnen und Schüler, denen man Angebote machen möchte, und deren Ressourcen, also deren Krafthaushalte. Ein Austausch mit anderen Lehrer/innen im Sinne eines kollegialen Netzes wird immer hilfreich sein. Oft agieren Kolleg/innen mit unterschiedlichen Wissensständen nebeneinander her, ohne die Kenntnisse ihrer Mitarbeiter/innen zu kennen. Zur professionellen Weiterentwicklung und persönlichen Unterstützung für alle Lehrkräfte in berufsbezogenen Fragestellungen ist das Aufsuchen von Supervisionsgruppen zielführend und berufsethisch entlastend. Dieses Angebot wird noch viel zu selten von den Lehrkräften wahrgenommen. Schließlich wird Ausschau nach Unterstützung durch Berater an der Schule und eventuell darüber hinaus der beste Weg sein.

Literatur

Arens, F./Gerke, M. (2014): Kollegiale Beratung und Supervision als Beitrag zur Lehrergesundheit. Ein Qualifizierungskonzept zur emotionalen und sozialen Unterstützung. Die berufsbildende Schule, 66 (1), S. 8–13.

Macha, H./Bauhofer, W. (2004): Weiterbildung als Potenzialentwicklung und Kompetenzerwerb – Prämissen und Handlungsfelder. In: Bender, W./Groß, M./Heglmeier, H. (Hrsg.): Reihe Politik und Bildung, Bd. 31: Lernen und Handeln. Wochenschau, S. 300–316.

Melzer, W./Schubarth, W./Ehninger, F. (2011): *Gewaltprävention und Schulentwicklung. Analysen und Handlungskonzepte* (2). Bad Heilbrunn: Klinkhardt.

Schlee, J. (2012): *Kollegiale Beratung und Supervision für pädagogische Berufe. Hilfe zur Selbsthilfe; ein Arbeitsbuch* (3). Stuttgart: Kohlhammer.

Spröber, N./Hautzinger, M./Schlottke, P. F. (2008): *Bullying in der Schule. Das Präventions- und Interventionsprogramm PROACT + E* (1). Weinheim/Basel: Beltz

Kim-Oliver Tietze (2003): Kollegiale Beratung: Problemlösungen gemeinsam entwickeln. Miteinander reden: Praxis. Herausgegeben von Friedemann Schulz von Thun. Rororo Taschenbuch.

5.5 Schritt 5: Einen Förderplan erstellen

Sarah Seeger

Nach den Schritten »Beobachten und Umfeld analysieren«, »Gespräche führen«, »Trotzdem unterrichten« und »Hilfsnetzwerke aufbauen« folgt in diesem Kapitel nun der fünfte Schritt im Umgang mit auffälligen Schülerinnen und Schülern, das »Erstellen eines Förderplans«.

»Fördern« im wörtlichen Sinn bedeutet etwas voran oder vorwärts bringen, ganz anschaulich aber auch etwas zu Tage bringen. Fördern im pädagogischen Sinn bringt einen Lern- oder Entwicklungsprozess in Richtung eines vorher gesetzten Zieles voran. Demnach fördern Lehrer/innen generell im Unterricht, und an allen Schulen ist also stets eine Förderabsicht vorhanden (Speck 2003, S. 328). Diese allgemeine Förderabsicht wird allen Schülerinnen und Schülern gleichermaßen zuteil.

Auch wenn Unterrichtsstörungen auftreten oder eine Klasse behandelte Inhalte nicht verstanden hat, reagieren Lehrer/innen auf diese Situationen und fördern damit ihre Schüler/innen. Gerade solche Situationen stellen bei als schwierig empfundenen Kindern hohe Anforderungen an die Pädagoginnen und Pädagogen und sind eine wertvolle Basis für gezielte individuelle Maßnahmen. Für ein individuelles Fördern über das alltägliche Maß hinaus bietet das folgende Kapitel Informationen und Anregungen aus der Praxis sowie theoretische Grundlagen zur nachhaltigen Gestaltung der Förderarbeit.

Ein Förderplan wird in mehreren Arbeitsphasen erstellt, einzelne Schritte daraus sind im Rahmen dieses Praxisleitfadens bereits beschrieben oder werden noch beschrieben. Dennoch werden sie in diesem Kapitel nochmals angeführt, um sich in Kürze darüber informieren zu können, was nötig ist, um einen fundierten Förderplan zu erstellen.

5.5.1 Förderbedarf

Förderung bedeutet, dass Lehrer/innen die Verantwortung für einen gelingenden Lernprozess wahrnehmen, auch oder gerade dann, wenn dieser ins Stocken gerät oder aufgrund von Schwierigkeiten zum Erliegen kommt. Wann Schülerinnen und Schüler mit einer individuellen Förderung unterstützt werden sollen, hängt von vielen Gegebenheiten und Bedingungen ab (z. B. leistungsbezogene Anforderungen, Schulart, Elternhaus, soziale Situation in der Klasse). Individuelle Förderung ist jedoch immer dann angemessen, wenn Passungsprobleme bestehen zwischen

- dem sozialen Verhalten und/oder dem Arbeitsverhalten des Einzelnen einerseits und den Interaktions-, Kommunikations- und Arbeitsregeln der Klassengemeinschaft andererseits
- oder zwischen den lehrplanbezogenen Leistungsanforderungen und den Schülerleistungen.

(Ähnliche Gedanken zum sonderpädagogischen Förderbedarf finden sich bei Schuck/Lemke/Schwohl 2007, S. 207.)

Förderpläne

In der pädagogischen Praxis hat sich das Arbeiten mit Förderplänen als sinnvoll herausgestellt und bewährt. Die Ermittlung des individuellen Förderbedarfs bzw. die Entwicklung des Förderplans erfolgt in der Regel mit mehr als nur zwei Beteiligten, also Schülerin oder Schüler und Lehrerin oder Lehrer. Stattdessen ist in der Regel die Erstellung ein Interaktionsprozess zwischen allen Beteiligten (Klassenführung, Schulpsychologin oder Schulpsychologe, Schulsozialarbeit, Sonderpädagoge oder Sonderpädagogin, Fachlehrkräfte, Eltern), vor allem auch des Schülers bzw. der Schülerin oder des Schülers!

Ein Förderplan koordiniert also alle Beteiligten und dient darüber hinaus zur Evaluation und Dokumentation. Er gibt einen Überblick und konkretisiert die pädagogische Arbeitet für den Alltag.

Gute Pläne
- sind in einem kooperativen Prozess entstanden bzw. besprochen,
- beziehen die betroffene Schülerin oder den betroffenen Schüler mit ein,
- bauen auf eine vorausgegangene Diagnostik auf (vgl. Kapitel 5.1),
- basieren auf Förderhypothesen,
- dokumentieren den Förder- und Lernprozess,
- planen die Überprüfung bzw. Evaluation der Förderung von vornherein mit ein,
- halten verständlich und klar fest, was jeder Beteiligte zu tun hat,
- sind kurz und übersichtlich,
- entlasten alle Beteiligten von Anfang an.

Organisatorische Rahmenbedingungen des Förderns

Obwohl die hohe Alltagsbelastung von Lehrkräften eine individuelle Förderung oft erschwert (Erhardt 2013, S. 332), gibt es über den zeitlichen und den Belastungsaspekt hinaus organisatorische Rahmenbedingungen, die auf das Fördern Einfluss nehmen und beachtet werden sollten:
- Wann und wo können sich alle Beteiligten zur Förderkonferenz bzw. zur Besprechung treffen?
- Welche räumlichen, materiellen und personellen Ressourcen können genutzt werden?
- Wann kann die Förderung stattfinden (während des Unterrichts in der Klasse, parallel zum Unterricht außerhalb der Klasse, oder danach)?
- Wer fördert was (Lehrer/in, andere Fachlehrer/innen, Eltern, Schulsozialarbeiter/in, Therapeut/innen, Schulpsychologin oder Schulpsychologe)?
- Wo kann die Förderung stattfinden?

5.5.2 Die Arbeit mit Förderplänen

Wer erstellt einen Förderplan?

In der Regel erweist es sich als sinnvoll, wenn eine Person leitend und in Absprache mit allen weiteren Beteiligten den Förderplan erarbeitet. Die Erstellung eines Förderplans ist immer ein Interaktionsprozess, in dem die gemeinsamen Grundannahmen zur Förderung diskursiv herausgearbeitet werden. Alle anderen Mitwirkenden sollten zur Erstellung möglichst kooperativ und effektiv zuarbeiten.

Immer wieder stellt sich erfahrungsgemäß das Problem, dass sich niemand für den Förderprozess verantwortlich fühlt, weder die Klassenführung noch die Schulpsychologin bzw. der Schulpsychologe oder andere. In diesem Fall liegt die besondere Herausforderung darin, die Verantwortung für die Förderung im Rahmen der eigenen Tätigkeit wahrzunehmen. Auch dafür lohnt es sich, eine kurze Dokumentation im Sinn eines Förderplans anzulegen.

Für Kinder und Jugendliche mit sonderpädagogischem Förderbedarf ist in vielen Bundesländern eine Sonderpädagogin oder ein Sonderpädagoge für die Erstellung eines Förderplans verantwortlich. Gibt es einen Förderplan, so ist es lohnenswert, sich in diesen einzulesen! Oft kennen wichtige Personen im Umfeld des Kindes den Förderplan nicht und können daher die Ziele nicht mitverfolgen. Ebenso fehlen dann gegebenenfalls wichtige Sichtweisen oder Umsetzungsmöglichkeiten der Betreffenden.

Den fortlaufenden Förderprozess kann man sich als eine spiralförmige Entwicklung vorstellen, der sich aus sich wiederholenden Phasen zusammensetzt. Die spiralförmige Weiterentwicklung bezeichnet den Entwicklungsverlauf, in dem sich optimalerweise Ist- und Soll-Zustand näherkommen.

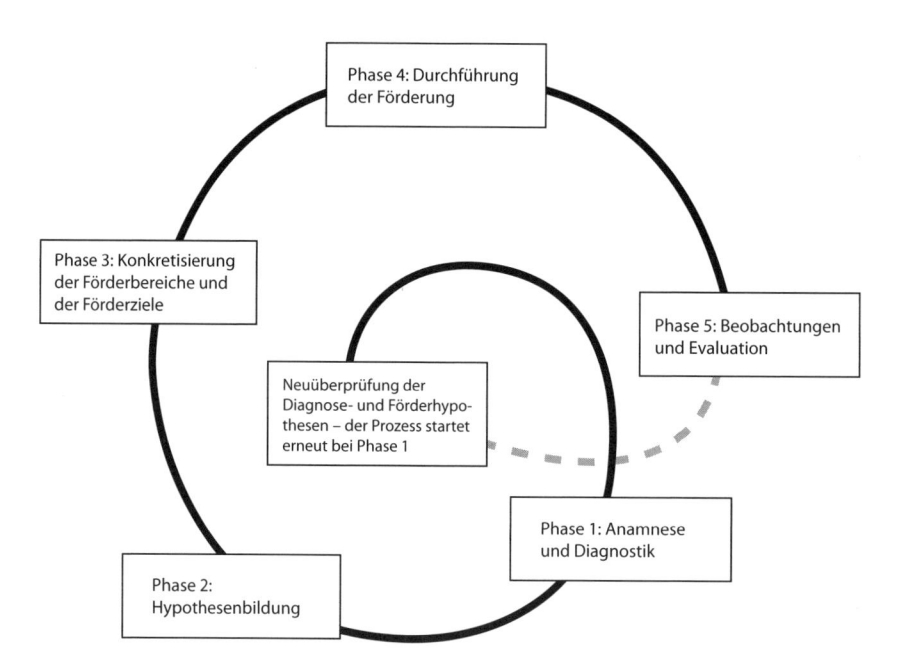

Abb. 16: Fortlaufender Förderprozess der einzelnen Phasen

Phase 1: Anamnese und Diagnostik

Hilfreiche diagnostische Anhaltspunkte für Lehrkräfte sind:
- bereits vorhandener Berichte sichten und lesen
- Gespräche mit der Schülerin bzw. dem Schüler

- Gespräche mit den Eltern, ggf. Hausbesuch
- möglicherweise gegebene familiäre Veränderungen/Belastungen eruieren
- ggf. Gespräche mit dem Jugendamt/der Bezirkssozialarbeit
- alte Zeugnisse einsehen
- frühere Hefte beschaffen
- Gespräche mit Pädagogen aus Vorjahren oder der Nachmittagsbetreuung
- Überlegungen zum Krankheits-/Störungsgewinn anstellen
- den Entwicklungsverlauf rekonstruieren (Wie sieht die Entwicklung des Störverhaltens aus? Welchen Sinn hat diese Entwicklung für das Kind oder den Jugendlichen [gehabt]?)
- besondere Beobachtungen
- Fehleranalyse (Welche Logik steckt hinter den Fehlern, die die Schülerin/der Schüler macht?)

Bei genauerem Hinsehen gestaltet sich der Diagnoseprozess als ein Abgleich von Ist- und Soll-Zustand. Dieser erfolgt im Prinzip in drei Schritten und ist stets hypothesengeleitet:

1. In einer diagnostischen Phase werden Hypothesen über den aktuellen Zustand und seine Bedingungsfaktoren erstellt.
2. Daran anschließend werden Hypothesen über den zu erreichenden Zielzustand formuliert.
3. Dann werden Hypothesen über die Änderungsumstände (= Förderhypothesen) entwickelt (Schuck 2007, S. 161).

(Siehe auch Kapitel 5.1 »Beobachten und Umfeld analysieren«.)

Phase 2: Hypothesenbildung

Um die Realität zu vereinfachen, gehen wir oft von sogenannten Wahrheiten aus, die dadurch entstehen, dass wir die Wirklichkeit auf ein überschaubares Maß reduzieren (Beispiele: »Das Kind ist gestört«, »Dem Kind fehlt Struktur im Elternhaus, es ist unerzogen und kann sich nicht benehmen«). Geht man von solchen subjektiven Wahrheiten aus, übersieht man leicht wichtige weitere Bedingungsfaktoren (beispielsweise: »Das Kind fühlt sich als Außenseiter«, »Das Kind versteht bestimmte Inhalte nicht und stört wegen des fehlenden Verständnisses« – vgl. auch Kapitel 2 zu »Haltung«). Die Sichtweisen auf das Kind und die Hypothesenbildung, die wir vornehmen, genauer zu betrachten, ist für die pädagogische Arbeit zentral.

Schulversagen und Verhaltensauffälligkeiten werden heutzutage sinnvollerweise pädagogisch ökosystemisch betrachtet, d.h. sie werden als multidimensional angesehen. Sie werden also nicht mehr nur mit personenbezogenen Variablen erklärt, sondern es werden die Bedingungen des gesamten schulischen, besonders des unterrichtlichen und familiären Sozialisationshintergrundes in eine hypothesengenerierende und -prüfende Diagnostik und Förderung einbezogen (siehe dazu 6.1 »Wer wird auffällig? ...«). Beispielsweise kann es bedeutsam sein, die Familiensituation in die Diagnostik miteinzubeziehen oder die soziale Dynamik in der Klasse oder die Beziehungen zu anderen Lehrer/innen einmal genauer zu beleuchten. Diagnostik und Förderung werden so als Prozess verstanden, der sich in mehreren Phasen immer wieder durch Überprüfung und Neuausrichtung der Diagnose- und Förderhypothesen neu gestaltet.

Nach einiger Zeit der Förderung werden die Umsetzung der Änderungshypothesen sowie die diagnostischen Hypothesen überprüft. Wenn der Ist- und der Soll-Zustand näher zusammenliegen, kann mit den gleichen Hypothesen weiter gefördert werden. Haben sich kaum Änderungen ergeben, sollten die Annahmen erneut betrachtet und gegebenenfalls neu ausgerichtet werden (Schuck 2007, S. 161, siehe dazu Kapitel 5.6).

Phase 3: Konkretisierung der Förderbereiche und der Förderziele

Eine mögliche Art der Dokumentation eines Förderplans ist in Abbildung 17 zu sehen. (Eine Blankovorlage ist im Downloadbereich des Buches bereitgestellt.)

Name			**Klasse:**	**Schuljahr 2014/15**	
Zusammenfassung:					
Bisherige Diagnostik:					
Besonderheiten:					
Förderhypothesen:					
Aktuelle Situation:					
Förderplan:					
Zeitraum	Förderbereich	Verantwortliche/r	**Umsetzungsmöglichkeiten** Maßnahmen, Materialien, Programme, Vereinbarungen	Evaluation / Prozessbeobachtung	

Abb. 17: Dokumentationsvorlage eines Förderplans

Wie der Abbildung 17 zu entnehmen ist, enthält ein Förderplan:
- den Förderzeitraum,
- den Förderbereich (beispielsweise das Arbeitsverhalten, das Sozialverhalten, die Emotionalität, bestimmte Fächer oder Kompetenzen, …),
- bei mehreren Beteiligten den Verantwortlichen für ein beschriebenes Ziel,
- die konkrete Beschreibung der Ziele (Zielhypothesen)
- und deren Ideen zur Umsetzung (= Änderungshypothesen)
- sowie Prozessbeobachtungen bzw. die Evaluation (am Ende des Förderzeitraums).

In einem vorangestellten Kasten können wichtige Informationen festgehalten werden, wie bisherige Diagnostik (auch Fremddiagnostik von Psychiatern oder Intelligenztests), momentane Auffälligkeiten oder Besonderheiten (beispielsweise Belastungen in der Familie, erbliche Vorbelastungen, traumatische Erlebnisse).

Phase 4: Durchführung der Förderung

Während des Unterrichts kann durch Binnendifferenzierung nach Qualität und Quantität gefördert werden. Das heißt Schüler/innen können mehr oder weniger und dafür länger oder kürzer, leichtere oder schwerere Aufgaben bearbeiten. Mit einer Schülerin oder einem Schüler können auch individuelle Sozialziele vereinbart werden, beispielsweise:
- dass er oder sie sich mindestens einmal pro Stunde zu Wort meldet,
- dass die Hausaufgaben selbstständig vor der Stunde vorgelegt werden,
- dass die Schülerin oder der Schüler nachfragt, wenn Unklarheiten vorliegen.

Extraförderung kann in Differenzierungsstunden von zusätzlichem Personal oder in Fördergruppen sozialer oder inhaltlicher Art gegeben werden, beispielsweise in einer Mathematikfördergruppe oder einem Sozialtraining.

Interdisziplinäre Zusammenarbeit kommt immer dann zum Tragen, wenn die Förderung über ein Fach hinaus und/oder auch über den Schulkontext hinaus durchgeführt wird. So hat es sich als sinnvoll erwiesen, sich auch mit Therapeut/innen und vor allem auch mit allen weiteren Lehrer/innen der gleichen Klasse abzustimmen und gegebenenfalls Förderziele zu modifizieren.

Es ist bedeutsam, dass auch wirklich die Ziele gefördert werden, die im Förderplan festgehalten worden sind. Zunächst sollte ein Förderziel in den Fokus gestellt, andere vorerst vernachlässigt werden. Dadurch kommt dem einen Förderziel viel Bedeutung zu und es wird wirklich an diesem gearbeitet. Ansonsten fördert man an mehreren Stellen gleichzeitig und nichts verändert sich langfristig. Die Erfahrung zeigt, dass sich eine positive Entwicklung in einem Bereich auch nach und nach zugunsten von Aspekten in anderen Förderbereichen auswirkt.

Phase 5: Beobachtungen und Evaluation

Beobachtungen sollten während des Förderprozesses, spätestens jedoch zum Ende des festgesetzten Förderzeitraums kurz schriftlich im Förderplan festgehalten werden. Beispielsweise
- »Schülerin oder Schüler beherrscht nun den Dreisatz«
- »Schülerin oder Schüler nimmt Blickkontakt auf, wenn mit ihr/ihm geredet wird«

Eine sehr kurze und übersichtliche Variante können auch Haken oder lachende, traurige oder unentschlossene Smileys als Vermerke im Förderplan sein (siehe auch Kapitel 5.1).

Sind die Ergebnisse nicht zufriedenstellend, ist es wichtig, die aufgestellten Hypothesen über die Situation und deren Veränderung zu überprüfen und anzupassen (siehe dazu Kapitel 5.6).

5.5.3 Fördern im Schulalltag

In einer Studie von Erhardt (2013) hat sich gezeigt, dass die individuelle Förderung im Unterricht nicht zufriedenstellend verwirklicht ist. Lehrkräften fehlt unter anderem die Zeit, entsprechende Maßnahmen umzusetzen. Deshalb werden im Folgenden Hinweise zur Realisierung von Förderung im Schulalltag gegeben.

Allgemeine Tipps

Im Folgenden handelt es sich um praxiserprobte Tipps, die die Förderarbeit erleichtern können:
- So oft wie möglich das persönliche Gespräch mit den Schüler/innen suchen, auch oder gerade mit Schüler/innen, mit denen Schwierigkeiten bestehen.
- Schriftliche Proben je nach Bedarf zur Verbesserung oder zur Übung vor der eigentlichen Probe in leicht abgewandelter Form ein zweites Mal schreiben lassen. Dadurch bekommen die Schüler/innen ein größeres Gefühl der Handhabbarkeit und können Anforderungen besser überblicken. Mit Lösungsvorschlägen können die Schüler/innen diese auch selbst verbessern.
- Bei Problemen mit einer Schülerin oder einem Schüler mit den Kolleg/innen über das Problem sprechen. Oft ergeben sich aus Kurzgesprächen anregende Ideen zur Umsetzung von Förderideen im eigenen Unterricht. Oder aber es stellt sich heraus, dass auch weitere Personen von einer Förderkonferenz bzw. einem Förderplan profitieren würden. Dann gilt es, einen Termin zu organisieren und den Förderprozess zu starten.
- Liegt ein Förderplan vor, nachschauen, welches Ziel in der eigenen Stunde realisiert werden kann oder soll.
- Diese Ziele mit Eltern und der Schülerin oder dem Schüler vorab absprechen.
- Sich in jedem Fall in einem persönlichen Gespräch mit der Schülerin oder dem Schüler über das Einverständnis vergewissern, dass sie oder er akzeptiert, was von ihr oder ihm erwartet wird. So arbeiten Sie miteinander und nicht gegeneinander.
- Für das Erreichen eines gemeinsamen Förderziels gerade zu Beginn besonders viel Zeit und Anstrengung investieren. Wenn dies gelingt, können Motivation bei der Schülerin oder dem Schüler erzeugt werden und so die eigenen Ressourcen zum Tragen kommen.
- Genau ein Förderziel aus dem Förderplan beachten, anstatt auf alles zu achten, was gerade bei einem auffälligen Schüler schwierig ist. Das spart Zeit und erhöht deutlich die Erfolgswahrscheinlichkeit.
- Als Team Selbstwirksamkeit erleben, indem man sich über den gemeinsamen Förderprozess und über das Erreichen der Förderziele austauscht.
- Kleine Schritte setzen und sich über das Erreichen dieser freuen anstelle einer defizitorientierten Sichtweise, was eine Schülerin oder ein Schüler noch alles nicht kann.

Erwünschtes Verhalten effektiv verstärken:

In einer ersten Phase belohnt die Lehrkraft konsequent jedes positive Verhalten. (Jedes Mal, auch wenn es einem übertrieben häufig vorkommt. Dies kann zum Beispiel auch ein

Smiley-Kärtchen sein, welches still auf den Tisch gelegt wird, für jede Minute, die eine Schülerin/ein Schüler konzentriert arbeitet, sodass Sie etwa 15 bis 20 Kärtchen während der Einführungsphase verteilen). So hat die Schülerin oder der Schüler die Möglichkeit, sein erwünschtes Verhalten bewusst zu erleben, um dieses dann gezielt aufzubauen.

Anschließend sollte eine seltenere, aber regelmäßige Verstärkung stattfinden (jedes 4. bis 5. Mal). Damit das Verhalten gefestigt und aufgebaut werden kann, sollte völlig unregelmäßig, aber beständig eine Verstärkung einsetzen (mal beim 20., dann beim 37. Mal oder beim 7. Mal). Die Verstärkung kann auch ein Gespräch darüber sein, dass man sich freut, dass es nach wie vor so gut mit den Absprachen läuft. So wird das Verhalten stabiler und die Schülerin oder der Schüler gewinnt an Selbstwirksamkeitserfahrung (Petersen et al. 2013, S. 29 ff.)

Fördern in der Sekundarstufe durch Wahlfächer

Verpflichtende, aber dennoch frei wählbare Wahlfächer wie eine Theatergruppe, Chor, Sport oder auch Vertiefungen wie Informatik oder Sprachen sind Beispiele einer stärkenorientierten Lehr- und Lernkultur (Erhardt 2013, S. 331).

Die Förderung im Rahmen von Wahlpflichtfächern bietet mehrere Vorteile:
- persönliche Interessen von Schüler/innen und Lehrer/innen als Beitrag zu einer hohen Qualität der gemeinsamen Arbeit
- Verbesserung des persönlichen Verhältnisses zwischen Schülerin oder Schüler und Lehrerin oder Lehrer durch eher informellen Charakter der Lernsituation
- positive Selbstwirksamkeitserfahrungen durch die Auseinandersetzung mit Interessen und Stärken, dabei Entwicklung von Expertise
- Auflösung fester sozialer Rollenzuschreibungen und/oder eines Leistungsstatus durch neue bzw. Kleingruppen (besonders bei leistungsschwächeren Schüler/innen)
- Entkopplung von Lern- und Leistungssituationen: kein Zeitdruck, kein Leistungsdruck
- Flexibilität durch jährlich wechselnde Angebote

Insgesamt weisen Ganztagesschulmodelle bessere Ergebnisse im Vergleich zur Halbtagsschule auf. In der Studie von Erhardt lassen die Erhebungen darauf schließen, dass mehr Zeit in der Schule bei entsprechender Angebotsqualität einen größeren Fördererfolg verspricht (Erhardt 2013, S. 326).

5.5.4. Zusammenfassung, abschließende Gedanken

Förderung kann also als ein hypothesengeleiteter Prozess verstanden werden, für den es Verantwortliche braucht. Die Förderung sollte im Allgemeinen entweder den Leistungsbereich und/oder die soziale gesellschaftliche Teilhabe verbessern. Deshalb sollten auch die Ziele in diesen Bereichen zu finden sein. Der regelmäßigen Überprüfung der eigenen Arbeit und des Fortschritts der Förderung kommt dabei große Bedeutung zu. Ausführliche Erläuterungen finden Sie dazu im nächsten Kapitel.

Literaturempfehlungen

Heimlich, U./Lotter, M./März, M. (2005): Diagnose und Förderung im Förderschwerpunkt Lernen. Donauwörth: Auerverlag.

Klippert, H. (2013): Lernförderung im Fachunterricht. Donauwörth: Klippert.
Löser, R. (2013): Rund um den Förderschwerpunkt Lernen. Mühlheim an der Ruhr: Verlag an der Ruhr.
Mittendrin e. V. (Hrsg.) (2012): Eine Schule für alle – Inklusion umsetzen in der Sekundarstufe. Mühlheim an der Ruhr: Verlag an der Ruhr.

Literatur

Erhardt, T. (2013): Individuelle Förderung – Begriff, Modelle und schulische Praxis. Eichstätt: Eichstaett Academic Press UG.
Kretschmann, R. (2003): Förderdiagnostik und Förderpläne. In: Ricken, G./Fritz, A./Hofmann, C. (Hrsg.): Diagnose: Sonderpädagogischer Förderbedarf. Lengerich: Pabst, S. 369–385.
Petermann, F./Natzke, H./Gerken, N./Walter, H. J. (2013): Verhaltenstraining für Schulanfänger: Ein Programm zur Förderung emotionaler und sozialer Kompetenzen. Göttingen u. a.: Hogrefe.
Schuck, K. D. (2007): Wegmarken der Entwicklung diagnostischer Konzepte. In: Jürgen, W./Wember, F. B./Borchert, J./Goetze, H. (Hrsg.): Sonderpädagogik des Lernens. Göttingen u. a.: Hogrefe, S. 147–166.
Speck, O. (2003): System Heilpädagogik – eine ökologisch reflexive Grundlegung. München: Ernst Reinhardt.

5.6 Schritt 6: Bewerten und nachsteuern

Barbara Meyer, Heinz Schlegel

»Bin ich mit dem Ergebnis der Maßnahmen zufrieden? Sind alle anderen zufrieden?« Wenn eine Lehrkraft erste Maßnahmen im Umgang mit Auffälligkeiten bei Schüler/innen umgesetzt hat und sich erste Ergebnisse abzeichnen, stellt sich die Frage nach der Zufriedenheit fast automatisch. Der sechste und letzte Schritt im Umgang mit Auffälligkeiten ist daher die Bewertung von getroffenen Maßnahmen im Hinblick auf die angestrebten Ziele und gegebenenfalls die Nachsteuerung. Dabei geht es in diesem Kapitel zunächst um die Analyse und die Frage, wann das Nachsteuern erfolgreich ist. Anschließend ist jeweils gesammelt, wie eine Lehrkraft selbst bzw. zusammen mit auffälligen Schüler/innen, Klassenkameraden, Eltern oder auch Kolleg/innen die durchgeführten Maßnahmen analysieren und bewerten kann. Dabei wird auch thematisiert, wie der eigene Anteil an einem Gelingen oder Misslingen herausgefunden werden kann und wie neue Ideen für künftige Maßnahmen entstehen können.

Bei der Analyse und Bewertung der getroffenen Maßnahmen kann es helfen, noch einmal detailliert im Überblick zu sehen, welche Schritte vom Feststellen der Auffälligkeit bis zur Nachsteuerung gegangen werden können bzw. sollten. Daher ist der Prozess in Abbildung 18 in einem Flussdiagramm dargestellt. Die einzelnen Punkte wurden in diesem fünften Kapitel bereits ausgeführt oder werden im Folgenden besprochen, sodass die Grafik nicht weiter erklärt werden muss. Lediglich die mit Rauten dargestellten »Entscheidungspunkte« sind bisher nicht explizit angesprochen: Wenn die Beteiligten zu Beginn mit den Ideen, die sie zum Umgang mit der Auffälligkeit entwickelt haben, nicht zufrieden sind, so kann es helfen, noch mehr über das Problem herauszufinden. Vielleicht finden sich in Gesprächen oder aber in Informationsmaterialen Ideen für Maßnahmen, an die bis dahin nicht gedacht wurde.

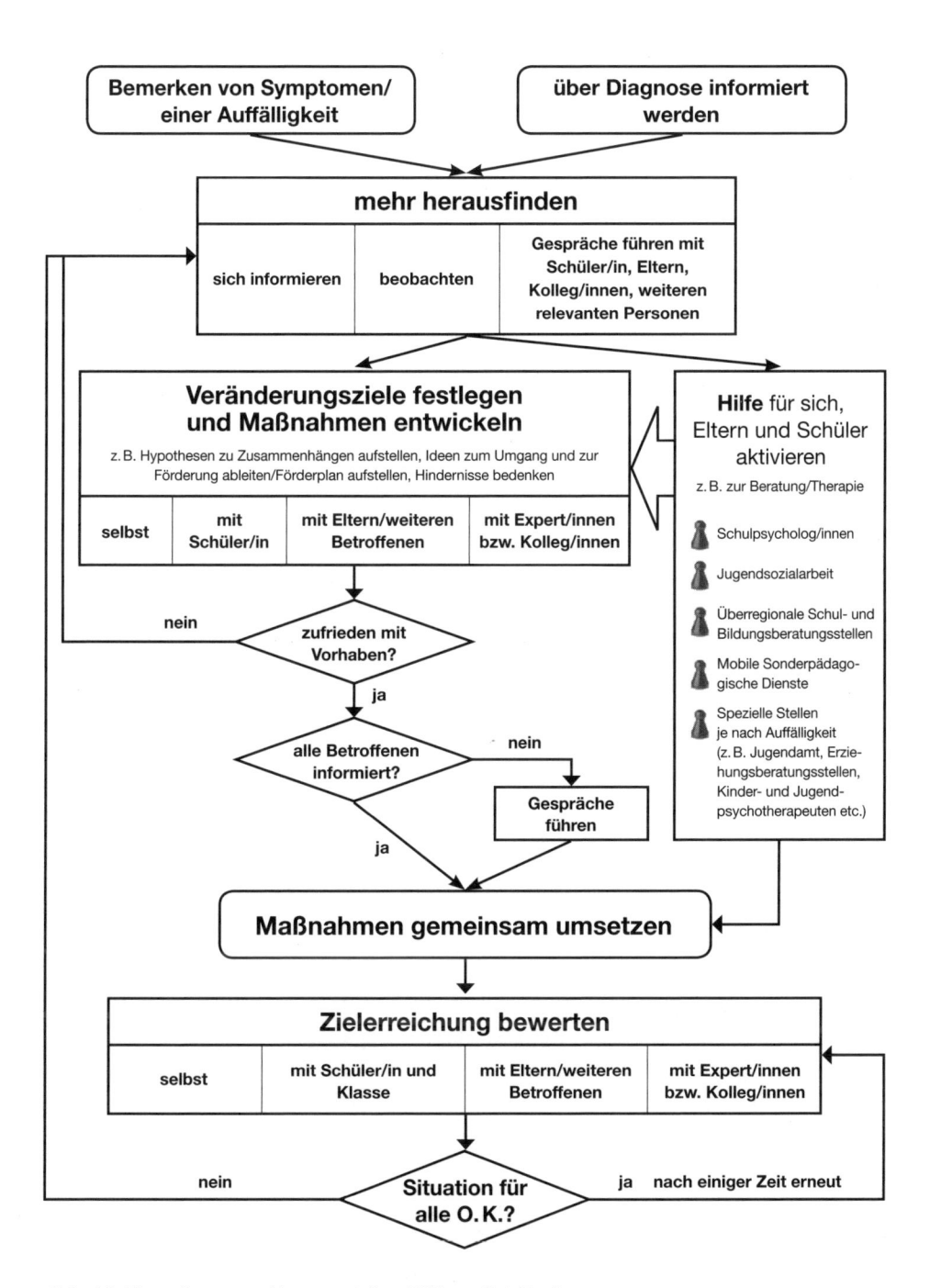

Abb. 18: Flussdiagramm Umgang mit auffälligen Schüler/innen

Wenn dann eine Maßnahme oder ein Maßnahmenbündel zur Umsetzung ausgewählt wurde, ist es weiterhin wichtig, darüber nachzudenken, ob alle Personen, die diese Maßnahme betrifft, informiert sind.

Ärzte, Eltern und Lehrkraft sind übereingekommen, dass bei Schülerin Lisa, der ADHS diagnostiziert wurde, ein Ziel sein soll, ihrem Bewegungsdrang nachzukommen und ihn zu kanalisieren. Dazu soll ihr ermöglicht werden, sich im Unterricht mehr zu bewegen und auch Botengänge außerhalb des Klassenzimmers zu erledigen. Diese andere Behandlung im Unterricht muss jedoch noch mit der Klasse besprochen und die Botengänge müssen mit der Schulleitung und eventuell dem Hausmeister oder dem Sekretariat abgestimmt werden.

Zuletzt folgt nach einer negativen Bewertung von Maßnahmen die Nachsteuerung. Da Veränderungen von Verhalten in der Regel träge sind und daher nicht sofort im erwünschten Maß eintreten, empfiehlt es sich, die Zielerreichung in einem angemessenen Zeitraum zu kontrollieren. Dabei hilft die Vorstellung, dass zum Beispiel eine Zentralheizung eine Zeit braucht, bis die eingestellte Temperatur erreicht wird. Steuert man zu schnell nach, ist es wahrscheinlich, dass das angestrebte Ziel verfehlt wird. Hierzu sollte am besten versucht werden, herauszufinden, ob die Maßnahme überhaupt geeignet ist, das angestrebte Ziel zu erreichen. Diese Analyse soll klären, weshalb die Maßnahme nicht gefruchtet hat und welche Maßnahme stattdessen erfolgversprechend könnte. Doch auch eine positiven Bewertung sollte noch eine Handlung nach sich ziehen, nämlich die erneute Bewertung nach einem definierten Zeitraum, damit erkannt wird, ob der Erfolg anhaltend ist, oder ob sich die Situation nicht doch schleichend verschlechtert.

Wann das Nachsteuern erfolgreich ist

»Wenn sich die Lehrkraft richtig verhält, gibt es keine problematischen Auffälligkeiten im Unterricht!« Diese Annahme scheint in unserer Gesellschaft zu gelten (vgl. Winkel 2011) und die Lehrerausbildung tut manchmal immer noch das ihre, um diesen Satz in den Köpfen der künftigen Lehrenden zu festigen. Der Glaube, dass die Lehrkraft mit »dem richtigen« Verhalten alle Probleme lösen kann, ist durchaus heikel, denn jede auftretende Auffälligkeit beziehungsweise jede misslungene Maßnahmen scheint damit das persönliche Versagen der Lehrkraft zu sein. Das ist jedoch oft nicht der Fall. Die Annahme ist aber folgenreich, denn der entstehende Druck kann dazu führen, dass eine Lehrkraft lieber darüber hinwegsieht, dass Kai gemobbt wird, oder dass sie nicht sorgfältig analysiert, warum Sarah trotz der getroffenen Gegenmaßnahmen immer wieder den Unterricht massiv stört.

Auf der anderen Seite können Probleme, die aus Auffälligkeiten resultieren, ein Zeichen für schlechten Unterricht oder einen mangelhaften Umgang mit Auffälligkeiten sein. Zu früh aufzuhören, den eigenen Anteil bzw. Handlungsmöglichkeiten in einer problematischen Situation zu suchen, ist daher ebenso kritisch. Das Nachsteuern bei einer nicht erfolgreich bewerteten Maßnahme ist deshalb dann erfolgversprechender, wenn im Anschluss an eine getroffene Maßnahme der eigene Anteil am Problem realistisch unter die Lupe genommen wird: Worauf habe/hatte ich als Lehrkraft keinen Einfluss? Wobei könnte ich die Schülerin/den Schüler, die Eltern oder andere Beteiligte sinnvoll unterstützen? Was kann ich nun selbst tun, ohne dabei über meine eigenen Grenzen zu gehen (dazu Kapitel 3)?

Ein anderer Erfolgsfaktor für die Analyse und das Nachsteuern ist, nach einer nicht gelungenen Intervention *nicht dem ersten Impuls nachzugeben und aufzugeben oder aber mehr desgleichen zu tun*. Beide Reaktionsimpulse sind völlig menschlich. Dennoch gilt die

Empfehlung, die im zweiten Kapitel bereits erwähnt wurde: »Wenn etwas nicht funktioniert, mache es nicht noch einmal. Mache etwas ander(e)s. Hier können Versuche als Experiment gerahmt werden, um zu einem anderen Verhalten zu ermutigen« (Berg/Shilts 2009, S. 15). Eine Lehrkraft kann auch vor sich selbst Maßnahmen als Experimente rahmen: »Ich probiere aus, ob ich das Verhaltensziel mit mehr Bewegung und Botengängen erreiche. Nein? In Ordnung – nächstes Experiment.« So ist es leichter und weniger frustrierend, neue Lösungsideen zu suchen. *Nett zu sich selbst zu sein und Misslingen nicht als Feind zu sehen* ist mit Sicherheit ein Gelingensfaktor für den Umgang mit auffälligen Schüler/innen insgesamt.

Dennoch sollten Interventionen gut überlegt sein; einerseits, damit nicht der Eindruck von Willkür erweckt wird, andererseits, weil es ein Fehler sein kann, eine einmal eingeführte Maßnahme bereits *nach zu kurzer Zeit aufzugeben*. Es sei an dieser Stelle nochmal an das Beispiel der Heizungsanlage erinnert.

Zudem kann es hilfreich sein, *Fehlschläge von vornherein einzuplanen und Alternativen mitzudenken*. Wenn sich eine Lehrkraft also vornimmt, Lisa im Laufe des Unterrichts immer wieder Aufgaben zu geben, bei denen sie sich bewegen kann, wie Tafeldienst, Botendienste etc., so kann sie sich gleichzeitig überlegen, was sie macht, wenn an einem Tag keine solche Aufgaben anfallen oder wenn selbst das den Bewegungsdrang von Lisa nicht stillt.

Zu guter Letzt ist wohl der wichtigste Gelingensfaktor für Nachsteuerungen eine sorgfältige Analyse der Maßnahme und der Folgen, wie sie nun beschrieben wird.

Bewertung durch die Lehrkraft

Wenn eine Lehrkraft getroffene Maßnahmen nur für sich reflektiert, könnten ihr folgende Fragen helfen:
- Bin ich auf dem Weg zu dem angestrebten Ziel? Kommt die Veränderung voran?
- Sind die Symptome weniger geworden oder halten sie sich in einem passenden Rahmen?
- Ist das erwünschte Verhalten in größerem Maß zu beobachten?
- Habe ich das Gefühl, gerecht zu sein?
- Wäre es für mich in Ordnung, wenn künftig alles so bliebe wie im Moment?
- Haben sich weitere Symptome beim auffälligen Kind oder eine Veränderung im Verhalten der Mitschüler als Folge ergeben?
- Ist das Problem überhaupt veränderbar, sind die Ziele überhaupt erreichbar?

Wenn eine Lehrkraft das Gefühl hat, dass es noch nicht »rund« läuft, können die Zusammenhänge in Augenschein genommen werden:
- Auf einer Skala von 1 bis 10 – wie gut ist die Situation jetzt, wie war sie zu Beginn und wie gut sollte sie meiner Ansicht nach mindestens sein?
- Was genau hat sich aufgrund der Maßnahme verändert?
- Welche der positiven Entwicklungen könnte auf anderem Wege noch verstärkt werden?
- Was könnte den Ausschlag für (weitere) negative Auswirkungen gegeben haben? Wie könnten diese eingedämmt werden?

Dies sind einige Möglichkeiten, um angesichts der Unzufriedenheit mit einer Maßnahme wie in der Grafik beschrieben »mehr herauszufinden«. Eine ungewöhnliche Analysetechnik, zu der eine Lehrkraft bei der Bewertung für sich selbst greifen kann, ist das Videografieren des eigenen Agierens im Unterricht (mehr dazu siehe Meyer 2014). Die Betrachtung im Anschluss kann dann unter unterschiedlichen Blickwinkeln geschehen: Wie würde ich mich bei diesem Ausschnitt fühlen, wenn ich die auffällige Schülerin/der auffällige Schüler wäre? Fände ich als Klassenkamerad/in hier alles fair etc. Die Aufnahme kann weitere Ideen zu Zusammenhängen liefern.

Wenn aber tatsächlich der Blickwinkel der Betroffenen betrachtet werden soll, ist es noch effektiver, sie selbst zu fragen.

Bewertung mit auffälligen Schüler/innen und der Klasse

Je nachdem, was durch die Analyse überprüft werden soll, kann mit der auffälligen Schülerin/dem auffälligen Schüler separat gesprochen werden oder aber die ganze Klasse befragt werden. Bei einem Einzelgespräch sollten die Ziele und Abmachungen, die im Vorfeld festgeklopft wurden (siehe Kapitel 5.2), noch einmal zur Hand genommen und durchgegangen werden. Wie bei allen Gesprächen hilft auch beim Bewertungsgespräch alles das, was in Kapitel 5.2 bereits geschrieben wurde, vom Strukturieren des Ablaufs bis zu den Gesprächstechniken. Es kann jedoch auch ein Fragebogen erstellt werden, den die Schülerin oder der Schüler im Vorfeld ausfüllt und der dann besprochen wird.

Falls die umgesetzte Maßnahme die ganze Klasse betroffen hat, kann diese ebenso mithilfe eines Fragebogens oder aber auch mit einer anderen Feedbackmethode zum Beispiel als Zeige-Feedback, One-Minute-Paper oder Onkel-Otto-Zettel (siehe dazu Meyer 2014) befragt werden. Viele Berichte von Lehrkräften und nicht zuletzt die Hattie-Studie (Hattie/Beywl 2013) sprechen von sehr positiven Effekten, die Feedback von Schüler/innen für Lehrkräfte persönlich und fachlich haben kann. Dabei kann das Feedback entweder anonymisiert sein, wodurch die Antworten ehrlicher werden, oder aber die Klasse spricht offen darüber. Dies erfordert Mut bzw. Offenheit von den Schüler/innen, daher ist es wichtig, im Vorfeld eine konstruktive Atmosphäre zu schaffen und den Lernenden zu zeigen, dass auch kritische Anmerkungen positiv aufgenommen werden. Bei den Fragen kann es sinnvoll sein, sie so zu stellen, dass sie die eigenen Einschätzungen überprüfen:
- Fühlt ihr Euch als Klassengemeinschaft?
- Was fandet ihr heute gut an der Zusammenarbeit in der Klasse?
- Fühlst du dich gerecht behandelt?
- Was könnte verbessert werden?
- Was hättet ihr bei der Umsetzung der Maßnahme gerne anders gemacht?
- Was müsste passieren, damit du dich noch offener/toleranter/etc. gegenüber [Name der auffälligen Schülerin/ des auffälligen Schülers] verhältst?

Die Fragen können offen gestellt, aber auch so gestaltet werden, dass sie auf einer Skala abgefragt werden können wie zum Beispiel von 1 bis 5 ankreuzen »So gut fand ich die Umsetzung der besprochenen Maßnahmen« oder »So wohl fühle ich mich in der Klasse«. Dabei sollten jedoch keine »schlafenden Hunde geweckt werden«, denn wenn es zum Beispiel keinerlei Anhaltspunkt dafür gibt, dass sich Schüler/innen ungerecht behandelt fühlen, und dies auch nie thematisiert wurde, könnte die Frage erst das Gefühl hervorrufen.

Bewertung mit weiteren Beteiligten

Ein Gespräch mit Eltern bzw. Erziehungsberechtigten nach gemeinsam betrachteten Auffälligkeiten kann ähnlich ablaufen wie ein Einzelgespräch mit auffälligen Schüler/innen. Es ist zu überlegen, ob ein gemeinsames Gespräch mit dem oder der Schüler/in und den Eltern sinnvoll ist. Gerade wenn diese beiden Parteien »an einem Strang ziehen«, kann das gemeinsame Gespräch positive Effekte haben.

Es ist weniger üblich, wäre aber ebenso positiv, sich zu einem Bewertungsgespräch zu treffen mit betroffenen Kolleg/innen oder mit Mitarbeitern von weiteren hinzugezogenen Institutionen. Im Schulkontext ist dies optimal im Rahmen einer Supervision oder Kollegialen Fallberatung umsetzbar (siehe Kapitel 5.4.2). Aber schon das gemeinsame Nachdenken über die oben beschriebenen Bewertungsfragen wird mehr weiterführende Ideen über Zusammenhänge und Ideen für Nachsteuerungsmöglichkeiten ergeben. Auch für die Bewertungsgespräche mit Kolleg/innen und Fachpersonal ist es zielführend, die in Kapitel 5.2 genannten Hinweise zu beachten.

Wenn alle Beteiligten den Stand der Zielerreichung bewertet haben und sich dabei Unzufriedenheit zeigt, ist es sinnvoll, sich noch einmal mit der Auffälligkeit und den Begleitumständen auseinanderzusetzen. Dabei sollte das zusätzliche Wissen, das durch Analyse und Bewertung der umgesetzten Maßnahme gewonnen wurde, einbezogen werden, denn darauf könnten alternative Ideen zur Nachsteuerung entstehen bzw. Ideen, welche (weiteren) Hilfsnetzwerke in Anspruch genommen werden könnten. In diesem Sinn wird der Ablauf, der in der Abbildung 18 dargestellt ist, einmal mehr durchlaufen.

Zeigen sich dagegen nach der Bewertung alle zufrieden, könnte die Lehrkraft in ihren Kalender eine Notiz eintragen, die sie daran erinnert, nach einiger Zeit den Zustand kurz noch einmal zu reflektieren. So kann verhindert werden, dass sich schleichend und unentdeckt Probleme entwickeln, die zu Beginn noch sehr einfach hätten verhindert werden können.

Literatur:

Berg, I. K./Shilts, L. (2009): Einfach Klasse. WOWW-Coaching in der Schule. Dortmund: Borgmann.
Hattie, J./Beywl, W. (2013): Lernen sichtbar machen. Überarbeitete deutschsprachige Ausgabe von Visible Learning. Baltmannsweiler: Schneider Hohengehren.
Meyer, B. E. (2014): Rhetorik für Lehrerinnen und Lehrer. Weinheim und Basel: Beltz.
Winkel, R. (1993): Der gestörte Unterricht. Diagnostische und therapeutische Möglichkeiten. 5. Aufl. Bochum: Kamp (Praktische Pädagogik 69).

6 Spezifische Auffälligkeiten, Störungen und Behinderungen

Tobias Tretter

Das fünfte Kapitel des Buches bildet mit seinen sechs ausführlich beschriebenen Schritten einen allgemeinen Leitfaden zum Umgang mit Auffälligkeiten. Eine Orientierung an diesen Schritten ist hilfreich, wenn man als Lehrkraft eine Auffälligkeit einer Schülerin bzw. eines Schülers selbst beobachtet oder von dieser erfährt.

Das nun folgende Kapitel beinhaltet Kurzzusammenfassungen über relevante Störungen, Behinderungen oder Auffälligkeiten im schulischen Kontext. Sie dienen der schnellen Information, um als Lehrkraft Ideen zu gewinnen, wie man handeln könnte oder wo weitere Informationen zugänglich sind.

Da die Übersichten meist so reduziert sind, dass durch sie allein das Problem, die Auffälligkeit oder die Pathologie einer Schülerin oder eines Schülers fokussiert wird, besteht die Gefahr, zwei andere, mindestens genauso wichtige Aspekte auszublenden, die im Rahmen des Buches bereits mehrfach erwähnt wurden:

- Statt die betroffene Schülerin bzw. den betroffenen Schüler zu fokussieren, ist es oftmals hilfreicher und sinnvoller, den Kontext zu betrachten, in dem sich ein auffälliges oder gestörtes Verhalten äußert (Palmowski 2012). Dabei kann das eigene Lehrerverhalten, die Klassenstruktur, das familiäre Lebensumfeld oder meist die gesamte Lebenssituation in Augenschein genommen werden. Schließlich kann dies erstens zu einem besseren Verständnis des Schülerverhaltens führen und zweitens einen zusätzlichen oder sogar leichteren Zugang zur Förderung bzw. Intervention bieten. Das eigene Verhalten, und manchmal sogar das Verhalten der Eltern oder der Klassengemeinschaft, kann einfacher geändert werden als ein unter Umständen reaktives Verhalten eines Schülers.
- Anstatt allein die Defizite der Schülerin oder des Schülers wahrzunehmen, ist die Orientierung an Ressourcen und Kompetenzen bedeutsam (Theunissen/Kuhlig 2009). Diese gilt es sowohl für jene Bereiche wahrzunehmen und zu identifizieren, in denen das Problem besteht, als auch für jene Bereiche, die zunächst unabhängig vom Problem scheinen. Gemeint ist damit keine beschönigende Kompetenzorientierung, die fehlende Kompetenzen oder den Leidensdruck von Schülerinnen und Schülern oder den des Umfeldes ausblendet. Vielmehr ist es ein Anliegen der Autorinnen und Autoren, Stigmatisierung durch Defizitorientierung zu vermeiden (siehe auch Kapitel 2 und 5.2).

Die im ersten Unterkapitel »Wer wird auffällig? Sichtweisen, Erklärungen und Theorien« (6.1) beschriebenen Aspekte sollen das Augenmerk genau auf diese beiden Punkte richten und somit die notwendige Reduktion der anschließenden Übersichten in einem angemessenen Gesamtkontext erscheinen lassen. Mit dem Ansatz der Resilienz und dem Diathese-Stress-Modell werden dabei Antworten zur Entstehung einer Auffälligkeit, Störung oder

Behinderung gegeben. Diese Überlegungen sind für alle nachfolgend beschriebenen Auffälligkeiten von Bedeutung ist.

Die anschließenden Unterkapitel (6.2 bis 6.8) umfassen dann einzelne Auffälligkeiten, denen Lehrerinnen und Lehrer begegnen. Zur Identifizierung der in der Schulpraxis wichtigen Themen wurden über 300 Lehrerinnen und Lehrer verschiedener Schularten befragt (siehe Einleitung). Der entstandene Katalog steht daher im direkten Kontext der Schulpraxis und spiegelt die bedeutsamsten Auffälligkeiten wider, mit denen sich Lehrkräfte konfrontiert fühlen. Anders als vielleicht in einem psychiatrischen Lehrbuch stehen daher psychische Störungen, Behinderungen, manchmal aber auch nur bedeutsame Symptome nebeneinander. Überlappungen sind die Folge. Für die Förderung einer Schülerin oder eines Schülers kann es daher sinnvoll sein, nicht nur unter dem einschlägigen Beitrag nachzulesen (z. B. unter »Delinquenz«, wenn man informiert wird, einen solchen Schüler in die Klasse zu bekommen), sondern auch Beiträge zu überfliegen, die mit der Auffälligkeit in Zusammenhang stehen (im Beispiel also »Störung des Sozialverhaltens« oder »gesteigerte Gewaltbereitschaft«). Eine Unterstützung liefert hierbei auch die Tabelle in Kapitel 5.1.

Eine solche Einteilung stellt bei vielen Auffälligkeiten selbstverständlich einen Kompromiss dar (beispielsweise kann »Prüfungsangst« sowohl im Bereich der Leistungsstörungen als auch mit anderen Ängsten in den Bereich internalisierende Störungen eingeteilt werden). Entsprechend besteht zwischen den Kapiteln, die diese Einteilung spiegeln, notwendigerweise keine eindeutige Trennschärfe. Die einzelnen jeweils in ein Kapitel eingeteilten Störungen stehen allerdings immer in einem gemeinsamen Zusammenhang. Abbildung 19 gibt hierüber noch einmal einen Überblick.

6. Spezifische Auffälligkeiten, Störungen und Behinderungen		Seite
6.2 Externalisierende Störungen	ADHS	115
	Störungen des Sozialverhaltens	119
	Gesteigerte Gewaltbereitschaft	123
	Delinquenz	127
	Amoklauf	130
6.3 Internalisierende Störungen	Trennungsangst	134
	Somatisierung	137
	(Selektiver) Mutismus	140
	Zwänge	143
	Depressivität	147
	Manie	150
6.4 Süchte und selbstgefährdendes Verhalten	Alkoholmissbrauch	153
	Drogenmissbrauch	157
	Computerspielsucht	159
	Anorexie	162
	Bulimie	165
	Selbstverletzendes Verhalten	168
	Suizidalität/Lebensmüdigkeit	171

6.5 Leistungs- und schulspezifische Auffälligkeiten	Prüfungsangst	174
	Schulangst	178
	Legasthenie/Lese-Rechtschreib-Schwäche	182
	Dyskalkulie	185
	Hochbegabung	189
6.6 Zerrüttung des Umfeldes	Mobbing	194
	Trennung und Scheidung	198
	Tod eines Familienmitglieds	201
	Verwahrlosung	203
	Häusliche Gewalt	207
	Sexueller Missbrauch	210
6.7 Körperliche Beeinträchtigungen und Entwicklungsstörungen	Hörschädigung	215
	Sehbehinderung	219
	Geistige Behinderung	222
	Epilepsie	225
	Stottern/Stammeln	228
	Tic-Störungen/ unwillkürliche Muskelkontraktionen	230
	Autismus-Spektrum-Störung	233
6.8 Merkmale einer Persönlichkeitsstörung	Borderline-Syndrom	238
	Schizophrenie	241

Abb. 19: Übersicht Kapitel 6.2 bis 6.8

Das Unterkapitel »externalisierende Störungen« (6.2) umfasst die ausagierenden Auffälligkeiten ADHS, Störungen des Sozialverhaltens, gesteigerte Gewaltbereitschaft, Delinquenz und Amoklauf. Zugrunde liegt ihnen allen, dass die Schülerinnen und Schüler Schwierigkeiten in der Impuls- und/oder Emotionsregulation haben.

Das Unterkapitel »internalisierende Störungen« (6.3) umfasst die Auffälligkeiten Trennungsangst, Somatisierung (körperliche Beschwerden ohne organische Ursache), elektiver Mutismus (Einschränkung der Kommunikation aufgrund sozialer Ängstlichkeit), Zwänge, Depression und Manie, welche meist mit Rückzug, Stagnation und Hilflosigkeit einhergehen. Schülerinnen und Schüler mit einer dieser Auffälligkeiten beschreiten meist einen maladaptiven Weg im Umgang mit ihrer Angst. Allerdings muss die Angst dabei nicht immer bewusst wahrgenommen werden wie beispielsweise bei einer Somatisierungsstörung oder Mutismus. Auch kann sie durch andere Emotionen beeinflusst sein (etwa Ekel bei diversen Zwängen).

Im Zusammenhang mit internalisierenden Störungen steht auch das anschließende Unterkapitel »Süchte und selbstgefährdendes Verhalten« (6.4), welches Alkoholmissbrauch, Drogenmissbrauch, Computerspielsucht, Anorexie, Bulimie, selbstverletzendes Verhalten und Suizidalität umfasst. Schließlich kann es durchaus sein, dass diese Auffälligkeiten durch starke Unsicherheit ausgelöst sind oder zumindest mit beeinflusst werden.

Im nächsten Unterkapitel »Leistungs- und schulspezifische Auffälligkeiten« (6.5) werden auch einige Auffälligkeiten beschrieben, die im Zusammenhang mit internalisierenden Störungen (z. B. Prüfungsangst, Schulphobie) stehen. Da aus Lehrersicht vermutlich die Einschränkung der Leistungsfähigkeit im Vordergrund steht, wurden sie mit Teilleistungsstörungen wie Legasthenie und Dyskalkulie zusammengefasst. Eine Besonderheit bildet die Hochbegabung in diesem Unterkapitel, da es sich wohl um eine positive Auffälligkeit handelt – eine Lehrkraft ist aber auch spezifisch gefordert, Ideen zum richtigen Umgang zu entwickeln.

Im Unterkapitel »Zerrüttung des Umfelds« (6.6) wird nicht das Verhalten von Schülerinnen und Schülern beschrieben, sondern der Schwerpunkt liegt auf dem Umgang mit herausfordernden Situationen, nämlich Mobbing, Trennung/Scheidung, Tod in der Familie, Verwahrlosung, häusliche Gewalt und sexueller Missbrauch. Vor diesem Hintergrund scheint es verständlich, wenn Schülerinnen und Schüler auf die eine oder andere Art auffällig werden.

Das vorletzte Unterkapitel »Körperliche Beeinträchtigungen und Entwicklungsstörungen« umfasst verschiedene (Sinnes-)Behinderungen sowie diverse Entwicklungsstörungen. Ihnen zugrunde liegt meist eine biologische Ursache, wie bei Hörschädigung, Sehbehinderung, geistiger Behinderung, Epilepsie, Autismus-Spektrum-Störung, auch wenn Umweltfaktoren in Bezug auf Ausmaß und Art der Beeinträchtigung immer relevant sind. Bei Stottern/Stammeln und Tic-Störungen spielen die Umwelteinflüsse insbesondere durch die Verstärkung bei Stress nochmal eine übergeordnete Rolle.

Das letzte Unterkapitel umfasst nur die zwei Störungen »Schizophrenie« und »Borderline«, welche jedoch so gravierend und einschneidend sind, dass man vor der Volljährigkeit eigentlich nur von einer »Persönlichkeits-Akzentuierung« spricht, um eine zu frühe Stigmatisierung zu vermeiden. Da sie aber durchaus auch im schulischen Kontext der Sekundarstufe beobachtbar sind und eine Übersicht den fälschlichen Gebrauch der Begriffe verhindert, erscheint die Darstellung in diesem Zusammenhang sinnvoll.

Generell sollten Regelschullehrkräfte beachten, dass diese Störungsbeschreibungen nicht dazu dienen können, selbst Diagnosen zu stellen. Eine solche Kompetenz besitzen wohl, abhängig von der jeweiligen Auffälligkeit, andere Berufsgruppen wie Schulpsychologen, klinische Psychologen, Kinder- und Jugendpsychiater oder -psychotherapeuten. Hilfreich ist allerdings eine Sensibilisierung für die Symptome um (intern wie extern) an professionelle Stellen weiterleiten zu können und als wichtige Bezugsperson einer Schülerin oder eines Schülers in einen professionellen interdisziplinären Austausch treten zu können. Meist wird die erste Anlaufstelle für Lehrkräfte die gut ausgebildeten Kolleginnen und Kollegen (wie Schulpsychologen, Beratungslehrkräfte etc.) im eigenen Haus sein.

Literatur

Palmowski, W. (2012): Verhalten und Verhaltensstörung. In: Werning, R. (Hrsg.): Sonderpädagogik. Lernen, Verhalten, Sprache, Bewegung und Wahrnehmung. 2. Aufl. München: Oldenbourg, S. 157–200.

Theunissen, G./Kuhlig, W. (2009): Empowerment im Zeichen schulischer Sonderpädagogik. In: Opp, G./Theunissen, G. (Hrsg.): Handbuch schulische Sonderpädagogik. Bad Heilbrunn: Klinkhardt.

6.1 Wer wird auffällig? Sichtweisen, Erklärungen und Theorien

Tobias Tretter

Der folgende Beitrag beschäftigt sich mit der Zuschreibung einer Störung oder Auffälligkeit, mit der Frage, was dazu führt, dass sich eine Schülerin oder ein Schüler positiv entwickelt und mit der Frage, wie es überhaupt zu einer Störung kommt.

Auffällig werden statt auffällig sein. Behindert werden statt behindert sein

Für alle im Band aufgeführten Auffälligkeiten gilt, dass sie den Bildungsprozess der betroffenen Schülerin oder des betroffenen Schülers mehr oder weniger behindern. Zumindest dann, wenn keine ausreichende Förderung auch durch Veränderung des Umfeldes stattfindet. Ein wichtiger Punkt besteht darin, sich genau diese Bedeutung des Umfeldes für eine Auffälligkeit oder Behinderung bewusst zu machen. Für viele Personen gilt nach wie vor die Vorstellung, eine Behinderung wäre etwas Festgeschriebenes. Blindheit führt eindeutig zur Sinneseinschränkung, wodurch die Person eindeutig behindert ist. Sie wird vieles nicht können, was für andere selbstverständlich ist. Zugrunde liegt der Gedanke: Ein Mensch ist behindert. Aber ist dem wirklich so? Gilt nicht auch für einen blinden Menschen, dass die Behinderung, abhängig von der Umwelt, mehr oder weniger zum Tragen kommt. Durch ein gut ausgebautes öffentliches Verkehrssystem, ein Blindenleitsystem in der Innenstadt und akustische Signale an Ampeln wird diese Person weitaus weniger eingeschränkt sein. Die bleibende Behinderung der Erblindung wird heute dennoch keiner ernsthaft infrage stellen. Aber wer würde heute noch einen Brillenträger mit minus fünf Dioptrien als behindert bezeichnen? Ganz anders war dies vor der Neuzeit, als Brillen für Kurzsichtigkeit nicht verbreitet waren. Bestimmte Tätigkeiten waren einer Person mit dieser Sehschwäche schlichtweg nicht mehr möglich. Und umgekehrt: Wer hätte damals einen Knecht behindert genannt, der bei einem Unterrichtsversuch nur sehr langsam Schreiben gelernt hätte, aber ein fleißiger Arbeiter auf dem Feld gewesen wäre? Heute wäre die gleiche Person wohl »lernbehindert« oder zumindest als »Legastheniker« auffällig. Mit anderen Worten kann davon ausgegangen werden, dass nicht nur in der Person die Behinderung liegt. Vielmehr ist es ein Wechselspiel mit der Gesellschaft und den Umweltbedingungen, ob eine Person behindert wird (Jantzen 2007). Die Behinderung oder Auffälligkeit wird, je nach Kontextfaktoren, mal größer, mal kleiner erscheinen; in keinem Fall ist sie statisch. Zum Ausdruck kommt ein dimensionales und dynamisches Verständnis von Behinderung (Schuck 2009). Damit ist gemeint, dass die Behinderung in ihrer Ausprägung mehr oder weniger vorhanden ist (dimensionale Ausprägung) und über die Zeit oder aufgrund von Umweltfaktoren immer veränderlich bleibt (Dynamik). Um auch hier ein Beispiel zu nennen: Verschiedene Kinder mit ADHS unterscheiden sich erheblich darin, wie unkonzentriert sie sind. Zudem kann die Ausprägung der Aufmerksamkeitsstörung in Kleingruppenunterricht oder bei wachsender Motivation weitaus geringer ausfallen. Demgegenüber steht ein kategoriales und statisches Verständnis, wonach eine Übereinkunft getroffen wurde, wie stark die Ausprägung der Unaufmerksamkeit sein muss, um das »Label« ADHS zu erhalten. Um Handlungsstrategien zu professionalisieren, für eine gemeinsame Kommunikation oder für die Forschung mag eine kategoriale Sichtweise hilfreich sein, dem individuellen Verhalten einer Schülerin oder eines Schülers wird man als Lehrkraft aber eher mit einem dimensionalen Denken gerecht.

Für Schule und Unterricht ist dies relevant, da jede Auffälligkeit somit erst durch den Kontext (Normvorstellungen, Auslöser, Umwelteinflüsse etc.) an Bedeutung gewinnt. Kein Mensch ist auffällig, Menschen sind durch ihre Umwelt oder vielmehr in der Wahrnehmung der Menschen ihrer Umwelt auffällig. Diese Haltung hilft für ein besseres Verstehen der Schülerin oder des Schülers mit einer Auffälligkeit. Sie verhindert allzu große Stigmatisierungsprozesse und eröffnet wichtige Impulse für die Planung der Förderung. Ansatzpunkte hierfür liegen bereits im modernen Begriffsverständnis von Behinderung. Die Weltgesundheitsorganisation (WHO) beschreibt in der ICIDH-2 Behinderung durch funktionelle Einschränkung, eingeschränkte Aktivitäten und Partizipation sowie bedingende Kontextfaktoren. Neben organischen oder funktionellen Schädigungen der Person werden also relevante Fähigkeiten und die soziale Teilhabe als Teil des Behinderungsbegriffs verstanden (Schuntermann 1999; Lienhard-Tuggener 2014). In Abbildung 20 wird dies am Beispiel einer Jugendlichen mit Anorexie illustriert.

Abb. 20: Anorexie

Eine Regelschullehrkraft stößt oft an ihre Grenzen, wenn sie eine Veränderung der organischen oder funktionellen Schädigung anstrebt. In der Sicherstellung, Vermittlung oder Unterstützung einer adäquaten medizinischen und therapeutischen Versorgung der Schülerin oder des Schülers ist der wichtigste Teil der Förderung oft schon geleistet – und angesichts häufig geringer Compliance (Zusammenarbeit) der betroffenen Eltern und Schüler/innen ist dies schwierig genug. Anders sieht es mit einer Einschränkung in der Aktivität und der Partizipation aus, welche Teil der Behinderung oder Auffälligkeit sind. Zwar sind auch hier Ärzte und Therapeuten gefordert, Möglichkeiten zu erkennen und über Disziplingrenzen hinweg zu kommunizieren. Der Lehrkraft, als Experte für den eigenen

Unterricht und Unterrichtsprozesse, kommt hier jedoch eine besondere Rolle zu. Je besser sie es schafft, Aufgaben so zu gestalten, dass eine Schülerin oder ein Schüler diese trotz der Auffälligkeit bewältigen kann, und je besser sie es schafft, Teilhabe in der Klassen- und Schulgemeinschaft zu ermöglichen, desto weniger wird ein Schüler eingeschränkt und somit auch auffällig sein. Am beeindruckendsten erlebte ich eine junge Lehrkraft, die entgegen aller vorher und nachher unterrichtenden Kollegen einen Schüler mit Glasknochenkrankheit am Sportunterricht teilnehmen ließ und die Themen des Unterrichts (Parcours, Badminton) so auswählte, dass nicht nur die anderen Schülerinnen und Schüler auf ihre Kosten kamen, sondern der betroffene Schüler stets mitmachen konnte und in allen Sportstunden des Schuljahres teilnahm. Neben »schneller, höher und weiter« stand in diesem Sportunterricht vor allem das Miteinander auch der weniger sportlichen Kinder im Vordergrund, ein sicherlich nicht zu vernachlässigendes Bildungsziel im Sportunterricht. Für den Jungen mit Glasknochenkrankheit waren vermutlich weniger Inhalte des Sportunterrichts wichtig als vielmehr der Teilhabeprozess und die Selbstwirksamkeitserfahrung, die er machen konnte.

Damit ist ein weiterer wichtiger Punkt angesprochen: Wie können wir auffällige Schülerinnen und Schüler langfristig stärken?

Resilienz oder das Auffallen durch Stärke

Anders als eine krankheitsorientierte Sichtweise stellt sich die Resilienzforschung die Frage, warum ein Kind sich insgesamt positiv entwickelt, obwohl es widrigste Umstände erfährt. Resiliente Kinder können durchaus auffällig werden, selbstverständlich sind sie verwundbar. Sie entwickeln sich langfristig allerdings positiv und zeichnen sich somit durch große Widerstandsfähigkeit aus. Eine solche positive Entwicklung beschreibt sicherlich ein Ziel, welches Lehrkräfte bei allen auffälligen Schülerinnen und Schülern zu erreichen wünschen. Folglich ist es gut zu wissen, was diesen Kindern in dieser prekären Situation hilft, nicht unterzugehen, niemals aufzugeben und immer wieder aufzustehen.

Überlegungen der Resilienztheorie bauen auf dem Risiko-Schutz-Modell auf, deren Teile man als Gewichte einer Waage verstehen kann (vgl. Abbildung 21).

Entsprechend ist in empirischen Untersuchungen festzustellen, dass die Wahrscheinlichkeit der Ausbildung einer Verhaltensstörung, einer negativen Entwicklung oder einer Behinderung mit der Anzahl der Risikofaktoren korreliert (vgl. Steinhausen 2010). Mit anderen Worten: Allein die Anzahl an Risikofaktoren lässt statistisch eine eher negative Entwicklung des Kindes erwarten. Von einer Hochrisikogruppe, also von Kindern mit ungünstigsten Lebensumständen, wird dann gesprochen, wenn die Anzahl der Risikofaktoren zwischen vier und sechs liegt (vgl. Werner 2008). Demgegenüber stehen Schutzfaktoren, welche das Risiko einer negativen Entwicklung kompensieren können (vgl. Fröhlich-Gildhoff/Rönnau-Böse 2014; Lösel/Bender 2008). Zu bedenken ist, dass die einzelnen Schutzfaktoren ebenso wie die Risikofaktoren nicht unabhängig voneinander zu sehen sind, sondern dass sie sich gegenseitig beeinflussen (vgl. Masten 2001).

Für eine Lehrkraft ist dieser Ansatz bedeutsam, denn ganz gleich, um welche Störung es sich handelt, gibt er einen Hinweis auf eine langfristige Förderung (siehe auch 5.5). Es gilt, Risikofaktoren abzubauen und – im schulischen Kontext oftmals leichter – Schutz-

Risikofaktoren

Individuumszentriert
- Stoffwechsel- und Organkrankheiten
- toxische Einflüsse vor und nach der Geburt: Alkohol, Nikotin, Drogen oder Strahlenschäden
- Frühgeburt und Geburtskomplikationen, niedriges Geburtsgewicht
- temperamentsbedingte Vulnerabilität, z. B. Verhaltenshemmung, Überaktivität, erhöhte physiologische Reaktivität
- mangelnde Responsivität (z. B. fehlendes Zurücklächeln)
- eingeschränktes Repertoire von Emotionsregulations-Strategien
- Probleme in der Wahrnehmung und/oder Informationsverarbeitung

Umweltbezogen
- negatives Bindungsverhalten (Ablehnung, Vernachlässigung, Überprotektion, unvorhersagbare Reaktionen, Verlust eines Elternteils in den ersten sechs Monaten)
- mangelnde Responsivität der Eltern, geringe Unterstützung der kindlichen Emotionsregulation, häufiger Ausdruck negativer Gefühle, psychische Störungen eines Elternteils
- problematisches Erziehungsverhalten der Eltern (autoritärer Stil, Laissez-faire und geringschätzendes Verhalten)
- familiäre Stressoren: sehr junge Eltern, alleinerziehend, Geschwisterabstand unter 1,5 Jahre, geringe Paarzufriedenheit
- niedriger sozioökonomischer Status (Bildung, Einkommen und Wohnverhältnisse)
- Gewalterfahrungen wie Missbrauch und Misshandlungen innerhalb der Familie, Krieg, Flucht, Vertreibung, Diskriminierung

Schutzfaktoren

Individuumszentriert
- positives Bindungsverhalten
- Fähigkeit, positive Beziehung zu (neuen) Bezugspersonen und Freunden einzugehen bzw. diese zu finden
- positive Temperamentsfaktoren (Emotionsregulation)
- Empathie und soziale Problemlösefertigkeiten
- gutes Selbstkonzept, Selbstwertgefühl und Selbstwirksamkeit
- realistischer Attribuierungsstil
- Sinnhaftigkeit des Handelns (Religiosität)
- hohe Intelligenz
- Attraktivität
- gute Schulbildung und Qualifikation
- weibliches Geschlecht

Umweltbezogen
- anhaltendes Vertrauensverhältnis zu mindestens einer Bezugsperson (möglicher Wechsel, z. B Lehrkraft)
- Feinfühligkeit der Eltern (Empathie und Interaktion), Unterstützung der Emotionsmodulation
- autoritativer Erziehungsstil (klare Strukturen, Gefühlsoffenheit, relative Autonomie in Abhängigkeit der kindlichen Entwicklung
- hoher sozioökonomischer Status (Bildung, Einkommen und Wohnverhältnisse)
- positive Rollenvorbilder und gute Beziehungen der Familie zu anderen kompetenten und fürsorglichen Erwachsenen
- positive Beziehungen zu (prosozialen) Gleichaltrigen
- hilfreiche kommunale Organisationssysteme (Schule, Jugendamt, Agentur für Arbeit etc.)

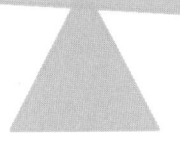

Abb. 21: Das Risiko-Schutzfaktoren-Modell (Fröhlich-Gildhoff & Rönnau-Böse 2014; Lösel und Bender 2008; Steinhausen 2010)

faktoren zu stärken bzw. zu etablieren. Selbstverständlich gibt es hier unveränderliche Faktoren oder solche, die kaum zu verändern sind (wie Geschlecht, Geburtsgewicht etc.). Doch bleibt andererseits eine ganze Liste an Faktoren, auf die man als Lehrkraft sehr wohl Einfluss nehmen kann, wenn man sie zum Gegenstand einer Förderung macht (wie Empathiefähigkeit, Selbstkonzept, Selbstwertgefühl, Selbstwirksamkeit, Attribuierung, Sinnhaftigkeit, Schulbildung, Qualifikation, Beziehungen zu Gleichaltrigen, Aktivierung (kommunaler) Unterstützungssysteme). Vielleicht legt man sich bei einer auffälligen Schülerin bzw. einem Schüler eine Liste an und sortiert sie nach jenen Faktoren, die man glaubt, bei ihr/ihm bzw. den Eltern am leichtesten beeinflussen zu können. Insbesondere erwähnt werden sollte die Bedeutsamkeit, die eine Lehrkraft in einer Phase für ein Kind in widrigen Umständen haben kann. Resiliente Kinder und Jugendliche finden in ihrem Umfeld oft besondere Vertrauenspersonen (Großeltern, Erzieher, Lehrkräfte, Therapeuten, Nachbarn, Meister in der Ausbildung), die bereit sind, ihnen und ihren Problemen mit Verständnis und Zutrauen zu begegnen. Als Lehrkraft kann man ein solches Vertrauensverhältnis bzw. das »Ausgewähltwerden als Bezugsperson« natürlich nicht erzwingen. Allerdings kann man sich der Wichtigkeit bewusst sein und somit zeitlich wie auch in der eigenen emotionalen Verfügbarkeit die Möglichkeit schaffen, ein Kind oder eine/n Jugendliche/n in einer oder in wiederkehrenden Krisen zu begleiten. Auch wenn die Grenze zwischen Unterstützung, Professionalität und eigenem Selbstschutz hier wesentlich schwieriger ist, ist dies für die langfristige Entwicklung vielleicht wichtiger als jegliche Intervention in Bezug auf eine Auffälligkeit.

Doch warum wird eine Schülerin oder ein Schüler überhaupt zu einem bestimmten Zeitpunkt auffällig?

Das Diathese-Stress-Modell

Die Frage nach dem »Warum« interessiert meist Lehrkräfte und Eltern, oft aber auch Schülerinnen und Schüler (bei entsprechendem Problembewusstsein). Nicht selten wird dabei eine monokausale Erklärung gesucht (z. B. »Die Probleme entstanden mit und somit auch wegen der Trennung der Eltern«). Dahinter steht der Wunsch, das Problem an der Wurzel packen zu können und vielmehr der Ursache als nur den Symptomen zu begegnen. Dabei wird vergessen, dass schon bald die Symptome selbst eine Problematik darstellen können, die eine Auffälligkeit oder Störung aufrechterhalten. Um auch hier wieder ein Beispiel zu nennen: Egal durch welche Auslöser eine Anorexie entstanden ist, im fortgeschrittenen Stadium – und erst dann werden Jugendliche auffällig – ist die krankheitsbedingte Verzerrung des Körperbildes und der unstillbare Perfektionismus in Bezug auf immer mehr Körperkontrolle längst zum Selbstläufer geworden. Der bedeutsamste Auslöser, beispielsweise eine überstarke Restriktion und Einschränkung der Autonomie zu Beginn der Pubertät, besteht dann schon lange nicht mehr, wenn die Familie in allergrößter Sorge ist. Ohnehin ist den monokausalen Erklärungen entgegenzuhalten, dass sich Wissenschaftler bei den meisten psychischen Störungen oder Auffälligkeiten über das Zusammenspiel von genetischen Dispositionen und Umweltfaktoren einig sind. Dennoch, oder gerade deswegen, wird man sich die Frage stellen, warum bei einer Schülerin oder einem Schüler eine Störung (z. B. Tics) zu einem bestimmten Zeitpunkt ausgelöst wurde. Vielleicht sogar, obwohl es weder eine familiäre Häufung dieser Auffälligkeit gibt, noch bedeutsame Umweltfaktoren ausgemacht werden können. Das Diathese-Stress-Modell (vgl. Abbildung 22), welches die Gedanken der Resilienztheorie mit verwendet, gibt hierauf eine Antwort (Butcher/Mineka/Hooley 2009; Görlitz 2011). In psychoedukativen Gesprächen (d. h. bei Aufklärung über eine Störung, Erkrankung oder Auffälligkeit) wird es mit am häufigsten verwendet.

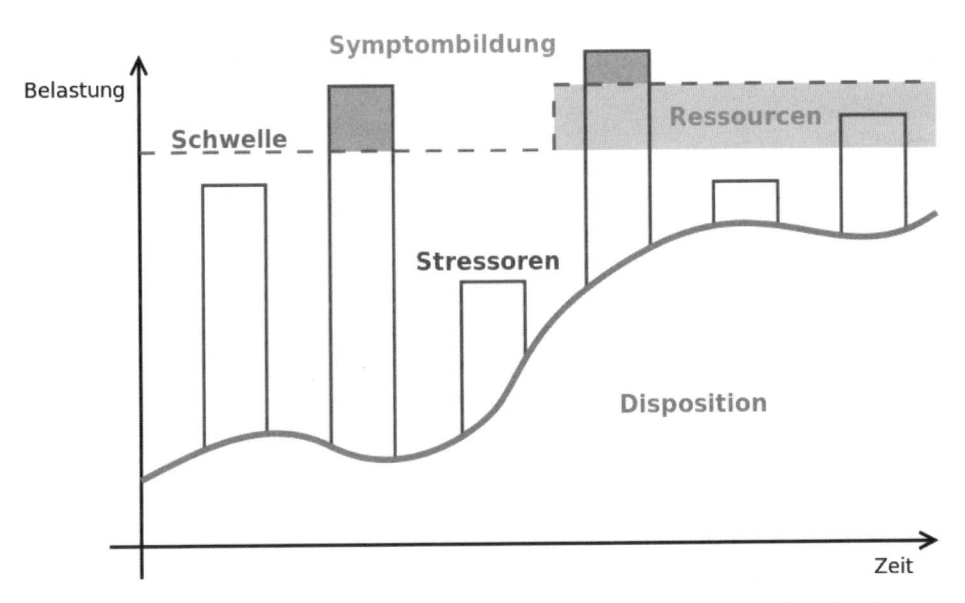

Abb. 22: Das Diathese-Stress-Modell (aus: http://commons.wikimedia.org/wiki/File:Diathese-stress-modell.svg)

Das Modell geht davon aus, dass jeder Mensch eine individuelle Disposition für die Ausbildung einer Auffälligkeit, Krankheit oder Störung besitzt. Diese verändert sich selbstverständlich durch die Umwelt und über die Zeit (die Ausbildung einer Trennungsangst wird in der frühen Kindheit viel wahrscheinlicher sein als in der Pubertät). Hinzu kommen individuelle Stressoren (beispielsweise der mehrwöchige Krankenhausaufenthalt der Mutter, welcher eine Trennungsangst begünstigt, oder anhaltende Geldsorgen in der Familie, welche zunächst gar nicht im Zusammenhang mit der Trennungsangst stehen, aber einen Stressor für das Wohlbefinden darstellen). Wichtig ist, sich hierbei bewusstzumachen, dass Stressoren individuell (und nicht immer bewusst als Stressor) erlebt werden. Eine objektiv alltägliche Belastung (Streit mit Freunden) kann subjektiv daher wesentlich einschneidender sein als in der Wahrnehmung von Bezugspersonen angenommen. Im Modell wird nun vom Folgenden ausgegangen: Wird durch individuelle Disposition und Stressoren eine kritische Belastungsschwelle überschritten, kommt es zur Bildung von Symptomen. Diese Schwelle bildet keine feste Grenze, sondern ist abhängig von den Ressourcen, die ein Mensch mitbringt. Da sich die Ressourcen im Laufe eines Lebens verändern, verändert sich diese Schwelle selbstverständlich auch bei ein und demselben Menschen über die Zeit. Dies erklärt unter anderem auch, warum es nicht automatisch zur Rückbildung der Symptome kommt, wenn die ursprünglichen Stressoren abnehmen. Symptome führen nämlich zur Veränderung von Ressourcen, Stressoren und sogar der Wirkmächtigkeit der Disposition (zur Veranschaulichung am Beispiel der Computerspielsucht vergleiche Abb. 23).

Stressor

Beginn der Störung: steigende Leistungsanforderungen in der Schule (Vermeidung von Hausaufgaben durch Computerspiel

Folgen der Störung: Interessensverlust am schulischen Erfolg mit daraus resultierender Verschlechterung der Schulleistungen

fehlende Ressourcen

Beginn der Störung: Computerspiele erscheinen aufgrund weniger Freunde attraktiv

Folgen der Störung: Verringerung der sozialen Kompetenz aufgrund des eingeschränkten Interesses

Disposition

Beginn der Störung: genetisches Potenzial für Suchtverhalten und Veranlagung zur geringen Selbstkontrolle

Folgen der Störung: Disposition wird bei drohender Suchtspirale bedeutsamer als bei einem geregelten Leben

Abb. 23: Folgen der Symptombildung am Beispiel der Computerspielsucht

Welchen Vorteil hat nun das Diathese-Stress-Modell bzw. ein in dieser Weise reflektiertes Störungsverständnis in der Praxis?
- Zum einen verhindert es eine monokausale Erklärung (auch seitens der Lehrkraft), welche für eine Förderung meist hinderlich ist,
- zum anderen entlastet es alle Beteiligten von der eigenen Schuldfrage oder der gegenseitigen Diskussion über die Schuld, was eine Hinwendung zur Lösung erst ermöglicht,
- und schließlich ist es auch ein gutes und leicht verständliches Modell für alle Auffälligkeiten, das in der Elternarbeit oder in der Arbeit mit einer Schülerin oder Schüler schnell erklärt ist, um beispielsweise die Inanspruchnahme professioneller Hilfe zu erleichtern.

Ein abschließender Gedanke

Der Umgang mit Auffälligkeiten ist nicht leicht und erfordert neben einer guten Beziehung zu betroffenen Schüler/innen oder Eltern einen hohen Grad an Professionalität. Aus diesem Grund ist es hilfreich und sinnvoll, zu überprüfen, ob betroffene Schülerinnen und Schüler notwendige Hilfsangebote für Diagnostik, Begleitung und Therapie (Schulpsycholog/innen, Kinder- und Jugendpsychotherapeut/innen oder -psychiater/innen, Jugendhilfemaßnahmen, andere Therapeuten wie Ergo- und Physiotherapie, Logopädie etc.) bereits in Anspruch nehmen. Falls nicht, falls nicht ausreichend oder falls es zu einem

Abbruch einer Hilfsmaßnahme gekommen ist, steht die (Neu-)Vermittlung im Vordergrund. Dies erscheint nicht immer leicht, da manchmal ein aktiver Widerstand (Bagatellisierung, Schuldzuweisung) oder viel häufiger passiver Widerstand (Resignation aufgrund bisheriger Erfolglosigkeit, Unterlassen angenommener Vorschläge oder Vermeidung von Kommunikation) entgegengebracht wird. Doch genau dann ist man als Lehrkraft gefragt, viel Energie und das ganze Gewicht des gewachsenen Vertrauensverhältnisses in diese Vermittlung zu stecken. Lehrkräfte haben ansonsten nur die Möglichkeit, Störungen, welche sich durch die Auffälligkeit ergeben, auszuhalten bzw. darauf ständig zu reagieren, das Scheitern eines Schülers zu begleiten und/oder sich darauf zu verlassen, dass einer anderen Person die Vermittlung zur professionellen Hilfe gelingt. Das kostet sicherlich noch viel mehr Energie.

Wenn eine Anbindung an professionelle Stellen erfolgen konnte – egal ob durch betroffene Schüler/innen und Eltern selbst oder aufgrund des Lehrerengagements – wird jede Lehrkraft die Verantwortung sicherlich gerne an diese Stellen abgeben wollen. Was eine spezielle therapeutische oder besonders intensive Förderung betrifft, ist dies auch angezeigt. Dennoch bleibt die Lehrkraft in der Begleitung der Schülerin oder des Schülers weiterhin genauso wichtig. Dies liegt nicht zuletzt an den in diesem Kapitel dargestellten Theorien und Überlegungen. Die Lehrkraft selbst ist weiterhin Teil – und somit Einflussfaktor – des Systems, in dem die Schülerin bzw. der Schüler auffällig wird, sie wird obendrein großen Einfluss auf die Ausbildung oder Bewahrung vorhandener Schutzfaktoren haben und wird ferner das Ausmaß der (schulischen) Stressoren beeinflussen. Um diese schwierige Aufgabe zu bewältigen, ist es einerseits wichtig, sich selbst Hilfe und Unterstützung zu holen (Kollegen, Schulleitung, Schulpsycholog/innen, MSD etc.) und sich andererseits gut zu informieren. Die nachfolgenden Beiträge stellen hierbei hoffentlich eine Unterstützung für die häufigsten oder relevantesten Auffälligkeiten im Schulalltag dar.

Literatur

Arnold, K.-H. (2009): Handbuch Unterricht. 2. Aufl. Bad Heilbrunn: Klinkhardt.
Butcher, J. N./Mineka, S./Hooley, J. M. (2009): Klinische Psychologie. 13. Aufl. München: Addison Wesley in Pearson Education Deutschland.
Fröhlich-Gildhoff, K./Rönnau-Böse, M. (2014): Resilienz. 3. Aufl. München: UTB; Reinhardt.
Görlitz, G. (2011): Psychotherapie für Kinder und Jugendliche. Erlebnisorientierte Übungen und Materialien (Leben lernen, Bd. 174, 5. Aufl.). Stuttgart: Klett-Cotta.
Jantzen, W. (2007): Allgemeine Behindertenpädagogik (ICHS, Bd. 20). Berlin: Lehmanns.
Lienhard-Tuggener, P. (2014): Förderplanung auf der Basis der ICF. In: Zeitschrift für Heilpädagogik 65 (4), S. 128–136.
Lösel, F./Bender, D. (2008): Von generellen Schutzfaktoren zu spezifischen protektiven Prozessen: Konzeptuelle Grundlagen und Ergebnisse der Resilienzforschung. In: Opp, G./Bender, D. (Hrsg.): Was Kinder stärkt. Erziehung zwischen Risiko und Resilienz. 2. Aufl. München u. a.: Reinhardt.
Masten, A. (2001): Resilienz in der Entwicklung: Wunder des Alltags. In: Röper, G./Noam, G/von Hagen, C. (Hrsg.): Entwicklung und Risiko. Perspektiven einer klinischen Entwicklungspsychologie. Stuttgart: Kohlhammer.
Opp, G./Bender, D. (Hrsg.) (2008): Was Kinder stärkt. Erziehung zwischen Risiko und Resilienz. 2. Aufl. München u. a.: Reinhardt.

Opp, G./Theunissen, G. (Hrsg.) (2009): Handbuch schulische Sonderpädagogik. Bad Heilbrunn: Klinkhardt.
Palmowski, W. (2012): Verhalten und Verhaltensstörung. In: Werning, R. (Hrsg.): Sonderpädagogik. Lernen, Verhalten, Sprache, Bewegung und Wahrnehmung 2. Aufl. München: Oldenbourg, S. 157–200.
Röper, G./Noam, G./Hagen, C. von (Hrsg.) (2001): Entwicklung und Risiko. Perspektiven einer klinischen Entwicklungspsychologie. Stuttgart: Kohlhammer.
Schuck, K. (2009). Behinderung. In: Arnold, K.-H. (Hrsg.): Handbuch Unterricht. 2. Aufl. Bad Heilbrunn: Klinkhardt, S. 451–454.
Schuntermann, M. (1999): Behinderung und Rehabilitation. Die Konzepte der WHO und des deutschen Sozialrechts. Die neue Sonderschule. Zeitschrift für Theorie und Praxis der pädagogischen, 44 (5), S. 342–363.
Steinhausen, H.-C. (2010): Psychische Störungen bei Kindern und Jugendlichen. Lehrbuch der Kinder- und Jugenpsychiatrie und -psychotherapie. 7. Aufl. München: Urban & Fischer.
Theunissen, G./Kuhlig, W. (2009): Empowerment im Zeichen schulischer Sonderpädagogik. In: Opp, G./Theunissen, G. & G. (Hrsg.): Handbuch schulische Sonderpädagogik. Bad Heilbrunn: Klinkhardt, S. 531–538.
Werner, E. (2008): Entwicklung zwischen Risiko und Resilienz. In: Opp, G./Bender, D. (Hrsg.): Was Kinder stärkt. Erziehung zwischen Risiko und Resilienz. 2. Aufl. München u. a.: Reinhardt.
Werning, R. (Hrsg.) (2012): Sonderpädagogik. Lernen, Verhalten, Sprache, Bewegung und Wahrnehmung. 2. Aufl. München: Oldenbourg.

Hinweis zu den folgenden Beschreibungen einzelner Auffälligkeiten – Kapitel 6.2 bis 6.8

Bitte bleiben Sie offen für die Stärken von Kindern und Jugendlichen mit den jeweiligen Auffälligkeiten! Eine Zusammenschau der Symptome aller gelisteten Auffälligkeiten finden Sie im Kapitel 5.1.

Zu allen Beiträgen finden sich auch Online-Materialien (siehe Übersicht auf S. 264).

Die folgenden Abkürzungen werden zur besseren Lesbarkeit verwendet:
SoS = Schülerinnen oder Schüler
SuS = Schülerinnen und Schüler

6.2. Externalisierende Störungen

ADHS (Aufmerksamkeitsdefizit-Hyperaktivitäts-Störung)

Svenja Deringer

> Charakteristisch für die **ADHS** (auch Hyperkinetische Störung genannt) sind die drei Kernmerkmale Hyperaktivität, Aufmerksamkeitsstörung und Impulsivität, welche dem Alter nicht entsprechen und zu einer bedeutsamen Beeinträchtigung in mehreren sozialen Bezugssystemen führen (zu Hause, Schule, Freizeit). Die Symptome müssen bereits im Vorschulalter aufgetreten und mindestens sechs Monate lang in mehreren Kontexten beobachtbar sein. [1, 2]

1 Symptome und Hintergründe
(angelehnt an ICD-10 und DSM IV) [2, 3, 4, 5, 6]

Symptome

Aufmerksamkeitsschwäche (bzw. Konzentrationsstörungen):
- Unaufmerksamkeit gegenüber Details (z. B. Sorgfaltsfehler)
- mangelnde Daueraufmerksamkeit bei Arbeitsaufträgen
- SoS (Schülerin oder Schüler) scheint oft nicht zuzuhören, wenn man sie/ihn anspricht
- SoS ist unorganisiert
- Aufmerksamkeitsverlust bei oder Vermeiden von uninteressanten Tätigkeiten (auch im Spiel)
- SoS wird häufig von externen Stimuli abgelenkt
- Vergesslichkeit

Hyperaktivität (bzw. motorische Unruhe):
- SoS zappelt mit Händen und Füßen
- Hin- und Herrutschen auf dem Stuhl
- SoS ist häufig unnötig laut beim Spielen oder hat Schwierigkeiten, leise zu sein
- gesteigerter Bewegungsdrang

Impulsivität:
- SoS antwortet, bevor die Frage fertig gestellt ist
- SoS kann häufig nicht warten, bis sie/er an der Reihe ist
- SoS unterbricht und stört andere häufig
- SoS steht unaufgefordert von ihrem/seinem Platz auf
- SoS hat eine niedrige Frustrationstoleranz
- SoS kann Bedürfnisse nur schlecht aufschieben

Häufigkeit
- betrifft je nach verwendeten Diagnosekriterien ca. 5 Prozent aller Kinder und Jugendlichen [1,2]
- ADHS als eine der häufigsten Ursachen für Lern- und Leistungsstörungen sowie Störungen im Sozialverhalten [1]
- tritt häufig zusammen mit anderen Störungen auf: Störungen des Sozialverhaltens (30–50 %), Lernstörungen und Schulleistungsdefizite (10–30 %), depressive Störungen (10–40 %), Angststörungen (20–40 %), Tic-Störungen (20–30 %), traumatische Belastungen (2–20 %) [2,7]

Hintergründe
- Derzeit geht man von einer multifaktoriellen Verursachung der ADHS aus. [3]
- Dabei wird eine Interaktion von psychosozialen und biologischen Faktoren vermutet, die zum klinischen Bild der ADHS führt. [2]
- Ein allgemeines Modell nach Döpfner, Frölich und Lehmkuhl (2013) geht von einer biologischen Störanfälligkeit aus, wobei sich dann die ADHS-Symptome durch eine mangelnde externe Steuerung oder durch spezielle Anforderungen an die Aufmerksamkeit und Ausdauer der Betroffenen manifestieren. [2]

2 Anregungen zum Umgang mit den Schülerinnen und Schülern (SuS) [1,8]

Hilfreiche Interventionen beachten die Merkmale der ADHS und richten sich auf eine geringere Aufmerksamkeitsspanne, ein erhöhtes Erregungsniveau, niedrige Frustrationstoleranz und auf die Stärkung der Selbstkontrolle der SoS. Bei einer gezielten Förderung ist es sinnvoller und auch für die SoS transparenter, den zeitweisen Fokus auf nur einen Bereich (z. B. Konzentration) zu legen, als gegen alle Symptome gleichzeitig zu arbeiten. Die folgenden Hinweise können bei beim Umgang mit den SoS helfen:

- *Gestaltung des Unterrichts und der Lernumgebung mit wenig Ablenkung:*
  - SoS umsetzten (einerseits sollte ich als Lehrer/in die/den SoS gut im Blick haben, andererseits sollte das auffällige Verhalten mich möglichst wenig beeinträchtigen, da ich sonst die Störungen stärker als notwendig beachte/sanktioniere)
  - SoS öfter gezielt und persönlich ansprechen, um die Aufmerksamkeit zu wecken
  - den Unterricht gut strukturieren: eindeutig und knapp formulierte Arbeitsaufträge, Raum für Nachfragen und Zeit zum Nachdenken
  - Rhythmisierung des Unterrichts: im Unterricht Sozialform und Medien häufiger wechseln, damit die Kinder nicht »wegdriften«
- *Hilfen zur Selbstorganisation und -regulation geben:*
  - Geheimzeichen für impulsives und unruhiges Verhalten mit SoS vereinbaren (z. B. Hand in der Hosentasche)
  - bei Störungen folgen wie gemeinsam vereinbart physische Nähe (z. B. Berührung Schulter) oder gelbe/rote Karte auf dem Platz der/des SoS ohne Unterrichtsabbruch

- *Gewünschtes Verhalten verstärken:*
  - nicht das Ergebnis, nur die Anstrengung verstärken
  - prompte Verstärkung erwünschten Verhaltens (immer nur ein Aspekt im Fokus für eine bestimmte Zeitspanne)
  - Prompting (Unterstützung beim Beginn des erwünschten Verhaltens) und Anregung zur Mentalisierung (leise sagen, was man gerade tut, einzelne Schritte)
  - sinnvolle Prioritätensetzung erreichbarer Ziele (z. B. keine Schönschrift), um Selbstkonzept nicht zu schwächen
- *Individuelle, kreative Hilfen:*
  - dem Kind einen besonderen Klassendienst übertragen, um ihm das Gefühl zu geben, wichtig zu sein, und um den gesteigerten Bewegungsdrang zu regulieren (z. B. Kreide holen)
  - Knetball
  - einbeiniger Stuhl
  - hervorgehobene Texte
  - Hintergrundmusik im Unterricht
  - Schreiben am Computer
  - Tiere im Klassenzimmer etc. [1,8]
- *Weitere sinnvolle Maßnahmen (ggf. in Zusammenarbeit mit einem Schulpsychologen):*
  - Einübung eines Entspannungsverfahrens (bei ADHS: progressive Muskelentspannung besonders hilfreich)
  - Durchführung eines Konzentrationstrainings, eines Selbstinstruktionstrainings (3–5 Karten zur Selbsterinnerung) und Training der Selbstorganisation (Aufgaben nacheinander erledigen, Wichtigstes zuerst)
  - Abklärung therapeutischer und medikamentöser Behandlung
  - Anbindung der Eltern an Selbsthilfegruppen und professionelle Elterntrainings

Vorteil für den Unterricht: Von der Berücksichtigung einer/eines SoS mit ADHS im Unterricht profitieren auch andere Schülerinnen und Schüler. Anzunehmen ist schließlich, dass sich auch andere langeweilen, unaufmerksam werden oder eine komplizierte Aufgabeninstruktion nicht umsetzen können, sie ihr Verhalten aber dennoch unter Kontrolle halten. Das Störverhalten einer/eines SoS mit ADHS gibt also der Lehrkraft auch ein Zeichen,
- dass eine Bewegungsphase, ein Methodenwechsel, eine Entspannungsphase oder andere Formen der Rhythmisierung notwendig sind,
- dass Aufgaben bei offenem Unterricht noch klarer strukturiert werden müssen bzw. Anweisungen, z. B. durch Schriftform, stets klar und deutlich sind,
- große Aufgaben in Teilaufgaben zerlegt bzw. komplizierte Sätze einfacher ausgedrückt werden müssen,
- dass eindeutige (Gesprächs-)Regeln vereinbart werden müssen und die Einhaltung von allen konsequent verfolgt wird.

Eventuelle rechtliche Folgen
- Eine Diagnose erfolgt durch Ärzte der Kinder- und Jugendpsychiatrie und -psychotherapie sowie durch Ärzte der Kinder- und Jugendmedizin.

- Wichtig ist es, den Eltern zu vermitteln, dass ich als Lehrperson gerne bereit bin, mit der Ärztin bzw. dem Arzt über meine Beobachtungen zu sprechen oder einen Fragebogen des Behandlers auszufüllen. Dafür sollte eine schriftliche Einverständniserklärung der Eltern bei mir als Lehrkraft oder dem Behandler vorliegen.

3 Weiterführende Informationen

- Affeldt, M. (1998): Kiko. Kinder konzentrieren sich. Anregungen für die Schule. Klasse 1–6. Schroedel.
- Barkley, R. A. (2010): Das große ADHS-Handbuch für Eltern. 3. Aufl. Hans Huber.
- BV-AH e. V. (2007): ADHS und Schule ... was tun? Forchheim: Bundesverband Aufmerksamkeitsstörung/Hyperaktivität e. V.
- Döpfner, M./Frölich, J./Metternich, W. (2007): Ratgeber ADHS. Informationen für Betroffene, Eltern, Lehrer und Erzieher zu Aufmerksamkeitsdefizit-/Hyperaktivitätsstörung. 2. Aufl. Hogrefe.
- Lauth, G./Naumann, K. (2009): ADHS in der Schule. Übungsprogramm für Lehrer. Beltz.
- Staatsinstitut für Schulpädagogik (2010): Aufmerksamkeitsgestörte, hyperaktive Kinder und Jugendliche im Unterricht, Buch und DVD. Auer.
- *Zur Vertiefung*: Döpfner, M./Frölich, J./Lehmkuhl, G. (2013): Aufmerksamkeitsdefizit-/Hyperaktivitätsstörung. 2. Aufl. Hogrefe.
- *Außerdem*: Bei der Bundeszentrale für gesundheitliche Aufklärung gibt es eine kostenlose und gute Broschüre zu ADHS (auch als Information für die Elternhand).

4 Unterstützungsangebote

- Arbeitsgemeinschaft ADHS der Kinder- und Jugendärzte e. V.: www.ag-adhs.de
- Bundesverband Aufmerksamkeitsstörung/Hyperaktivität e. V. (BV-AH): www.adhs-deutschland.de
- Infoportal ADHS: www.adhs.info

In aller Kürze

Kernmerkmale der ADHS sind Hyperaktivität, Impulsivität und eine Störung der Aufmerksamkeit, welche jeweils unterschiedlich stark ausgeprägt sein können. Interventionen und Maßnahmen im Unterricht berücksichtigen die Symptome in der Balance zwischen Anpassung des Unterrichts und gezielter Förderung der Konzentration, der Selbststrukturierung sowie der Impuls- und Bewegungskontrolle.

Störung des Sozialverhaltens

Janina Täschner

> Unter **Störung des Sozialverhaltens** wird ein andauerndes Muster dissozialen, aggressiven oder aufsässigen Verhaltens verstanden, das der altersgemäßen Entwicklung des Sozialverhaltens in keinster Weise entspricht und/oder die Grundrechte anderer verletzt.

1 Symptome und Hintergründe [1, 2, 3, 4, ICD 10]

Symptome
- hohe Komorbidität zu Aufmerksamkeits-/Hyperaktivitätsstörung (> 50 %), Depression, Angststörung und affektiver Störung [4, 5, 6, 7, 8, 9, 10, ICD 10]
- Generell kann nach ICD 10 eine Diagnose erstellt werden, wenn das Verhaltensmuster seit mindestens sechs Monaten anhält.

Sehr häufig:
- schwere Wutausbrüche, leicht reizbar
- aktive Verweigerung von Forderungen Erwachsener
- Widersprechen und Aufsässigkeit
- Ablehnung jeder Art von Vorschrift und Regel
- Brechen von Versprechen
- wenige oder ebenfalls schwierige Freunde
- beginnt körperliche Auseinandersetzungen
- in Streit verwickelt
- sieht andere als verantwortlich für eigenes Fehlverhalten an
- Tyrannisieren
- fühlt sich ständig angegriffen

Darüber hinaus:
- Schulschwänzen
- Gebrauch von gefährlichen Waffen
- Diebstahl
- Drogenmissbrauch
- Brandstiftung
- Grausamkeit gegenüber Tieren
- Zerstören von Eigentum und Hänseln

Hinweis: Das einmalige Auftreten einer schweren Grenzüberschreitung (z. B. Sachbeschädigung von Autos in Höhe von 30 000 Euro) rechtfertigt nicht die Diagnose der Störung des Sozialverhaltens!

Häufigkeit

- betrifft im Schnitt 8 Prozent der SuS [6,7,11]
- zweithäufigste Diagnose nach Angststörungen in kinder- und jugendpsychiatrischen Kliniken und Praxen [12]
- viermal mehr Jungen betroffen (6 bis 16 Prozent), 2 bis 9 Prozent Mädchen [4,6,8,9,10,12]
- äußerst stabile Auffälligkeit: 60 Prozent der sozial gestörten Grundschüler sind auch mit 25 Jahren von der Störung und den Folgen weiterhin betroffen [1,6]

Hintergründe

Die Forschung geht von einem biopsychosozialen Störungsmodell aus.

1. Biologische Risikofaktoren	2. Psychologische Risikofaktoren	3. Risikofaktoren des sozialen Umfelds
• männliches Geschlecht [1,3] • genetische Veranlagung zu erhöhter Ablenkbarkeit, niedriger Reaktionsschwelle, schwierigem Temperament [4,6,14] • geringere Herzfrequenz [14] • Unregelmäßigkeiten im Frontalhirnlappen → Einschränkung in der Antizipation von Handlungskonsequenzen [14] • geringer Cortisol-, Serotonin- und Noradrenalinspiegel, erhöhter Testosteronspiegel → dominantes Verhalten in sozialen Situationen [13,14] • frühe pubertäre Reife bei Jungen [14] • Konsum von Alkohol, Drogen, Nikotin in der Schwangerschaft [13,14]	• schwieriges Temperament bereits als Säugling [1,4,7,13,15,16] • unzureichende Impulskontrolle und Emotionsregulation [9,11,13,14,15,16] • unzureichendes Einfühlungsvermögen [9,11,13,14,15,16] • verzerrte sozial-kognitive Informationsverarbeitung: soziale Reize und Partner werden als feindselig interpretiert und aggressive Hinweisreize sensibler wahrgenommen [4,14,15] • niedrige verbale Intelligenz [10] korreliert mit verminderter Selbstkontrolle und ungenügender Planungsfähigkeit (Antizipation der Handlungsfolgen), erschwert soziales Kontakt [4,6,10,11,13,14] • instabile Selbstbewertung und niedrige Selbstwirksamkeitserwartung [11,16]	• enge Wohnverhältnisse, sozialer Brennpunkt [9,10,14] • Armut und Arbeitslosigkeit, finanzielle Schwierigkeiten [6,10,17] • mangelnde Aufsicht [4,10,14,15,16] • Defizite im elterlichen Erziehungsverhalten: inkonsistent, vernachlässigend, koerziv (zwanghaft, nötigend), strafend [2,4,6,11,13,14,15] • körperliche Misshandlung (führt zur verzerrten sozial-kognitiven Informationsverarbeitung) [9,10,11,13,14,15,17] • aggressive, delinquente Modelle im familiären und medialen Nahraum [10,11,14,17] • gestörtes Familienleben [17] (z. B. Trennung der Eltern, psychische Erkrankung eines Elternteils) [4,6,13,14,16] • schlechte Bindung zu den Peers, Eltern und/oder Lehrern [2,10,15] • elterliche Ablehnung und Desinteresse [10,11,15] • elterlicher Alkohol- und Drogenkonsum [16]

2 Anregungen zum Umgang mit den Schülerinnen und Schülern (SuS) im Unterricht

Intervention, welche allein bei Schülerinnen und Schülern ansetzt, hilft meist kaum. Man sollte sich daher besonders um Prävention und Intervention bei den Eltern bemühen, welche jedoch oft nicht leicht zu überzeugen sind. [8]

Mit den Schülern:
- Selbstbeobachtungsbogen und Selbstinstruktionskarten [1,12,18,19]
- Token-Programme mit Verhaltensvertrag [11,12,15,20,21]
- Übernahme sozialer Verantwortlichkeit ermöglichen (Selbstwirksamkeit erfahren) [12,16,20]
- kognitive Fähigkeiten für Wutkontrolle einüben (Ablenkungstechniken, Möglichkeiten im Klassenzimmer anbieten: ruhiger Sitzplatz, 5 Minuten Entspannungsmusik mit Kopfhörern, 10 Liegestütze, Massageball etc.) [17,19]
- Entspannungsgeschichten und -verfahren erlernen [2,11,15,18]
- moralisches Denken fördern (Dilemmata, Rollenspiele, Perspektivenwechsel) [2,4,8,17,20]
- Diskussion und Aufstellen gemeinsamer Regeln im Klassenverband [5,7,21]
- regelmäßige Klassenkonferenzen [2,3,8,22]
- erwünschtes Verhalten positiv verstärken und anerkennen (Lob, Beachtung, Zuspruch) [11,23,24,25]
- angemessene Konsequenzen für aggressives Verhalten vereinbaren, Wenn-dann-Regeln (z. B. Wiedergutmachung des Schadens, sozialer Ausschluss etc.) [2,24,26]
- Möglichkeiten zum Einüben sozialer Kompetenzen: kooperative Lernmethoden, Schulfahrten [4,8,22,27]
- Prävention durch pädagogische Präsenz, Regeln für die ganze Schule und alle Lehrer: Allgegenwärtigkeit, Überlappung, Reibungslosigkeit und Schwung [20] [21,28]
- Trainingsraum in der Schule einrichten (Vereinbarung: Lehrer hat das Recht, ungestört zu unterrichten, SoS hat das Recht, ungestört zu lernen. Bei einer Störung/Aggression werden der/dem SoS folgende fünf Fragen gestellt: Was machst du? Wie lautet die Regel? Was geschieht, wenn du gegen die Regel verstößt? Wie entscheidest du dich, wenn du wieder störst? Was passiert dann? Die/der SoS kann sich daraufhin entscheiden, in den Trainingsraum zu gehen. Dort ist immer eine pädagogische Aufsicht zugegen, die Zweiergespräche führt und zum Umdenken anregt.) [21,25]
- Spiele:
  - zur Konfliktwahrnehmung (Blitzlichtrunde, »Kotzrunde«, Boxsack)
  - zur Gefühlserkennung (Gefühlspantomime, Blitzlichtrunde) [22]
  - zur sozialen Wahrnehmung (Aufmerksamkeitsspiele, Kleidertausch, Märchen in heutige Zeit übertragen, in andere Rollen schlüpfen) [19]

Mit den Eltern:
- Elterntrainings anbieten [17, 24]
- Verständnis für mögliche familiäre Ursachen zeigen [22, 23]
- belastende Lebensumstände ändern (Schuldnerberatung) [11, 22, 23]
- positive Verhaltensweisen durch greifbare und soziale Verstärker betonen [6, 18]
- Token-Systeme [18] besprechen
- verlässliche Betreuung des Kindes sicherstellen [11]
- Freizeitgruppen zur Förderung sozialer Kontakte [11]
- positive Spielzeit einrichten (ausschließlich entspannte positive Zeit zwischen Kind und Elternteil, keine Geschwister: Zuwendung zeigen, Kind bestimmen lassen, gravierend destruktives Verhalten mit deutlicher Ablehnung kennzeichnen und eventuell Spielzeit beenden) [11]
- Punkte-Pläne – tägliche Bewertung einfacher Verhaltensziele in Zusammenarbeit mit Lehrkraft und Eltern (z. B. Ich vertrage mich mit den anderen Kindern und streite mich nicht mit ihnen. Ich beachte die Aufforderungen des Lehrers und werde nicht wütend) [29]
- enger Informationsaustausch mit den Eltern, gemeinsame Vereinbarungen über Hausaufgaben/Nacharbeiten/Wiedergutmachungen treffen [19]

Spezielle soziale Trainingsprogramme (Emotionen richtig einschätzen können, Umgang mit Ärger und Wut lernen, Problemlösefähigkeiten) für Kinder: »EFFEKT-Kindertraining« oder »Faustlos-Programm«, »MUT«, »Friedenstreppe«, »Magic Circle«, »TIP«, »I can problem solve«. [9, 24] Da die Durchführung ganzer Programme im Unterricht aus zeitlichen Gründen oft schwierig ist, ist eine Kooperation mit anderen Lehrkräften und ggf. Schulsozialarbeit sinnvoll.

Die Störung des Sozialverhaltens ist für alle Seiten sehr belastend, daher erscheint eine Sicherstellung oder Vermittlung einer therapeutischen Anbindung (in Zusammenarbeit mit dem Schulpsychologen) besonders wichtig. In der Regel kann dort auch passend mit den Eltern zusammengearbeitet werden.

3 Weiterführende Informationen

Literatur:
- Akin, T. (2000): Selbstvertrauen und soziale Kompetenz. Übungen, Aktivitäten und Spiele für Kids ab 10. Verlag a. d. Ruhr.
- Böttger, G./Reich A.: Soziale Kompetenz und Kreativität fördern. Spiele und Übungen für die Sekundarstufe I. Cornelsen.
- Petermann, F./Petermann, U. (2012): Training mit aggressiven Kindern. Beltz.
- Lauth, G. W./Heubeck, B. (2006): Kompetenztraining für Eltern sozial auffälliger Kinder (KES). Hogrefe.
- Bründel, H./Simon, E. (2003): Die Trainingsraum-Methode. Unterrichtsstörungen – klare Regeln, klare Konsequenzen. Beltz.

Internetadressen:
- Überblick über Faktoren guten Unterrichts, die Aggression im Klassenraum vorbeugen: www.guterunterricht.de.
- Weitere Literatur und konkrete Handlungsvorschläge: www.unterrichtsstoerungen.de.
- Darstellung des Trainingsraumprogramms: www.trainingsraum.de.

In aller Kürze

Die Schule kann vor allem Präventivstrategien anwenden und mit den Eltern auf einen autoritativen Erziehungsstil hinarbeiten. Die Sicherstellung oder Vermittlung einer therapeutischen Anbindung erscheint wichtig.

Gesteigerte Gewaltbereitschaft

Juliane Wagner

*Unter **gesteigerter Gewaltbereitschaft** versteht man die Disposition, anderen Menschen physischen oder psychischen Schaden zuzufügen. Der Gewaltbegriff steht eng in Verbindung mit dem der Aggressivität. Diese kann als vorübergehende oder auch als langfristige Eigenschaft auftreten, während mit Gewalt die daraus resultierende Handlung beschrieben wird.*

1 Symptome und Hintergründe [1,2,3,4]

Symptome

Aggressionen können unter anderem feindselig, d. h. ausgelöst durch negative Emotionen und mit Schädigungsabsicht, oder instrumentell, d. h. als Mittel zum Zweck, begründet sein. In der Schule werden physische Gewalt (gekennzeichnet durch Sachbeschädigung und Übergriffe) und psychische Gewalt (Beleidigung, Erniedrigung, Ausschließen etc.) unterschieden.

Gesteigerte Gewaltbereitschaft kann ein Symptom oder eine Begleiterscheinung einer psychischen Störung des Kinder- und Jugendalters sein, welche in diesem Band beschrieben werden:
- Durch die Impulsivität im Handeln zeigt sich bei einigen SuS mit ADHS gewalttätiges Verhalten.
- Depressionen können durch Gewalttätigkeit ausgelöst werden oder auch als Auslöser fungieren.
- Gewalttätiges Verhalten über längeren Zeitraum führt zur Diagnose der Störung des Sozialverhaltens.

- Akut belastende Ereignisse wie Trennung/Scheidung oder traumatische Erfahrungen wie sexueller Missbrauch können (müssen aber natürlich nicht) gesteigerte Gewaltbereitschaft auslösen.
- Als mögliche Folgen bei Nichteingreifen gelten Delinquenz und Jugendkriminalität.

Häufigkeit

Einen knappen Überblick zur Auftretenshäufigkeit an Schulen bieten folgende Daten:
- Rund 90 000 Unfälle pro Jahr an allgemeinbildenden Schulen sind auf aggressives Verhalten zurückzuführen.
- Die am häufigsten auftretende Form ist die verbale Gewalt.
- Mehr als die Hälfte der Übergriffe finden während der Pausen und etwa ein Fünftel im Sportunterricht statt.

Bei der Häufigkeit von Gewaltanwendungen kann man geschlechtsspezifisch und altersbedingt differenzieren und zusätzlich die Faktoren Bildung, sozioökonomischer Hintergrund und die Form der Gewaltausübung nennen und wie folgt zusammenfassen:
- Jungen neigen eher zur Gewaltbereitschaft als Mädchen.
- Vermehrt sind SuS im Alter zwischen 14 und 18 Jahren betroffen.
- Überwiegend beobachtbar bei SuS mit Migrationshintergrund, niedrigerem sozioökonomischen Staus und in Haupt- und Förderschulen.
- Je härter die Gewaltform, desto seltener taucht sie auf.

Hintergründe [1,3,4,5,6]

Es gibt viele verschiedene Theorien, die das Auftreten von Gewalt begründen. Ursachen der Gewalt sind beim Individuum so facettenreich, dass monokausale Zusammenhänge ausgeschlossen werden können und Theorien, welche hier nur angerissen werden können, verbunden werden sollten.

Besonders verbreitet ist die *Frustrations-Aggressions-Hypothese*. Demnach entsteht Frust, wenn zielgerichtetes Verhalten blockiert oder gestört wird. Die daraus resultierenden negativen Emotionen gelten als mögliche Auslöser für Aggressionen, die sich letztendlich in Gewalttaten äußern können. Diese Theorie basiert demnach auf dem Einfluss der Umwelt auf das Individuum.

Einen weiteren Ansatzpunkt liefert die *Theorie der sozialen Informationsverarbeitung* nach Crick und Dodge (1994). Diese stellt die kognitiven Abläufe reaktiver Gewalttaten dar: Ereignisse werden zunächst dekodiert und basierend auf den wahrgenommenen Informationen in Übereinstimmung mit vergangenen Erfahrungen interpretiert. Anschließend wird unter bekannten Verhaltensmustern eine als angemessen erachtete Reaktion ausgewählt und in die Tat umgesetzt. Gewalttätiges Verhalten wird durch Fehleinschätzungen von uneindeutigen Situationen, verbunden mit der Neigung zu feindseligen Attributionen, ausgelöst. Hinzu kommt, dass aggressive Kinder meist nur mit wenigen Verhaltensalternativen vertraut sind, sodass die Wahrscheinlichkeit, mit Gewalt zu reagieren, hoch ist. Vergangene soziale

Erfahrungen sowie das Wissen über soziale Regeln üben demnach einen großen Einfluss auf aggressives Verhalten aus.

Zur Darstellung der *verhaltenstherapeutischen Perspektive* eignet sich zum einen die Theorie des Modell-Lernens nach Bandura (1989): Das Verhalten von SuS ist auf Beobachtungen von Handlungen anderer zurückzuführen, insbesondere wenn diese Person als Vorbild fungiert und/oder darauf eine Reaktion folgt, die von der/dem betroffenen SoS als positiv eingeschätzt wird. Entsprechend erklärt sich, warum Kinder selbst zu Gewalt neigen, wenn sie Gewalt in der Familie erfahren. Zum anderen sind Überlegungen zum operanten Konditionieren bedeutsam. Gewalttätiges Verhalten wird demnach kurzfristig belohnt, beispielsweise durch Erreichung eines Bedürfnisses oder durch Wegfall eines negativen Reizes bzw. durch Vermeidung einer negativen Situation.

2 Anregungen zum Umgang mit den Schülerinnen und Schülern (SuS) im Unterricht [4, 6]

Grundlegend und die beste Prävention für ein gewaltfreies Miteinander im Unterricht ist ein gutes Classroom Management. Ausgehend von den erwähnten Hypothesen zur Entstehung von Aggression und Gewalt sollte die Lehrkraft die SuS im Unterricht motivieren und Feedback und Verbesserungstipps geben. So kann sie Interesse wecken, Unverständnis für die erbrachten Leistungen vorbeugen und Anregungen für zukünftige Leistungen bieten. Zusätzlich gelten hohe Leistungsanforderungen als möglicher Auslöser für Aggression, sodass ein angemessenes Leistungsniveau erforderlich ist, um Frustration zu vermeiden. Die Lehrkraft muss sich stets der eigenen Vorbildfunktion bewusst sein und (auch bei Sanktionen gegen Gewalt) dementsprechend agieren.

Eine mögliche Intervention ist die Thematisierung von Gewalt im Unterricht, einschließlich der Erarbeitung von alternativen Konfliktlösungsmethoden. Dies kann beispielsweise in Rollenspielen praktiziert werden. Prosoziales Verhalten wird durch Erfolg aufgebaut bzw. erlernt, nicht durch Bestrafung der Gewalttaten. Daher ist es notwendig, aggressive SoS so zu unterstützen, dass sie auch ggf. schwierige Situationen gewaltfrei lösen. Mögliche Ideen sind hierfür

- physische Präsenz/Nähe der Lehrkraft,
- Unterstützung beim Emotionsausdruck (»Ich glaube, das macht dich wütend«),
- verbales Trennen von erlaubter Absicht (»Den Test würdest du am liebsten zerreißen«) und verbotener Tat (»Dokumente dürfen aber nicht zerstört werden«).

Die Bildung von homogenen Fördergruppen zum Umgang mit Aggression (mehrere gewalttätige SuS für eine intensive Gruppenmaßnahme zusammenzubringen) zeigt negative Effekte, weswegen davon abzuraten ist. Bei Häufung des gewalttätigen Verhaltens sollte nach den Ursachen geforscht werden, um adäquate Schritte einzuleiten. Hierfür können Schulpsychologen, Sonderpädagogen aus dem Mobilen Dienst und/oder externe Therapeuten hinzugezogen werden, welche dann auch in der weiteren Förderung hilfreich sind.

Eventuelle rechtliche Folgen

Bezüglich des Umgangs mit SoS, die durch ihre gesteigerte Gewaltbereitschaft aufgefallen sind, gibt es keine rechtlichen Vorschriften für die Lehrkraft. Zum Schutz der anderen SuS ist es jedoch zu empfehlen, betroffene SoS während der Pausen, bei Klassenausflügen und auch im Sportunterricht besonders im Auge zu behalten.

3 Weiterführende Informationen

- Im Umgang mit gewalttätigen SuS bedarf es oft schnellen Eingreifens. Informationen dazu bietet das Buch: Ehninger, F./Perlich, M./Schuster, K.-D. (2007): Streitschlichtung und Umgang mit Gewalt an Schulen, zu finden unter: http://library.fes.de/pdf-files/bueros/sachsen-anhalt/04944.pdf.
- Für betroffene SoS selbst bietet die Internetseite »Mellvil, ein Kinderforum zum Klarkommen« hilfreiche Sofort-Tipps: www.labbe.de/mellvil/index_vs.asp?themaid=26&titelid=296.
- *Tiefergehende Informationen:*
    - Das Berliner Forum Gewaltprävention: www.berlin.de/lb/lkbgg/publikationen/berliner-forum-gewaltpraevention/.
    - Polizei Bayern Präsidium München: www.polizei.bayern.de/muenchen/schuetzenvorbeugen/beratung/index.html/98962.
    - Kammler, T. (2013): Anerkennung und Gewalt an Schulen. Springer.
    - Wahl, K. (2009): Aggression und Gewalt. Spektrum.

4 Unterstützungsangebote

Häufig gibt es an Schulen Streitschlichter oder Mediatoren, die bei Konflikten vermitteln und schlichten können. Hilfreiche Umweltinterventionen sind oft die Mitgliedschaft in Sportvereinen, wo Energien positiv genutzt werden und gleichzeitig Regeln eingehalten werden müssen. Des Weiteren können sowohl familientherapeutische als auch psychotherapeutische Maßnahmen sinnvoll sein. Eltern können bei Erziehungsberatungsstellen Hilfe suchen und erfahren durch das Jugendamt auch unterstützende Maßnahmen (ambulante Hilfen).

In aller Kürze

Es ist wichtig, die Ursache zu ergründen, um angemessen mit betroffenen SoS umgehen zu können. Die Lehrkraft sollte der/dem SoS Verständnis entgegenbringen und die alternativen Verhaltensmuster und die Konsequenzen für Fehlverhalten aufzeigen. Bei starker Gewaltbereitschaft im Sinne einer Störung des Sozialverhaltens sollte eine umfassende Diagnostik und Intervention mit Kolleginnen und Kollegen oder anderen Fachkräften erfolgen.

Delinquenz im Jugendalter

Juliane Weyh

> Der Begriff **Delinquenz** stammt aus dem Lateinischen und bezeichnet das »Vom-Wege-Abweichen«. Er beschreibt damit die Tendenz, die öffentliche Ordnung zu stören und vor allem rechtliche Grenzen zu überschreiten.

1 Symptome und Hintergründe

Symptome
Delinquente Jugendliche handeln meist in der Gruppe, spontan und ungeplant. Ihre Handlungen entstehen oftmals aus einer Augenblicksstimmung. Sie begehen leichte Straftaten wie: [1]
- Sachbeschädigung und Vandalismus
- Diebstahl und Betrug
- Schulmüdigkeit, Schulverweigerung, »Herumstreunen«
- Erpressung
- Körperverletzung
- Rauschgiftdelikte und Alkoholkonsum
- Raubdelikte
- Verstöße gegen das Waffengesetz
- Strafvereitelung
- Widerstand gegen die Staatsgewalt

Häufigkeit [2]
- besonders betroffen: Heranwachsende zwischen 14 und 20 Jahren aller Gesellschaftsschichten
- grundsätzlich weniger schwerwiegende Delikte als bei Erwachsenen
- männliche Jugendliche oftmals auffälliger als weibliche (weiblich: einfacher Diebstahl, Betrug)
- Dunkelfeld weit größer als Hellfeld; großer Teil der Delikte wird der Polizei nicht bekannt [3]

Hintergründe
Jugenddelinquenz hat verschiedene psychosoziale Funktionen. Oftmals versuchen Jugendliche durch delinquentes Verhalten:[4]
- Statussymbole von Erwachsenen zu erreichen; erwünschten Lebensstil zu realisieren
- sich Zugang zu bestimmten Peergroups zu verschaffen (Zugehörigkeitsgefühl)
- grenz- und normüberschreitende Erfahrungen zu sammeln
- sich gegen die Kontrolle Erwachsener zu wehren
- frustrierende Erfahrungen im Privat-, Schul- und Berufsleben zu bewältigen
- auf starke psychosoziale Belastungen zu reagieren bzw. hinzuweisen
- Gesellschaftskritik zu äußern (sozialer Protest)

2 Anregungen zum Umgang mit den Schülerinnen und Schülern (SuS)

Grundsätzliche Präventionsmaßnahmen:
- positive Lernumgebung und gutes Klassenklima schaffen
- eigene Persönlichkeit und Selbstwertgefühl der SuS stärken und betonen
- SuS Verantwortung übergeben und übernehmen lassen
- Eigenständigkeit der SuS stärken
- Lehrkraft als Vorbild
- enge Zusammenarbeit von Schulleitung und Lehrkräften mit SuS, Eltern und Schulsozialarbeit
- Aufbau eines Helfer-/Tutorensystems (ältere SuS helfen den jüngeren)

Im Unterricht/als Klassenlehrkraft: [5]
- das direkte Gespräch mit den SuS suchen und Konsequenzen aufzeigen – auch rechtlicher Art
- Verhaltensregeln im Klassenverband aufstellen, Beteiligung der SuS an Regeln und Sanktionen (z. B. durch Klassenrat oder Klassenparlament)
- regelmäßige konstruktive Gespräche führen, »unter vier Augen« und im Klassenverband Möglichkeiten und Anreize zum Perspektivenwechsel ermöglichen (z. B. durch Expertenvorträge und Diskussionen mit von Delinquenz Betroffenen)

Eventuelle rechtliche Folgen [6]

Jugendstrafrechtlich sanktionierbar sind Heranwachsende im Alter von 14 bis 17 Jahren. Das Straf- und Prozessrecht kann ggf. auch bis 20 Jahre angewandt werden. Jugendliche können strafrechtlich dann verantwortlich gemacht werden, wenn sie als reif genug gelten, das Unrecht ihrer Tat einzusehen. Fehlt ihnen diese Reife, kommen ausschließlich erzieherische Maßnahmen zum Tragen.

3 Weiterführende Informationen

- Bendit, R./Erler, W./Nieborg, S./Schäfer, H. (2000): Kinder- und Jugendkriminalität. Strategien der Prävention und Intervention in Deutschland und den Niederlanden. Opladen: Leske und Budrich.
- Bundesweite Gewaltprävention: www.soziale-praxis.de
- Bundesarbeitsgemeinschaft für Straffälligenhilfe e.V.: www.bag-straffaelligenhilfe.de
- Deutsches Forum für Kriminalprävention: www.kriminalpraevention.de
- Gute Hinweise und Materialien speziell für die Schule unter: www.km.bayern.de/lehrer/erziehung-und-bildung/gewaltpraevention.html

4 Unterstützungsangebote

- Bundeweites Verzeichnis von Erziehungs- und Familienberatungsstellen: www.bke.de
- Kinder- und Jugendtelefon: 0800/1110333 (kostenfrei), www.kinderundjugendtelefon.de
- Elterntelefon: 0800/1110550 (kostenfrei), www.elterntelefon.org
- Online-Beratung der Bundeskonferenz für Erziehungsberatung: www.bke-elternberatung.de, www.bke-jugendberatung.de

In aller Kürze

Der Begriff »Delinquenz« bedeutet im weitesten Sinne »Straffälligkeit« und beschreibt damit das Stören der öffentlichen Ordnung durch das Verstoßen gegen Regeln und Gesetze. Die Gründe für delinquentes Verhalten sind vielfältig. Persönlichkeitsfaktoren, der familiäre, soziale und sozio-ökonomische Hintergrund, aber besonders auch der Umgang mit Gleichaltrigen (Peergroups) und der Einfluss dieser spielen dabei eine entscheidende Rolle. Mithilfe zahlreicher Präventions- und Interventionsprojekte wird versucht, den Einstieg in die Delinquenz wie auch die Festigung von delinquentem Verhalten zu verhindern. Im Vordergrund dieser Programme steht in erster Linie eine enge Zusammenarbeit von Jugendlichen, Schule, Elternhaus und sozialen Einrichtungen, um problematische Verhaltensweisen frühzeitig zu erkennen und die Jugendlichen in ihrer Entwicklung zu unterstützen. Ziel ist es, das Sozialverhalten zu fördern und das eigene Handeln kritisch zu reflektieren.

Amoklauf

Anna Maria Engl

> Beim **Amoklauf** handelt es sich um schwere zielgerichtete Gewalt an Schulen – wenn aus erlebter Ungerechtigkeit und fehlender Perspektive reale Grausamkeit wird.

1 Symptome und Hintergründe

Symptome

Für eine Prävention ist es schwierig, klare Tätermerkmale zu beschreiben, da diverse Merkmale auch auf Jugendliche zutreffen, die solche Gewalttaten nie ausüben. Jedoch können retrospektiv einige Aspekte auf biologischer, psychischer und sozialer Ebene identifiziert werden, die sich gegenseitig bedingen. Keinesfalls können Merkmale beschrieben werden, die für alle Täter zutreffen.

Es ist festzustellen, dass die meisten Täter aufgrund ihrer Veranlagung und ihrer psychischen Entwicklung eher unauffällig und zurückgezogen sind. [1] Offensichtliche Gewalttätigkeit zeigt sich nur bei den wenigsten, häufig festzustellen sind jedoch Gewaltphantasien und akzeptierte Formen, diese auszuleben (Computerspiele, Beschäftigung mit Waffen, Krieg und Militär). Emotionen (Trauer, Angst, Wut) wirken eher abgeflacht und die Täter haben im Umgang mit ihren Gefühlen nur wenige Regulationsstrategien, sodass sie diese unterdrücken oder durch Sekundäremotionen ausleben (Wut über die ungerechte Welt erleben, da Trauer über erfahrene Zurückweisung nicht ausgelebt wird). Im Bereich des Umfeldes erscheinen drei Faktoren besonders wichtig:

- Der familiäre Kontext (unabhängig von formalen Bedingungen wie Kernfamilie, Ein-Eltern-Familien, Pflegefamilien, …) [1],
- Schule und Ausbildungssituation sowie
- die Peergroup. [1]

Diese Einflussfaktoren wirken in einer normalen Entwicklung stützend, integrierend und identitätsbildend. Dennoch können sie in SuS Gefühle der Nichtanerkennung, des Scheiterns, des Ausgestoßenseins hervorrufen. [1] Bei Tätern wird das Bedürfnis nach emotional stabilisierenden Erfahrungen und Akzeptanz über einen langen Zeitraum nicht erfüllt. Stattdessen rücken negative Gefühle, erlebte Zurückweisung und kontinuierliche Verletzung des Egos in den Mittelpunkt der Wahrnehmung.

Häufigkeit

Betroffen sind vor allem weiterführende Schulen. Die Tat wird in der frühen Phase der Adoleszenz (12. bis 17. Lebensjahr), [2] aber auch in der mittleren Phase (18. bis 21. Lebensjahr) begünstigt. Besonders häufig finden sich Amokläufe an Schulen in ländlichen und suburbanen Bereichen, es handelt sich großteils um Kinder aus Mittelschichtfamilien. [3,4]

Hintergründe

Nach einem von Nils Böckler und Thorsten Seeger entwickelten Modell können Amokläufe wie folgt erklärt werden [1]: Wenn die unbedingte Notwendigkeit zur sozialen Identität (Selbstdurchsetzung, Selbstsicherung, Selbstdarstellung) und zur persönlichen Identität (emotionale Zuwendung, rechtliche Anerkennung, soziale Wertschätzung) über einen unerträglich langen Zeitraum erheblich gestört wurde, kommt es zu einem gravierenden Gefühl der Identitätsbedrohung. In der Person entstehen daraus resultierend:
- negativer Selbstbezug: Bedürfnis, weitere Unterminierung des Selbstwertes zu vermeiden
- Verletzlichkeit/Verzweiflung/Wut: Bedürfnis nach Gerechtigkeit/Vergeltung
- Perspektiv-/Orientierungs-/Hoffnungslosigkeit: Bedürfnis nach Zugehörigkeit/ Orientierung

Diese chronischen Belastungen und der kumulative Anerkennungszerfall gehen oft einher mit intensiver Mediennutzung, sozialem Rückzug und der Suche nach einer Lösung dieser prekären Situation. Dies resultiert oftmals in der differenziellen Identifikation (»copycat«-Effekt, »designing a rampage«) mit früheren Schulamokläufern über Online-Plattformen und weitere Medien. Es folgt:
- die Wahrnehmung eines gemeinsamen psychosozialen Erfahrungshorizonts mit einem idealisierten Täter
- das Gefühl parasozialer Zugehörigkeit
- eine neue Sinngebung durch Partizipation an der »Revolution der Ausgestoßenen«

Eine solche Neudefinition des Selbst führt zu einem Handlungsdruck. In Kombination mit kontinuierlichen, akuten Belastungen wird eine reale Tatplanung vorgenommen. Die Tat selbst wird als gewaltsamer Kampf um Anerkennung angesehen: Sie dient der Selbstinszenierung als Rächer, deren imaginierte Unsterblichkeit und posthumer Statusgewinn erklärtes Ziel sind, sowie der Rebellion gegen gesellschaftliche Normen und Wertvorstellungen.

2 Anregungen zum Umgang mit den Schülerinnen und Schülern (SuS)

Lehrkräfte und Eltern sind ein wesentlicher Baustein im Mosaik des stützenden sozialen Netzwerkes eines potenziellen Täters. Deswegen sollten mögliche Täter identifiziert, beobachtet und stützend begleitet werden. In den meisten Schulen besteht ein Kriseninterventionsteam, welches in der Regel von einer Schulpsychologin/einem Schulpsychologen geleitet wird. Bei regelmäßigen Treffen sollten konkrete Pläne und Strategien ausgearbeitet werden. Diese sollten allen Lehrkräften dargelegt, mit ihnen diskutiert und die Umsetzung verfolgt werden. DyRiAS, das »Dynamische Risiko-Analyse-System«, ist das wohl bekannteste Analyse-Instrument und wurde von der Universität Darmstadt erarbeitet. Es handelt sich um einen vorgefertigten Fragenkatalog, der von allen Lehrkräften gleichermaßen verwendet werden kann und die systematische Einschätzung auffälliger SuS ermöglicht. Er beinhaltet unter anderem folgende Fragen:

- Wie oder durch wen ist die Schülerin oder der Schüler auffällig geworden?
- Äußert die/der SoS sich über Gewalt?
- Wie ist der Medienkonsum einzuschätzen?
- Hat die/der SoS Konflikte, die im Schulalltag sichtbar werden?
- Gibt es Anzeichen für Konflikte im außerschulischen Umfeld? (familiäre Situation/Veränderung, Peergroup, Sportvereine)
- Hat die/der SoS Warnungen/Drohungen ausgesprochen oder sich verabschiedet?
- Kann die/der SoS an Waffen gelangen? Ist sie/er damit vertraut? Macht die/der SoS Aussagen darüber oder zeigt sie offen? (waffenbesitzende Eltern, Mitgliedschaft im Schützenverein etc.)
- Hat die/der SoS ihr/sein äußeres Erscheinungsbild (Outfit, Körperbehaarung etc.) verändert?
- Ist die/der SoS neuen externen Einflüssen ausgesetzt? [5]

Sollten Lehrkräften/Schulpsychologen Veränderungen auffallen, müssen umgehend folgende Schritte eingeleitet werden:
- Nicht wegschauen – im Gegenteil, es muss auf das seelische Wohlbefinden geachtet werden sowie die Persönlichkeitsentwicklung der/des SoS verfolgt werden. Lehrkräfte müssen zunehmend für zwischenmenschliche Belange sensibilisiert und durch kontinuierliche psychologische Fortbildungen geschult werden. [6] Kommunikation und der Schaffung eines humanen Schulklimas sollten absolute Priorität eingeräumt werden. Das Einschätzungs- und Urteilsvermögen der Lehrkräfte muss aktiviert, erweitert und voll ausgeschöpft werden.
- Sitzungen mit allen Lehrkräften einberufen, die den SoS ebenfalls unterrichten und kennen, um Observationen zu vergleichen.
- Daten des DyRiAS auswerten – mit einer gewissen Vorsicht handeln, um dem »No Blame Approach« gerecht zu werden: 1) Die SoS müssen ihr Gesicht wahren können – gerade wenn die Auswertung der Daten rechtliche Folgen nach sich zieht (auch um vor Überreaktionen und vorschnellen Schlüssen zu schützen). 2) Die Entscheidungen sollten so transparent wie möglich für Eltern und SoS sein. 3) Weitere Stellen (Psychologische Kinder- und Jugendberatungszentren, Psychologen, Ärzte) sollten informiert werden.

Im Falle eines Amoklaufs sollte auf den präventiv abgestimmten und eingeübten Ablauf und entsprechende Handlugen zurückgegriffen werden. [7] Den Anweisungen der Polizei ist in jedem Fall Folge zu leisten. Hilfreich ist dabei die interdisziplinäre Zusammenarbeit während und nach einem Amoklauf: In Bayern finden sich neben und innerhalb der Polizei beispielsweise verschiedene zuständige Teams: KIBBS (Kriseninterventions- und Bewältigungsteam Bayerischer Schulpsycholog/innen), KiS (Krisenseelsorge im Schulbereich bei Tod an der Schule), NOSIS (Notfallseelsorge an Schulen), NFS (Notfallseelsorge).

3 Weiterführende Informationen

Die Internetseite www.kibbs.de des »Krisen-Interventions- und Bewältigungsteam Bayerischer Schulpsychologen/innen« (KIBBS) ist sehr hilfreich und beinhaltet zahlreiche Literaturempfehlungen.
Auf der Internetseite www.i-p-bm.com/dyrias.html finden sich ausführliche Informationen zum oben beschriebenen Fragenkatalog und dessen Anwendung sowie umfangreiche Literaturhinweise.

Weitere Literatur:
- Arthur, E./Storath, R. (2005): In Krisen helfen. Cornelsen Scriptor.
- Englbrecht, A./Hirschmann, N./Richter, W./Röthlein, H. W./Storath, R. (2008): Führung und Verantwortung bei schulischen Krisen. Copyland Druckzentrum.
- Langman, P. (2009): Amok im Kopf: Warum Schüler töten. Beltz.
- Pisarski, W. (2006): Anders trauern, anders leben. Gütersloher Verlagshaus.
- Robertz, F. J./Wickenhäuser, R. (2007): Der Riss in der Tafel. Amoklauf und schwere Gewalt in der Schule. Springer.

4 Unterstützungsangebote

Merkmale bzw. Symptome, die ein potenzieller Täter zeigt, sind für das Individuum so problematisch, dass die betroffene Person, auch wenn ein Amoklauf ausgeschlossen wird, Unterstützungssysteme in Anspruch nehmen sollte. Schulpsychologen, Therapeuten und Sozialpädagogen können in einer solchen Identitätskrise unterstützen, beraten allerdings auch Eltern und Lehrkräfte in Bezug auf betroffene SoS.

In aller Kürze

Den prototypischen Täter gibt es nicht. Oberste Priorität haben aufmerksames Beobachten der/des SoS durch das gesamte Lehrerteam. Im Sinne der Prävention sind allerdings ein gesundes und humanes Schulklima sowie ein intaktes soziales Umfeld mindestens genauso wichtig. Bei Auffälligkeiten sollten Beratungsgespräche mit Schulpsychologen in Anspruch genommen werden, um weiteres Vorgehen zu diskutieren. Sollte es zu einem Amoklauf kommen, müssen die bereits im Vorfeld eingeübten Rettungs- und Sicherheitsmechanismen komplikationslos greifen sowie Anlaufstellen für posttraumatische und psychologische Betreuung bereitstehen.

6.3 Internalisierende Störungen

Trennungsangst

Barbara Reichhart

> *Trennungsangst* wird definiert als das Erleben einer übermäßigen und unrealistischen Angst vor einer Trennung von den Eltern oder einer wichtigen Bezugsperson. Damit einher gehen Befürchtungen, den Eltern oder dem Kind selbst könnte etwas Schlimmes zustoßen.

1 Symptome und Hintergründe [1,2,3,4]

Symptome:
- unrealistische und anhaltende Besorgnis über mögliches Unheil, das der Bezugsperson zustoßen könnte, über den Verlust dieser Person oder dass ein unglückliches Ereignis das Kind von der Hauptbezugsperson trennen könnte
- andauernde, aufgrund von Trennungsangst bedingte Abneigung oder Verweigerung, zur Schule zu gehen
- Trennungsschwierigkeiten am Abend (Abneigung oder Weigerung, schlafen zu gehen oder auswärts zu schlafen; häufiges Aufstehen, um Anwesenheit der Bezugsperson zu überprüfen; Schlafen im Bett der Eltern)
- anhaltende unangemessene Angst, ohne eine Bezugsperson zu Hause zu sein oder außer Haus zu gehen (Klammern an Eltern oder Gegenstände in der Wohnung)
- extremes und wiederholtes Leiden in Erwartung, während oder unmittelbar nach einer Trennung (Angst, Schreie, Wutausbrüche, Unglücklichsein, Apathie, sozialer Rückzug)
- mögliche Symptome aufgrund der Folgen von Trennungsangst wie wiederholte Alpträume mit Trennungsthematik, Konzentrationsprobleme, Appetitlosigkeit, somatische Symptome (Erbrechen, Übelkeit, Bauchschmerzen, Kopfschmerzen)

Laut ICD-10 liegt Trennungsangst nur dann vor, wenn sich diese nicht im Rahmen einer generalisierten Angststörung oder einer anderen Störung erklären lässt, der Beginn der Trennungsangst vor dem sechsten Lebensjahr liegt und mehrere der oben genannten Symptome mindestens vier Wochen andauern.

SoS mit Trennungsangst sind häufig von komorbiden Störungsbildern (andere Angststörungen, depressive Störungen, ADHS, aggressiv-oppositionelles Verhalten) betroffen. Symptome der Trennungsangst weisen eine starke Nähe zu »normalem« Verhalten auf. Gerade bei jüngeren Kindern ist eine vorübergehende Trennungsangst durch das Durchlaufen einer Entwicklungsphase zu erklären.

Häufigkeit [1,2,5,6]

Die Ergebnisse verschiedener Untersuchungen weisen darauf hin, dass Trennungsangst ein weit verbreitetes Problem im Kindesalter darstellt. Während ca. 10 Prozent aller Kinder und Jugendlichen unter Angststörungen leiden, machen die von Trennungsangst betroffenen SoS dabei die größte Gruppe aus. Durchschnittlich weisen in der Altersspanne von 5 bis 15 Jahren ca. 1 bis 2 Prozent aller SoS Trennungsangst auf, wobei jüngere Kinder häufiger betroffen sind. Trennungsangst tritt bei Mädchen und Jungen gleich häufig auf.

Hintergründe [1,2]

Die meisten Modelle zur Ursache von Trennungsängsten gehen davon aus, dass diese aufgrund eines Zusammenspiels genetischer Dispositionen (in Hinblick auf Ängstlichkeit) mit Umwelteinflüssen (meist familiäre Faktoren, Eltern) entsteht.

Eine unsichere Mutter-Kind-Bindung, eine chaotische und problematische häusliche Umgebung sowie ein negativ getönter Erziehungsstil, welcher sich auch durch übermäßige Einmischung in das Leben des Kindes auszeichnen kann, sind demnach eng mit Trennungsangst verknüpft. Eltern reagieren auf Trennungsangst meist mit Zuwendung, was diese verstärken kann. Des Weiteren können sich auch die psychischen Merkmale der Eltern auf Trennungsangst auswirken. Unbehagen, Besorgnis und eine wahrgenommene Bedrohung der Mutter bei Trennungssituationen können die Trennungsangst des Kindes verstärken.

Auch kognitive Angstschemata scheinen Angststörungen zu bedingen. So nehmen ängstliche SoS mehrdeutige Situationen eher als bedrohlich wahr und unterschätzen dabei ihre Bewältigungsmöglichkeiten. Allerdings liegen hier nur generelle Befunde zu Angststörungen des Kindesalters vor und keine spezifischen Ergebnisse zu Trennungsängsten.

Trennungsangst wird durch reale und stellvertretende Trennungserfahrungen (z. B. Scheidung der Eltern, Tod eines Verwandten, Tod eines Haustiers) begünstigt.

2 Anregungen zum Umgang mit den Schülerinnen und Schülern (SuS) [1,6,8]

Für die Lehrkraft ist es wichtig, Ängste früh wahrzunehmen und einzuordnen. Die Hauptaufgabe der Lehrerinnen und Lehrer bildet die Unterstützung des Kindes beim Abbau von Vermeidungsverhalten. Wichtig ist, nicht die Zurückweisung des Gefühls durch Aussagen wie: »Da brauchst du keine Angst haben«, sondern die Stärkung des freiwilligen Aussetzens angstbehafteter Situationen. Dies kann gelingen durch:
- schriftliche Vereinbarungen und Verträge mit dem Kind, die helfen können, den Schulbesuch (Steigerung der Anwesenheit) zu ermöglichen
- Zusammenarbeit mit Therapeuten (z. B. für die Begleitung oder Durchführung einer systematischen Desensibilisierung)

- Entspannungstraining (autogenes Training, Atemtraining und Erinnerung an Entspannung in angstbehafteten Situationen)
- Einsetzen operanter Techniken (Verstärken der Anstrengung: zunächst also kleine Schritte, später den Gesamterfolg verstärken)
- Erarbeiten einer individuellen Angstleiter (Was macht ein mulmiges Gefühl auf der ersten Sprosse, was bedeutet maximale Angst auf der letzten Stufe?)
- Unterlassen konfrontativer Ansätze (z. B. Mutter soll einfach gehen, auch wenn das Kind weint), da diese die Angst verstärken oder andere Störungen begünstigen können; besser ist daher eine schrittweise Bewältigung einzelner Stufen
- Aufklärung der SoS über Angst, ohne das betroffene Kind in den Mittelpunkt zu stellen

Oft erklärt sich jedoch die Entstehung und die Aufrechterhaltung durch das familiäre System, sodass der Eindruck entsteht, mehr Selbstständigkeit des Kindes geht mit mehr Sorge, Zuwendung und dem Schaffen von Nähe mit einem oder beiden Elternteilen einher. Die Ressourcen einer Schule sind hier begrenzt. Deswegen wird frühzeitig eine psychotherapeutische Unterstützung angeraten, in der auch Zeit zur Begleitung der Eltern zur Verfügung steht.

Eventuelle rechtliche Folgen [1,6]

Tritt Trennungsangst in Verbindung mit Schulverweigerung auf (dies ist bei ca. zwei Drittel der SoS der Fall), folgt bei dauerhaftem Fernbleiben und erfolglosen vorhergehenden Interventionen die Einleitung eines Bußgeldverfahrens gegen die Erziehungsberechtigten. Dies ist u. U. sinnvoll, um eine Verstärkung der Trennungsangst durch die Eltern (durch mehr Nähe) zu verhindern und deren Bereitschaft zu stärken, weitere Schritte gegen eine Chronifizierung der Störung zu unternehmen.

3 Weiterführende Informationen

- Friedrich, S./Friebel, V. (2011): Kindern Mut machen: Hilfe bei Schüchternheit und Ängsten. Bonn.
- Schmidt-Traub, S. (2010): Selbsthilfe bei Angst im Kindes- und Jugendalter. Ein Ratgeber für Kinder, Jugendliche, Eltern und Erzieher. Göttingen.
- Informationen darüber, wie Eltern ihrem Kind helfen können, mit Angst fertigzuwerden: www.kindergesundheit-info.de/themen/entwicklung/alltagstipps/entwicklungsschritte/angst-bewaeltigen/

4 Unterstützungsangebote [1]

- Erziehungsberatungsstellen bieten häufig Gesprächskreise oder Spielgruppen für jüngere Kinder mit Trennungsängsten an
- Online-Beratung, Informationen, Selbsthilfegruppen, Hilfe zur Selbsthilfe: www.angstselbsthilfe.de

Therapien gliedern sich i. d. R. in:
- kindzentrierte Interventionen
- elternzentrierte Interventionen (z. B. Behandlungsprogramm »TAFF«, Schneider 2007)
- kindergarten- und schulzentrierte Interventionen

In aller Kürze

Trennungsangst tritt in der Regel bereits in der frühen Kindheit auf und wird auch durch das familiäre System bedingt. Durch eine Zusammenarbeit von SoS, Eltern und Erziehern oder Lehrern und geeignete Interventionsmaßnahmen kann diese therapiert werden.

Somatisierung (Körperliche Beschwerden trotz Negativbefund beim Arzt)

Annette Tempfli

> **Somatisierung** bedeutet, dass Menschen auf Belastungen oder Stresserleben mit dem Ausbilden körperlicher Symptome reagieren. Sie sollte bei wiederkehrenden körperlichen Beschwerden, für die Ärzte keine organische Erklärung finden, in Betracht gezogen werden.

1 Symptome und Hintergründe

Symptome

Folgende Beschwerden treten im Kindes- und Jugendalter gehäuft auf, meist in Kombination mit emotionalen Symptomen wie starke Schüchternheit, Ängste, Sorgen und Traurigkeit: [1]
- Bauchschmerzen, Durchfall, Verstopfung und Aufstoßen
- Kloß im Hals, Schluckbeschwerden, Stimm- und Sprechstörungen
- Kopfschmerzen, Schwindel, motorische und sensorische Funktionsausfälle
- Chronisches Erschöpfungssyndrom
- unspezifische Gelenk- und Gliederschmerzen, Ohnmacht

Folgebeschwerden: z. B. Schlafschwierigkeiten, Beeinträchtigung bei der Ausübung von Hobbies, Essprobleme, Einbußen im Kontakt mit Freunden etc.

Häufigkeit

- Betroffen sind ca. 30 Prozent der SuS. [2]
- Davon entwickeln ca. 2 Prozent der Kinder (6 bis 10 Jahre) bzw. ca. 10 Prozent der Jugendlichen erhebliche Gesundheitsängste [1], d.h. sie stufen ihre Symptome als stark gesundheitsgefährdend ein.

Hintergründe

Drei Faktoren können zu einer Somatisierung führen:
- *Biologische Faktoren*
  - Veranlagung zur Beschwerde
  - besondere Empfindsamkeit (z.B. hormonell bedingt, Sensitivierungsprozesse durch Vorerkrankungen) etc.
- *Persönlichkeitsmerkmale*
  - sehr hohe Selbstansprüche (SoS ist übertrieben sorgfältig, selbstkritisch)
  - geringe Stresstoleranz (SoS ist schnell nervös, besorgt)
  - Störung des Selbstwertgefühls (SoS ist unsicher, zurückgezogen)
- *Psychosoziale und insbesondere familiäre Faktoren*
  - Beschwerden der SuS ähneln oft Beschwerden anderer Familienmitglieder
  - Familien sind oft übermäßig mit dem Thema Gesundheit und Krankheit beschäftigt
  - u.a. verstärkte Reaktion der Eltern auf körperliche Signale; möglicher Krankheitsgewinn durch u.a.:
    - erhöhte Zuwendungsreaktion (z.B. Aufmerksamkeit, Trost, Nähe)
    - Befreiung von Pflichten (z.B. Hausaufgaben, Hausarbeit)
    - körperliches Symptom als Möglichkeit, emotionales Befinden (z.B. Sorgen, Ängste oder Stresserleben) zu kommunizieren, ohne das eigentliche Problem ansprechen zu müssen [3]

2 Anregungen zum Umgang mit den Schülerinnen und Schülern (SuS)

- klären, inwiefern bereits ärztliche Diagnosen vorliegen und ob eine körperliche Ursache für die Beschwerde ausgeschlossen werden kann; bei jüngeren SuS dringend Gespräch mit Eltern suchen: auf die Möglichkeit stressbedingter Symptome hinweisen
- klären, was SoS belastet bzw. stresst: evtl. Schulpsychologen zu Rate ziehen, der Ursachen ergründet
- richtiger Umgang der Lehrkraft mit medizinisch unklaren Symptomen im Unterricht:
  - zunächst Simulation der Beschwerde ausschließen; Symptom ernst nehmen
  - Belohnungen unmittelbar nach dem Äußern des Schmerzes vermeiden; diese besser in schmerzfreien Intervallen anbieten; Strategien zur aktiven Schmerzbewältigung vermitteln (z.B. Entspannungstechniken, Ablenkungsstrategien): SuS fühlt sich dadurch der Beschwerde nicht hilflos ausgeliefert, sondern kann aktiv etwas dagegen tun

- stressauslösende Faktoren minimieren: Was stresst SuS? Wenn Ursache unterrichtsbezogen ist: Wie kann ich den Stress eindämmen?
- Stresspegel allgemein durch regelmäßige Gelegenheit zur Entspannung senken (Fantasiereisen, Kinderyoga, autogenes Training)
- Schülerinnen und Schüler, v. a. ältere, über mehrere Tage einen Beobachtungsbogen führen lassen: Wann treten die Beschwerden auf? Wie kündigen sie sich an? Was ist vorher passiert? Wie habe ich auf die Beschwerden reagiert? Welche Folgen hatte das?

Eventuelle rechtliche Folgen

Lehrkräfte sind keinesfalls befugt, selbstständig Diagnosen zu erstellen. Lediglich Ärzte dürfen darüber entscheiden, auf welche Ursache eine körperliche Beschwerde zurückzuführen ist. Die Schule kann jedoch eine Schülerin oder einen Schüler verpflichten, den Amtsarzt, ggf. den Schularzt aufzusuchen.

3 Weiterführende Informationen

- Artikel zur schnellen Überblicksverschaffung: Noeker, M./Petermann, F. (2008): Somatoforme Störungen. In: Monatsschrift Kinderheilkunde 10, S. 1013–1022.
- Tiefergehende Informationen zur Thematik: Noeker, M. (2008): Funktionelle und somatoforme Störungen im Kindes- und Jugendalter. Hogrefe.

4 Unterstützungsangebote

- Staatliche Schulberatungsstellen und Erziehungsberatungsstellen; für Bayern:
  - www.schulberatung.bayern.de
  - www.lag-bayern.de/erziehungsberatung/
- Bei erheblichem Schweregrad sollte (ggf. in Zusammenarbeit mit dem Schulpsychologen) eine Vermittlung zu einem Kinder- und Jugendpsychiater oder -psychotherapeuten erfolgen

In aller Kürze

Wenn seelische Belastungen zu körperlichen Beschwerden werden, müssen die medizinisch unklaren Symptome unbedingt ernst genommen werden. Es gilt herauszufinden, was die Schülerin oder den Schüler emotional bedrückt, um die Auslöser zu beseitigen, bzw. wenn dies nicht möglich ist, insoweit zu modulieren, dass die Situation für die Betroffenen keine enorme Belastung mehr darstellt.

(Selektiver) Mutismus

Julia Eichmüller

> Der Begriff **Mutismus** bezeichnet das Nichtsprechen von Menschen, die eigentlich sprechen könnten, da ihre Sprachfunktion intakt ist. [1] Unter **selektivem Mutismus** versteht man einen Mutismus, der in bestimmten Situationen durchbrochen wird, so zum Beispiel gegenüber der Mutter oder in der Familie. [2]

1 Symptome und Hintergründe

Symptome
- andauernde Unfähigkeit, in bestimmten Situationen zu sprechen (während beim selektiven Mutismus in anderen Situationen ungehemmt gesprochen wird) [3,4]
- kommunikative Grundfähigkeit und Sprachverständnis ist vorhanden [4]
- ist oft mit einer (generalisierten) Angststörung verbunden (vor allem bei mutistischen Kindern, aber auch bei selektiv mutistischen) [4]

Häufigkeit
- 0,1 bis 0,5 Prozent bei Kindern [3]
- relativ gleiche Häufigkeit bei den Geschlechtern, leichter Überhang bei Mädchen [3,5]
- Beginn meist in den ersten Wochen des Kindergartenbesuches (Frühmutismus) oder zum Schuleintritt (Spät- oder auch Schulmutismus) [2,3]

Hintergründe
Selektiver Mutismus ist den Störungsbildern der sozialen Phobien und Angststörungen zugehörig. [5] Erklärungsmodelle zum selektiven Mutismus sind stets mehrdimensional. [6] Folgende Ursachen bezüglich der Entstehung werden angenommen:
- *Lerntheoretisches Erklärungsmodell*: Schweigen als erfolgreiches Vermeidungsverhalten
- *Stresstheoretisches Erklärungsmodell*: Sprache als Überforderung und Stress für das Kind löst eine Reaktionsblockade im verbalen Bereich aus [3]
- *Erklärungsmodelle aus dem organischen Bereich*: Zusammenhang von selektivem Mutismus mit Entwicklungsstörungen, Psychosen und Dispositionen [4]
- *Genetische Anlagen*: Gehemmtheit und sozialer Rückzug als genetische Veranlagung [4]
- *Psychodynamisches Erklärungsmodell*: schweres psychisches Trauma führt zu einer abnormen Erlebnisreaktion (Schweigen durch Schockzustand) [3]

2 Anregungen zum Umgang mit den Schülerinnen und Schülern (SuS)

Mutistische Kinder können grundsätzlich in der Regelschule unterrichtet werden. [4] Als Lehrkraft eines selektiv mutistischen Kindes sollte ich:

Beim Umgang mit den Eltern:
- ihnen eine schulbegleitende Therapie empfehlen
- ein duldendes Verhalten der Eltern nicht hinnehmen, sondern frühzeitig eine Behandlung einleiten, da sich sonst die Störung chronifiziert anstatt auszuwachsen. Der Leidensdruck der Eltern kann erhöht werden, indem der Therapiebeginn als Auflage an die Regelbeschulung gestellt wird, auch wenn es dafür keine rechtliche Grundlage gibt.

Beim Umgang mit der/dem mutistischen SoS:
- das Kind nicht in den Mittelpunkt stellen
- das mutistische Kind nicht übervorsichtig und mit übertriebenem Mitleid behandeln bzw. dadurch das Verhalten verstärken
- das Kind für Kleinigkeiten loben (»Schön, dass du da bist. Ich freue mich, dass ich dich in meiner Schulklasse habe. Ich denke, wir werden gut miteinander auskommen!«)
- das Selbstbewusstsein des Kindes stärken, z. B. indem man es ermutigt und dem Kind bewusst macht, was es alles kann, und das Kind so akzeptiert, wie es ist
- andere Kommunikationsformen des Kindes akzeptieren (Malen, Schreiben, Gestik)
- im Grundschulalter dem Kind ein Kuscheltier oder eine Handpuppe anbieten, über die es mit der Umwelt kommunizieren kann (Lehrperson: »Hallo Teddy, möchte die Nina einen Apfel haben?«)
- geringe Kommunikation (Ja-/Nein-Zeichen) durch prompte Beachtung der Willensäußerung verstärken
- den Willen des Kindes niemals absichtlich nicht verstehen (»Sag mir, worauf du zeigst, dann kannst du es bekommen«); jedoch sollte ich als Lehrkraft keine übertriebene Maßnahme ergreifen, um den Willen des Kindes ohne Verbalisation mutmaßen zu können, da dies verstärkend wirkt
- normal reagieren, wenn das Kind zu sprechen anfängt, einen Nachteilsausgleich für die mündliche Bewertung anbieten

Bei den Mitschülern:
- die Mitschüler zu Beginn des Schuljahres über die Verhaltensweisen des mutistischen Kindes aufklären
- Anfeindungen und Druck von außen vermeiden (z. B. Erwartungsdruck und Hänseleien)
- das Kind in Gruppenarbeiten nicht ausgrenzen, sondern alternative Kommunikationsmittel anbieten

Eventuelle rechtliche Folgen
Bei mutistischen SuS ist in Bayern ein Nachteilsausgleich in Form von Notenkompensation und in Einzelfällen in Form einer Unterrichtsassistenz möglich. [4] Der Nachteilsausgleich wird, wenn ein Gutachten eines Kinder- und Jugendpsychiaters oder einer anderen qualifizierten Fachkraft vorliegt, vom zuständigen Schulpsychologen beantragt und – je nach Schulart – von der jeweiligen Dienstaufsicht genehmigt.

3 Weiterführende Informationen

- Anschaulicher Ratgeber, der für Eltern und auch Lehrer geeignet ist: Hartmann, B. /Lange, M. (2005): Mutismus im Kindes-, Jugend- und Erwachsenenalter: Für Angehörige, Betroffene sowie therapeutische und pädagogische Berufe. Schulz-Kirchner.
- Standardwerk bei selektivem Mutismus: Katz-Bernstein, N. (2011): Selektiver Mutismus bei Kindern. Erscheinungsbilder, Diagnostik, Therapie. Ernst Reinhardt.
- Genaue Informationen und Therapiemöglichkeiten bei Mutismus, Diagnosebögen zum Download z. B. für Lehrer, Informationen über möglichen Nachteilsausgleich: Institut für Sprachtherapie Dr. Boris Hartmann, www.boris-hartmann.de.

4 Unterstützungsangebote

- Weiterführende Informationen über Mutismus, Suche nach Therapeuten und Eltern-Netzwerken nach Postleitzahl, Literaturempfehlungen, Interventionsprogramme: »Mutismus Selbsthilfe Deutschland e. V.«: www.mutismus.de
- KoMut – Kooperative Mutismustherapie, »Still Leben e. V.«: www.selektiver-mutismus.de (Therapeutennetzwerk, Beratung, Mediathek)

In aller Kürze

Selektiv mutistische SuS bleiben in der Schule stumm. Sie sprechen aber mit Vertrauenspersonen wie den Eltern. Der selektive Mutismus ist eine Störung des Sozial- und Sprachverhaltens, der meistens zuerst bei Eintritt in den Kindergarten auftritt und durch entsprechende Therapie behandelbar ist.

Zwangsgedanken und Zwangshandlungen

Tobias Mirlach

> **Zwänge** zeigen sich durch wiederholende Handlungen, welche nicht und nur mit allergrößtem Unwohlsein unterlassen werden können. Dahinter stehen unrealistische, katastrophierende Zwangsgedanken.

1 Symptome und Hintergründe

Symptome

Eine Zwangsstörung beruht auf einer Angststörung. Sie ist »gekennzeichnet durch wiederholende unangenehme Gedanken, Impulse oder Handlungen, die wenigstens zwei Wochen lang an den meisten Tagen bestehen müssen, als zur eigenen Person gehörig erlebt werden und gegen die zumindest partiell Widerstand geleistet wird (häufig erfolglos), da der Betroffene sie als sinnlos empfindet.« [1]

Gewohnheiten und Rituale helfen bei der Bewältigung des Alltags und sind vollkommen normal. Eine pathologische Form liegt erst dann vor, wenn sich die/der betroffene SoS trotz Widerstand nicht gegen die Zwänge wehren kann oder starkes Unwohlsein bei Nichtausführung auftritt. Zurückzuführen ist dieses Unwohlsein auf Zwangsgedanken, ständiges Grübeln und auf Zweifel, ob eine Handlung richtig durchgeführt worden sei. Ihr wird eine Schutzfunktion zugeschrieben, welche nötig ist, um eine wie auch immer geartete Katastrophe abzuwenden. Zwangsgedanken setzten sich anhaltend und invasiv im Bewusstsein des betroffenen Kindes fest (Wenn ich einen Mann berühre, könnte ich mich mit AIDS anstecken oder wenn ich eine schlechte Note bekommen habe, muss ich alle Stifte der Reihe nach spitzen, sonst wird es schlimmer). Zwangsgedanken und Zwangshandlungen erscheinen oft »magisch« und können somit »töten, schuldig machen, Unheil bringen, wiedergutmachen, verzaubern«. [2]

Allgemein treten bei zwangserkrankten Kindern und Jugendlichen oftmals folgende übereinstimmende Merkmale auf:
- starkes Sicherheitsbedürfnis
- mangelndes Vertrauen in die eigenen Fähigkeiten
- großes Schamgefühl
- extrem hohes Verantwortungsbewusstsein
- Entscheidungsunfähigkeit

Häufigkeit [2]
- betrifft circa 1,0 Prozent bis 3,6 Prozent der SuS
- Verhältnis Jungen zu Mädchen: 3:2 im Kindesalter, später im Jugendalter 1:1
- durchschnittliches Alter bei Auftreten: ca. 10 Jahre, jedoch auch im Alter von 3 bis 4 Jahren möglich
- hohe Stabilität: bei 50 Prozent bis 80 Prozent der betroffenen Kinder ist die Symptomatik auch im Erwachsenenalter noch vorhanden

Hintergründe

Biologische Erklärungsmodelle postulieren einen Zusammenhang zwischen dem Auftreten von Zwängen und dem Serotonin-Stoffwechsel im Gehirn. Ein moderater genetischer Einfluss auf das Krankheitsbild ist mittlerweile ebenfalls erwiesen. [3]

Verhaltenstherapeutisch lassen sie sich durch das Modell des klassischen und operanten Konditionierens erklären. Hierbei löst ein ursprünglich neutraler Reiz durch Kombination mit einem angstbehafteten Stimulus Angstgefühle aus (klassische Konditionierung), welche durch die Zwänge reduziert bzw. neutralisiert und somit negativ verstärkt werden (operante Konditionierung).

Die *Psychoanalyse* begründet Zwänge mit Problemen im zweiten bis dritten Lebensjahr, während der sogenannten analen Phase. Man nimmt dabei an, dass die dabei aufkommenden Aggressionen und Konflikte mit den Eltern in Zwangshandlungen und Zwangsgedanken münden können. Wissenschaftlich ist dies jedoch nicht belegt. [3]

Zu beachten ist dabei, dass wohl kein Erklärungsmodell für sich allein gestellt dem Bild der Zwangsstörungen in seiner Ganzheit gerecht werden kann.

2 Anregungen zum Umgang mit den Schülerinnen und Schülern (SuS) [4]

Zunächst ist es wichtig, an einen kollegialen Austausch für ein einheitliches und abgestimmtes Vorgehen zu denken. Wichtig ist, dass der Zwang nicht generell beschnitten werden sollte, denn aufgrund der Zwangsgedanken ist ein Unterlassen kaum oder nur durch eine entsprechende kompensatorische Zwangshandlung bei sich nächstbietender Situation möglich. Andererseits sollten die Zwänge auch nicht frei ausgelebt werden, da diese sich durch Beruhigung der Ängste selbst immer weiter verstärken. Möglich ist also ein Gespräch mit gemeinsamer Vereinbarung,
- in welchen Situationen die Zwänge vorerst erlaubt sind,
- in welchen Situationen ein Zwang unterdrückt werden kann und damit überprüft wird, wie real der dahinterstehende Zwangsgedanke ist.

Eine Orientierung an realen Möglichkeiten der Schule kann als Stütze dienen (durchaus ist zum Beispiel die Regel umsetzbar, dass niemand die Schulbank des betroffenen Schülers berührt, jedoch ist eine Verspätung im Unterricht aufgrund exzessiven Händewaschens nicht tragbar).

Im Sinne der tertiären Prävention (Vermeidung von Folgestörungen) sollte darauf geachtet werden, dass in leistungsrelevanten Kontexten nicht an den Zwängen gearbeitet wird, da diese durch Beachtung der Zwangsgedanken die Konzentration beeinträchtigen. Vielleicht können allerdings in Absprache mit Eltern und SoS trotz Leistungssituationen die Zwänge unterdrückt werden, da nur bei Gefährdung des Klassenziels oder beim Schulabschluss die Leistungssituationen wirklich bedeutsam werden.

SuS lehnen ein Gespräch über ihre Zwangsgedanken, welche hinter den Zwangshandlungen stehen, meist ab. Sie haben erlebt, dass andere diese als »dumm« oder »unrealistisch« abqualifizieren. Hilfreich für ein sensibles Vorgehen erscheinen beispielsweise:
- echtes Interesse (»Bestimmt gibt es einen Grund, warum du das machst?«),
- Möglichkeiten, die eigene Ambiguität zu zeigen (»Wie sicher bist du dir denn, dass das passieren würde?«),
- zirkuläres Fragen zur Realitätsprüfung (»Was glaubst du, denke ich darüber, wenn du mich fragen würdest?«).

Auch eine echte Realitätsprüfung der katastrophierenden Gedanken ist möglich, wenn sich die betroffene Person darauf einlassen will, um Zwangshandlung und Befürchtung in ein realistisches Bild zu setzen (»Wie wahrscheinlich ist es, dass der Wasserhahn nach dem Zudrehen noch tropft? Und nachdem du es kontrolliert hast? Und wie wahrscheinlich ist es, dass auch noch der Sicherheitsabfluss verstopft ist? Gut, die Restwahrscheinlichkeit, dass alle drei Faktoren zusammentreffen, haben wir jetzt mit 0,05 Prozent überschlagen. Wie groß wäre der tatsächliche Schaden?«).

Bei Ausgrenzung kann in Absprache mit der/dem SoS ein Gespräch mit der Klasse aufgenommen werden. Das auffällige Verhalten sollte dabei in der ganzen Klasse sachlich nähergebracht werden, um den möglichen Schreck vor dem Andersartigen verschwinden zu lassen und eine Gesprächsplattform anzubieten. Dabei sollten Zwänge als eines von vielen Merkmalen dieser Person beschrieben werden, sodass zum einen die anderen positiven Eigenschaften weiterhin gesehen werden und zum anderen die Mitschülerinnen und Mitschüler erleben, wie sich ihr Gegenüber fühlt, wenn sie/er deswegen ausgegrenzt wird.

Damit oft heimlich durchgeführte Zwangshandlungen (immer still bis 30 zählen, wenn …) gezeigt werden, ist generell ein sensibler Unterricht und ein vertrautes Klassenklima hilfreich. Auch werden hierdurch Ängste und Stress abgebaut, welche die Aufrechterhaltung der Zwänge begünstigen können.

Da die eigenen Möglichkeiten bei entsprechendem Schweregrad der Störung schnell an die eigenen und gemeinsamen Grenzen der Schule stoßen, ist die Überführung in professionelle Unterstützungssysteme angezeigt (Psychotherapie oder Kinder- und Jugendpsychiatrie). Schulpsychologen stellen hierfür passende Kontakte bereit und können Sorgen und Ängste über eine therapeutische Anbindung ausräumen.

3 Weiterführende Informationen

- Eine gute Plattform zum Ideenaustausch bietet das Internetforum www.zwangs-erkrankungen.de, eine Internetseite für alle Betroffenen und deren Angehörige.
- Tiefergehende Informationen zum Thema Zwangsstörungen und dem Umgang mit ihnen werden etwa in folgenden Büchern behandelt:

- Hoffmann, B./Hoffmann, N. (2011): Wenn Zwänge das Leben einengen – Der Klassiker für Betroffene – erweitert und mit neuen Übungen – Zwangsgedanken und Zwangshandlungen. Springer.
- Reinecker, H. (2006): Ratgeber Zwangsstörungen – Informationen für Betroffene und Angehörige. Hogrefe.
- Schmidt-Traub, S. (2013): Zwänge bei Kindern und Jugendlichen – Ein Ratgeber für Kinder und Jugendliche, Eltern und Therapeuten. Hogrefe.

4 Unterstützungsangebote

Ausführliche Informationen zu Diagnose, Therapie, und Selbsthilfe lassen sich auf der Internetseite der »Deutschen Gesellschaft Zwangserkrankungen e.V.« www.zwaenge.de finden. Positiv sind hierbei die Tipps für Angehörige zu vermerken. Es muss jedoch betont werden, dass eine professionelle Therapie nur bei einem Kinder- und Jugendpsychotherapeuten oder in Kinder- und Jugendpsychiatrien gewährleistet werden kann. Eine Liste entsprechender Therapiestellen ist ebenfalls auf der Internetseite verfügbar.

In aller Kürze

Die eigentlichen Ursachen der Zwänge sind katastrophierende Zwangsgedanken. Die sichtbaren, sich wiederholenden Zwangshandlungen dienen in diesem Kreislauf als Abwehrreaktionen. Eine Sicherstellung oder Vermittlung einer therapeutischen Anbindung ist wichtig. Oberste Prämisse einer Lehrkraft sollte es im Rahmen der Möglichkeiten sein, sanfte Intervention zu betreiben, ohne jedoch die Zwangsausübung zu beschneiden. Generell empfiehlt sich das Schaffen einer toleranten und aufgeklärten Klassengemeinschaft, welche ihre Mitglieder in ihrer jeweiligen Anders- und Einzigartigkeit akzeptiert.

Depressive Störungen bei Kindern und Jugendlichen

Miriam Majora

> Eine **depressive Störung** bzw. depressive Symptome bezeichnet eine längere Gefühlsphase, geprägt u. a. durch Traurigkeit, Niedergeschlagenheit, Lustlosigkeit und Freudlosigkeit der Betroffenen. Insbesondere bei Kindern und Jugendlichen treten zusätzliche Beeinträchtigungen in der Beziehung zu »Gleichaltrigen und Familienmitgliedern, schulische[n] Leistungen und Freizeitaktivitäten« [1] auf.

1 Symptome und Hintergründe

Symptome

Folgende Symptome deuten auf eine Depressivität hin: [2]
- Beeinträchtigung im Denken (reduzierte Konzentration, »Gedankenkreisen«)
- Beeinträchtigung im Fühlen (Verstimmung, Niedergeschlagenheit, Antriebslosigkeit)
- Beeinträchtigung in körperlichen Funktionen (Schlaf- und Appetitstörung, somatische Beschwerden)

Mögliche weitere Symptome einer Depression bei Kindern und Jugendlichen:

Klinisches Bild für Grundschulkinder	Klinisches Bild im Jugendalter
• häufige Lustlosigkeit und Passivität • verbale Berichte über Traurigkeit • Suizidgedanken möglich • Schwierigkeiten, mit unstrukturierter Freizeit umzugehen • Schulleistungsstörungen • Bauchschmerzen • Kopfschmerzen	• Berichte über Langeweile, Leere und »Null-Bock-Gefühl« • negative Abwertung der eigenen Person, der Umwelt und der Zukunft • Rückzug vom Freundeskreis und Vernachlässigung von Hobbys • tageszeitliche Stimmungsschwankungen mit Morgentief und Tagesmüdigkeit • Konzentrationsmangel • psychosomatische Störungen • Appetit- und Libidoverlust

Achtung: Obwohl Depression von vielen mit Traurigkeit in Verbindung gebracht wird, muss sich diese nicht mit diesem Symptom äußern.

Häufigkeit

- Bis zum 12. Lebensjahr sind ca. 1 bis 2 Prozent der Kinder von depressiven Symptomen bzw. depressiven Störungen betroffen. [1]
- Zwischen dem 12. und 15. Lebensjahr treten depressive Symptome verstärkt auf; Mädchen sind doppelt so häufig betroffen wie Jungen.

- Jeder 10. Jugendliche hat bis zur Volljährigkeit eine depressive Episode durchlaufen.

Hintergründe

- Es gibt acht klassische Erklärungsansätze zur Entstehung von Depressionen, die von der Betrachtung der Art der frühkindlichen Bindung bis zu umweltbezogenen und neurobiologischen Modellen reichen. Eine stark zusammenfassende und übersetzte Übersicht nach W. L. Brown [3] findet sich bei Groen und Petermann. [1]
- Es wird heute davon ausgegangen, dass kindliche Temperamentsmerkmale (z. B. Schüchternheit) sowie die Beziehung und Bindung zu den Eltern (z. B. Ablehnung, Bestrafung) die Anfälligkeit für eine Depression beeinflussen. Ausgelöst werden kann eine Depression durch die besonderen Herausforderungen im Jugendalter oder auch durch kritische Lebensereignisse.

2 Anregungen zum Umgang mit den Schülerinnen und Schülern (SuS)

- Präventiv kann depressiven Symptomen bzw. depressiven Störungen entgegengewirkt werden, indem die Selbstachtung der SuS gestärkt wird.
- Das Aufsuchen von Therapeuten oder Ärzten wird dadurch erschwert, dass die Symptome häufig als Faulheit oder Eigenheiten der Pubertät interpretiert werden. In Elterngesprächen kann der Hinweis auf die große Prävalenz von Depression und depressiven Symptomen, die Würdigung bisheriger Bemühungen (wie viel Mühe haben sich die Eltern schon gemacht, ihr Kind zu aktivieren etc.) und die Aussicht auf Erleichterung unterstützend wirken. Dabei kann vielmehr die eigene Sorge um die/den SoS im Vordergrund stehen als die »Verdachtsdiagnose Depression«.
- Ein Präventionsprogramm zum Einsatz im Unterricht für 12- bis 17-jährige SuS ist »LARS&LISA« der Universität Tübingen. Eine Darstellung des Programms und weiterführende Informationen über Publikationen zu »LARS&LISA« sind zu finden auf: www.gesundheitspsychologie.net/index.php?option=com_content&view=article&id=89:larsalisa&catid=46:db-kindejugendliche&Itemid=88 [Abruf: 16.4.2013].
- Ziele sind u. a.:
  - SuS lernen, sich selber Ziele zu setzen
  - SuS trainieren ihre Kommunikations- und Konfliktlösefähigkeiten
  - SuS üben selbstsicheres Verhalten [4]
- Wichtig ist die Sicherstellung oder Vermittlung einer therapeutischen Anbindung (in Zusammenarbeit mit dem Schulpsychologen), nicht zuletzt, da Depression im Jugendalter eine erhöhte Suizidalität birgt.

3 Weiterführende Informationen

- Der Verein »Deutsches Bündnis gegen Depression e. V.« richtet sich u. a. an Kinder, Jugendliche, Eltern und Lehrkräfte mit dem Ziel, über Depressionen aufzuklären. Auf der Homepage (http://www.buendnis-depression.de) sind Hinweise zum Umgang mit Betroffenen veröffentlicht und weiterführende Literaturangaben genannt.

4 Unterstützungsangebote

- Bei der »Bundeszentrale für gesundheitliche Aufklärung« (BZgA) können kostenlose Materialien für die Stärkung der Achtsamkeit und Anerkennung für den Unterricht bestellt werden: www.bzga.de. Geeignet sind die Materialen für den Einsatz in der Grundschule und in der Sekundarstufe I (Klassen 5 bis 9).
- Eine Übersicht über regionale (Selbst-)Hilfegruppen findet sich auf der Seite des »Deutschen Bündnisses gegen Depressionen e. V.«; Lehrkräfte der Sekundarstufe I und II können ein Infopaket über psychische Erkrankungen kostenlos herunterladen. Zusätzlich stehen kostenpflichtig Broschüren und DVDs zur Verfügung: www.buendnis-depression.de.

In aller Kürze

Depressive Störungen zeigen sich bei Kindern und Jugendlichen durch Beeinträchtigungen im kognitiven, emotionalen und physischen Bereich. Auslöser können entwicklungsbedingte Schwierigkeiten oder belastende Lebensereignisse sein. Im Rahmen der schulischen Arbeit können Lehrkräfte depressiven Störungen präventiv begegnen durch Stärkung der Selbstachtung ihrer SuS und mit zielgruppenspezifischen Präventionsprogrammen. Wichtig ist die Sicherstellung oder Vermittlung einer therapeutischen Anbindung.

Manie

Felicitas Buder

> Als **Manie** bezeichnet man eine Gemütskrankheit, die sich als krankhafte Hochstimmung äußert. Sie wirkt sich sowohl auf die betroffenen Personen als auch auf deren Umfeld belastend aus. [1] Eine manische Episode dauert mehrere Tage. [2]

1 Symptome und Hintergründe

Symptome

- »ansteckende«, positive Stimmung; viele Witze; Versuch, alles positiv zu sehen
- Tatendrang kann nicht gestillt werden, somit wird vieles begonnen, aber nichts beendet
- meist späte Diagnose der Manie, da für Betroffene die überschwänglich gute Laune selbstverständlich ist und keine Notwendigkeit für externe Hilfe gesehen wird [3]
- die Manie verläuft phasenweise, meist abwechselnd mit depressiven Phasen; bei schwacher Ausprägung handelt es sich um Stimmungsschwankungen [4], bei stärkerer Ausprägung um bipolare Störungen

Unterscheidung manischer Episoden (angelehnt an ICD-10):

Hypomanie = leichterer Zustand der Manie (oft beobachtbar vor manischer Phase): [3]
- immer anhaltende, leicht gehobene Stimmung sowie gesteigerter Antrieb und Aktivität
- meist auffallendes Gefühl von Wohlbefinden, körperliche und seelische Leistungsfähigkeit
- häufig gesteigerte Geselligkeit, Gesprächigkeit, übermäßige Vertraulichkeit oder aber häufiges Auftreten von Reizbarkeit, Selbstüberschätzung, flegelhaftes Verhalten, v. a. wenn betroffene Person sich in ihrer Aktivität behindert fühlt [5]

Manie
- durchgehende situationsinadäquate gehobene Stimmung: Wechsel zwischen sorgloser Heiterkeit und (fast) unkontrollierbarer Erregung, vermehrter Antrieb (Überaktivität, Rededrang, vermindertes Schlafbedürfnis)
- häufig: Substanzkonsum, v. a. Alkohol/Drogen, Gewichtzunahme [6]
- oft: leichtsinniges, rücksichtsloses, unpassendes Verhalten aufgrund des Verlustes normaler sozialer Hemmungen [5]
- seltener: (Größen-)Wahn oder Halluzinationen, übermäßige Erregung, sodass normale Kommunikation mit Betroffenem nicht möglich ist
- mögliche Suizidgefahr, aufgrund gesteigerter Selbstüberschätzung
- Beginn der manischen Episode kann schnell gehen, oder sich über Wochen entwickeln [5]

Häufigkeit
- Zahl betroffener SuS wird auf 0,1 Prozent geschätzt [7], aber tatsächliche Anzahl dürfte höher sein, da das Beschwerdebild oft fehlinterpretiert wird (z. B. als Verhaltensstörung, ADHS) [8]
- Beginn meist in der Pubertät [5], eine Feststellung vor dem 10. Lebensjahr ist selten (0,3–0,5%[9])
- Schülerinnen sind häufiger betroffen als Schüler

Hintergründe
Manische Zustände sind das Ergebnis verschiedener genetischer, sozialer und biografischer Aspekte. Als Störungsauslöser kann meist ein bedrückendes Ereignis, wie z. B. der Verlust einer Bezugsperson, Erkrankung, Trennung, Scheidung oder Tod von Angehörigen, identifiziert werden. Auch andere Nöte können eine Rolle spielen, wie z. B. Prüfungen, Überforderung oder Stress. In der Psychoanalyse wird die Manie vorwiegend als antidepressiver Mechanismus angesehen, sie kann aber auch eine Alternativlösung zur Depression darstellen. [10] Charakteristisch ist nicht so sehr die Art, vielmehr das Ausmaß und der ständige Wechsel der Gemütsverfassung. [5]

2 Anregungen zum Umgang mit den Schülerinnen und Schülern (SuS)

Aufgrund der Uneinsichtigkeit, der geringen Aufmerksamkeitsspanne und des gesteigerten Tatendrangs betroffener SuS könnten folgende Aspekte für den Unterricht hilfreich sein:
- positives Lernumfeld schaffen: positives Fehlerklima, Ansprechpartner
- komplexe Aufgaben reduzieren, sodass die/der SoS die Möglichkeit bekommt, durchzuhalten und somit Aufgaben fertig bearbeiten kann; komplexe Aufgabenstellungen in kleinere Teilaufgaben unterteilen
- Laufzettel für SoS, auf dem das zu Bearbeitende steht: Fertiggestelltes wird festgehalten und anderweitige Aufgaben sollen nicht bearbeitet werden
- Sozialform und Medien im Unterricht häufiger wechseln
- Gespräch mit SoS, in dem gemeinsam Maßnahmen vereinbart werden, wie z. B.:
    - Umsetzen (an Platz, den ich als Lehrer/in gut im Blick habe); besondere Dienste
    - geheimes Zeichen, das SoS signalisiert, dass sie/er gerade abschweift etc.
    - regelmäßige Gespräche mit SoS über Erfolg von Maßnahmen und Anpassung
- Kreativität und Spontanität der/des SoS in manischen Phasen für den Unterricht nutzen und als Vorteil erkennen
- Wenn die/der SoS in Behandlung ist bzw. ihre/seine eigenen manischen Phasen reflektiert, können diese SuS außerhalb der manischen Phasen sehr gut als Experten für sich selbst Ideen zur Stabilisierung entwickeln. Wichtig ist hierfür die Bereitschaft für offene und wertschätzende Gespräche.

Eventuelle rechtliche Folgen

Die Manie muss diagnostiziert werden, denn meist ist eine medizinische/therapeutische Behandlung notwendig. Bei Ausflügen sollte man als Lehrer/in ein besonderes Auge auf die SoS in einer manischen Phase haben, da diese sich aufgrund ihrer Selbstüberschätzung schnell in (lebens-)gefährliche Situationen bringen können.

3 Weiterführende Informationen

- *Schnelle Information:* auf der Internetseite www.therapie.de unter der Rubrik »Bipolare Störungen/Manie«
- *Zusammenfassung typischer manischer Symptome:* Faust, V. (2003): Seelische Störungen heute. Verfügbar unter www.psychosoziale-gesundheit.net/seele

4 Unterstützungsangebote

- Auf der Internetseite www.dgbs.de sind in der Rubrik »Service/Adressen« deutschlandweite Ansprechpartner (z. B. Krankenhäuser, Psychologen, Selbsthilfegruppen) aufgelistet, z. B. www.vdek-arztlotse.de.

In aller Kürze

- »Manie« bezeichnet eine Gemütskrankheit, deren Hauptsymptom eine übermäßige Hochstimmung ist, welche sich belastend auf die/den Betroffenen und deren/dessen Umfeld auswirkt (Selbstüberschätzung, inadäquates Verhalten usw.).
- Die Manie verläuft phasenweise, meist abwechselnd mit depressiven Phasen.
- Eine therapeutische Anbindung ist notwendig.
- Für den Unterricht sind individuelle Maßnahmen sinnvoll. Die Kreativität und Spontanität der SuS kann auch positiv genutzt werden.

6.4 Süchte und selbstgefährdendes Verhalten

Alkoholmissbrauch im Jugendalter

Jessica Heger

> Von **Alkoholmissbrauch** wird gesprochen, wenn der Konsum einer unbestimmten Menge an Alkohol psychische, soziale oder körperliche Schäden nach sich zieht. Von einer Alkoholabhängigkeit wird erst dann gesprochen, wenn Toleranzentwicklung oder Entzugserscheinungen neben dem Alkoholmissbrauch bestehen. [1]

1 Symptome und Hintergründe [1,2,3]

Symptome

Akute Intoxikation (Rausch): vorübergehendes Zustandsbild mit Störungen oder krankhaften Veränderungen der körperlichen und psychischen Verhaltensfunktionen und -reaktionen
- Kernsymptome: Euphorisierung, Antriebssteigerung, (sexuelle) Enthemmung, verlangsamtes Denken, Auffassungsstörungen, Kritiklosigkeit, motorische Einschränkungen, Reaktionsverlangsamung, Störungen der Sprechmotorik, teilweise aggressive Erregbarkeit

Schädlicher Gebrauch: körperliche oder psychische Gesundheitsschädigung durch Alkoholkonsum; signifikant beeinträchtigte Entwicklung der Kinder und Jugendlichen
- Folgeerscheinungen: Leistungsabfall, schulisches und berufliches Versagen, Wesensänderung, abnehmende Verlässlichkeit, Lebenswandel, Konflikte im sozialen Umfeld, Rückzug von der Familie und dem Freundeskreis, Verkehrsdelikte, Kriminalität, Einstieg in Drogenszene erleichtert durch Enthemmung

Abhängigkeitssyndrom: unbeherrschbarer Wunsch, Alkohol zu konsumieren, bei dem drei der nachfolgenden Kriterien in den vorangegangenen zwölf Monaten wiederholt erfüllt sein müssen:
- starkes Verlangen (»Craving«), verminderte Kontrolle bezüglich Menge, Beginn und Ende des Konsums, körperliche Entzugssymptomatik bei Reduktion/Absetzen, Toleranzentwicklung, gedankliche Einengung auf den Alkoholkonsum, Vernachlässigung anderer Interessen, fortgesetzter Konsum trotz eingetretener Folgen und Kenntnis der Schädigung, typische körperliche Symptome: Schlafstörungen und Magenschleimhautentzündung
- langfristige Folgeschäden: Folgen für Herz, Leber, das zentrale und periphere Nervensystem, erhöhtes Krebsrisiko
- soziale Folgen: familiäre Probleme, Verlust der Peergroup

Häufigkeit

Entsprechend einer umfangreichen Untersuchung der Bundeszentrale für gesundheitliche Aufklärung (2011), ergibt sich beim Alkoholgenuss von Jugendlichen folgendes Bild:

	12–17-Jährige	18–25-Jährige
in den letzten 30 Tagen zumindest einmal Alkohol getrunken	42 %	81,9 %
regelmäßiger Alkoholkonsum (mindestens einmal die Woche)	14,2 %	39,8 %
in den letzten 30 Tagen zumindest einmal größere Mengen an Alkohol getrunken (»Binge-Drinking«)	15,2 %	41,9 %
häufiges »Binge-Drinking« (viermal oder öfter)	3,7 %	12,9 %

- Alkoholkonsum bei männlichen Jugendlichen höher als bei weiblichen [2,4]
- 4 Prozent der Jugendlichen können als alkoholabhängig bezeichnet werden [3]
- durchschnittliches Alter des Erstkonsums (Geschlechtsverhalten ausgeglichen): 14 bis 16 Jahre [4,5]
- Prävalenz von 2 bis 4 Prozent Alkoholabhängiger unter den Jugendlichen [1,3]

Hintergründe [1,2,3]

- *Soziokulturelle Faktoren:* hohe gesellschaftliche Akzeptanz von Alkohol(konsum), einfache Verfügbarkeit, Assoziation mit Erwachsensein, das Ausmaß industrieller Werbung, Störungen in der Familie (Disharmonie, Bindungsstörungen, mangelnde Versorgung und Modellwirkung)
- *Motive in der Persönlichkeit:* Wunsch nach Angleichung an die Gleichaltrigen, Identitätssuche im Rahmen krisenhafter Entwicklungen in der Adoleszenz, Lösung von Hemmung, Verbesserung der Befindlichkeit angesichts von Apathie, Langeweile und Leere, »Selbstmedikation« (v. a. bei Depression, ADHS, Angststörungen, Störungen des Sozialverhaltens)
- *Genetische Faktoren:* hohe individuelle, v. a. biologische Veranlagung (Disposition) kann bereits bei geringen Konsummengen (Exposition) zur Suchtentstehung führen, Kinder von alkoholkranken Eltern gelten als Hochrisikogruppe

2 Anregungen zum Umgang mit den Schülerinnen und Schülern (SuS) [6]

Prävention:
- Mitwirkung aller Lehrkräfte an einem Schulkonzept für suchtpräventive Maßnahmen
- Verwendung kostenloser Materialien der Bundeszentrale für gesundheitliche Aufklärung (BZgA)
- Fortbildungen der Lehrkräfte zum Thema

Bei Verdacht auf regelmäßigem Alkoholkonsum in der Freizeit:
- ungestörtes Gespräch mit der/dem SoS
  - Motivation für den Konsum erfragen
  - zuhören, nicht gleich werten!
  - Empfehlung für ein Beratungsgespräch bei der Fachstelle aussprechen
- Schulleitung und Klassenlehrkraft sollten informiert werden
- Kontaktaufnahme zur Schulberatung oder Fachstelle für Suchtprävention anbieten
- Eltern nur verständigen, wenn SoS einverstanden
- Polizei nicht einschalten

Bei Trunkenheit oder Alkoholkonsum in der Schule:
- bei Trunkenheit zunächst Ausnüchterung
- nach Ausnüchterung: ungestörtes Gespräch
  - auffälliges Verhalten im Einzelgespräch ansprechen und Erklärung fordern
  - zuhören, nicht beweisen wollen
  - Sorge um SoS deutlich machen
- weiteres Gespräch mit der/dem SoS verabreden, SoS ggf. nach Hause schicken
- Kontaktaufnahme zur Schulberatung oder Fachstelle für Suchtprävention anbieten
- keine Bestrafung, Polizei nicht einschalten: Status als Ansprechpartner stärken, Vertrauensbasis schaffen, es besteht keine polizeiliche Meldepflicht
- deutlich machen, dass der nächste Drogenkonsum vor oder während der Schulzeit sofort zu einer Elterninformation und einer Ordnungsmaßnahme führt
- Eltern nur informieren, wenn SoS einverstanden
- Schulleitung und Klassenlehrkraft sollten informiert werden

Eventuelle rechtliche Folgen

Jugendschutzgesetz:
- Abgabe von branntweinhaltigen Produkten (Spirituosen, auch: branntweinhaltige Mischgetränke) an unter 18-Jährige verboten, Verzehr darf unter 18-Jährigen nicht erlaubt werden
- Abgabe anderer alkoholischer Produkte (Bier, Wein, Sekt, auch Mischgetränke) an unter 16-Jährige verboten, Verzehr durch unter 16-Jährige nicht gestattet

3 Weiterführende Informationen

- Bundeszentrale für gesundheitliche Aufklärung (BZgA):
  - www.bzga.de/themenschwerpunkte/suchtpraevention/
  - www.klarsicht.bzga.de
- »Kenn dein Limit«:
  - www.kenn-dein-limit.de
  - www.kenn-dein-limit.info/home.html
- »Null Alkohol – voll Power«: www.null-alkohol-voll-power.de

- Präventionsprojekt »Halt«: www.halt-projekt.de
- Bayerisches Zentrum für Prävention und Gesundheitsförderung: www.zpg-bayern.de/alkohol.html

4 Unterstützungsangebote

- BZgA-Infotelefon: www.bzga.de/bot_Seite61.html
- Regionale Suchtberatungsstellen: www.bzga.de/service/beratungsstellen/suchtprobleme/
- Deutsche Hauptstelle für Suchtfragen e. V.: www.dhs.de/dhs/landesstellen.html

In aller Kürze

- Jugendliche trinken in der Regel zum ersten Mal Alkohol im Alter von 14 bis 16 Jahren
- Häufigstes Krankheitsbild: akute Alkoholintoxikation und Alkoholmissbrauch
- Alkoholabhängigkeit im Jugendalter seltener, setzt einen frühen Konsumbeginn voraus
- Alkoholkonsum unterscheidet sich je nach Schulform: Männliche Jugendliche trinken an Haupt- und Realschulen mehr als an Gymnasien – dieses Verhältnis ist bei Mädchen umgekehrt [7]
- Geschlechtsspezifische Unterschiede: Männliche Jugendliche trinken regelmäßiger und mehr als weibliche

Illegaler Drogenmissbrauch bei Kindern und Jugendlichen in der Schule

Rafael W. Marks

> *Für Jugendliche und Heranwachsende stellt der **Gebrauch von Suchtmitteln** heute einen zum Erwachsenwerden zugehörigen Aspekt dar und findet meist in der Peergroup statt. Missbrauch bzw. Sucht beschreibt ein selbstschädigendes Verhalten und den fortsetzenden Gebrauch von Suchtmitteln trotz Kenntnis der Probleme.* [1]

1 Symptome und Hintergründe

Symptome
- *Cannabiskonsum:*
  - Teilnahmslosigkeit und Emotionsabflachung, Konzentrations- und Leistungsprobleme, Depression, Verwirrtheitszustände
  - häufig Einstiegsdroge aufgrund der Illegalität und der z. T. bestehenden Akzeptanz in der Bevölkerung
- *Ecstasy/Amphetamine:*
  - Geschicklichkeit und Feinmotorik werden beeinträchtigt, vermindertes Konzentrations- und Urteilsvermögen
  - Übelkeit, Herzklopfen, Mundtrockenheit und allgemeine Unruhe
  - Folgeschäden chronischen Konsums: dauerhafte Veränderungen der serotonergen Nervenzellen im Gehirn, Herz-Kreislauf-Erkrankungen, Diabetes, Lebererkrankungen [1,2]

Häufigkeit
- regelmäßiger Konsum illegaler Drogen 5 Prozent bei den 18- bis 25-jährigen Männern und 2 Prozent bei den Frauen [3]

Hintergründe
Generell ist davon auszugehen, dass der Missbrauch von Suchtmitteln multikausal zu begründen ist: [1]
- *Soziale Ursachen:*
  - Erziehungsverhalten der Eltern (Modell-Lernen)
  - Peergroup (Gruppendruck, Neugier)
  - gesellschaftliche Normen: Rituale, Werbung, Idole [1]
- *Personenspezifische Ursachen:*
  - genetische und biologische Faktoren
  - Erreichbarkeit und Akzeptanz der Droge
  - Persönlichkeitsbild (Suche nach Grenzerfahrung, Verletzung elterlicher Kontrollvorstellungen, demonstrative Vorwegnahme des Erwachsenenverhaltens) [1]

2 Anregungen zum Umgang mit den Schülerinnen und Schülern (SuS)

- *Primärprävention:* gezielte Information der Schülerinnen und Schüler, Förderung psychosozialer Kompetenzen (BzgA, Informationsmaterial)
- *Sekundärprävention:* SuS mit erhöhtem Suchtrisiko: Gespräch mit SuS über Suchtmittelkonsum und dessen Auswirkungen und u. U. externe Partner mit einbinden (Polizei, Suchtberatung, Exkursion in eine Klinik etc.).
- *Tertiärprävention:* Abhängige SuS werden durch adäquate Therapien in ihrer Rehabilitation unterstützt (Zuständigkeitsbereich der Suchthilfe).[1]
- Bei illegalen Suchtmitteln sollten die SuS über rechtliche Konsequenzen aufgeklärt werden.

Eventuelle rechtliche Folgen
Der Konsum von Suchtmitteln ist in Deutschland durch das Betäubungsmittelgesetz und speziell bei Jugendlichen durch das Jugendschutzgesetz rechtlich geregelt. [1]
- Die im Zusammenhang mit Suchtmittelkonsum begangenen oder geplanten Straftaten stellen für Lehrkräfte keine grundsätzliche Anzeigepflicht dar. [2]
- Der Besitz oder Verkauf illegaler Suchtmittel kann mit Verwarnungen, Arbeitsleistungen bis hin zu mehreren Wochen Dauerarrest belegt werden (nach Jugendstrafrecht).
- Zusätzlich finden sich meist in der Schul- und Hausordnung Regelungen in Bezug auf Drogen und unterstreichen Verbot und Sanktionierung des Gesetzgebers. [4]

3 Weiterführende Informationen

Im Internet finden sich zahlreiche Seiten, die Informations- und Unterstützungsmaterial anbieten. Der Zugriff auf folgende Seiten ist kostenlos. Oft können Broschüren gratis bestellt werden:
- Bundeszentrale für gesundheitliche Aufklärung: www.bzga.de
- Projekt der BZgA mit Möglichkeit, Hilfe in Anspruch zu nehmen: www.drugcom.de

4 Unterstützungsangebote

Wenn ich als Lehrkraft den Eindruck erhalte, in meiner Klasse sind SoS suchtgefährdet oder kurz vor einer Abhängigkeit, sollte unbedingt professionelle Hilfe in Anspruch genommen werden.
- In der Regel gibt es an den meisten Schulen einen Sucht- und Drogenbeauftragen, der in jedem Fall informiert werden sollte und beratend tätig sein kann.
- Suchtkrankenhilfe: www.suchthilfe.de, Telefon: 0561/779351
- Kinder- und Jugendhilfe: www.kinder-jugendhilfe.info, Telefon: 0228/95060
- Zuständiges Jugendamt: z. B. Jugendamt München, Telefon: 089/233 49501

In aller Kürze
- Der Konsum von Suchtmitteln gehört zum Erwachsenwerden dazu.
- Dem Suchtmittelkonsum sollte weder herunterspielend noch überzogen begegnet werden.
- Bedeutsamkeit von Prävention: Mit SuS im offenen Diskurs die Thematik ansprechen, bearbeiten und aufklären.
- Nach Möglichkeit die Hilfe von externen Spezialisten in Anspruch nehmen.

Computerspielsucht
Nadja Eckl

*Bei der **Computerspielsucht** handelt es sich um eine substanzungebundene Verhaltenssucht. Dabei steigert sich das Bedürfnis, zu spielen, von der anfänglichen Unterhaltungstätigkeit zu einem zwanghaften Gebrauch, der sich in stunden- bis tagelangem Aufhalten in virtuellen Parallelwelten äußert. Durch die damit einhergehende exzessive Spielnutzung werden reale, unangenehme Gefühle und Probleme verdrängt und das Spiel zum zentralsten Bezugspunkt im Leben. Soziale Kontakte und vorher wichtige Tätigkeiten und Pflichten werden vernachlässigt.*

1 Symptome und Hintergründe [1]

Symptome
Da dieser Form der Sucht noch kein eigenes anerkanntes Störungsbild nach einschlägigen Klassifikationssystemen zugrunde liegt, gibt es lediglich eine an die Hauptkriterien der Substanzabhängigkeit anpasste Kriterienliste:
- unstillbares Verlangen, zu spielen (z. B. jede freie Minute wird vor dem PC verbracht)
- Vernachlässigung anderer Interessen und Verpflichtungen (z. B. fehlende Hausaufgaben und soziale Isolation im realen Leben)
- Kontrollverlust über Häufigkeit und Dauer der Nutzung
- Toleranzentwicklung: zunehmende Spiel- bzw. Onlinezeiten, um gleichen Effekt zu erzielen
- Entzugserscheinungen (z. B. Nervosität, Unruhe, vegetative Symptomatiken)
- Regulation von negativen Gefühlen: Flow-Erleben überdeckt deprimierenden Alltag
- andauerndes Suchtverhalten trotz gesundheitsgefährdender Folgen (z. B. wenig Schlaf)

Häufigkeit [2, 3, 4]

Die hier aufgezeigten und in der Literatur angegebenen Auftretenshäufigkeiten sind mit Vorsicht zu bewerten, da angesichts der noch uneinheitlichen Diagnosekriterien keine allgemeingültigen Aussagen getroffen werden können. Computerspielsucht betrifft ca. 9 Prozent der SuS und es sind mindestens doppelt so viele Jungen als Mädchen betroffen.

Hintergründe

Die in der Literatur angegebenen Auslöser von Computerspielsucht reichen von privaten, beruflichen oder schulischen Stressmomenten bis hin zu Problemen in der Persönlichkeit, wie z. B. mentale Instabilitäten, ängstliche Tendenzen oder geringes Selbstwertgefühl. Das multifaktorielle Erklärungsmodell für die Entstehung der Computerspielsucht stellt sich wie folgt dar und baut auf lerntheoretischen Überlegungen auf: Man wird für das Spielen belohnt, z. B. durch das Prestige der Mitspieler und das Finden neuer Kontakte, gleichzeitig fallen unangenehme Situationen des Alltags wie z. B. Stress, Ärger und Unsicherheiten weg. [1] Zusätzlich zu diesem Modell gibt es den biopsychosozialen Erklärungsansatz, welcher ähnlich argumentiert, aber außerdem noch die neurobiologischen Veränderungen im Gehirn mit integriert. [5]

In der gegenwärtigen Diskussion um Computerspiele stehen sich zwei extreme Positionen gegenüber: Einerseits werden die Gefahren, die z. B. von Computerspielen ausgehen (Vereinsamung, excessive Nutzung unkontrollierbare Inhalte) und die bis ins Berufsleben reichenden Schwierigkeiten diskutiert. Andererseits plädieren andere dafür, dass man den positiven Nutzen von neuen Medien nicht außer Acht lassen kann und diesen im Unterricht nutzen soll. [1]

2 Anregungen zum Umgang mit den Schülerinnen und Schülern (SuS)

Tipps zum Umgang im Unterricht
Grundsätzlich sollte zu Beginn eines Schuljahres das Klassenklima gestärkt werden. [6] Und zwischendurch sollten immer wieder Übungen zur Förderung des Selbstwertgefühls, gegenseitiger Wertschätzung, zur Bildung der Ich-Identität und Werteerziehung (Hilfsbereitschaft, Teilnahme am Klassengeschehen durch gemeinsame Projekte) sowie kritische Medienerziehung in den Unterricht eingebaut werden (positiver Nutzen von Medien, Thematisieren von Onlinespielen und -sucht an Beispielen, gemeinsames Suchen von alternativen Freizeitaktivitäten).

Tipps für die Beratung von Eltern
- Klarmachen der Wichtigkeit, über das Spiel/das Forum des Kindes informiert zu sein
- Hilfe bei der Erstellung von Lern-Freizeit-Plänen (z. B. angelehnt an »Life-Game-Plan«, siehe Online-Materialien zu diesem Buch)
- Aushändigen von Checklisten zur Computerspielsucht
- Elterliches Vorgehen:

- Nutzungsverhalten und Tagesablauf des Kindes beobachten (Sozialverhalten, Freizeitaktivitäten, ggf. in Plänen aufzeichnen: Kopiervorlage siehe [4])
- echtes Interesse zeigen und über Medien ins Gespräch kommen (»Willst du mir dein Spiel erklären?«)
- keine Vorurteile (das Positive aus den neuen Medien herausheben)
- keine voreiligen Verbote (trotzdem klare Grenzziehung und Begründung der Verbote)
- gemeinsame (!) Erarbeitung eines Lern-Freizeit-Plans
- bei Besserung: behutsame Unterstützung positiver Tendenzen (Belohnungen)

3 Weiterführende Informationen

Knapper Überblick
- Aufklärung über Onlinespiele: www.spieleratgeber-nrw.de
- Aufklärung über Spielesucht: www.spieleratgeber-nrw.de/site.1369.de.1.html
- Ergiebige EU-Initiative für mehr Sicherheit im Netz zur Steigerung der Medienkompetenz www.klicksafe.de

Ausführlicher und detaillierter Überblick
- Grüsser/Thalemann: Computerspielsüchtig? Rat und Hilfe. Mit Kopiervorlagen. Hans Huber, Hogrefe.
- Kunczik, M./Zipfel, A. (2010): Computerspielsucht. Befunde der Forschung. Bericht für das Bundesministerium für Familie, Senioren, Frauen und Jugend. Online abrufbar.

4 Unterstützungsangebote

- Initiative zur Verhinderung von Mediensucht durch aktives Handeln: www.aktiv-gegen-mediensucht.de
- Hilfe zur Selbsthilfe bei Onlinesucht: www.onlinesucht.de/site2/index.php
- Verein zur Erforschung, Prävention und Therapie der Internet- und Computerspielsucht sowie weiterer Verhaltenssüchte: www.internetsucht-hilfe.de

In aller Kürze

Aus der anfänglichen Freizeitaktivität und einer Kombination aus persönlichen Dispositionen und Lernprozessen entwickelt sich ein exzessives Spielverhalten. Den Betroffenen muss in einer verständlichen und vorurteilsfreien Art und Weise aufgezeigt werden, dass man intervenieren muss. Gemeinsam mit den SuS und deren Eltern können Wege aus der Sucht erarbeitet werden, sodass wieder ein geregelter Tagesablauf möglich ist.

Anorexia Nervosa (Magersucht)

Stephan Schickart

> Die Hauptmerkmale der **Anorexia Nervosa** sind die Weigerung, ein Minimum des normalen Körpergewichts zu halten, große Angst vor Gewichtszunahme und eine erhebliche Störung der Wahrnehmung der eigenen Figur und des Körperumfangs. [1]

1 Symptome und Hintergründe

Symptome

Anorexia Nervosa weist zusammen mit den Suchterkrankungen die höchste Sterblichkeit innerhalb der psychiatrischen Erkrankungen auf. [2,3]

Subtypen: [1]
- Restriktiver Typus: Abnehmen durch geringe Kalorienzufuhr und oft exzessives Sporttreiben
- »Purging«-Typus: Abnehmen durch Purging-Verhalten: selbst herbeigeführtes Erbrechen oder Missbrauch von abführenden Mitteln

Entsprechend den diagnostischen Kriterien der ICD-10 sind die folgenden Symptome Bestandteil der Anorexia Nervosa: [4]
- Das tatsächliche Körpergewicht liegt mindestens 15 Prozent unter dem erwarteten Körpergewicht oder der BMI (Body-Mass-Index) beträgt 17,5 oder weniger.
- Der Gewichtsverlust ist selbst herbeigeführt durch Vermeidung hochkalorischer Speisen sowie durch eine oder mehrere der folgenden Verhaltensweisen: selbst herbeigeführtes Erbrechen, selbst herbeigeführtes Abführen, übertriebene körperliche Aktivitäten, Gebrauch von Appetitzüglern und/oder Diuretika.
- Es liegt eine Körperschema-Störung in Form einer spezifischen psychischen Störung vor: Die Angst, zu dick zu werden, besteht als eine tief verwurzelte überwältigende Idee; die Betroffenen legen eine sehr niedrige Gewichtsschwelle für sich selbst fest.

Weitere Symptome:
- Gefühl der Demütigung oder Verlegenheit beim Essen in der Öffentlichkeit [1]
- nahrungsbezogene Zwangshandlungen und Zwangsgedanken [1]
- Gedanken kreisen ständig um imaginären Mangel an der körperlichen Erscheinung [1]
- oft Biss-Spuren an Zeigefinger vom selbstinduzierten Erbrechen, gelbliche Haut [5]
- zunehmendes Interesse für Nahrungszusammensetzung und Kaloriengehalt [6]
- Vermeidung oder Verweigerung von Hauptmahlzeiten [6]
- häufige Gewichtskontrolle [6]

- spröde Haare und Nägel bzw. Lanugobehaarung (flaumartige Behaarung) [5]
- gelbliche Handinnenflächen [6]

Häufigkeit
- Geschlechtsverhältnis: 90 bis 95 Prozent der Betroffenen sind weiblich [6,7]
- Lebenszeitprävalenz beträgt 0,5 bis 3,7 Prozent [7, 8, 9]
- Prävalenz bei 14- bis20-Jährigen bei ca. 0,2 bis 1 Prozent [6, 10]

Hintergründe
Es werden multidimensionale Erklärungsmodelle zur Entstehung von Anorexia Nervosa herangezogen, die biologische, soziokulturelle, individuelle und familiäre Risikofaktoren untersuchen, sowie auslösende Ereignisse. Die Theorien aus den unterschiedlichen Perspektiven schließen sich nicht aus, sondern ergänzen sich vielmehr. [11] Genetische Vorbelastung wird als Ursache diskutiert sowie ein kulturell bedingtes übersteigertes Schlankheitsideal und ein negatives Selbstbild. [12] Auch Lernerfahrungen im Kleinkindalter durch Nahrungsverweigerung als mächtiges Mittel zur Manipulation der Umgebung werden als Entstehungsfaktor in Betracht gezogen, genauso wie Bedingungen in der Familie, die durch Überbehütung und Konfliktvermeidung gekennzeichnet sind. [13] Eine verzerrte Wahrnehmung des Körperbildes wird als ursächlich, aber auch als Folge der Erkrankung angesehen. [13]

2 Anregungen zum Umgang mit den Schülerinnen und Schülern (SuS)

Intervention:
- Im direkten Gespräch ist es hilfreich, nicht die Anorexie beweisen zu wollen, sondern sich auf Fakten zu verständigen (welches Gewicht, welcher BMI, wie viele Jugendliche (von 100) sind leichter/schwerer, was sind die gesundheitlichen Folgen) und die eigene Sorge zu formulieren, dass sich etwas ändern muss. So kann versucht werden, die Einsicht, fachärztliche Hilfe aufzusuchen, zu steigern.
- Ich als Lehrkraft sollte überlegen, eine schwer anorektische Person durch ärztliche Unfähigkeitsbescheinigung vom Unterricht auszuschließen, was den Eltern und der betroffenen Person oft den Ernst der Lage vor Augen führt.
- Achtung: Manchmal findet auch eine Stigmatisierung von dünnen Menschen ohne Magersucht statt. Daher nur aktiv werden, falls entweder der BMI wirklich entsprechend gering ist oder essgestörtes Verhalten beobachtet wird.
- Zu Beginn der Behandlung ist meist eine stationäre Therapie erforderlich, die erst später in eine ambulante Therapie übergehen kann. Um eine Annahme der Behandlung zu erreichen, können andere Anlaufstellen (Erziehungsberatung, Allgemeinarzt etc.) hilfreich sein.
- Achtung: Verlaufsstudien zeigen, dass eine beträchtliche Anzahl von Patienten, bei denen die Symptome nicht abklingen, Hauptmerkmale der Anorexia Nervosa weiter in einer chronischen Form aufweisen. [4]

3 Weiterführende Informationen

Überblicksartig:
- Informationen der Bundeszentrale für gesundheitliche Aufklärung (BZgA) zum Thema Essstörungen: www.bzga-essstoerungen.de
- Informationsseite des Staatsinstituts für Schulqualität und Bildungsforschung München (ISB): www.gesundheit-und-schule.info
- Informationen über mögliche Behandlung: www.dritter-orden.de/behandlung/medizinische_zentren/therapiezentrum_essstoerungen/flyer-TCE-website.pdf

Vertieft:
- Steinhausen, H.-C. (2005): Anorexia Nervosa. Hogrefe.
- Gerlinghoff, M./Backmund, H. (2007): Ess-Störungen. Informationen für LehrerInnen aus dem TCE. München. Beltz.

4 Unterstützungsangebote

- Therapie-Centrum Ess-Störungen (TCE) München
- Bundesfachverband Essstörungen (BFE), lokale Beratungsstellen
- Kinder- und Jugendpsychiatrien bzw. somatische Kliniken
- Beratungs- und Informationsserver (Online-Beratung, Therapeutensuche für Deutschland und Beratungsstellen): www.ab-server.de

In aller Kürze

- Wichtige Kriterien zur Bestimmung von Anorexia Nervosa sind ein BMI ≤ 17,5, restriktives Essverhalten und eine gestörte Körperwahrnehmung.
- Im Umgang mit Betroffenen sollte nicht versucht werden, die Erkrankung zu beweisen.
- Ein frühes Handeln ist sinnvoll, da sonst die Gefahr eines chronischen Verlaufs besteht.

Bulimie (Ess-Brech-Sucht)

Juliane Lahner

> **Bulimie** stammt aus dem Altgriechischen und bezeichnet wörtlich übersetzt den »Ochsenhunger«. An Bulimie erkrankte Menschen verschlingen in kurzer Zeit große Mengen Lebensmittel und versuchen anschließend diese Heißhungerattacken durch verschiedene Maßnahmen wie selbstinduziertes Erbrechen, Fasten, exzessives Sporttreiben oder Medikamentenmissbrauch rückgängig zu machen.

1 Symptome und Hintergründe [1]

Symptome
- kontrolliertes Essverhalten in der Öffentlichkeit, gepflegtes Erscheinungsbild, oft normalgewichtig und unauffällig
- Zentrierung der Gedanken auf Nahrung, Gewicht und Figur
- keine regelmäßigen Mahlzeiten
- Essattacken passieren heimlich
- Hinunterschlingen großer Mengen – bevorzugt fett- und zuckerreicher – Lebensmittel
- Scham- und Schuldgefühle nach Essattacken; Selbstekel und Gefühl der Abnormität
- Betroffene ziehen sich zurück, vernachlässigen ihre Interessen und verfallen in eine depressive Grundstimmung
- körperliche und seelische Folgen:
  - Zahnschäden, Schwellung der Wangen, Vergrößerung der Speicheldrüsen, Verätzungen, Herz-Kreislauf-Störungen, Nierenfunktionsstörungen, Muskelschwäche bzw. -krämpfe, Haarausfall, Schwindel, Müdigkeit, Konzentrations- und Leistungsschwächen, Selbstverletzungen etc.
  - mangelnde emotionale Stabilität, Ängstlichkeit, Impulsivität, Zwanghaftigkeit (z. B. Ritualisierung der Essanfälle), Depressionen, Selbsthass, mangelndes Selbstvertrauen, Schwermütigkeit

Häufigkeit [2]
- Auftreten beim Übergang von der Spätadoleszenz in das junge Erwachsenenalter
- Erkrankung vor dem 14. Lebensjahr ist selten
- 3 Prozent der 16- bis 19-Jährigen sind betroffen. Mädchen sind 20-fach häufiger betroffen als Jungen.

Hintergründe [3]
Die eine typische Ursache für die Entstehung von Bulimie gibt es nicht, da wie bei fast allen psychischen Störungen multiple Faktoren eine Rolle spielen. Ähnlich wie bei der Magersucht lassen sich einige Risikofaktoren identifizieren:

- Reifungs- und Identitätskrisen
- psychische Belastungen (z. B. Verlust einer Bezugsperson, Missbrauch, Depressionen, Druckgefühle etc.)
- biologische Prädispositionen
- gesellschaftliches Schlankheitsideal, mediale Vorbilder
- Angst vor dem Dicksein
- restriktives Essen (Diäten und fettarme Ernährung als fester Bestandteil der meisten Zeitschriften)

2 Anregungen zum Umgang mit den Schülerinnen und Schülern (SuS)

Grundsätzlich sollte die Lehrkraft ein Vorbild sein und beispielsweise ironische Bemerkungen über Figur und Gewicht vermeiden. Präventionsprogramme und gezielte thematische Unterrichtsstunden sind bei Jugendlichen im Alter zwischen 16 und 19 Jahren angemessen. Tritt in der Klasse ein Verdachtsfall auf, so können folgende Punkte im Umgang mit betroffenen SoS hilfreich sein:

- Kontakt zu Kollegen suchen und sich mit diesen austauschen
- ruhiges Gespräch unter vier Augen mit der/dem SoS suchen und ein offenes Ohr haben
- Lehrkraft als Vertrauensperson, die Hilfe und Unterstützung bietet und Betroffene kompetent an entsprechende Fachstellen vermittelt
- Eltern in Vermutungen miteinbeziehen
- enge Zusammenarbeit mit Beratungsstellen und schulpsychologischem Dienst
- Ess-Störungen auch als Unterrichtseinheit thematisieren; Zusammenarbeit mit Beratungsstellen in Workshops oder bei Projekttagen

3 Weiterführende Informationen

- Baeck, S. (2007): Essstörungen. Was Eltern und Lehrer tun können. balance buch + medien.
- Dannigkeit, N./Köster, G./Tuschen-Caffier, B. (2007): Prävention von Essstörungen. Trainingsprogramm zum Einsatz an Schulen. Dgvt.
- Isenschmid, B./Steiner-Roth, S./Rytz, T. (2002): Magersucht und Bulimie. Informationen und Tipps für Lehrpersonen. Schulverlag blmv.
- Langsdorff, M. (2002): Die heimliche Sucht, unheimlich zu essen. Bulimie – verstehen und heilen. Fischer.
- Pipher, M. (1998): Pubertätskrisen junger Mädchen. Wie Eltern helfen können. Fischer.

4 Unterstützungsangebote

- Bundeszentrale für gesundheitliche Aufklärung: www.bzga.de
- Bundesfachverband Essstörungen e. V.: www.bundesfachverbandessstoerungen.de
- Hungrig-Online e. V.: www.bulimie-online.de
- Selbsthilfegruppen NAKOS, Nationale Kontakt- und Informationsstelle zur Anregung und Unterstützung von Selbsthilfegruppen: www.nakos.de
- Beratungs- und Informationsserver (Online-Beratung, Therapeutensuche für Deutschland und Beratungsstellen): www.ab-server.de
- Übersicht über Beratungsstellen, Kliniken, Therapeuten, Wohngruppen und Literaturtipps auf der Internetseite des Bundesfachverbandes Essstörungen e. V.: BFE, www.bundesfachverbandessstoerungen.de

In aller Kürze

Das Krankheitsbild der Bulimie zeigt sich zwischen den Extremen von striktem Diätwahn oder unkontrollierten Essanfällen. Menschen mit Bulimie sind krankhaft auf ihr Gewicht fixiert und haben große Angst, zuzunehmen. Gleichzeitig ist das Verlangen nach bestimmten Nahrungsmitteln groß und führt zu den für die Bulimie typischen »heimlichen Essattacken« mit anschließendem Erbrechen, übermäßigem Sporttreiben oder Ähnlichem. Nach außen hin ist erkrankten Menschen häufig nicht anzusehen, dass sie an Bulimie leiden und Hilfe benötigen. Die Scham und besonders der Selbstekel bei bulimischen Menschen ist groß. Sollte also der Verdacht gegeben sein, eine/ein SoS könnte an Bulimie erkrankt sein, ist es wichtig, das persönliche Gespräch zu suchen, in dem diese Sorgen einfühlsam thematisiert werden, ohne die/den SoS dabei zu kontrollieren oder zu bedrängen.

Selbstverletzendes Verhalten

Daniela Robl

> **Selbstverletzendes Verhalten** bezeichnet die bewusste Verletzung des eigenen Körpers, welche gesellschaftlich – anders als bei Tätowierungen oder Piercings – nicht akzeptiert ist. Es kann sich dabei um ein Symptom verschiedener Störungsbilder wie zum Beispiel Essstörung, geistige Behinderung, Zwangs- oder Borderline-Persönlichkeitsstörung handeln. [1, 2, 3, 4]

1 Symptome und Hintergründe

Symptome

Selbstverletzendes Verhalten kann sich gegen den ganzen Körper richten, wobei die Extremitäten am häufigsten verletzt werden. Meistens werden dem Körper oberflächliche Schnitte oder Verbrennungen zugefügt, bewusst die Wundheilung verzögert oder Verätzungen mit Chemikalien verursacht, was bis hin zu mittelschwerer Selbstverletzung führen kann.

Weniger häufig sind stereotype Selbstverletzung (z. B. rhythmisches Kopf-gegen-die-Wand-Schlagen) oder schwerwiegende Selbstverstümmelung. Bei schwerwiegenderen Fällen kann das selbstverletzende Verhalten bis zum Ausstechen der Augen, selbst zugefügten Brüchen oder Amputation von Gliedmaßen gehen. [1, 2, 5]

Häufigkeit

Selbstverletzendes Verhalten betrifft in ausgeprägteren Formen wie etwa dem »Ritzen« bis zu ein Prozent der Gesamtbevölkerung. Eine bundesweite Studie, bezogen auf ein Jahr, ergab eine unregelmäßige Wiederholung selbstverletzenden Verhaltens bei SuS von 10,9 Prozent. Regelmäßige Selbstverletzung trat bei vier Prozent der SuS auf. [2, 6]

Der Beginn dieser Auffälligkeit liegt meist zwischen dem 12. und 14. Lebensjahr, wobei Mädchen einigen Studien zufolge deutlich stärker betroffen sind als Jungen. [1, 2, 6]

Hintergründe

Ein Erklärungsansatz für den Beginn von selbstverletzendem Verhalten ist das Auftreten von Traumata, welche zu einer Störung der Körperwahrnehmung führen und eine gestörte Persönlichkeitsentwicklung begünstigen. [2] Bei sich selbstverletzenden SuS besteht vermehrt ein gestörtes Bindungsverhältnis, was dazu führt, dass diese Kinder und Jugendlichen nicht in der Lage sind, mit negativen Gefühlen umzugehen. Das hat zur Folge, dass diesen SuS etwa bei Schulproblemen, Todesfällen, Versagensängsten o. Ä. nur der Weg über die Selbstverletzung zu helfen scheint. [1]

Abgeleitet von Klonsky 2007 haben Fegert, Eggers und Resch eine Tabelle erstellt, welche im Folgenden vereinfacht dargelegt werden und die sieben Funktionen selbstverletzenden Verhaltens verdeutlichen soll: [2]

- Affektregulation, um in einer bestimmten negativen Situation als eine Art Ventil zu fungieren
- Anti-Dissoziation, um sich selbst und seinen Körper wieder zu fühlen
- Anti-Suizid-Funktion, um einen Suizid zu ersetzen oder den Wunsch danach zu kompensieren
- Funktion für interpersonelle Beziehungen, um die Eigenständigkeit zu beweisen oder sich von anderen abzugrenzen
- Funktion zur interpersonellen Beeinflussung, um bei anderen Personen Hilfe zu provozieren oder um diese manipulieren zu können
- Selbstbestrafung bei Wut gegen sich selbst oder um sich abzuwerten
- »Sensation-seeking«-Funktion, um sich aufzuheitern oder eine Art Aufregung zu erzeugen

Bei der Selbstverletzung werden zudem Opiate in Form von Endorphinen ausgeschüttet, wodurch die Handlung positiv verstärkt und somit die Wiederholung der Vorgänge begünstigt wird.

Das bewusste Verletzen des eigenen Körpers findet sich auch bei suizidalen Handlungen wieder. Wenngleich sich die Suizidalität durch eine Todesabsicht abgrenzt, so ist selbstverletzendes Verhalten in der Handlung zunächst eine abgeschwächte Form dieser. Daher sollte im Umgang mit betroffenen SuS abgeklärt werden, ob suizidale Handlungen auszuschließen sind. [1,2,4]

2 Anregungen zum Umgang mit den Schülerinnen und Schülern (SuS)

Bei SuS, welche selbstverletzendes Verhalten zeigen, müssen auf jeden Fall der Schulpsychologe und die Eltern hinzugezogen werden. SuS mit dieser Auffälligkeit sollten umgehend psychologische Betreuung bekommen, um eine Suizidalität (vgl. Beitrag zu »Suizidalität«, S. 171) ausschließen und Strategien im Umgang sowohl mit negativen Emotionen als auch schwierigen Situationen erlernen zu können. [4,6]

Gleichzeitig können betroffene SuS bzw. Eltern über die große Verbreitung in einer Phase des Jugendalters aufgeklärt werden, um Schamgefühle und Panik zu verringern. Zudem soll dadurch das Aufsuchen von Hilfsangeboten erleichtert werden.

Eine wichtige Rolle spielt dennoch immer die Beziehung zu den betroffenen SoS und die aktuelle emotionale Lage. Auch bei der psychologischen Betreuung werden zunächst eine Vertrauensbasis und eine Bindung zur betroffenen Person aufgebaut, um im nächsten Schritt die akuten Probleme zu lösen. Den Hintergründen, Auslösern oder möglichen frühkindlichen Erlebnissen kommen vorerst kaum Bedeutung zu. [1,2,5]

Nach dem Vorbild der psychologischen Betreuung ergeben sich mögliche Verhaltensweisen der Lehrkraft gegenüber der/dem auffälligen SoS. Betroffenen SoS soll das Gefühl vermittelt werden, jederzeit an die Lehrkraft herantreten zu können. Hierbei sollten allerdings genaue Regeln und eventuelle Sanktionen kommuniziert und mögliche Zeichen zur Meta-Kommunikation in akuten Situationen vereinbart werden. Wie bei allen pädagogischen Vorgehensweisen gilt auch hier: Verhalten, nicht die Person bestrafen. Dementsprechend wird Selbstverletzung als schädigendes Verhalten getadelt, während SoS und deren emotionalen Lage aber einfühlsam gegenübergetreten werden kann. Wunden und Narben sollten nach Menzel [5] nur wenig Bedeutung zukommen und von den SoS, soweit dies möglich ist, selbst versorgt werden.

Zudem sollte konstant das Gespräch im Kollegium und mit den Eltern gesucht werden, um die eigene Situation und die eventuelle Handlungsunfähigkeit offen zu besprechen, Lösungsansätze zu suchen und zu versuchen und sich Rat vom behandelnden Psychologen holen zu dürfen. [1,6]

3 Weiterführende Informationen

Um weitere Hilfe in Anspruch zu nehmen, bieten sich insbesondere Familien- und Hilfsorganisationen wie die DRK Familienhilfe, die Websites www.rotetraenen.de, www.rotelinien.de oder www.neurologen-und-psychiater-im-netz.de an. [5] Hier finden sich theoretische Informationen, Literaturlisten, praktische Hinweise als auch Möglichkeiten des Austauschs für Angehörige und Betroffene.

Empfehlenswert sind zudem folgende Bücher:
- Sendera, A./Sendera, M. (2011): Kinder und Jugendliche im Gefühlschaos. Springer.
- Petermann, F./Winkel, S. (2009): Selbstverletzendes Verhalten. Hogrefe. [1,5,6,7]

Weitere Links:
- Informationen und Onlineberatung der Caritas: www.beratung-caritas-ac.de/index.php?id=seelenkratzer
- Familienwegweiser des Bundesministeriums für Familie Senioren, Frauen und Jugend: www.familien-wegweiser.de/wegweiser/stichwortverzeichnis,did=120526.html

Informationen auf der Website Neurologen und Psychiater im Netz: www.neurologen-und-psychiater-im-netz.org/kinder-jugend-psychiatrie/warnzeichen/selbstverletzendes-verhalten/warnzeichen/

In aller Kürze

Selbstverletzendes Verhalten bezeichnet ein durch Traumata ausgelöstes Verletzen des eigenen Körpers, welches in jedem Fall psychologischer Betreuung bedarf. Das Praktizieren von selbstverletzendem Verhalten kann unterschiedliche Funktionen für die betroffenen SoS einnehmen, weswegen es kein einzig richtiges Verhalten der Lehrkraft gibt. Es gilt, SuS zuzuhören, das Verhalten klar als negativ zu kommunizieren und Wege zur Affektregulation in Zusammenarbeit mit betroffenen SoS einzuleiten. All das sollte zudem im Austausch mit Eltern, Psychologen und Kollegen begleitet werden, um eine gemeinsame Strategie zu entwickeln und sich Rat oder Hilfe holen zu können.

Suizidales Verhalten bei Kindern und Jugendlichen

Miriam Majora

> »Suizidalität ist ein häufiges Symptom bei verschiedenen psychischen Störungen, kann aber auch in akuten Belastungssituationen bei psychisch Gesunden auftreten.« [1] Unter dem Begriff »Suizid« werden jene Handlungen subsumiert, »die eine Person in voller Kenntnis und in Erwartung des tödlichen Ausgangs selbst plant und ausführt.« [2]

1 Symptome und Hintergründe

Anzeichen von Suizidgefährdungen bei Schülerinnen und Schülern (SuS) in der Schule:
Auswahl von Warnsignalen einer Selbsttötungsabsicht von SuS [3]:
- Ankündigung des Suizids (auch geäußert im Affekt und bei Wutreaktionen)
- gedankliche Beschäftigung mit dem Tod (Bilder, Gedichte, Aufsätze etc.)
- Verschenken persönlicher Gegenstände
- handlungsgebundene Alarmzeichen (»Angelegenheiten ordnen«)
- selbstverletzendes Verhalten
- Beschäftigung mit Internetforen und Chats zum Thema Suizid

- Es gibt verschiedene Gründe für suizidales Verhalten bei Kindern und Jugendlichen. Meist steht das Motiv »nicht so weiterzuleben« vor dem Grund »sterben zu wollen«. [1]
- Psychische Störungen, die das Risiko suizidaler Verhaltensweisen erhöhen: [1]
  - depressive Störung
  - Angststörungen, insbesondere das Leiden unter Panikattacken
  - Borderline-Störungen
  - Störungen im Sozialverhalten und bei der Impulskontrolle

Häufigkeit
- Bei Minderjährigen ist Suizid die zweithäufigste Todesursache (nach Verkehrsunfällen).
- Suizidales Verhalten steigt mit zunehmender kognitiver Reife von der Kindheit bis zum Jugendalter an.
- Bei Jugendlichen mit einer psychischen Störung besteht eine erhöhte Wahrscheinlichkeit, dass es zu suizidalen Verhaltensweisen kommt.

Hintergründe
Psychosoziale Belastungsfaktoren, die zu (para-)suizidalem Verhalten führen können [4]:

Familiäre Merkmale	Weitere psychosoziale Faktoren
• psychische Störungen der Eltern • Alkohol-/Drogenkonsum der Eltern • gestörte intrafamiliäre Beziehungen • geringe elterliche Fürsorge und mangelndes Monitoring • junge Mutter (bei der Geburt des Kindes unter 20 Jahre alt)	• belastende Lebensereignisse • sexueller Missbrauch • körperliche Misshandlung • Viktimisierung durch Gleichaltrige • Modellwirkung von (Para-)Suiziden in der sozialen Umgebung

2 Anregungen zum Umgang mit den Schülerinnen und Schülern (SuS)

Prävention [5]	Bei Suizidgefährdung [5]
• vertrauensvolles Klassenklima schaffen • Problemlösefähigkeiten der SuS und Fähigkeiten zur Stressbewältigung fördern • Alkohol- und Drogenproblemen vorbeugen • Erfolgserlebnisse ermöglichen	• Anzeichen bei SuS ernst nehmen • das Gespräch mit den SoS suchen (Thematisieren löst keinen Suizid aus), vgl. BELLA-Modell für Erstgespräche bei psychosozialen Krisen: BELLA steht für: Beziehung aufbauen, Erfassen der Situation, Linderung der schweren Symptomatik, Leute einbeziehen, Ansatz zur Problembewältigung [6] • bei Suizidgefährdung die Eltern und das Kollegium informieren; bei Verdacht, niemals eine/einen SoS allein (gehen) lassen • bei akuter Gefährdung Fachstellen informieren (Kinder- und Jugendpsychiatrie oder die Polizei anrufen)

Beispielhafte Fragen zur Überprüfung des Suizidrisikos (zu verwenden, wenn erstmals Suizidalität bekannt wird und bei Verdachtsmomenten von akuter Suizidalität): [7]

- »Hast du (schon mal) daran gedacht, am liebsten nicht mehr leben zu wollen?«
- »Hattest du schon einmal die Idee, dir etwas anzutun?«
- »Hast du eine konkrete Idee, wie du dich umbringen würdest?« (je konkreter [Zeit, Ort, vorbereitende Handlungen], desto höher ist die Suizidalität einzuschätzen)
- »Kannst du mir bis kommenden Montag (z. B. wenn sie/er einen Therapeuten sieht) versprechen (mit Handschlag), dir nichts anzutun und mich zu kontaktieren (Handynummer) bzw. hier (Telefonnummer der aufnahmepflichtigen Kinder- und Jugendpsychiatrie oder einer anderen 24-Stunden-Hotline) anzurufen, wenn du mich nicht erreichst?« (Bei Paktfähigkeit [konkret bis zu einem absehbaren Zeitraum] besteht eine geringere Suizidgefahr. Bei fehlender Paktfähigkeit darauf bestehen, bei SoS zu bleiben bis verständigte Hilfe eingetroffen ist.)

Eventuelle rechtliche Folgen

Bei Verdacht auf eine akute Suizidgefährdung sollten umgehend Fachstellen (Kliniken, Psychiater etc.) informiert oder ein Notruf (Polizei, Feuerwehr) abgesetzt werden. Wenn die Suizidgefährdung einer/eines SoS wissentlich ignoriert wird, kann die unterlassene Hilfeleistung (§ 323c StGB) als Straftatbestand geltend gemacht werden.

3 Weiterführende Informationen

- Ein Überblickswerk für die Arbeit in allen Klassen und Altersstufen in Notsituationen (u. a. Leitlinien zur Einrichtung eines schulinternen Krisenteams) im Kollegium sowie Musterbriefe für SuS, Eltern und Kollegen bietet das Handbuch: Wenn der Notfall eintritt. Handbuch für den Umgang mit Tod und anderen Krisen in der Schule, herausgegeben von der Evangelischen und Katholischen Kirche in Bayern.
- Flyer für Eltern und Betroffene: Deutsche Gesellschaft für Suizidprävention, www.suizidprophylaxe.de
- Ein Leitfaden mit Beispielfragen zur Überprüfung des Suizidrisikos: Kamm, S./Jehli, P./Wiesner, P. (2002): Suizidprävention und Trauerverarbeitung in der Schule. www.vs-lam.de/suizid/suizidpraev-trauerverarb-in%20schule-72%20seiten.pdf.
- Unterrichtseinheit »Suizidpräventionsprogramm in der Schule« zur Krisenintervention und Prävention für SuS ab 12 Jahren: https://www.schulberatung.bayern.de/imperia/md/content/schulberatung/pdfsw09102/suizid_tsprogramm_schule.pdf
- Eine bundesweite Anlaufstelle mit regionalen Selbsthilfegruppen nach einem Suizidfall ist AGUS e. V.: www.agus-selbsthilfe.de.
- Eine Online-Beratungsstelle für suizidgefährdete Menschen unter 25 Jahren bietet »[U25] Freiburg«. Beratungen und Begleitungen finden per E-Mail über eine »Help-Mail« statt: abzurufen unter: www.u25-freiburg.de.
- Die Schweizer »Stiftung für Gesundheitsförderung und Suchtfragen« bietet auf ihrer Homepage knappe Handlungsleitfäden zum kostenlosen Download an. Angesprochen werden u. a. Schulen, Eltern und Ausbildungsbetriebe: www.bernergesundheit.ch/de/themen/depression-suizid.44/pravention.142/ausweglos-fruherkennung-von-depression-und-suizidabsichten-bei-kindern-und-jugendlichen.925.html.
- Neurologen und Psychiater im Netz: www.neurologen-und-psychiater-im-netz.org/kinder-jugend-psychiatrie/warnzeichen/suizidabsichtensuizidversuch/suizidabsichten-suizidversuch/

In aller Kürze

Suizidales Verhalten ist ein Symptom, das im Zusammenhang mit psychischen Störungen auftreten kann oder dem Wunsch nach einer Situationsveränderung entspricht. Wenn Lehrkräfte die Warnsignale erkennen, sollte nach einem Gespräch mit der/dem betroffenen SoS und den Eltern sowie dem Kollegium Fachstellen informiert werden. Im schulischen Alltag kann suizidalem Verhalten präventiv begegnet werden, u. a. durch die Schaffung eines vertrauensvollen Klassenklimas, in dem für die SuS Erfolgserlebnisse erfahrbar werden.

6.5 Leistungs- und schulspezifische Auffälligkeiten

Prüfungsangst

Sonja Grözinger

> **Prüfungsangst** ist eine spezielle Form der klinischen Leistungsangst, das heißt einer chronisch unverhältnismäßigen Angst vor Leistungsanforderungen, die als selbstwertbedrohlich eingeschätzt werden. [1]
> Im Gegensatz zur »normalen«, nichtklinischen Leistungsangst, die sich mit ca. 8 bis 11 Jahren entwickelt [2] und durch das Anregen kognitiver Prozesse leistungssteigernd wirkt, hat die klinische Leistungs- oder Prüfungsangst eine hemmende Wirkung auf kognitive Prozesse und führt somit zu Denkblockaden und Leistungsminderung. [3]

1 Symptome [2,4,5]

Symptome

Folgende Symptome der Angst treten sowohl vor als auch während der Prüfungssituation auf:
- *Physiologische Angstsymptome:* z. B. beschleunigte Atmung, Zittern, Schwindel, Schweißausbrüche, teilweise Herzrasen, Magen-Darm-Probleme, Schlafstörungen
- *Belastende Kognitionen:* Sorgen um Misserfolg und mögliche Konsequenzen
- *Belastende Emotionen:* Gefühl allgemeiner Anspannung, Erleben von Angst/Hilflosigkeit/Resignation, Alpträume, depressive Verstimmungen
- *Vermeidungsverhalten:* Aufschub oder Unterbrechen des Lernens, Vermeiden der Prüfungssituation, Simulation von Krankheit oder Somatisierungsstörungen

Folgen und Begleiterscheinungen:
Ein zu hohes Angstlevel während einer Prüfung hemmt die Konzentrationsfähigkeit und blockiert kognitive Prozesse. Denkblockaden und Konzentrationsprobleme sind die Folge, woraufhin der Betroffene deutlich unter seinem Leistungspotenzial bleibt. [3]

Häufigkeit

- Es liegen nur unzureichende Angaben zu Prävalenzen und zum Verlauf von Prüfungsangst vor. [4] In unterschiedlichen Quellen wird meist von Zahlen zwischen 10 und 20 Prozent gesprochen. [4,6,7]
- Prüfungsangst tritt oft als komorbide Störung zu anderen Angststörungen sowie zu Lern- und Leistungsstörungen und Leistungsdefiziten auf (als Ursache, Folge oder Begleiterscheinung – Kausalitätsrichtung der Zusammenhänge unklar) [4].

Hintergründe

Theorien zur Wirkung und Aufrechterhaltung von Prüfungsangst:
Als besonders problematisch erweist sich für die Betroffenen die kognitive Komponente der Angst: Prüfungsängstliche Menschen richten einen Großteil ihrer kogni-

tiven Aufmerksamkeit in Prüfungssituationen auf aufgabenirrelevante Prozesse, wie Versagenserwartungen, Selbstzweifel, Wahrnehmung eigener körperlicher Angstreaktionen etc. Dies geht zu Lasten aufgabenrelevanter Aufmerksamkeitsprozesse, und somit auch der Prüfungsleistung. [1,8] Daraufhin folgende schlechtere Schulleistungen und die Erinnerung der als unangenehm erlebten Prüfungssituation bestärken wiederum die Selbstzweifel und Ängste (Teufelskreis der Angst). [9]

Theorien zur Entstehung: Interagierende Einflussfaktoren: [4,9]
- *Mögliche persönliche Faktoren:*
  - generelle Neigung zu Angst (genetisch)
  - negative Selbstbewertung/negative situationsübergreifende Kognitionen
  - ungünstige Attributionsmuster für Erfolg und Misserfolg
  - zu hohe Leistungserwartungen
  - mangelnde Kompetenzen zur Stressbewältigung
  - schlechte Vorbereitung/defizitäre Lernstrategien
  - tatsächliche schulische Überforderung
  - negative Vorerfahrungen mit Prüfungen (unfaire Prüfer, negative Reaktionen auf Misserfolge, …)
- *Mögliche familiäre Faktoren:*
  - ängstliche Eltern (Modelllernen/(unbewusste) Verstärkung von Angst- und Vermeidungsverhalten)
  - stark leistungsorientierte Eltern (leistungsabhängige Wertschätzung)
  - distanzierte Eltern-Kind-Beziehung (kein Sprechen über Ängste und Gefühle)/autoritärer bestrafender Erziehungsstil
  - familiäre Konflikt- und Belastungssituationen
- *Mögliche Umwelteinflüsse:*
  - hohe Fremderwartungen
  - Angst vor Stigmatisierung bei Misserfolg (seitens Mitschüler/Lehrer)
  - Einschüchterung durch Lehrer oder Prüfungssituation (überzogene Leistungsanforderungen, Zeitdruck, Ungewissheit über Prüfungsinhalte, …)
  - Druck durch gesellschaftliche Normen

Streitpunkte im aktuellen wissenschaftlichen Diskurs
Medikamente gegen Nervosität und Angstzustände bekämpfen lediglich oberflächlich die physiologischen Angstsymptome, nicht aber die zugrundeliegenden Angstursachen. Aufgrund nicht zu verachtender Nebenwirkungen sowie hoher Abhängigkeitsgefahr ist von Medikation ohne therapeutische Begleitbehandlung abzuraten. [12]

2 Anregungen zum Umgang mit den Schülerinnen und Schülern (SuS) [4,10,11]

- Schaffen einer angstfreien Atmosphäre
  - keine öffentlichen Bewertungen
  - Prüfungen mit möglichst wenig Zeitdruck

- möglichst viele kleine Leistungsnachweise, anstatt wenige große Prüfungen
- transparente Leistungsanforderungen und Bewertungskriterien
- Stärken des Selbstvertrauens der SuS
  - positive Verstärkung bei Erfolgen
  - SuS helfen, schlechte Noten nicht auf die eigene Person zu beziehen, sondern auf Probleme beim Lernprozess, die aktiv angegangen werden müssen
- Angstabbau durch Modelllernen
  - prüfungsängstliche Schüler neben nicht-ängstliche setzen
  - eigene Tipps zur Bewältigung von Prüfungssituationen bekannt geben
- konstruktive Bewältigungsstrategien erarbeiten
- thematisieren: Eine gewisse Aufgeregtheit ist normal und auch hilfreich!
- kognitive Interventionen
  - die Angst akzeptieren und verstehen, um aktiv daran zu arbeiten
  - die Angst beobachten (z. B. Angstbarometer, Angstprotokoll)
  - Angstgedanken sammeln, bewusst auf Realitätsgehalt prüfen (»Wäre das wirklich so schlimm?«); Angstgedanken in »Angstkillergedanken« umformulieren (z. B. »Es kann nichts passieren!«, »Schritt für Schritt!«, »Ich habe genug gelernt«)
  - Perspektivenwechsel: Prüfung als Herausforderung/Chance sehen
  - Energien der Angst umleiten und z. B. für effektive Vorbereitung nutzen
- verhaltensbezogene Interventionen: Verbesserung der Lernsituation
  - Arbeitsbedingungen: keine Ablenkung, heller, angenehmer Arbeitsplatz
  - Zeitmanagement: rechtzeitiges Planen der Lern- und Pausenzeiten
  - realistische Teilziele formulieren
  - mentale Vorstellung und Vorbereitung der Prüfungssituation
  - langsames Gewöhnen an Leistungssituationen (Steigern des Prüfungscharakters von Übungen bei der Vorbereitung)
  - Erlernen und Einüben effektiver Lernstrategien
  - Entwickeln von individuellen Konzentrations-Strategien
- emotionale/physiologische Intervention:
  - Entspannungsverfahren in der Klasse durchführen und einüben (z. B. autogenes Training, progressive Muskelentspannung, …) zur Prävention vor einer Prüfung und Intervention bei aufkommenden Angstsymptomen

3 Weiterführende Informationen

Schnelle Informationen:
- Schulberatung Bayern: www.schulberatung.bayern.de (Suchbegriff: »Prüfungsangst«)
- Institut für integrative Lerntherapie und Weiterbildung (IFLW): www.iflw.de/wissen/pruefungsangst.htm
- Familienhandbuch des Staatsinstituts für Frühpädagogik (Bayerisches Staatsministerium für Arbeit und Sozialordnung, Familie und Frauen): https://www.familienhandbuch.de/schule/schulprobleme/pruefungsangst-bei-kindern-und-jugendlichen

Tiefergehende Informationen:
- Fehm, L./Fydrich, T. (2013): Ratgeber Prüfungsangst. Informationen für Betroffene und Angehörige. Hogrefe.
- Geuenich, B. (2009): Prüfung bestehen. Denkblockaden überwinden und Erfolg steigern. Die erfolgreichsten Methoden, Tipps und Strategien. 9. Aufl. Compact.
- Knigge-Illner, H. (2010): Prüfungsangst besiegen. Wie Sie Herausforderungen souverän meistern. Campus.
- Wolf, D./Merkle, R. (2001): So überwinden Sie Prüfungsängste. Psychologische Strategien zur optimalen Vorbereitung und Bewältigug von Prüfungen. 12. Aufl. PAL.
- Metzig, W./Schuster, M. (2009): Prüfungsangst und Lampenfieber. 4. Aufl. Springer.

4 Unterstützungsangebote

- Tipps zum Thema Angst: www.angst-auskunft.de
- Schulische Ansprechpartner: zuständige Schulpsychologen
- In schlimmen Fällen der Prüfungsangst sollte professionelle therapeutische Hilfe in Anspruch genommen werden: Beratungsstellen, Verhaltenstherapie, tiefenpsychologisch orientierte Therapie, Gruppentherapien, Gesprächstherapie, etc.

In aller Kürze

Prüfungsangst äußert sich in physiologischen, emotionalen (Aufgeregtheit, Hilflosigkeit), kognitiven (Besorgtheit und dysfunktionale Angstgedanken) und verhaltensbezogenen (Vermeidung) Symptomen, die sich negativ auf die Prüfungsvorbereitung, aber auch auf die kognitive Leistungsfähigkeit in der Prüfung selbst auswirken. Folgen sind Leistungsdefizite und Misserfolgserfahrungen, die die Angst vor der nächsten Prüfung wiederum verstärken.

Wichtige Anknüpfungspunkte, um Prüfungsangst entgegenzuwirken, sind:
- Verbesserung der Prüfungssituation (Transparenz und unterrichtliche Vorbereitung, angstfreie Atmosphäre)
- Verbesserung der Prüfungsvorbereitung der Schülerin oder des Schülers (Lernstrategien und Arbeitstechniken)
- Vermitteln von Strategien zum Umgang mit Angst/Anspannung
- Unterstützung der SoS beim Erlernen eines funktionalen Umgangs mit Erfolg und Misserfolg

Schulangst

Sonja Grözinger

> **Schulangst** wird definiert als Erleben des Bedrohtseins durch Faktoren, welche direkt oder indirekt im Zusammenhang mit Schule stehen. [1]
> Weder im ICD-10, noch im DSM-IV ist die Schulangst als eigene diagnostische Kategorie aufgeführt, [2] vielmehr bezeichnet sie das Auftreten verschiedenster Angstreaktionen mit unmittelbarem Bezug zur Schule, welchen in der Regel entweder Leistungsängste oder soziale Ängste zugrunde liegen. [3]
> (Abgrenzung zu Schulphobie: Sie bezeichnet die Schulverweigerung infolge schulunabhängiger Ängste und Phobien – meist Trennungsangst.) [3, 4]

1 Symptome und Hintergründe [5, 6]

Symptome

- typische physiologische Angstreaktionen vor oder während des Schulbesuchs (Herzklopfen, Schweißausbrüche, Kopf- oder Magenschmerzen, Kreislaufprobleme, Übelkeit, Magen-Darm-Beschwerden, Schlafstörungen, Appetitmangel, …)
- meist undefinierbares Angstgefühl vor Schulbesuch
- Simulation von Krankheiten oder tatsächliche psychosomatische Beschwerden (Achtung: Da diese sich von tatsächlich organischen Beschwerden – z. B. Migräne, Magen-Darm-Probleme – oft nicht unterscheiden, kann es sein, dass sie zunächst weder von der/dem SoS selbst noch von den Eltern als Ausdruck psychischer Probleme aufgefasst werden!)
- »Fluchtreaktionen« in der Schule (Nachhause-Wollen; fehlende Mitarbeit/Apathie im Unterricht)
- in schweren Fällen: Schulverweigerung
- oft sozialer Rückzug/soziale Isolation
- teilweise depressive Zustände/negatives Selbstbild
- teilweise Aggression
- im Jugendalter: möglicher Alkohol-/Drogenmissbrauch

Wichtige Kennzeichen:
Die genannten Symptome verschwinden zu schulfreien Zeiten und treten häufig besonders nach einer längeren schulfreien Zeit (z. B. Ferien/Krankheit) verstärkt auf.

Häufige Folgen und Begleiterscheinungen:
Abfall schulischer Leistungen und/oder Lernblockaden; geringer Selbstwert, Zukunftsängste; soziale Apathie, Außenseiterdasein

Häufigkeit

- Aufgrund fehlender einheitlicher Diagnose- und Definitionskriterien finden sich in der Literatur, je nach definitorischer Abgrenzung und Auslegung, sehr unterschiedliche Prävalenzraten für die Verbreitung von Schulangst. [6]

- Die Verbreitung schulischer Ängste nimmt vom Grundschulalter bis zur Pubertät eher zu. [5,7]
- Es bestehen keine signifikanten Geschlechter- oder Gesellschaftsunterschiede. [5]

Hintergründe [5,7]

Prädispositionen und verstärkende Faktoren:
hohe dispositionelle Ängstlichkeit oder emotionale Labilität einer/eines SoS, angstverstärkende Erziehungseinflüsse

Häufige Auslöser/Verstärker:
Belastungssituationen wie Schul-/Klassenwechsel, Verlust-/Trennungserfahrungen, soziale Ablehnung/Mobbingerfahrungen oder schulische Überforderung

Mögliche zugrundeliegende Ängste (oft kombiniert):
- Versagens-/Leistungs-/Zukunftsangst (aufgrund von Eigen- oder Fremderwartung)
- Angst vor schulischen oder elterlichen Sanktionen und Herabwürdigungen
- Soziale Angst: Angst, sich zu blamieren/abgelehnt zu werden.
- Personenbezogene Angst: Angst vor Lehrern oder Mitschülern (Mobbing!)
- Angst vor der Institution Schule (mögliche Ursachen: Unsicherheit durch neue unbekannte Situation; schlechtes Klassen-/Unterrichts-/Schulklima; Mangel an Vertrautheit/Überschaubarkeit)
- Trennungsangst: Verlustängste/Angst, allein zu sein (mögliche Ursachen: unsichere Mutter-Kind-Bindung; starke Abhängigkeit von primären Bezugspersonen; Verlusterfahrung)
- generalisierte Angststörungen/Phobien: Klinische Ängste ohne schulische Ursachen, die unbewusst auf die Schule projiziert werden

Streitpunkte im aktuellen wissenschaftlichen Diskurs:
Medikamentöse Behandlungen von Angststörungen mit Psychopharmaka zum Zwecke vorübergehender Angsthemmung sind zwar möglich, sollten allerdings höchstens als anfängliche Unterstützung therapeutischer Maßnahmen eingesetzt werden und stellen keine längerfristig sinnvolle Methode dar! [6]

2 Anregungen zum Umgang mit den Schülerinnen und Schülern (SuS) [5,7]

Ziel ist der Abbau vorliegender Ängste sowie das sofortige und unbedingte Durchsetzen eines regelmäßigen Schulbesuches, um einer Chronifizierung der Angst sowie langfristigen schulischen und sozialen Problemen entgegenzuwirken.

Voraussetzung dafür ist das Aufdecken der jeweiligen Ursachen für die Schulangst (s. o.), denn dementsprechend muss angesetzt werden. Dafür ist, ebenso wie für das weitere Vorgehen, eine enge Zusammenarbeit zwischen Schule und Eltern, sowie ggf. Schulpsychologen oder Therapeuten vonnöten.

Generell gilt, sowohl für die Schule als auch für das familiäre Zusammenleben:
- offen über Ängste sprechen/Ängste immer ernst nehmen und Verständnis zeigen
- unbedingte Wertschätzung (nicht gekoppelt an Leistungen) und positive Verstärkung
- Anpassung der Erwartungen an die Leistungskapazität des Kindes
- Schutz und Sicherheit bieten, z. B. mithilfe von Ritualen

Aber Vorsicht: Zur aktiven Bewältigung animieren (mit konstruktiven Bewältigungsvorschlägen), anstatt die Ängste durch reines Trösten oder durch Unterstützen des Vermeidungsverhaltens (Schulverweigerung) zu verstärken.

Speziell in der Schule ist zu beachten:

Bei sozialer, personen- oder institutionsbezogener Angst:
- Mitschüler-Probleme lösen/Verbesserung des Klassenklimas:
  - gemeinsame Aktivitäten/Projekte, kooperative Lernformen
  - gemeinsam Regeln aufstellen und diese einhalten
  - ggf.: Mobbing-Präventions-/Interventionsinitiativen (siehe Beitrag »Mobbing«)
- Verbesserung des Schüler-Lehrer-Verhältnisses:
  - gegenseitiger Respekt
  - Anforderungen an den Lehrer: selbstkritisch-reflektives Bewusstsein; Verlässlichkeit; positive Verstärkung und Wertschätzung
  - Einzel- oder Klassengespräche: Sprechen über Gefühle und Ängste
- Verbesserung der Unterrichts- und Lernsituation
  - Schaffen einer angstfreien Atmosphäre (siehe Beitrag »Prüfungsangst«)
  - freundliche Raumgestaltung, Bewegungsfreiheit, Pausenzeiten
  - klare Struktur des Unterrichts
  - schülerorientierter Unterricht/Aufbau und Erhalten von Lernmotivation: Leistungsniveau und -interesse der SoS im Fokus

Bei Versagens-/Leistungsangst: siehe Beitrag »Prüfungsangst«
- prüfen: tatsächliche schulische Überforderung? → Schulwechsel sinnvoll?

Eventuelle rechtliche Folgen
Bei längerem (unentschuldigtem) Fernbleiben des Unterrichts droht ein Verstoß gegen die gesetzliche Schulpflicht, der im Extremfall mit Bußgeldstrafen für Erziehungsberechtigte (z. B. BayEUG Art. 119 Nr. 2 i. V. m. Art. 76 Satz 2) geahndet werden kann.

3 Weiterführende Informationen

Wo kann ich mich auf die Schnelle informieren?
- Schulberatung Bayern: www.schulberatung.bayern.de (Suchbegriff: »Schulangst«)

- Bildungsportal NRW: www.schulministerium.nrw.de/docs/AusSchulen/Interviews/Schulangst-bewaeltigen/index.html
- Homepage TK: www.tk.de/tk/krankheiten-a-z/krankheiten-s/schulangst/30720

Wo finde ich tiefergehende Informationen?
- Hopf, H. (2014): Schulangst und Schulphobie. Wege zum Verständnis und zur Bewältigung. Hilfen für Eltern und Lehrer. Brandes und Apsel.
- Melfsen, S./Walitza, S. (2013): Soziale Ängste und Schulangst. Entwicklungsrisiken erkennen und behandeln. Beltz.
- Winkel, R. (2011): Der gestörte Unterricht. Diagnostische und therapeutische Möglichkeiten. Schneider Hohengehren. (10. Aufl.) Kapitel 6: »Ängstliche Kinder in der Schule«.
- Leitner, W. G/Ortner, A./Ortner, R. (2008): Handbuch Verhaltens- und Lernschwierigkeiten. Beltz. (7. Aufl.) Kapitel 4.4.2: »Schulangst«

4 Unterstützungsangebote

- Tipps zum Umgang mit Angst allgemein: www.angst-auskunft.de
- Schulische Ansprechpartner: zuständige Schulpsychologen
- Bei Bedarf: niedergelassene Kinder- und Jugendtherapeuten oder -psychiater
  Falls sich die Situation durch schulische Maßnahmen (s. o.) nicht bessert, sind therapeutische Maßnahmen durch Psychotherapie ratsam. Hier werden u. a. Ansätze zur Angstreduktion (Angstlöschung/Systematische Desensibilisierung/Entspannungsverfahren) sowie Elternberatungen oder Elterntrainings (zum Abbau familiärer Konflikte oder Angstmodelle und zum Bestärken erzieherischer Fähigkeiten zur Unterstützung selbstständiger und aktiver Angstbewältigung) berücksichtigt [3,5,6].

In aller Kürze

Schulangst ist ein Sammelbegriff für verschiedenste Ängste, die im Kontext Schule auftreten können und die in der Regel sozial- und/oder leistungsbezogen sind. Die Angst äußert sich sowohl im häuslichen als auch im schulischen Umfeld durch physiologische, emotionale und verhaltensbezogene Angst- und Vermeidungsreaktionen vor oder während des Schulbesuches, die bis hin zur Schulverweigerung reichen können.

Fallen solche Symptome auf, muss nach den individuellen Ursachen im konkreten Fall gesucht und diese möglichst gezielt behoben werden. Ursachen können z. B. in schulischen oder elterlichen Leistungsüberforderungen oder auch im sozialen Bereich (Schüler-Lehrer-Beziehung, Mitschüler-Probleme/Mobbing) begraben liegen. Wichtig ist zudem, einem dauerhaften oder vermehrten Fernbleiben des Unterrichts schnellstmöglich vorzubeugen oder entgegenzuwirken.

Legasthenie und Lese-Rechtschreibschwäche (LRS)

Jeanette Schröder, Monika Schwede

> **Legasthenie** oder **Lese-Rechtschreibstörung** ist laut ICD-10 eine »Beeinträchtigung in der Entwicklung der Lesefertigkeiten, die nicht allein durch das Entwicklungsalter, visuelle Probleme oder unangemessene Beschulung erklärbar ist.« [1]

1 Symptome und Hintergründe

Symptome

In der Regel treten Störungen des Leseverständnisses, der Lesegeschwindigkeit und der Wortwiedererkennung im Bereich der Lesefähigkeit sowie überproportional viele Phonem-, Regel- und Speicherfehler im Bereich der Rechtschreibfähigkeit auf. Die Lese-Rechtschreibleistung liegt dabei weit unterhalb dessen, was aufgrund des IQ zu erwarten ist. [2]

Mögliche Symptome (insbesondere in der Primarstufe):
- Reversionen (z. B. »b« und »d«, »p und »q«)
- Inversionen (z. B. »M« und W«, »b« und »p«)
- Umstellungen (z. B. »graben und »gaben«)
- Formauffassungsfehler (Problem der Zuordnung von Laut – Buchstabe)
- Differenzierungsfehler (z. B. »halp« anstatt »halb«)
- Durchgliederungsfehler (z. B. ratendes Lesen, Auslassungen, Hinzufügungen u. Ä.); die Symptome treten auch bei einem unauffälligen Schriftspracherwerb auf, jedoch in weitaus geringerem Maß

Sekundäre Symptome:
- Verhaltensveränderungen (Misserfolgserlebnisse können zu Abwehr- und Ausweichreaktionen führen)
- Leistungsversagen (fächerübergreifend)
- gegen die Umwelt gerichtete auffällige Verhaltensweisen (z. B. Aggressivität)
- auf das Selbst gerichtete auffällige Verhaltensweisen (z. B. Nägelkauen, Prüfungsangst)
- Sprachhemmungen

Komorbidität:
- häufig in Verbindung mit ADS, ADHS, Störung des Sozialverhaltens und Depressivität [3]
- korreliert mit Linkshändigkeit [4]

Häufigkeit
- betrifft ca. 4 bis 8 Prozent der SuS [5]
- Verteilung: mehr Schüler als Schülerinnen betroffen [5,6]
- Auffälligkeiten gehen mit Schuleintritt einher

Hintergründe
Insgesamt sind die Ursachen von LRS sehr vielschichtig und je nach SoS individuell. Es handelt sich um »ein variables Zusammentreffen verschiedener Hauptursachen« [4] mit daraus resultierenden Sekundärursachen. Diskutiert werden unter anderem: biologische und/oder genetische Faktoren, mangelnde kognitive Voraussetzungen, visuelle und/oder auditive Wahrnehmungsschwächen, neuropsychologische Faktoren, sprachliche Entwicklungsbeeinträchtigungen, [7] also grundlegende Defizite und Funktionsschwächen. [4]

Der Verlauf stellt sich meist folgendermaßen dar: Die Entwicklungsstörung der Sprache und des Sprechens gehen meist voraus. Legasthenie besteht oft bis in die Adoleszenz, Fortschritte im Lesen können jedoch erfolgen. [8]

Streitpunkte im aktuellen wissenschaftlichen Diskurs:
Streitpunkte sind die Verwirrungen bezüglich der unterschiedlichen Begrifflichkeiten (Lese-Rechtschreibstörung, Legasthenie), der neue Sammelbegriff »Lese-Rechtschreib-Schwierigkeit« (ebenfalls mit »LRS« abgekürzt, genauso wie die »Lese-Rechtschreibschwäche«) und die Ursachendiskussion dieser Lernschwierigkeit. Der Konflikt entsteht auch durch die unterschiedliche (alte) ministerielle Regelung nach dem Diskrepanzkriterium in der Schulgesetzgebung und den verschiedenen Forschungsströmen (Psychologie, Pädagogik, Medizin).

2 Anregungen zum Umgang mit den Schülerinnen und Schülern (SuS)

- »Es bieten sich Individualbetreuung, innere und äußere Differenzierungsformen, Fördergruppen oder Betreuung in einer ›Leseklinik‹ [einem Therapiezentrum] an.« [4]
- Lese- und Schreibmotivation fördern durch Verzicht auf Situationen, welche die Vermeidung des Lesens und Schreibens begünstigen (z.B. Vorlesen vor der Klasse, unnötiges Anstreichen von Fehlern).
- Auf spielerische Lese- und Schreibanlässe achten (z.B. Blitzlesen, Geschichtenlesen im Tandem, Lesen mit Wettbewerb (z.B. Antolin), Schülerzeitung schreiben, Schreiben am Computer mit Rechtschreibprüfung).
- Beobachtung möglicher Komorbidität.
- Als positive Auswirkung auf den Unterricht haben empirische Befunde belegt, dass Eltern durch angeleitetes Üben mit ihren Kindern durchaus zu einer besseren Rechtschreibleistung und einem positiveren Selbstwertgefühl des Kindes beitragen können. [3]

Eventuelle rechtliche Folgen

Legasthenie sollte diagnostiziert werden (Beachtung landesspezifischer Regelungen: z. B. in Bayern durch einen »Facharzt für Kinder- und Jugendpsychiatrie, ein Sozialpädiatrisches Zentrum oder eine andere entsprechend aus- oder weitergebildete Fachkraft im Zusammenwirken mit einem im Schuldienst tätigen Schulpsychologen der jeweiligen Schulart« [9]). Denn bei Feststellung ist ein Nachteilsausgleich vorgesehen, der in den unterschiedlichen Bundesländern jedoch verschieden organisiert wird. In der Regel werden folgende Punkte berücksichtigt:
- Erhöhung der zur Verfügung stehenden Arbeitszeit (z. B. bei Tests/Klassenarbeiten)
- Vorbereiten und Einsetzen von technischen und didaktischen Hilfsmitteln
- Mündliche Leistungen erhalten einen höheren Stellenwert (z. B in Deutsch oder den Fremdsprachen).
- Auf eine Bewertung der Lese- und Rechtschreibleistung kann verzichtet werden.
- zeitweiser Verzicht/Aussetzung von Noten während der Förderphase [10]
- Eine Legasthenietherapie wird von der Krankenkasse nur bezahlt, wenn diese komorbid mit einer anderen Störung (z. B. ADHS oder Angst) einhergeht. In einzelnen Gemeinden kann eine Legasthenietherapie auch durch das Jugendamt finanziert werden.

3 Weiterführende Informationen

Schnelle Informationen:
- Bundesverband Legasthenie und Dyskalkulie (BLV) e. V.: www.bvl-legasthenie.de
- Landesverband Legasthenie und Dyskalkulie e. V. Bayern: www.legasthenie-bayern.de
- LegaKids Stiftung: www.legakids.net
- Gute wissenschaftliche Übersicht: Klinik und Poliklinik für Kinder- und Jugendpsychiatrie, Psychotherapie und Psychosomatik. Ludwig-Maximilians-Universität: www.kjp.med.uni-muenchen.de/forschung/legasthenie/ueberblick.php

Tiefergehende Informationen mit aktuellem wissenschaftlichem Stand:
- Leitner, W. G./ Ortner, A./Ortner, R. (7. Aufl. 2008): Handbuch Verhaltens- und Lernschwierigkeiten. Beltz.
- Klicpera, Ch./Schabmann, A./Gasteiger-Klicpera, B. (3. Aufl. 2010): Legasthenie – LRS. Modelle, Diagnose, Therapie und Förderung. Ernst Reinhardt.

4 Unterstützungsangebote

Schulpsychologen und Schulberatungsstellen bilden meist die erste Anlaufstelle. Für die Diagnostik und Anerkennung des Nachteilsausgleichs wird oft eine zusätzliche Diagnostik vom Facharzt oder Kinder- und Jugendpsychotherapeuten eingeholt. Unterstützung findet man auch beim Selbsthilfeverband Deutschland: Bundesverband Legasthenie und Dysklakulie (BLV) e. V.: www.bvl-legasthenie.de.

In aller Kürze

Bei den möglichen Symptomen, welche bei LRS auftreten können, ist es vor allem die Quantität, die hier beachtet werden muss und die eine mögliche LRS erkennen lässt. Besonders Lehrkräfte müssen im Unterricht kompensatorisch arbeiten und so die betroffene Schülerin oder den betroffenen Schüler stärken und motivieren. Da nur die Eltern einen Antrag auf Überprüfung einer möglichen Legasthenie oder Lese-Rechtschreibschwäche stellen können und nur nach entsprechender Diagnose ein Nachteilsausgleich möglich ist, kommt der Lehrkraft als »Experten« eine besonders stark beratende Funktion zu.

Dyskalkulie (Rechenstörung, Rechenschwäche)

Stefanie Brünsteiner

»Unter **Rechenstörung** [...] versteht man die Beeinträchtigung von Rechenfertigkeiten, die nicht allein durch eine allgemeine Intelligenzminderung oder eine eindeutig unangemessene Beschulung erklärbar sind. Das Defizit betrifft vor allem die Beherrschung grundlegender Rechenfertigkeiten [...], weniger die höheren mathematischen Fertigkeiten [...]« [ICD-10, WHO]. [1]

1 Symptome und Hintergründe

Symptome

Von einer entwicklungsbedingten Rechenstörung (Dyskalkulie) spricht man, wenn die mathematische Leistung von der erwarteten Leistung aufgrund der Intelligenz erheblich abweicht und eine Einschränkung der Rechenfähigkeit nicht aufgrund anderer, momentaner Ursachen erklärt werden kann (z. B. Sprachverständnisproblem, Motivation etc.). Gemessen werden die Leistungen jeweils durch standardisierte Rechen- und Intelligenztests.

Dyskalkuliker weisen entsprechend ihres Alters geringeres Vorwissen im Bereich der Mathematik oder im Grundschulalter weniger mathematische Vorläuferfähigkeiten auf. Entsprechend bestehen oft folgende Merkmale:

- fehlerhaftes Mengen-, Zahlen- und Größenverständnis [1] (z. B. einseitiges Zahlenverständnis: Zahlen als Ordinalzahlen, fehlendes Verständnis der Mengeninvarianz) [2]

- Fehler beim Zählen [2] und beharrliches Anwenden von Zählstrategien [3]
- mangelndes Verständnis des Stellenwertsystems [2]
- Übersetzungsfehler zwischen arabischer Zahlendarstellung und geschriebener Form [1]
- Rechenfehler: Verrechnen um eins, Vertauschen von Rechenzeichen [1]
- Es besteht eine sehr hohe Anzahl von Fehlern und weniger ein typisches Fehlerprofil. [4]

Komorbidität:
- Es besteht ein hoher Zusammenhang mit internalisierenden Störungen (Depressionen, Angst etc.), ein geringerer mit externalisierenden Störungen (aggressives Verhalten etc.). [1]
- Bei Dyskalkulikern kommt es vermehrt zu einem Auftreten von Lese-Rechtschreibstörungen, Aufmerksamkeitsstörungen, visuell-räumlichen Wahrnehmungsstörungen und Arbeitsgedächtnis-Störungen. [5]

Häufigkeit
- tritt bereits im Vorschulalter auf [1]
- Ca. 3 Prozent bis 7 Prozent der SuS sind extrem rechenschwach. [6] Damit ist die Prävalenz ähnlich hoch wie bei anderen Teilleistungsstörungen. [1]
- Insgesamt sind etwas mehr Mädchen betroffen als Jungen. [1]

Hintergründe
- Für die Erklärung von Dyskalkulie ist die Integration *neuropsychologischer* und *kognitionspsychologischer Ansätze* sinnvoll. [7] Da mathematische Fähigkeiten erlernt werden, sind auch zentrale Erkenntnisse aus der *Lernpsychologie* wichtig. [7] In den individuellen Schülerbiografien ist meist die Gefahr einer Verstärkung über eine negative Lernbiografie gegeben (leichte Schwierigkeiten, erstes Versagen, geringes mathematisches Selbstkonzept, unzureichende Förderung, Entwicklung bedeutsamer Lücken, Aufrechterhaltung der Dyskalkulie).
- Eines der häufigsten Erklärungsmodelle ist derzeit das *Triple-Code-Modell* nach Dehaene: Die Zahlenverarbeitung findet demnach in drei Modulen statt, die miteinander in Verbindung stehen. Je eines ist für die Verarbeitung arabischer Ziffern, die Verarbeitung von Zahlen in Wortform oder die interne Repräsentation von Zahlen zuständig. Bei Störungen können sie nur begrenzt funktionieren. [7] Bei Kindern mit Rechenstörungen scheinen diese neuronalen Netzwerke signifikant schwächer entwickelt zu sein (Kucian et al. 2006). [8]
- Für die Verfestigung einer Dyskalkulie gilt: Mit fortschreitender Schulzeit nimmt der Einfluss der Intelligenz zugunsten des Vorwissens ab. Gute Leistungen kommen demnach immer mehr durch das in früheren Klassen erarbeitete Vorwissen zustande. [7]

Streitpunkte im aktuellen wissenschaftlichen Diskurs:
Trotz einer Vielzahl empirischer Befunde fehlen bislang allgemein gültige Entwicklungsmodelle für den Erwerb des Rechnens. Das Wissen um die normale als auch die

gestörte Entwicklung der rechnerischen Fähigkeiten ist, im Gegensatz zum Wissen im Bereich der Lese-Rechtschreibschwäche, gering. [7] Es kann weder ein einheitliches Symptombild beschrieben werden noch konnten Kausalfaktoren überzeugend bestätigt werden. [11] Neben »Rechenschwäche« ist die Rede von »Dyskalkulie«, »Arithmasthenie«, »Akalkulie« und »Rechenstörung«. Bei näherer Betrachtung scheinen diese Begriffe dasselbe zu meinen, nämlich ein Versagen in grundlegenden Fertigkeiten des Rechnens. [9] Generell problematisch ist die kategoriale Einteilung in »Dyskalkulie« und »Nichtdyskalkulie«. Wie groß muss die Differenz zwischen den Testergebnissen (Intelligenz- und Rechentests) sein, damit eine Schülerin oder ein Schüler als rechenschwach klassifiziert wird? Die Festlegung der Grenze (oft mit einer Standardabweichung oder aufgrund einer Tabelle) erscheint willkürlich. [10]

2 Anregungen zum Umgang mit den Schülerinnen und Schülern (SuS)

- Das erste Ziel muss sein, den Kindern in ihren Schwierigkeiten bei arithmetischen Lernprozessen zu helfen. [6] Gleichzeitig ist die emotionale Stabilisierung und Aufrechterhaltung des Selbstkonzeptes bedeutsam.
- Emotionale Ermutigung der betroffenen SuS ist sinnvoll, da Lerninhalte, die in einem positiven emotionalen Kontext abgespeichert werden, am besten und dauerhaftesten erinnert werden. [7] Sachliches Lob, wo immer es möglich ist. [11]
- Um dies zu erreichen sind Aufgaben wichtig, bei denen die SuS erfolgreich sind (geringe Komplexität und Aufgaben, bei denen die individuellen Lücken nicht zum Tragen kommen). [11] Die Diagnostik des Rechentests (welche Bereiche sind gut ausgebildet, welche nicht?) kann dafür genutzt werden.
- Damit einher geht eine vorübergehende Stoffreduktion von jenen Bereichen, die die/der SoS infolge der Rechenstörung zum gegebenen Zeitpunkt gar nicht sinnvoll bewältigen kann. [11] Förderung sollte auf der Entwicklungsstufe begonnen werden, auf der sich das Kind befindet. [1]
- Eine wesentliche Bedeutung hat die Fehleranalyse der schriftlichen Rechenverfahren. [6]
- Rechenoperationen sollten vom Kind laut verbalisiert werden, um Fehlstrategien aufzudecken. [1]
- Einfach mehr Üben zur Automatisierung der Grundrechenfertigkeiten hilft manchmal nicht, da dann die Fehlstrategien nur verfestigt werden, wenn das numerische Faktenwissen und die darauf aufbauenden arithmetischen Prozeduren noch nicht erworben wurden. [7]
- Weitere Fördermöglichkeiten:
  - Mengen- und Zahlenvorwissen aktivieren [1]
  - Entlastung des Arbeitsspeichers durch automatisiertes Faktenwissen (z. B. Einmaleins), [7] sofern die Basiskompetenzen (z. B. Zahlenverständnis) vorhanden sind
  - Aufgrund der verminderten Kapazität des visuell-räumlichen Arbeitsspeichers, wenige und gezielt ausgesuchte Veranschaulichungsmittel verwenden [7]

Eventuelle rechtliche Folgen

In manchen Bundesländern haben die betroffenen SuS Anspruch auf schulinternen Förderunterricht. Andernfalls kann eine Finanzierung über die Jugendämter für eine externe Übungsbehandlung versucht werden [13] (Förderung nach § 35a SGB VIII). Ein Recht auf Kostenübernahme therapeutischer Maßnahmen (Psychotherapie) durch die Krankenkasse besteht erst bei einer Komorbidität mit einer psychischen Störung. Zum Teil ist ein zeitweiser Verzicht der Benotung möglich (z. B. in Bayern nach BayEUG Art. 52 Abs. 2) und kann in einer Förderphase nach Absprache u. U. sinnvoll sein. Einen Nachteilsausgleich wie bei der Legasthenie gibt es derzeit nicht, obwohl aus wissenschaftlicher Sicht einiges dafür sprechen würde. [14]

3 Weiterführende Informationen

Schnelle Information:
- www.legasthenie.net [13]
- www.rechenschwaeche.at [11]
- Jacobs, C./Petermann, F. (2007): Rechenstörungen. Ratgeber. Göttingen: Hogrefe.
- Lorenz, J. (2003). Lernschwache Rechner fördern. Berlin: Cornelsen.

Für einen kurzen Überblick:
- Familienhandbuch des Staatsinstituts für Frühpädagogik: https://www.familienhandbuch.de/schule/schulprobleme/rechenschwache-dyskalkulie-therapie-statt-uben
- Arbeitskreis des Zentrums für angewandte Lernforschung: http://www.arbeitskreis-lernforschung.de/

Tiefergehende Informationen:
- Kaufmann, S./Wessolowski, S. (2006): Rechenstörungen. Diagnose und Förderbausteine. Kallmeyer/Klett.
- Jacobs, C./Petermann, F. (2007): Rechenstörungen. Hogrefe.
- Born, A./Oehler, C. (2008): Kinder mit Rechenschwäche erfolgreich fördern. Ein Handbuch für Eltern, Lehrer und Therapeuten. Kohlhammer.
- Rochmann, K./Wehrmann, M. (2009): »Bloß kein Minus … lieber Plus!«. Arbeitskreis des Zentrums für angewandte Lernforschung.
- Gaidoschik, M. (2009): Rechenschwäche verstehen – Kinder gezielt fördern. Ein Leitfaden für die Unterrichtspraxis. Persen.

4 Unterstützungsangebote

Gute Dyskalkulie-Therapeuten sind über anerkannte Fachverbände zertifiziert, z. B. über den »Fachverband für integrative Lerntherapie« (FiL): www.lerntherapie-fil.de. [4]
Unter anderem listen auch folgende Homepages regionale Anlaufstellen auf: www.legasthenie.net; www.legasthenie-bayern.de.

In aller Kürze

- Probleme treten vor allem in den mathematischen Basiskompetenzen auf, aber es gibt kein typisches Fehlerprofil.
- Üben zur Automatisierung der Grundrechenfertigkeiten ist nur sinnvoll, wenn das numerische Faktenwissen und die darauf aufbauenden arithmetischen Prozeduren bereits erworben wurden.
- In manchen Bundesländern haben die betroffenen SuS Anspruch auf schulinternen Förderunterricht. Andernfalls kann eine Finanzierung über die Jugendämter für eine externe Übungsbehandlung versucht werden (Förderung nach § 35a SGB VIII).
- Gute Dyskalkulie-Therapeuten sind über anerkannte Fachverbände zertifiziert, z. B. über den »Fachverband für integrative Lerntherapie« (FiL) zu finden: www.lerntherapie-fil.de

Hochbegagung

Nicolas Majora

> »Was immer auch hochbegabte Kinder charakterisieren mag: Es besteht kein Zweifel daran, dass das Merkmal, was die meisten verbindet, die hohe Intelligenz ist, und zwar so sehr, dass es schwerfällt, sich ein hochbegabtes Kind, das nicht hochintelligent ist, vorzustellen« (Eyseneck). [1]

Das Zitat macht auf die Besonderheit des (Hoch-)Begabungsbegriffs aufmerksam. Es gibt eine Vielzahl von Erklärungsmodellen, die unterschiedliche Merkmale und Theoriekonstrukte zur Begriffsbestimmung heranziehen. Eine eindeutige Definition ist dadurch nicht möglich. Viele Modelle haben die gemeinsame Grundannahme, dass eine überdurchschnittliche Intelligenz wichtiger Bestandteil von Hochbegabung ist. [2] Um die Komplexität des Themenfelds einzuschränken, wird im Folgenden die Hochbegabung mit hoher Intelligenz beschrieben. Diese umfasst die Fähigkeiten, »Dinge zu verstehen, zu abstrahieren, Probleme zu lösen und dementsprechend Wissen gezielt anzuwenden«. [1] Auch wenn einige Menschen besondere Begabungen in Teilbereichen aufweisen (z. B. musisch oder sportlich begabt sind), werden diese nicht im wissenschaftlichen Hochbegabungsbegriff berücksichtigt, sondern entstammen alltagssprachlichen Auffassungen.

1 Symptome

Symptome

Da Intelligenz von verschiedenen Faktoren abhängt, gibt es keine universellen (äußeren) Merkmale, an denen man eine Hochbegabung erkennt. Eine möglichst genaue Feststellung kann nur über einen Intelligenztest geschehen, wobei beachtet werden muss, dass die Schülerin oder der Schüler aufgrund der Testsituation ggf. unter ihren/seinen Leistungen bleibt (Underachiever).

Detaillierte »Checklisten«, wie man sie im Internet findet, sollten mit Vorsicht betrachtet werden, da viele Merkmale auch auf »normale« Schülerinnen und Schüler (SuS) zutreffen. Es gibt einzelne Punkte, die allerdings auf hohe Intelligenz bei SuS hinweisen können: [3]

- außergewöhnliche Sprachentwicklung
- hohe Fähigkeit zum komplexen und logischen Denken
- schnelles Lösen von komplexen Problemen
- Leistungsstärke in (bestimmen) Schulfächern
- Probleme bei leichten Aufgabestellungen
- Störungen des Unterrichts aufgrund von Langeweile
- wenig Interesse an routinierten Aufgaben
- Interesse und Neugier an komplexen Themen

> Weitere Merkmale von hochbegabten SuS sind auf der Homepage der Begabungspsychologischen Beratungsstelle der Ludwig-Maximilians-Universität München zu finden. [4]

Häufigkeit

Da (auch umgangssprachlich) Hochbegabung mit hoher Intelligenz gleichgesetzt wird, lässt sich die Häufigkeit durch Verteilung in der Bevölkerung darstellen. Diese geschieht über den Intelligenzquotienten (IQ).

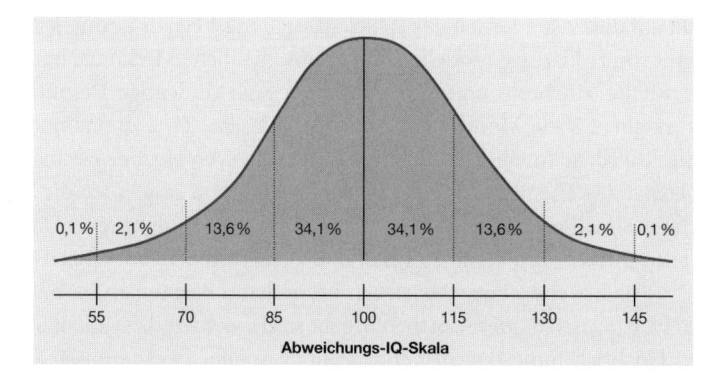

Abbildung 24: Normalverteilung der Intelligenzquotienten; übernommen aus: [3]

Ein IQ zwischen 85 und 115 ist durchschnittlich und ab 115 überdurchschnittlich. Bei einem IQ von über 130 spricht man per Definition von Hochbegabung. Sie betrifft 2,2 Prozent der Bevölkerung.

Hintergründe

Die Intelligenz eines Menschen ist zum größten Teil durch die Vererbung determiniert und nur einzelne Aspekte werden durch Umwelteinflüsse beeinflusst. Spezielle Programme und Fördermaßnahmen zur Steigerung der Intelligenz sind nur geringfügig effektiv bzw. beeinflussen ausschließlich die Testmessung und sind daher nicht dauerhaft wirksam. Wenngleich Intelligenz weitestgehend genetisch disponiert ist, sollte man sich im Klaren darüber sein, dass dies für die Schulleistung und Bildung selbstverständlich nicht zutrifft.

2 Anregungen zum Umgang mit den Schülerinnen und Schülern (SuS)

Für den Umgang mit Hochbegabung im schulischen Kontext lassen sich primär drei Ansätze unterscheiden: Beim *Enrichment* erhält die/der SoS zusätzliche Lernangebote (z. B. erweiterte Aufgaben). Die *Akzeleration* beschreibt Maßnahmen, die zur Beschleunigung der Schulzeit beitragen (z. B. Klassenstufen überspringen), und die *Separation* meint individualisierende Angebote für die/den entsprechende/n SoS. Welche Maßnahmen aktuell für die/den SoS am geeignetsten sind, muss individuell abgewogen und regelmäßig überprüft werden.

Die nachfolgenden Anregungen zum praktischen Umgang mit hochbegabten SuS im Klassenunterricht der Regelschule sind nach diesen drei Ansätzen klassifiziert. Einige Hinweise können auch mehreren Ansätzen zugeordnet werden (was zur Vermeidung von Doppelungen an dieser Stelle allerdings nicht aufgezeigt wird).

Enrichment
- Die SuS sollten keine Aufgaben machen müssen, die sie bereits beherrschen, sondern sollten kognitiv beanspruchendere Aufgaben machen dürfen.
- Es sollte allerdings nicht ein »Mehr« an Aufgaben sein, sondern die Aufgabenstellung sollte zur Vertiefung des Unterrichtsinhaltes anregen (ergänzende Fragestellungen beantworten, Zusammenhänge aufzeigen, andere Schwerpunkte bearbeiten usw.).
- Durch Referate und Präsentationen können die (Spezial-)Interessen der hochbegabten SuS in den Unterricht miteinbezogen werden, dies kann motivationssteigernd wirken.

Akzeleration
- Auch das Überspringen von Klassen sollte ermöglicht werden, wenn die Lehrkräfte, Eltern und die Schülerin/der Schüler selbst es für sinnvoll erachten. [5] Dabei muss neben einer Prüfung des sozialen Aspektes allerdings auch beachtet werden, ob die/der SoS Wissenslücken in bestimmten Bereichen aufweist, die durch eine möglicherweise frühere schulische Verweigerung entstanden sind. Parallel zum »Überspringen« einer Jahrgangsstufe sollte die individuelle Lernbegleitung wichtiges Element sein, um mögliche Lücken zu schließen.

Separation
- Den Lerninhalt des jeweiligen Fachs sollten die SuS in individuellem Tempo erarbeiten dürfen. Die »ersparte« Lernzeit kann dann für eigene Interessen der SuS genutzt werden. [6]
- Individuelle Förderung und Differenzierung ist der wichtigste Punkt, damit sich die SuS nicht unterfordert fühlen (z. B. durch »Knobelaufgaben« bzw. Rätsel). Allerdings sollten diese Aufgaben nicht zur »Beschäftigung« dienen, sondern relevant für das aktuelle Thema sein, damit keine Verweigerung bei der/dem SoS eintritt. Hier ist das persönliche Gespräch mit der/dem SoS sehr sinnvoll, um gemeinsam Ideen zu entwickeln, wie sie/er die Zeit nutzen kann und welche Hilfe und Unterstützung sie/er von der Lehrkraft dafür benötigt.
- Eigene Lösungswege sollten – wenn fachlich korrekt – zugelassen werden, um das Interesse am Lerngegenstand aufrechtzuerhalten.

Allgemeine Prinzipien im Umgang mit Hochbegabung
- Zur Förderung der Gruppendynamik sind Aufgaben empfehlenswert, an denen die SuS gemeinsam auf individuellem Niveau arbeiten können (z. B. Bau technischer Gerätschaften, Durchführung naturwissenschaftlicher Experimente, Erarbeitung von Texten mit verschiedenen Methoden usw.).
- Die Hochbegabung sollte als wertvolle Ressource gesehen werden (z. B. können Hochbegabte anderen SuS helfen); gleichzeitig sollten hochbegabte SuS im Unterricht nicht hervorgehoben werden (sie sind Schüler und keine zweite Lehrkraft). [5]
- Gleichschrittiges Vorgehen und »Aufzwingen« bestimmter Techniken können zu Verweigerungen führen, da der Sinn hinter diesem Vorgehen nicht erkannt wird.
- Störungen und Verweigerungen können auf fehlende Differenzierung hindeuten.
- Hochbegabte SuS haben selten Probleme, den Lerninhalt zu verstehen. Schwierigkeiten in der Schule finden sich eher in anderen Bereichen. Auffälliges Verhalten im sozialen Bereich entsteht allerdings nicht immer aufgrund mangelnder sozialer Kompetenz, sondern ist dadurch zu erklären, dass die SuS mit einem hohen kognitiven Niveau mit ihren Ideen auf Unverständnis bei Gleichaltrigen stoßen können. Auch bei älteren Schülerinnen und Schülern werden diese Ideen nicht angenommen, da aufgrund des physiologischen Alters und evtl. Aussehens eine Ablehnung auch durch diese Schülergruppe wahrscheinlich ist. Die mögliche soziale Ablehnung ist daher nicht Merkmal der Hochbegabung, sondern Ergebnis eines komplexen sozialen Prozesses, auch wenn eine normale oder ggf. überdurchschnittliche soziale Kompetenz beim hochbegabten SoS vorhanden wäre.

3 Weiterführende Informationen

- Einen schnellen Überblick bietet die Homepage »Hochbegabtenförderung e. V.« [7], die »Deutsche Gesellschaft für das hochbegabte Kind e. V.« [7] und die »Karg-Stiftung« [8].

- Einen tiefergehenden Einblick bietet der kostenlose Ratgeber »Begabte Kinder finden und fördern« (www.bmbf.de/pub/b_Kinder.pdf) [3] und das Buch »Keine Angst vor Hochbegabung« (Knaur) [2].

4 Unterstützungsangebote

Staatliche Schulberatungsstellen und Schulpsychologen vor Ort informieren über Hochbegabung und sorgen für eine kostenlose Diagnose. Die Beratung ist meistens auf schulische Maßnahmen zugeschnitten. Darüber hinaus:
- bei universitären Beratungsstellen (auch telefonische Beratung), z. B.:
  - Begabungspsychologische Beratungsstelle der Universität München [10]
  - Begabungspsychologische Beratungsstelle der Universität Würzburg [11]
  - Begabungsdiagnostische Beratungsstelle »BRAIN« der Universität Marburg [12]
- bei der »Deutsche Gesellschaft für das hochbegabte Kind« (Beratung per Telefon oder vor Ort: www.dghk.de
- bei der Karg-Stiftung (www.karg-stiftung.de)

In aller Kürze

Hohe Intelligenz stellt für Lehrkräfte, Eltern und die Kinder eine Herausforderung in ihrem Alltag dar. Sie sollte keinesfalls als negatives Persönlichkeitsmerkmal aufgefasst werden, sondern als spannende Herausforderung. Für den schulischen Alltag bedeutet dies primär, auf eine angemessene Differenzierung zu achten und der Schülerin oder dem Schüler anspruchsvolle und motivierende Aufgaben zur Verfügung zu stellen, die mit eigenen Lösungswegen bearbeitet werden dürfen, ohne dass sie/er eine Sonderrolle in der Klasse einnimmt.

6.6 Zerrüttung des Umfelds

Mobbing/Bullying

Miriam Schweiger, Patrick Kenzel

> *Eine Schülerin oder ein Schüler (SoS) wird gemobbt, wenn sie oder er wiederholt und über eine längere Zeit den negativen Handlungen einer oder mehrerer Personen ausgesetzt ist.* [1] *Diese negativen Handlungen können physische, verbale oder relationale Taten sein.* [2]

1 Symptome und Hintergründe

Symptome

Kennzeichen von Mobbing:
- negative, schädigende Handlungen [1]
- wiederholt, über längeren Zeitraum [1]
- Machtungleichgewicht, Opfer kann sich nicht verteidigen oder befreien [1] – kein Kampf zwischen Gleichstarken; Ziel: soziale Ausgrenzung [3] etc.
- Gruppenphänomen: ganze Gruppe ist beteiligt, wobei die Personen unterschiedliche Rollen einnehmen: Täter, Opfer, Assistenten der Täter, Verstärker der Täter, Verteidiger des Opfers, Außenstehende (auch: »Möglichmacher«)[2]; Gruppenerfahrung durch gemeinsame Ausgrenzung
- Täter: haben das Bedürfnis, Macht auszuüben, und zeigen wenig Mitgefühl [1]; Machterfahrung durch Erniedrigung des Opfers

Opfertypen:
- passiver/ergebener/wehrloser Opfertyp: ängstlich, unsicher, vorsichtig, empfindsam und still
- provozierender Opfertyp: ängstliche und aggressive Reaktionsmuster [1]

Methoden des Mobbings: [2]
- physische Mittel (z. B.: Schlagen, Treten, Wegnehmen und Beschädigung von Eigentum)
- verbale Mittel (z. B.: Beschimpfen, Auslachen, Drohen)
- relationale Mittel: Manipulation sozialer Beziehungen (z. B.: Ausgrenzung, Verbreitung von Gerüchten, Isolation)
- Cybermobbing: Form von Mobbing, bei der man die modernen Kommunikationsmittel wie zum Beispiel SMS, E-Mail, Chat oder soziale Netzwerke nutzt; [4] Gruppenprozesse und Gründe für das Mobbing verlaufen hier ähnlich zum nicht virtuellen Mobbing

Folgen des Mobbings:
- *für die Opfer:* physische Schädigungen, psychische Schädigungen (z. B. Zerstörung des Selbstbewusstseins), psychosomatische Reaktionen (z. B. Appetitlosigkeit, Bauchschmerzen, Alpträume und Schlafstörungen), sonstige Reaktionen (z. B. Unkonzentriertheit, Leistungsrückgang, Fehltage und eventuell Schulwechsel) [3]
- *für die Täter:* deutlich erhöhtes Risiko, später in weitere Problembereiche wie Kriminalität und Alkoholmissbrauch zu geraten [1]
- *für die Gemeinschaft und das Klassenklima:* schlechte Atmosphäre, wenig Zusammenhalt

Häufigkeit
- 5 bis 11 Prozent der deutschen SuS sind regelmäßig (ein- bis mehrmals die Woche) Täter oder Opfer [2], noch mehr gelegentlich
- Mädchen und Jungen sind etwa gleich häufig beteiligt. [5] Jungen setzen häufiger physische Mittel, Mädchen häufiger relationale Mittel ein. [2, 5]
- Auftreten bereits im Kindergarten [6]

Hintergründe
Ursachen:
Verbreitete Annahmen über die Ursachen (zu große Klassen, Schulen; ländlicher vs. städtischer Bereich; Konkurrenz an der Schule, schlechte Noten) erwiesen sich als unzutreffend. [1, 5] Auch äußerliche Abweichungen des Opfers spielen als Ursache eine viel geringere Rolle, als allgemein angenommen wird. [1]

Mobbing wird als Teufelskreis verstanden, der durch einen Konflikt oder durch nie geknüpfte vertrauensgestützte Kommunikation ausgelöst wird. [7, 8]

Gewalt tritt in allen Klassen und Schulen auf. Wo dieser allerdings nicht konsequent begegnet wird, findet eher Mobbing statt. Mobbing wird durch folgendes Fehlverhalten begünstigt: fehlende Wahrnehmung für Mobbinghandlungen, Ignorieren der Mobbingvorgänge, Verweigern direkter Hilfe.

Zudem lassen sich meist folgende aufrechterhaltende Bedingungen identifizieren, welche zugleich Anknüpfungspunkte von Interventionen sein können:
- Angst (selbst Opfer zu werden, oder vor sozialer Ausgrenzung)
- Machterleben der Täter
- Gemeinschaftserleben von Tätern und Assistenten
- Verharmlosung des Geschehens
- Verhalten aller Gruppenmitglieder (soziale Orientierung)
- Schuldzuweisung in Bezug auf das Opfer

Streitpunkte im aktuellen wissenschaftlichen Diskurs
Sanktionen für den Täter werden in vielen Quellen als unabdingbar beschrieben, [9] während bei anderen, wie beim »No Blame Approach«, [10] komplett darauf verzichtet wird.

Die Einbeziehung der Eltern, sowohl der Opfer als auch der Täter, sieht Olweus [1] als positiv und wichtig an. Der Kontakt, besonders zwischen den Eltern des Täters und des Opfers, kann jedoch auch zur Verschlimmerung der Mobbing-Situation führen.

2 Anregungen zum Umgang mit den Schülerinnen und Schülern (SuS)

Präventionsmaßnahmen:
- realisieren, dass es Mobbing überall gibt [11]
- über Einrichtungen informieren, bei denen Kinder und Eltern Mobbing anonym melden können (Kummerkasten, Kontakttelefon) [1]
- vermehrte dezentrale Aufsicht [1, 12]
- Klassengemeinschaft, positives Klassenklima, [11, 12] regelmäßige Klassengespräche [1, 12]
- klare Verhaltensregeln zusammen überlegen, festhalten und daran erinnern; klare Konsequenzen bei Nichteinhaltung [1]
- Kombination aus viel Lob für gutes Verhalten und konsequente Sanktionierung bei regelbrechendem Verhalten [1]
- Thematisieren von Mobbing im Unterricht anhand von Filmen, Problemgeschichten und Rollenspielen [12, 13]
- verschiedene Trainingsprogramme zur Förderung sozial-emotionaler Kompetenzen (z. B. »Faustlos«, [14] »Mich und Dich verstehen« [15])
- gute Lehrer-Schüler-Beziehung [11]
- Thematisierung mit Kollegen und Eltern

Interventionsmaßnahmen: Mobbing hört nicht von allein auf!
- getrennte Gespräche mit allen Beteiligten (Täter, Opfer, Assistenten, Verstärker, Verteidiger, Außenstehende, Unterstützer, Dulder) sowie deren Eltern [16]
- Schutz und Unterstützung des Opfers: nicht allein lassen (z. B. Aufsicht durch größere SoS), [13] Selbstbewusstsein stärken, [17] von Minderwertigkeitsgefühlen und Gefühlen der Schuld freimachen, [17] Opfer dazu ermutigen, durchsetzungsfähiger aufzutreten und das Ansehen des Opfers innerhalb der Klasse erhöhen, [18] dafür sorgen, dass Opfer von wenigstens einigen SoS soziale Anerkennung erfährt [1]
- Arbeit mit den Tätern: klare und konsistente Sanktionen, [9] Belohnung positiven Verhaltens, [18] Trainingsprogramme (z. B. »Training mit aggressiven Kindern«) [19]
- Arbeit mit der ganzen Klasse: Mobbing als Gruppenphänomen, in dem die meisten Kinder eine Teilnehmerrolle haben [20], Veränderung des Kontexts der Klasse anstatt individualisierte Lösungen beim Opfer oder Täter, Empathie wecken, Verteidiger unterstützen, SuS ermutigen, über Vorfälle zu berichten [11]
- »No Blame Approach« als alternatives Konzept: Ansatz ohne Beschuldigung und Sanktionen; Bilden einer Unterstützergruppe (aus Tätern, Assistenten, Verteidigern und Außenstehenden), die der Lehrperson bei der Problemlösung hilft [18]
- Transparenz: Information des gesamten Kollegiums, der Schulleitung, der Eltern und des Schulpsychologen und Zusammenarbeit mit diesen
- in extremen Fällen: externe Hilfe einschalten, Klasse oder Schule wechseln lassen; nach Möglichkeit Täter und nicht das Opfer versetzen, [1] Täter-Opfer-Ausgleich, evtl. strafrechtliche Folgen für Täter
- Prozess langfristig beobachten (auch nach der Lösung)

Eventuelle rechtliche Folgen

Die Aufsichtspflicht der Schule über die Schüler/innen ergibt sich aus dem staatlichen Erziehungsauftrag (Artikel 7 Abs. 1 GG). Während der Schulzeit trägt die Schule die Verantwortung für die SuS. Lehrer haben die Pflicht, Schulkinder vor Schäden »in Gesundheit und Vermögen, wie auch vor Verletzung anderer grundrechtlich geschützter Güter« (OLG-Zweibrücken, Beschluss vom 05.06.97, 6 U1/97) zu bewahren. Falls die Rechte der SuS gefährdet sind und z. B. Lehrer nicht eingreifen, verhalten sie sich rechtswidrig und schuldhaft, d. h. sie verletzen ihre Amtspflicht. [21]

3 Weiterführende Informationen

Informationen auf die Schnelle:
- Scheithauer, H.: Fairplayer e. V.: www.fairplayer.de.
- Skof, S. (2007): www.schulpsychologie.at/gewaltpraevention/MOBBING.pdf.
- Taglieber, W. (2005): Berliner Anti-Mobbing-Fibel: www.schulsozialarbeit.li/uploads/media/Berliner_Anti-Mobbing-Fibel.pdf.
- Abschlussbericht des Mobbingtelefons (2002): www.schule-bw.de/lehrkraefte/beratung/beratungslehrer/auffaelligkeiten/mobbing/mobbing1.pdf.

Weiterführende Informationen:
- Olweus, D. (2006): Gewalt in der Schule. Was Lehrer und Eltern wissen sollten – und tun können (4. Aufl.). Huber.
- Scheithauer, H./Hayer, T./Petermann, F. (2003): Bullying unter Schülern: Erscheinungsformen, Risikobedingungen und Interventionskonzepte. Hogrefe.
- Blum, H./Beck, D. (2012): www.no-blame-approach.de/no_blame_approach.html

4 Unterstützungsangebote

Es gibt zahlreiche Foren im Internet, in denen sich Eltern, Lehrkräfte und besonders SuS informieren und austauschen können, z. B.:
- Hemker, A.: Schüler gegen Mobbing: www.mobbing-in-der-schule.info
- Elterninitative gegen Mobbing und Gewalt an Schulen (EMGS) e. V.: www.emgs.de
- Bäßler, A./Kretschmer, K.: mobbing-schluss-damit.de

In aller Kürze

Mobbing existiert an jeder Schule. Nur wenn Mobbing konsequent mit Hilfen für das Opfer, Konsequenzen für den Täter und der Arbeit mit der ganzen Gemeinschaft begegnet wird, kann dem Mobbing sinnvoll entgegengewirkt werden.

Elterliche Trennung/Scheidung

Melina Irlbacher

> *Elterliche Trennung* wirkt für Kinder oftmals belastend und beeinflusst ihr Verhalten in der Schule.

1 Symptome und Hintergründe

Symptome
Bei der Bewältigung kann man die Typen der Hochbelasteten, der Belastungsbewältiger und der Geringbelasteten unterscheiden. [1]

- kurzfristige Trauerreaktion, Anpassungsstörung, die sich im Rahmen halten [2]
- subklinische Schwierigkeiten im Verhalten (Aggressivität, Delinquenz), in der schulischen Leistung und in sozialen Beziehungen durch Dominanzstreben und Überempfindlichkeit [1]
- Mädchen neigen zu defensiven Coping-Strategien (Überanpassung), Jungen zu offensiven Coping-Strategien (Unangepasstheit) [1]
- Bei Einzelnen kommt es zur Ausprägung klinisch relevanter Symptomatiken. [2]
- Anpassungsstörung, Ängste, Depressionen, Störung des Sozialverhaltens
- Bindungsstörungen, Entfremdungsprozesse und insbesondere das Verhalten eines Elternteils können zum – in der Fachwelt umstrittenen – »Parental Alienation Syndrome« (Gardner) führen, bei dem das Kind einen Elternteil zu Unrecht abwertet. [1] Anzeichen hierfür sind schwache oder wenige Begründungen für die Ablehnung des Elternteils sowie fehlende Ambivalenz in der Einstellung zum getrennt lebenden Elternteil, reflexartige Unterstützung des bevorzugten Elternteils ohne Schuldgefühle gegenüber der abgelehnten Person. Häufig werden Redewendungen des gewählten Elternteils verwendet und das Kind betont stark, dass es sich selbst zur Ablehnung des Elternteils entschieden hat. Ursächlich sind mehrere Faktoren. Im Kontext von Sorgerechtsstreitigkeiten begünstigt eine starke Beeinflussung des betreuenden Elternteils eine Entfremdung.

Häufigkeit
- Im Jahr 2012 haben sich die Eltern von ca. 143 022 minderjährigen Kindern scheiden lassen. [3]
- Über 80 Prozent der Kinder haben keine behandlungsbedürftigen psychiatrischen Belastungen. [2]
- 10 bis 20 Prozent zeigen entwicklungsbeeinträchtigende Muster, 10 bis 28 Prozent problematische Interaktionen. [1]
- Die Belastung ist kurz nach der Trennung am höchsten, jüngere Kinder sind besonders symptombelastet. [1]
- Zwei Jahre nach der Trennung kommen die Kinder meist schon gut mit der neuen Situation klar, [4] ab drei Jahren ist ihr Wohlbefinden mit Gleichaltrigen ohne getrennte Eltern vergleichbar. [1]

Hintergründe
In der Forschung verlagerte sich der Fokus von der Defizithypothese (Scheidung als Trauma mit unumgänglichen negativen Folgen) zum Transitionsprozess (Verkettung spezifischer Veränderungen von Rahmenbedingungen im Familienentwicklungsprozess, die eine Anpassung bzw. Bewältigungsleistung erfordern) mit Entwicklungspotenzial (Risiko- und Resilienzhypothese). [1]

Risikofaktoren für das Kind im Kontext einer elterlichen Trennung für den Erwerb einer Störung:
- Familiäre Bedingungen: Die Erziehungskompetenz ist meistens im ersten Jahr nach der Trennung geringer. [4] Im Durchschnitt kommt den Kindern weniger Zuwendung zu, materielle Ressourcen sind u. U. durch ökonomische Umbrüche eingeschränkt, negative Stereotypisierungen und soziale Diskriminierung belasten zusätzlich. Persönlichkeitsvariablen wie beispielsweise Temperament beeinflussen den Verlauf, die Häufigkeit und die Intensität von Konflikten sowohl zwischen den Elternteilen als auch in der Eltern-Kind-Beziehung. [1] Insbesondere eine Kopplung eben genannter Einflussfaktoren erhöht das Risiko des Kindes, während der Trennung eine Störung zu erwerben.
- positive Diskriminierung durch den Lehrer (Schonraum), fehlende Kooperation und Kommunikation zwischen Schule und Elternhaus [1]

Schutzfaktoren:
- verlässliche, konsequente Strukturen; Veränderungen besprechen; verantwortlich sorgender Elternteil; Erziehungskompetenz; Selbstregulierungskompetenz und emotionale Selbstbeherrschung fördern [4]
- Stieffamilie dient möglicherweise als Entlastung von Parentifizierung und ist für das Kind von emotionalem Wert; [3] Umfeld des Kindes zur Schadensbegrenzung: real gegenwärtige, zuverlässige, gute Bezugsperson mit starker Bindung, kompetenter Erziehungsstil, offener Umgang mit Lebenskrise [3]
- Eine hohe Beziehungskonstanz zu beiden Elternteilen wirkt sich sehr positiv aus.
- Insbesondere der Kontakt zum getrennt lebenden Elternteil sollte gepflegt werden. [2]

Streitpunkte im aktuellen wissenschaftlichen Diskurs
Streitpunkte im wissenschaftlichen Diskurs sind zuweilen, ob eine Scheidung zwangsläufig zu einer traumatischen Erfahrung werden muss, inwieweit sie nach einigen Jahren folgenlos verarbeitet ist und ob es die Möglichkeit der »glücklichen Scheidungskinder« gibt. Die Vielfalt der gut funktionierenden Familiensysteme führt jedoch immer stärker zu einem Infragestellen der oft zu einseitig formulierten These.

2 Anregungen zum Umgang mit den Schülerinnen und Schülern (SuS)

- unterrichtlicher Einbezug des Themas Elterliche Trennung z. B. durch Kinder- und Jugendbücher: Schutz, Enttabuisierung, Stärkung, Konfliktbewältigung, Integration von Trennungserfahrungen [1]

- Kooperation mit dem Elternhaus, um eventuellen Bedarf an außerfamiliärer Betreuung zu organisieren (z. B. Ganztagsklasse, Hort) [1]
- Selbstvertrauen und Selbstwertgefühl stärken, z. B. durch schulisches Kompetenzerleben als Ressource [1]
- keinen Schonraum in der Schule errichten, schulische Leistung fordern und fördern [1], da das Kind sonst ungünstig die eigene Unzulänglichkeit attribuiert
- die eigene Rolle als Bezugsperson und Ansprechpartner nutzen und anbieten
- Um Konfliktpotenzial zu minimieren, könnte man zwei separate Elterntermine vereinbaren bzw. die Ergebnisse eines Gesprächs protokollieren und an den nicht anwesenden, ebenfalls sorgeberechtigten Elternteil weiterleiten.

Eventuelle rechtliche Folgen
- Lehrkräfte werden oftmals für familiengerichtliche Entscheidungen um ihre Einschätzung des Kindeswohls befragt. Ihre Aussagen sind für Gutachten relevant.
- Der nicht sorgeberechtigte Elternteil hat keine Ansprüche auf schulische Entscheidungen. [5]

3 Weiterführende Informationen

- In Deutschland gibt es zahlreiche spezifische Interventionsprogramme, die teilweise auch in der Schule durchgeführt werden.
- Ein Überblick bietet das Familienhandbuch unter www.familienhandbuch.de [1], offizielle Beratungsstellen wie z. B. beim Jugendamt, Arbeiterwohlfahrt, Kirchen etc.
- Für Eltern lesenswert: Hetherington/Kelly (2003): Scheidung – die Perspektive der Kinder. Weinheim/Basel: Beltz.

4 Unterstützungsangebote

- Als erste Anlaufstelle könnte der Schulpsychologe dienen.
- Oft helfen bei langfristig schlechter Befindlichkeit spieltherapeutische oder verbal-kognitive Verfahren der Psychotherapie. [6]

In aller Kürze

- Scheidungen und abweichende Familienkonstellationen verlieren an Seltenheitswert.
- Ob und wie sehr betroffene Kinder davon beeinträchtigt sind, variiert stark. Den verschiedenen Coping-Strategien sollte Beachtung geschenkt werden.
- Als Lehrperson kann man als Bezugsperson einen Beitrag bei der Verarbeitung der Scheidung leisten.
- Behandlungsbedürftige Störungen können infolge einer elterlichen Scheidung auftreten, sind jedoch keinesfalls die Regel.

Tod eines Familienmitglieds

Michaela Völker

> Der **Tod eines nahestehenden Menschen** bedeutet einen tiefen Lebenseinschnitt für die Hinterbliebenen. Kinder und Jugendliche benötigen oftmals besondere Hilfe, ihren Alltag (wieder) zu bewältigen.

1 Symptome und Hintergründe

Symptome
- affektiv: depressive Gefühle, Ängste, Hilflosigkeits-, Verlassenheits- und Schuldgefühle, aber auch Überdrehtheit, Albernheit
- somatisch (vermehrt bei Grundschulkindern): Schlafstörungen, Müdigkeit, Kopfschmerzen, Appetitverlust, Energiemangel, Beklemmungsgefühle im Brustbereich
- intellektuell: Denk- und Sprachschwierigkeiten, Gedächtnisschwäche
- sozial: sozialer Rückzug, Kontaktabbrüche
- bei Jugendlichen: häufig zusätzlich (vorübergehend) regressive Verhaltensweisen [1]
- »komplizierte Trauer« möglich: [3]
    - Trauer ist ungewöhnlich verlängert oder verzögert
    - normale Trauerreaktionen sind pathologisch verstärkt
    - intensive Sehnsucht nach dem Verstorbenen bei gleichzeitiger Vermeidung aller mit dieser Person in Verbindung gebrachten Personen/Gegenstände/Aktivitäten

Hintergründe
Es gibt unterschiedliche Phasenmodelle der Trauer, die den Trauerprozess zu chronologisieren versuchen, hier wird nur ein Modell beispielhaft genannt. Die Reihenfolge der Phasen ist nicht festgelegt; einzelne Phasen können sich wiederholen oder auch ausbleiben.

Die fünf Phasen des Sterbens (die ebenso auf die Hinterbliebenen angewendet werden) [4]:
- Nicht-Wahrhaben-Wollen
- Zorn
- Verhandeln
- Depression bzw. Resignation
- Zustimmung bzw. Annahme

2 Anregungen zum Umgang mit den Schülerinnen und Schülern (SuS)

- Alltag beibehalten, dieser unterstützt die/den SoS – auch wenn es Ausnahmeregeln gibt:

- Möglichkeit geben, das Klassenzimmer zu verlassen
- Leistungseinbrüche und Verhaltensänderungen vorerst tolerieren
- einen Test ggf. nachschreiben lassen
- SoS die Möglichkeit geben, sich selbst wieder zu spüren (Tanz, Sport, erlebnispädagogisch orientierte Übungen)
- Anerkennung zollen für die Kraft, die die/der SoS aufbringt [5]
- Zumutungen sind mitunter nötig, um Bewältigung zu ermöglichen [6] (Konfrontation mit Gefühlen und Gedanken, auch den negativen, dem Verstorbenen und Verwandten gegenüber).
- bei Zustimmung der Betroffenen andere Lehrkräfte und evtl. auch Eltern informieren
- bei der Thematisierung mit den Mitschülern auf die Wünsche der SoS eingehen
- Gespräche mit dem Kind und – auf Wunsch – den Angehörigen führen, aber nicht aufdrängen (evtl. ausgebildete Trauerbegleiter, z. B. vom »Münchner Institut für Trauerpädagogik« (M.I.T.) zu Einzel- oder Gruppengesprächen hinzuholen)

Eventuelle rechtliche Folgen

In einigen Bundesländern und Schularten kann die Notengebung zeitweise ausgesetzt werden (z. B. BayEUG Art 52 Abs. 2). Falls jedoch keine dringenden Gründe dafür sprechen (Gefährdung des Klassenziels), sollte in Absprache mit der/dem SoS und den Eltern davon kein Gebrauch gemacht werden, um die Normalität aufrechtzuerhalten und so Kompensationsmöglichkeiten zur Trauer bereitzustellen.

3 Weiterführende Informationen

- Bickel, L./Tausch-Flammer, D. (2002): Wenn Kinder nach dem Sterben fragen. Ein Begleitbuch für Kinder, Eltern und Erzieher. Herder.
- Franz, M. (2008): Tabuthema Trauerarbeit. Erzieherinnen begleiten Kinder bei Abschied, Verlust und Tod. Don Bosco.
- Haagen, M./Möller, B. (2013): Sterben und Tod im Familienleben. Hogrefe.

4 Unterstützungsangebote

- Kinder- und Jugendbücher:
    - Fried, A./Gleich, J. (1997): Hat Opa einen Anzug an? Hanser.
    - Hermann, I./Sole-Vendrell, C. (1999): Du wirst immer bei mir sein. Sauerländer.
    - Pohl, P./Gieth, K. (1999): Du fehlst mir, du fehlst mir! dtv.
- Bundesverband Verwaiste Eltern und trauernde Geschwister in Deutschland e. V. (VEID) (bieten auch besondere Hilfe für Geschwister an)
- Trauerbegleitung von Kindern und Jugendlichen (Johanniter Lacrima)
- www.trauerland.org

- www.youngwings.de
- Online-Familienhandbuch: www.familienhandbuch.de/angebote-und-hilfen/sonstige-hilfsangebote-fur-kinder/hilfreiche-unterstutzung-fur-trauernde-kinder
- In Bayern kann im Einzelfall auch »KIBBS« einbezogen werden: www.kibbs.de/newkibbs/index.php.

In aller Kürze

- Trauer löst unterschiedlichste Symptome aus, die sich von SoS zu SoS unterscheiden.
- Der Schulalltag bietet dem betroffenen Kind oder Jugendlichen Halt und sollte möglichst aufrechterhalten werden.
- Gemeinsam mit den Angehörigen sollten Ausnahmeregeln abgesprochen werden.

Verwahrlosung

Janina Täschner

Verwahrlosung bezeichnet einen Zustand, in dem die für das Überleben, das Wohlergehen und die körperliche, intellektuelle, soziale sowie emotionale Entwicklung der Kinder erforderlichen Handlungen von den sorgeverantwortlichen Personen andauernd oder wiederholt (ganz oder teilweise) vorenthalten werden. [1]

1 Symptome und Hintergründe [2,3,4,5,6]

Symptome

Bitte beachten: Verwahrlosung selbst ist keine klinische Diagnose nach gültigen Klassifikationssystemen, führt aber häufig zu einer psychischen Störung des Kindes. [7,8]

- oft erhöhte Aggressivität (z. B. gegen Fahrräder, Schulmaterialien, Lehrer, sich selbst)
- fast immer mangelhafte soziale Bindung, Schwierigkeiten beim Aufbau enger, vertrauensvoller Beziehungen [9], starke Zurückgezogenheit
- häufig zu spät zum Unterricht
- Hefte, Stifte, Pausenbrot, Hausaufgaben fehlen regelmäßig
- permanente Übermüdung
- Kleidung ist zu klein, dreckig, kaputt, nicht altersgemäß
- häufige Krankheit, kariöse Zähne

- Streunen, Schulschwänzen
- Übergewicht
- allgemeine Körperhygiene fehlt: ungewaschene Haare, ungeschnittene/eingewachsene Fuß- oder Fingernägel, unangenehmer Körpergeruch
- vermindertes Mitgefühl, mangelndes Gerechtigkeits- und Schuldgefühl
- exzessives Lügen
- frühe und häufig wechselnde sexuelle Kontakte, frühzeitiger Genussmittelkonsum
- oft sehr geringe Frustrationstoleranz
- in der Regel Desinteresse am Unterricht
- Konzentrationsschwäche, Interessenlosigkeit
- häufig Randgruppenzugehörigkeit (Skinheads)
- schlechte Schulleistungen

Es finden sich Korrelationen zwischen hoher Vernachlässigung auf der einen Seite und hoher Depressivität, erhöhten Aufmerksamkeitsproblemen und erhöhter Aggression der Kinder sowie hohem elterlichem Alkoholkonsum auf der anderen Seite. [10]

Häufigkeit
- in Deutschland bisher keine repräsentativen Untersuchungsergebnisse vorhanden [7,8,11]
- Ca. 5 Prozent eines Geburtsjahrgangs wachsen in Hochrisikofamilien auf, d. h. in Familien, in denen ein hohes Risiko gravierender Vernachlässigung besteht. [1,5]
- In 65 Prozent der vom Jugendamt erwirkten familiengerichtlichen Verfahren, in denen über einen Eingriff in die elterliche Sorge verhandelt wird, liegt eine Kindesvernachlässigung vor. [7,8]

Hintergründe
kein direkter Ursache-Wirkungs-Zusammenhang, sondern Zusammenspiel von Risikofaktoren:

Situation des Kindes
- Persönlichkeit des Kindes: krankheitsanfällig (oder krankes Geschwister), Behinderung, aggressiv [8,12]
- wenig Kontinuität der Betreuungsperson, häufiger Pflegefamilienwechsel [10]

Finanzielle/materielle Situation
- Armut und beengte Wohnverhältnisse [1,6,8,11,13]

Situation der Eltern
- persönliche Belastung (ungewollte Schwangerschaft, Suchtprobleme, alleinerziehend, Krankheiten [v. a. depressive Mütter], eigene traumatische Kindheitserfahrungen) [1,8,14,15,16]
- mangelndes Wissen über kindliche Bedürfnisse, fehlende Motivation, geringe Empathiefähigkeit der Eltern [13]
- übermäßige Berufstätigkeit [2,11]

- familiale Belastungen (anhaltende Paarkonflikte, Gewalt/Kriminalität in Familie, wechselnde Partnerschaften) [1,8]
- hohe Impulsivität, Bereitschaft zu problemvermeidendem Verhalten, geringe Planungsfähigkeit [12]
- geringe Frustrationstoleranz [16,17]

Soziale Situation der Familie
- mehrere Kinder mit geringem Altersunterschied in einer Familie (< 18 Monate) [8]
- soziale Isolierung, wenig Kontakt zu Verwandten und Freunden, viele Umzüge [16,17]
- Wohngegend mit hoher Gewalt- und Armutsrate [17]

2 Anregungen zum Umgang mit den Schülerinnen und Schülern (SuS)

- positive, liebevolle Beziehung zu SoS aufbauen: [6]
  - Leistungen anerkennen
  - in Schülergemeinschaft eingliedern
  - positive Vorbilder geben
  - Hilfen zur Entwicklung sozialer Fähigkeiten geben
- über schulische Angebote wie Chor, Theatergruppe oder Sportgruppen die Freizeit der SoS mitgestalten [6]
- Schaffung von Interaktionsgelegenheiten von SuS mit und ohne Verwahrlosungserscheinungen (gemeinsame Hausaufgaben) [2,6]
- Entspannung und Meditation einbauen [2]
- keine Fragen stellen, die Loyalität zu den Eltern gefährden könnten [9]
- Hilfen zur Berufsfindung, zu Beratungsstellen oder Freizeitorganisationen geben
- Spiele zur Förderung sensomotorischer, geistiger, sozialer und emotionaler Erfahrungen (Wahrnehmungsspiele, Planspiele, Rollenspiele, Konstruktionsspiele: Verantwortung, Sorgfalt) [2]

Interventionen bei den Eltern:
»Schlechte Eltern« stellen für die Entwicklung/Prognose des Kindes oftmals eine bessere Lösung dar als Fremdunterbringung. Daher sollte, wenn möglich, die Familie entlastet und die Erziehungskompetenz der Eltern gestärkt werden. [18,19]
- Vernetzung mit Sozialarbeitern
- Information zu Schuldnerberatung
- über Ressourcen durch das Jugendamt informieren

Eventuelle rechtliche Folgen
- Nach § 4 KKG (Gesetz zur Kooperation und Information im Kinderschutz) sollen Lehrer/innen zunächst mit den SoS und den Sorgeberechtigten das Gespräch suchen und auf Inanspruchnahme von Hilfen hinwirken; im nächsten Schritt soll das Jugendamt informiert werden.
- Kindesschutzmaßnahmen des Gerichts siehe § 1666 BGB

3 Weiterführende Informationen

Für SoS:
- evang./kath. Telefonseelsorge: 0800/1110111 bzw. 0800/1110222
- »Nummer gegen Kummer«: 0800/1110333
- www.bke-beratung.de
- www.kids-hotline.de

Für Eltern:
- Elterntelefon: 0800/1110550
- www.bke-beratung.de
- www.elternimnetz.de
- www.stmas.bayern.de/jugend/erzberat/
- Jugendamt

Für Lehrer und Eltern:
- www.kinderschutz-zentrum-berlin.de/download/Kindeswohlgefaehrdung_Aufl11.pdf
- www.dji.de/cgi-bin/projekte/output.php?projekt=53
- Allgemeiner Sozialer Dienst
- Kinderschutzzentren

Für Lehrer:
- http://download.zollernalbkreis.de/Amt40/Kinderschutzbroschuere_Stand10_02_2011.pdf
- www.fachstelle-kinderschutz.de/cms/upload/Kinderschutz-Partner/Schule/Handlungs-_und_Verfahrensgrundstze_zum_Umgang_mit_kindeswohlgefhr-denden_Situationen_in_Schulen.pdf
- www.kinderschutz-niedersachsen.de/doc/doc_download.cfm?uuid=22C73B21E08140F9BAF6C7F9BACEDCAD

In aller Kürze

Verwahrlosung ist das Problem, das am häufigsten das Kindeswohl gefährdet. Permanente Übermüdung, häufige Krankheit, nicht altersgemäße, schmutzige, kaputte Kleidung, eine sehr geringe Frustrationstoleranz und Schwierigkeiten beim Aufbau sozialer Bindungen sind Anzeichen einer Verwahrlosung.
Die Schule sollte mit ihrem Angebot die Freizeit der/des SoS gestalten und ihre/seine emotionale, geistige und soziale Entwicklung dadurch fördern. Hilfreich sind daher Ganztagsangebote. Auf der anderen Seite ist der Bereich der Elternarbeit mit Vermittlung von Unterstützungssystemen besonders bedeutsam.

Häusliche Gewalt gegen Kinder

Ann-Kathrin Huber

> *Häusliche Gewalt* ist der Oberbegriff für alle Formen von Gewalt innerhalb der Familie. Das Wort »häuslich« steht dabei für den Kontext, in dem Gewalt auftritt. Gewalt kann dabei unterschiedliche Formen annehmen: physische, psychische oder sexuelle Gewalt [1, S. 10].
> Der folgende Beitrag konzentriert sich auf physische Gewalt gegen Kinder. Als Opfer von häuslichen Gewalttaten sind sie diesen oft schutzlos ausgeliefert und tragen meist schwerwiegende Folgen davon [2, S. 250 f.].

1 Symptome und Hintergründe [3,4]

Symptome

Folgende Verhaltensauffälligkeiten können mögliche Hinweise auf häusliche Gewalt gegen SoS sein:

- körperliche Symptome wie Hämatome, Prellungen und Brüche
- Niedergeschlagenheit, Depression, Teilnahmslosigkeit, geringes Selbstwertgefühl
- autoaggressives Verhalten wie z. B. Selbstverstümmelung, Selbstmordversuche
- psychosomatische Beschwerden wie etwa Schlafstörungen, Migräne, Ess-Störungen
- psychiatrische Auffälligkeiten wie Persönlichkeitsstörungen, Suchterkrankungen
- Verhaltensprobleme wie Wutanfälle, Hyperaktivität, Ticks, Enuresis (Ein- und Bettnässen)
- soziale Kontaktstörungen wie Schüchternheit, Aggressivität, unsichere Bindungsmuster
- Schul- und Leistungsprobleme

Häusliche Gewalt gegen Kinder wirkt sich geschlechterspezifisch oftmals unterschiedlich aus. Während bei Mädchen Symptome wie Unsicherheit, Rückzug, Selbstverletzung und Angst überwiegen, zeigen Jungen häufiger selbst gewalttätiges Verhalten. [5]

Diese Liste ist jedoch ausschließlich als Hinweisliste zu verstehen, da die genannten Symptome auch andere Gründe haben können bzw. Kinder, die häusliche Gewalt erfahren, nicht notwendigerweise diese Symptome haben müssen.

Häufigkeit

Sozialwissenschaftliche Untersuchungen aus dem deutschen Sprachraum zeigen, dass ca. die Hälfte der Kinder auf die eine oder andere Weise mit Gewalt in der Familie konfrontiert wird: [6,7,8]

- Die Gewalt der Eltern richtet sich überwiegend gegen Kinder in den ersten Lebensjahren;
- auch unerwünschte, ungeliebte oder »schwierige« Kinder, nicht selten Kinder mit Behinderung und solche, die den Erwartungen der Eltern nicht entsprechen, sind besonders gefährdet. [9]

Die Polizeiliche Kriminalstatistik verzeichnet für das Jahr 2012 3 450 Fälle von Kindesmisshandlung in Deutschland (§ 225 StGB). Der Anteil von männlichen und weiblichen Opfern war etwa gleich. [9]

Aufgrund der Schwierigkeit, Gewalt im sozialen Nahraum zuverlässig zu erfassen, kann jedoch von einem hohen Dunkelfeld ausgegangen werden.

Hintergründe

Häusliche Gewalt ist weder ein geschlechts- noch milieuspezifisches Phänomen, wenn auch bestimmte Ausdrucksformen geschlechts-, milieu- und auch alterstypisch variieren können. Gewalt gegen Kinder kann in allen Milieus und Schichten vorkommen. [2] [10]

2 Anregungen zum Umgang mit den Schülerinnen und Schülern (SuS) [3, 11]

Wichtige Handlungsschritte bei möglichen Verdachtsmomenten auf familiäre Gewalt:
- Ruhe bewahren, nichts überstürzen; eigene Grenzen erkennen und eigene Emotionen abklären
- detaillierte Dokumentation der Beobachtungen, Handlungen und Vereinbarungen: kann später helfen, Erinnerungslücken zu schließen und Verhaltensweisen besser zu beurteilen
- aktives Zugehen und Hilfsangebote machen; wenn nötig, Hilfsangebot wiederholen
- den betroffenen SuS ein Gefühl der Sicherheit geben: SuS ernst nehmen, ihnen glauben und vermitteln, dass sie richtig handeln
- Zusammenarbeit mit anderen Institutionen und Kollegen suchen
- ggf. Vermittlung der SuS an eine Beratungseinrichtung oder das Jugendamt
- Frage: Strafanzeige Ja oder Nein? – nur als letzte Möglichkeit und nur in Absprache mit anderen Institutionen; wichtig ist, dass die/der SuS und ihre/seine Interessen im Vordergrund stehen

Wichtige Handlungsschritte bei konkreten Hinweisen auf akute familiäre Gewalt: Schulleitung informieren und das Jugendamt einschalten. Ist das Jugendamt bereits informiert: Gespräch und Zusammenarbeit anstreben, um gemeinsam weitere Schritte abzusprechen.

Eventuelle rechtliche Folgen [3]
- Kindesmisshandlung (außer bei sexuellen Übergriffen) gehört nicht zu den Pflichtstrafanzeigen nach § 138 StGB. Es besteht also keine Meldepflicht.
- Spannungsverhältnis zwischen Schweigepflicht (Amtsverschwiegenheit) und Fürsorgepflicht bzw. dem Lehrerberuf
- Aber einige Bundesländer haben die Verpflichtung zur Hilfe schulgesetzlich normiert; Bayern: Art. 31 Abs. 1 (BayEUG). Ist das Kindeswohl ernsthaft gefährdet, so muss das zuständige Jugendamt informiert werden.
- bei eher vagem Verdacht: anonymisierte Datenweitergabe in jedem Fall möglich

3 Weiterführende Informationen

- www.gewalt-ist-nie-ok.de
- www.tk.de/centaurus/servlet/contentblob/11970/Datei/73/Leitfaden%20 f%C3%BCr%20P%C3%A4dagogen%20in%20MV.pdf
- www.verwaltungsservice.bayern.de/dokumente/leistung/7333002714
- www.familienhandbuch.de/haufige-probleme/gewalt-gegen-kinder/gewalt-in-der-familie

4 Unterstützungsangebote

- Kinder- und Jugendtelefon des Vereins »Nummer gegen Kummer«
- Deutscher Kinderschutzbund, lokale Beratungsstellen zu finden unter: www.dksb.de/CONTENT/VORORT.ASPX
- Beim Jugendamt, der Polizei und der Kinderschutzgruppe kann der Fall anonymisiert mit einer Beraterin/einem Berater besprochen und auch das weitere Vorgehen thematisiert werden. Vorsicht: Sobald Namen genannt werden, ist die jeweilige Behörde in der Pflicht, dem Tatbestand nachzugehen.

In aller Kürze

Bei dem Verdacht, dass innerhalb der Familie Gewalt gegen SoS angewandt wird, kann dieser durch genaue Beobachtung und/oder ein persönliches Gespräch mit der/dem betroffenen SoS geklärt werden. Sollte der vorliegende Verdacht nicht ganz aus dem Weg geräumt oder gar bestätigt werden, ist es ratsam, nichts zu überstürzen und sich Hilfe von Kollegen, der Schulleitung oder anderen Institutionen zu holen. Die betroffenen SoS sollten Unterstützung und Hilfsangebote erfahren.

Sexuelle Gewalt

Alexandra Bednara

> »*Sexuelle Gewalt* ist eine individuelle, alters- und geschlechtsabhängige Grenzverletzung und meint jede sexuelle Handlung, die an oder vor einem Kind oder einem/einer Jugendlichen entweder gegen dessen/deren Willen vorgenommen wird oder der das Kind oder der/die Jugendliche aufgrund körperlicher, psychischer, kognitiver oder sprachlicher Unterlegenheit nicht wissentlich zustimmen kann« (Bange/Deegener, zit. n. [1]).

1 Symptome und Hintergründe

Symptome

Im Überblick folgen einige emotionale Reaktionen und Verhaltensreaktionen auf sexuelle Gewalt (Braecker/Wirtz-Weinrich zit. n. [2]). Sexuelle Gewalt geht oft nicht mit körperlichen Symptomen einher. Zudem gibt es keine eindeutigen Verhaltensweisen von Kindern bzw. Jugendlichen, durch die auf sexuellen Missbrauch geschlossen werden kann.

Gefühlsebene	Verhaltensebene
ambivalente Gefühle Erwachsenen gegenüber, Verwirrung über Geschlechtsrolle, Scham, Schuldgefühle, Unruhe, Unsicherheit, Wut, die Angst, beschmutzt/beschädigt zu sein, Misstrauen, Depression, Gefühl der Inkompetenz, Selbstmordgedanken, Konflikte bezüglich Sexualität	sozialer Rückzug, Vermeiden von körperlicher/emotionaler Intimität, aggressives Verhalten, keine adäquaten sozialen Beziehungen, manipulatives Verhalten, sexuell provozierendes Verhalten, sexuelles Ausagieren mit gleichaltrigen und jüngeren Kindern, Drogenkonsum, Schlaf-/Ess-Störungen, Kopf-/Bauchschmerzen, Schuleschwänzen, Zwangshandlungen

Häufigkeit [1][2]

Über den gesamten Zeitraum der Kindheit und Jugend – so lässt sich vermuten – liegt die Zahl der Opfer sexueller Gewalt unter 10 Prozent. Über 90 Prozent der Mädchen und 75 bis 90 Prozent der Jungen werden von Männern missbraucht.

- Zu Beginn: keine klare Grenze zwischen positivem, wünschenswertem Körperkontakt und sexuellem Übergriff
- Das Opfer steht unter einem enormen emotionalen Druck, da die sexuelle Gewalt meist aufgrund ausdrücklicher Drohungen oder Versprechungen geheim gehalten werden muss.

In Familien mit starker geschlechtstypischer Rollenverteilung, sozialer Isolation, autoritären Strukturen, rigiden Sexualnormen und strengem moralischen Klima kommt sexuelle Gewalt häufiger vor.

Neuere Untersuchungen zeigen, dass in der Familie, aber auch im außerfamiliären Umfeld sexuelle Gewalt stattfindet. Das Alter der Täter liegt meist zwischen 19 und 50 Jahren. In letzter Zeit ist zu beobachten, dass es immer mehr jugendliche Täter gibt.

- Zu Beginn: »Grooming« (gezielter Aufbau eines freundschaftlichen und vertrauensvollen Verhältnisses)
- Die Täter sind meist unauffällig und sozial engagiert. Sie rechtfertigen ihre Handlungen vor sich selbst und tragen ihre Meinung, beispielsweise, dass Kinder und Jugendliche ihre Sexualität selbst bestimmen dürften, manchmal an die Öffentlichkeit.

Hintergründe [3]

Schon 1984 stellte David Finkelhor vier Bedingungen auf, die vom Täter erfüllt sein müssen, damit es zu sexueller Gewalt kommt:
- Interesse/Motive/Lust am sexuellen Missbrauch entwickeln
- innere Hemmungen überwinden
- äußere Hindernisse überwinden (Gelegenheiten schaffen)
- den Widerstand des Kindes überwinden

Die letzten beiden Aspekte können durch gute und rechtzeitige Prävention und Intervention (siehe die folgenden Punkte) abgeschwächt oder sogar unterminiert werden.

2 Anregungen zum Umgang mit den Schülerinnen und Schülern (SuS)

Prävention
- die Stärken von Kindern und Jugendlichen aufbauen
- die Unabhängigkeit der Kinder und Jugendlichen fördern
- die Freiheit von Kindern und Jugendlichen vergrößern
- in gemeinsamen Gesprächen die Autonomie und Selbstbestimmung von Kindern deutlich machen (das betrifft auch das ungewollte Händchenhalten mit der Mutter oder ein ungewolltes Küsschen vom Onkel, auch wenn dies nichts mit sexuellem Missbrauch zu tun hat)
- Resilienzprogramme umsetzen: z. B. das Programm »Resilienz; Widerstandsfähigkeit stärken – Leistung steigern« [4] oder das Präventionsprogramm »Grenzen – Prävention sexueller Gewalt« [2]

Intervention [2, 5]
Grundregeln der Intervention bei Verdacht auf sexuellen Missbrauch sind:
- Ruhe bewahren, nichts überstürzen
- Haltung gegenüber der Schülerin/dem Schüler: Wie mache ich mich der Schülerin/dem Schüler zugänglich? (Ich glaube der/dem SuS, ich signalisiere ihr/ihm, dass ich das Problem kenne und dass ich es ertrage, darüber zu sprechen; ich respektiere die Ambivalenz der/des SuS, ich darf die Tat der/des SuS gegenüber verurteilen, aber nicht den Täter)

- Tagebuch anlegen (Beobachtungen und Aussagen möglichst wortgetreu schriftlich mit Datum und Uhrzeit sowie anwesenden Personen festhalten; Zeichnungen, die Hinweise geben könnten, sammeln)
- Hilfe holen (Beratung einer spezialisierten Fachstelle einholen), Beispiele hierfür sind:

Unabhängige Beauftragte zur Aufarbeitung des sexuellen Kindesmissbrauchs 10 118 Berlin Tel.: 0800/2255530 Fax: 030/18555/4 1555 Mail: kontakt@ubskm.bund.de Internet: www.sprechen-hilft.de www.beauftragte-missbrauch.de	Landeskriminalamt Bayern Maillingerstraße 15 80636 München Telefon: 089/1212 0 Fax: 089/1212 2356 In München ist in jedem Sozialbürgerhaus ein Ansprechpartner für Lehrkräfte nominiert (Fachdienst), die einen Verdacht besprechen wollen.
Deutscher Kinderschutzbund Bundesverband e.V. Bundesgeschäftsstelle Schöneberger Str. 15 10963 Berlin Tel.: 030/214 809 0 Fax: 030/214 809 99 Mail: info@dksb.de Internet: www.dksb.de	pro familia Deutsche Gesellschaft für Familienplanung, Sexualpädagogik und Sexualberatung e.V. Bundesverband Stresemannallee 3 D-60596 Frankfurt/Main Tel.: 069/639002 Fax: 069/639852 Mail: info@profamilia.de Internet: www.profamilia.de
WEISSER RING e.V. Bundesgeschäftsstelle: Weberstraße 16 · 55130 Mainz Tel.: 06131/8303 0 Fax: 06131/8303 45 Bundesweites kostenfreies Opfer-Telefon: 116 006 Mail: info@weisser-ring.de Internet: www.weisser-ring.de	N.I.N.A. e.V. Steenbeker Weg 151 D-24106 Kiel Tel.: 01805/1234 65 Fax: 0431/70535018 Mail: mail@nina-info.de Internet: www.nina-info.de

- Hilfsangebote machen (Gibt es im sozialen Umfeld der/des SuS ein Netz, in dem sie/er aufgefangen werden könnte? Wer übernimmt die Begleitung der/des SuS im schulischen Umfeld? Wer begleitet die/den SuS zu einer Beratungsstelle?)
- Die Position der Erziehungsperson klären (von der Schülerin/vom Schüler gewählte Bezugsperson in der Familie stärken, indem Kontakt und Hilfsangebote aufgezeigt werden, Ziel: Zusammenarbeit)
- Schutz des Opfers vor weiterer sexueller Gewalt (bevor das Thema in der Familie zur Sprache kommt, muss die räumliche Trennung von Opfer und Täter vorbereitet und organisiert sein; hier ist eine fachliche Hilfe und die enge Zusammenarbeit mit dem Jugendamt unerlässlich!)
- Zuständigkeit, Koordination, Informationskette, Unterstützung klären
- eventuelle Anzeige vorbesprechen (siehe hierfür den folgenden Punkt)

Eventuelle rechtliche Folgen

Achtung: Ich als Lehrkraft bin verpflichtet, bei gemeiner Gefahr oder Not Hilfe zu leisten, wenn dies erforderlich ist und mir dies, den gegeben Umständen nach, zuzumuten ist (StGB §323c Unterlassene Hilfeleistung). [7] Zudem bin ich durch das KKG (Gesetz zur Kooperation und Information im Kinderschutz) verpflichtet, die Beratung und Übermittlung von Informationen bei Kindeswohlgefährdung durchzuführen (KKG § 4 Beratung und Übermittlung von Informationen durch Geheimnisträger bei Kindeswohlgefährdung). [8]

- Informiert sein: über die jeweiligen Ansprechpersonen im Schulhaus, Beratungsstellen, Fachleute und Behörden im Umkreis
- Beobachten: genau hinsehen, beobachten und alles chronologisch schriftlich festhalten
- Abklären: Haben sich Hinweise erhärtet, muss der Vorgesetzte informiert werden, die Auswertung der Informationen und Abklärung weiterer Aspekte liegt nicht mehr im Zuständigkeitsbereich der Lehrkraft! Allerdings können Vorgesetzte schon früher als beratende Personen hinzugezogen werden.
- Intervenieren: Frage: Strafanzeige Ja oder Nein? Wichtig ist, dass die/der SuS und ihre/seine Interessen im Vordergrund stehen und dass beurteilt wird, ob und wie die/der SuS ein Verfahren psychisch durchstehen kann. Die Entscheidung wird vom Fachpersonal in beratenden Institutionen begleitet getroffen. [5]

3 Weiterführende Informationen

- Die Internetseite www.profamilia.de gibt einen schnellen Überblick rund um das Thema »Sexualität« und so auch über sexuelle Gewalt. Buchtipps und Präventions- sowie Interventionsaspekte werden aufgeführt. Es können aber auch Beratungsstellen in der Nähe gesucht werden. Die Homepage http://power-child.de/ informiert über aktuelle Fortbildungen zur Prävention und über Präventionsprojekte.
- Hilfeportal der Bundesregierung: www.hilfeportal-missbrauch.de/startseite.html
- Portal: Sexuelle Gewalt. Prävention und Intervention in der Schule, ein Angebot der Akademie für Lehrerfortbildung, Dillingen: http://sexuelle-gewalt.alp.dillingen.de/
- Ausführliche Informationen und Hinweise für Lehrer zum Thema Sexuelle Gewalt: Huser, J./Leuzinger, R. (2011): Grenzen – Prävention sexueller Gewalt. Vorbeugung, Erkennung und Behandlung von sexueller Gewalt gegen Kinder und Jugendliche. Kerpen: Kohl.

4 Unterstützungsangebote

- beim zuständigen Schulpsychologen und beim (Mobilen) Sonderpädagogischen Dienst
- bei örtlichen psychiatrischen und klinisch-psychologischen Zentren

- Beim Jugendamt, der Polizei und der Kinderschutzgruppe kann der Fall anonymisiert mit einer Beraterin/einem Berater besprochen werden und auch weiteres Vorgehen thematisiert werden. Vorsicht: Sobald Namen genannt werden, ist die jeweilige Behörde in der Pflicht, dem Tatbestand nachzugehen.
- beim Institut zur Prävention von sexuellem Missbrauch München: www.amyna.de

In aller Kürze

Sexuelle Gewalt hat viele Gesichter. Wichtig ist das genaue Beobachten und rechtzeitige Einschalten von Fachkräften.

6.7 Körperliche Beeinträchtigungen und Entwicklungsstörungen

Hörschädigung

Severin Furtmayr

> Unter dem Begriff **Hörschädigung** wird eine Vielzahl von Störungen des Hörvorganges zusammengefasst, von einer leichten Schwerhörigkeit über verzerrte Hörwahrnehmung bis hin zur Taubheit.

1 Symptome und Hintergründe [1]

Symptome

Wird bei einem Geräusch über 0 dB (= normale Hörschwelle) keine Hörempfindung ausgelöst, spricht man von einer Hörschädigung. Wird die Hörempfindung bei 20 bis 40 dB (leises Reden) ausgelöst, handelt es sich um eine leichte, bei 40 bis 60 dB (normale Gesprächslautstärke) um eine mittlere und bei 60 bis 90 dB (lautes Reden) um eine hochgradige Hörschädigung. Erst bei einer minimalen oder nicht vorhandenen Resthörigkeit spricht man von Taubheit.

- Schallleitungs-Schwerhörigkeit: Funktionsstörung des Gehörgangs, des Trommelfells oder Mittelohrs; führt zu einem gleichmäßigen Hörverlust über alle Frequenzen hinweg und damit zu leiserem Hören
- Schallempfindungs-Schwerhörigkeiten: Störungen des Cortischen Organs oder des Hörnervs; führen zu einer verschlechterten Wahrnehmung der höheren Frequenzen und möglicherweise zur schmerzhaften Wahrnehmung von lauten Tönen sowie der weiteren Herabsetzung der Hörschwelle unter Belastung; negative Auswirkungen auf die Sprachentwicklung und die Differenzierung von Nutz- und Störschall; Lautsprache wird verzerrt wahrgenommen; bei hochgradigen Schädigungen reicht der Hörverlust bis zur Taubheit; kombinierte Störungen möglich
- Auditive Verarbeitungs- und Wahrnehmungsstörungen (AVWS): Störung der Hörprozesse im Gehirn; führt zu einer falschen/fehlenden Verarbeitung der wahrgenommenen Töne; unterschiedliche Folgen: z. B. Störung des Sprachverstehens, der Sprachlokation, der auditiven Speicherung, der Lautdiskrimination, der Störschall-Nutzschall-Trennung

Häufigkeit

Die Häufigkeit von Hörschädigungen bei der Geburt liegt in Industrieländern bei 0,1 Prozent und steigt bis zum Schulalter auf 0,2 Prozent. Schwerhörigkeit ist – nicht zuletzt aufgrund der Überalterung der Gesellschaft – ein Massenphänomen, jedoch sind nur 4 Prozent aller Schwerhörigen unter 20 Jahre. Die Prävalenzangaben schwanken jedoch je nach Publikation sehr.

Hintergründe [1]

Hörschädigungen können genetischer Natur sein oder infolge von Unfällen, Infektionen und Erkrankungen auftreten. Durch das Hörgeschädigten-Screening bei Neugeborenen und die Kindervorsorgeuntersuchungen werden schwere Hörschädigungen zumeist früh erkannt. Oft kann ein Cochlea-Implantat (Hörprothese bei funktionierendem Hörnerv) oder ein Hörgerät einen Teil der Hörstörung ausgleichen. Das Hörvermögen ist durch diese Geräte jedoch nicht vollständig wiederhergestellt. Für den Schulbereich ist vor allem wichtig, ob die Hörstörung vor oder nach dem Spracherwerbsprozess vorliegt, da sich dies auf die Kommunikation auswirkt.

2 Anregungen zum Umgang mit den Schülerinnen und Schülern (SuS) [2,3,4]

Hörschädigungen sind hinsichtlich Grad, Art, Ursache und Folgen sehr unterschiedlich, es ist also immer auf die individuelle Situation zu achten.

Klassenklima:
Hörgeschädigte erfahren häufig Ausgrenzungen in der Klasse, meist wegen ihrer erschwerten Kommunikationssituation. Dem kann vor allem durch genaue Aufklärung der Mitschüler in Absprache mit der/dem betroffenen SoS entgegengewirkt werden:
- Simulation des Hörverlusts und der Auswirkungen auf die Kommunikation
- Aufklärung über die individuellen Kommunikationsbedürfnisse der betroffenen SuS
- Aufklärung über die Funktionsweise des Ohres und mögliche Störungen
- die Funktion von technischen Hilfsmitteln erklären
- die Wichtigkeit einer disziplinierten Arbeitshaltung (Ruhe, Melden etc.) betonen und die Vorteile für die ganze Klasse aufzeigen

Raumgestaltung (Störlärm und Nachhall vermeiden):
- Geräuscharmes Schreiben an der Tafel (kein Quietschen etc.), z. B. durch Flüssigkreidestifte
- Teppichböden oder Filzstopper unter den Stühlen und Tischen
- Wand- und Deckenverkleidung (z. B. durch Bilder, Wandbehänge, Korktafeln etc.), Tücher an den Decken, Gardinen, Stellwände, Raumunterteilung, Möbel
- Klassenzimmer fern von schulinternen Lärmquellen (Cafeteria, Sporthallen, Musikzimmer)
- geringe Klassengröße (15 bis 20 SoS) bzw. differenzierende Arbeitsformen mit räumlich getrennten Kleingruppen (dadurch gibt es weniger Störquellen)
- moderne Geräte mit leiserem Lüftergeräusch

Unterrichtsformen:
- häufiger Methodenwechsel (jede Unterrichtsform hat dabei ihre Vor- und Nachteile)
- in Gruppenphasen auf Lärmpegel, Sprechverhalten und Hilfsmittelnutzung achten

- Pausen vom anstrengenden Hören und Lippenlesen ermöglichen, z. B. in der Einzelarbeit
- klare Unterrichtsstruktur
- Hörgeschädigten mehr Zeit zur Bewältigung des Lernstoffs einräumen
- Anschauung und Visualisierung, v. a. durch schriftliche Fixierung (z. B. von Arbeitsaufträgen)
- Verständnis von Anweisungen und Inhalten abfragen
- Banknachbar als wichtiger Helfer

Sprechverhalten (visuelle, verbale, vokale und nonverbale Elemente):
- auf Antlitzgerichtetheit achten, v. a. bei Arbeit an Tafel, Karte etc.
- natürliches, abwechslungsreiches Sprechen, aber etwas langsamer und deutlicher
- v. a. Frauen sollten auf eine tiefe Stimmlage achten
- klar gegliederte Sprache, die wichtiges unterstreicht
- Klärung eventueller Fremdwörter
- sinnergänzende nonverbale Elemente, z. B. zeigende (beim Aufrufen) und nachahmende Gesten, evtl. Einsatz des Finger-Alphabets
- längere Wartezeit nach Fragen (mindestens 3 Sekunden!)

Eventuelle rechtliche Folgen [5]

Wird ein Förderbedarf festgestellt, wird ein Nachteilsausgleich abhängig von der Schulart und der Zustimmung der Dienstaufsicht gewährt. In Bayern werden beispielsweise auf Veranlassung des Ministerialbeauftragen folgende Ausgleiche gewährt:
- Verlängerung der Arbeitszeit (bis zu 50 %)
- Berücksichtigung der Belastbarkeit in Prüfungssituationen (Gewährung von Pausen, Umfang der Aufgabenstellungen)
- Verwendung technischer Hilfsmittel (z. B. Computer, Lesegeräte)
- Zuordnung einer Schreibkraft
- behinderungsspezifischer Ersatz von Prüfungsformen

3 Weiterführende Informationen

Sowohl sonderpädagogische Kollegen der Mobilen Dienste (MSD) als auch oft zuständige Inklusionsberatungsstellen/-beauftragte an Schulämtern informieren und beraten in Hinblick auf die Inklusion hörgeschädigter Kinder und Jugendlicher.

Literatur
- Born, S. (2009): Schulische Integration Hörgeschädigter in Bayern. München: LMU.
- Bringmann, M. (2013): Einsatz technischer Hörhilfen bei der Unterrichtung von Schülern mit Hörschädigung an allgemeinen Schulen. Hamburg: Kovac.

- Furtmayr, S.: Hinweise und Hilfestellungen zur erfolgreichen Inklusion von Schülerinnen und Schülern mit Hör- oder Sehstörungen an weiterführenden Regelschulen. Zulassungsarbeit, Ludwig-Maximilians-Universität München. urn:nbn:de:bvb:19-epub-21748-8.
- Leonhardt, A. (2010): Einführung in die Hörgeschädigtenpädagogik. München: Reinhardt.
- Pospischil, M. (2013): Der »Bildungsartikel 24« aus der Konvention über die Rechte von Menschen mit Behinderungen und seine Konsequenzen für die Beschulung Hörgeschädigter. kovac.

Verbände und Vereine
- Deutscher Schwerhörigen Bund e. V. (DSB): www.schwerhoerigen-netz.de
- Bundesjugend des DSB: www.bundesjugend.de
- Deutsche Hörbehinderten Selbsthilfe e. V. (DHS), mit vielen regionalen Selbsthilfegruppen: www.hoerbehindertenselbsthilfe.de
- Taubenschlag: Internetportal für Gehörlose und Schwerhörige: www.taubenschlag.de

In aller Kürze

Unter »Hörschädigung« versteht man verschiedene Beeinträchtigungen im Bereich des Hörens, bis hin zur Taubheit. Zur optimalen Nutzung des Resthörvermögens werden verschiedene technische Hilfsmittel eingesetzt. Im Unterricht ist auf die Raumgestaltung, eine klare Sprechweise, ein ruhiges Klassenklima sowie Hörpausen für die betroffene Schülerin/den betroffenen Schüler zu achten.

Sehbehinderung

Severin Furtmayr

> *Sind Bereiche des Sehens oder ist speziell die Sehschärfe von mindestens einem Auge so weit reduziert, dass sie mit einer Brille nicht vollständig ausgeglichen werden können, spricht man von einer **Sehbehinderung**. Ist ein Kind hauptsächlich auf seinen Hör- und Tastsinn angewiesen, wird es als blind eingestuft.*

1 Symptome und Hintergründe [1]

Symptome

Die Reduzierung der Sehschärfe führt dazu, dass Gegenstände zur optimalen Wahrnehmung vergrößert oder näher an das Auge geführt werden müssen. Neben eingeschränkter Sehschärfe können andere Faktoren wie Ausfälle des Gesichtsfelds (»blinde Flecken«), Störungen des Licht- und Farbsinns oder der Augenbeweglichkeit das Sehvermögen entscheidend beeinträchtigen. Zwischen Sehen und Nicht-Sehen bestehen zudem keine festen Grenzen, da sie bei nicht-blinden Menschen stark von Umweltfaktoren (u. a. Licht- und Farbverhältnisse) abhängen. Bei »Central Visual Impairment« (CVI, auch »Cerebral Visual Impairment«) funktioniert die Verarbeitung der visuellen Reize im Gehirn nicht ausreichend.

Häufigkeit [1]

Es gibt keine zuverlässigen Zahlen für Deutschland, man geht davon aus, dass 1 Prozent der Kinder eine Sehbehinderung haben und nur ein Bruchteil davon blind ist. Etwa 0,1 Prozent der Schülerinnen und Schüler werden dem Förderschwerpunkt »Sehen« zugeordnet.

2 Anregungen zum Umgang mit den Schülerinnen und Schülern (SuS) [1,2]

Unterricht:
- klare Strukturierung, inklusive Sehpausen
- Die Wahrnehmungseinschränkung bedeutet einen höheren Zeitaufwand.
- Verbalisierung: [2]
  - handlungsbegleitendes Verbalisieren bei Unterrichtstätigkeiten (was mache ich und warum?)
  - Beschreiben und Erläutern von optischen Informationen (z. B. Ablauf und Ergebnis naturwissenschaftlicher Versuche)
  - direktes Ansprechen und Aufrufen der SoS mit Namen, auch bei Wortmeldungen
  - verbale statt nonverbale Rückmeldungen (»Ja« statt Nicken)
  - Handlungen vorher ankündigen (z. B. Austeilen von Medien)

- Bei hochgradiger Sehschädigung/Blindheit kommen taktile Veranschaulichungsmedien zum Einsatz.

Hilfsmittel:
- Das Lesen und Schreiben der normalen Schrift (Schwarzschrift) ist das Ziel, Hilfsmittel sollten also nicht überkompensieren.
- Durch Sans-Serif-Schriftarten, Schriftgröße, kurze Zeilenlänge, weiten Zeilenabstand, gute Kontraste und festes, glanzloses Papier kann das Lesen erleichtert werden.
- Verschiedene optische Hilfsmittel können den Leseprozess erleichtern; sie werden durch spezielle Optiker angepasst.
- Computer, evtl. kombiniert mit Bildschirmlesegeräten, sind wichtige Hilfsmittel im Bereich Lesen und der Umwandlung von Texten in auditive Informationen.
- Es muss mit der Ablehnung der Hilfsmittel durch die Betroffenen gerechnet werden.

Raumgestaltung (zur möglichst selbstständigen Bewegung im Klassenzimmer und Schulhaus):
- optimal und blendfrei ausgeleuchtete Schulräume
- Beschriftung aller Räume, Fächer etc. in Schwarzschrift (kontrastreich, deutlich etc.), mit Symbolen und in Brailleschrift
- Hindernisse und Gefahrenquellen vermeiden bzw. beseitigen (im Klassenzimmer, Schulhaus, auf dem Schulgelände)
- falls erforderlich, taktile Wegmarkierungen, Auf- und Abgänge kennzeichnen bzw. absichern
- den Weg von der Eingangstür des Schulgebäudes zum Klassenzimmer des sehgeschädigten Kindes mit farbigen »Leitlinien« am Fußboden oder an den Wänden markieren
- eine optimale akustische Situation ermöglichen (vgl. Beitrag zu »Hörschädigung«), da Sehbehinderte sehr auf ihr Gehör angewiesen sind
- Strukturierung des Arbeitsplatzes

Es gibt spezielle Inhalte, welche Sehgeschädigte unabhängig von ihren gut sehenden Mitschülern lernen müssen (Umgang mit der eigenen Behinderung, Kompensation derselben in konkreten Lebenssituationen). Sehgeschädigte SuS müssen also in bestimmten Bereichen Fertigkeiten und Fähigkeiten entwickeln, um ein selbstbestimmtes Leben führen zu können und die soziale und berufliche Integration zu ermöglichen. Jede Schule muss für sich überlegen, wie diese Anforderungen am besten umgesetzt werden können, z. B. in Zusammenarbeit mit einer Förderschule.

Eventuelle rechtliche Folgen [3]
Wird ein Förderbedarf festgestellt, kann je nach Schulart und nach Zustimmung der Dienstaufsicht ein Nachteilsausgleich gewährt werden. In Bayern können beispielsweise auf Veranlassung des Ministerialbeauftragen folgende Ausgleiche gewährt werden:

- Verlängerung der Arbeitszeit (bis zu 50 %)
- Berücksichtigung der Belastbarkeit in Prüfungssituationen (Gewährung von Pausen, Umfang der Aufgabenstellungen)
- Verwendung technischer Hilfsmittel (z. B. Computer, Lesegeräte)
- Zuordnung einer Schreibkraft
- behinderungsspezifischer Ersatz von Prüfungsformen

3 Weiterführende Informationen

Sowohl sonderpädagogische Kollegen der Mobilen Dienste (MSD) als auch oft an Schulämtern zuständige Inklusionsberatungsstellen/-beauftragte informieren und beraten in Hinblick auf die Inklusion sehbehinderter Kinder und Jugendlicher.

Verbände und Vereine
- Deutscher Blinden und Sehbehindertenverband e. V. (DBSV): www.dbsv.org
- »ISaR-Projekt« der TU Dortmund: www.isar-projekt.de

Literatur
- Furtmayr, S.: Hinweise und Hilfestellungen zur erfolgreichen Inklusion von Schülerinnen und Schülern mit Hör- oder Sehstörungen an weiterführenden Regelschulen. Zulassungsarbeit, Ludwig-Maximilians-Universität München. urn:nbn:de:bvb:19-epub-21748-8.
- Krug, F. (2001): Didaktik für den Unterricht mit sehbehinderten Schülern. Reinhardt. (Trotz des älteren Datums ein sehr hilfreiches und noch aktuelles Werk.)
- Lang, M./Hofer, U./Beyer, F. (2008): Didaktik des Unterrichts mit blinden und hochgradig sehbehinderten Schülerinnen und Schülern. Band 1: Grundlagen. Kohlhammer.
- Lang, M./Hofer, U./Beyer, F. (2013): Didaktik des Unterrichts mit blinden und hochgradig sehbehinderten Schülerinnen und Schülern. Band 2: Fachdidaktiken. Kohlhammer.
- Schöler, J. (2009): Alle sind verschieden. Auf dem Weg zur Inklusion in der Schule. Beltz. (Kapitel zur Sehbehinderung.)
- Walthes, R. (2014): Einführung in die Pädagogik bei Blindheit und Sehbeeinträchtigung. UTB.

In aller Kürze

Unter den Begriff Sehbehinderung fallen Beeinträchtigungen im Bereich des Sehens, bis hin zur Blindheit. Zur optimalen Nutzung des Restsehvermögens stehen eine Reihe von Hilfsmitteln zur Verfügung. In der Schule sollte des Weiteren auf eine optimale Raumgestaltung sowie auf die Verbalisierung des Unterrichtsgeschehens geachtet werden.

Geistige Behinderung

Julian Frederic Stauß

> Menschen mit **geistiger Behinderung** haben »erhebliche Schwierigkeiten [...], ihr Leben selbstständig zu führen, und [bedürfen] deshalb lebenslanger besonderer Hilfe, Förderung, und Begleitung.« [1]

1 Symptome und Hintergründe

Symptome

»Geistige Behinderung ist kein statischer Zustand, d. h. sie kann in jeder Lebensphase entstehen.« [2] Sie umfasst viele unterschiedliche Erscheinungsbilder und daher können keine eindeutigen Aussagen zu spezifischen Symptomen gemacht werden. Allgemein lässt sich sagen, dass Menschen mit geistiger Behinderung »meist eine organische Schädigung auf[weisen], die direkt oder indirekt das Gehirn betrifft. Sie beeinflusst die Gesamtpersönlichkeit des Menschen, sein Denken, Empfinden, Wahrnehmen, Handeln und Verhalten. Diese Schädigungen können vor, während oder nach der Geburt entstehen und zu ganz unterschiedlichen Störungsbildern [...] führen.« [2]

Den Begriff »geistige Behinderung« auf »charakteristische und allgemeingültige Merkmale definitiv festzulegen, ist unmöglich«. [2] Die Schwierigkeiten hierbei liegen in der Individualität des Phänomens der Behinderung. Allgemein ist geistige Behinderung »ein spezifischer Zustand der Funktionsfähigkeit, der in der Kindheit beginnt und durch eine Begrenzung der Intelligenzfunktionen und der Fähigkeit zur Anpassung an die Umgebung gekennzeichnet ist. Geistige Behinderung spiegelt deshalb das ›Passungsverhältnis‹ zwischen den Möglichkeiten des Individuums und der Struktur und den Erwartungen seiner Umgebung wider.« [2]

Häufigkeit

Im internationalen Diskurs wird geistige Behinderung auf verschiedene Weisen verstanden und definiert, was die Beurteilung der Datenlage erschwert. Auch national können keine zuverlässigen Zahlen zur Häufigkeit genannt werden. Folgende Zahlen sind in der Literatur zu finden:
- ca. 18 Prozent aller SuS mit sonderpädagogischem Förderbedarf in Deutschland [2, 3]
- ca. 0,6 Prozent der Gesamtbevölkerung [2]

Hintergründe

Biologische Ursachen überwiegen bei schwerer geistiger Behinderung. Soziokulturelle Einflüsse spielen bei leichter geistiger Behinderung meist eine gewichtige Rolle. [4] Es ist immer »mit einem komplexen Wechselspiel zwischen konstitutionell gegebenen, biologisch-genetischen und exogenen, von sozialen Bedingungen abhängigen Faktoren zu rechnen«. [4]

Dem oben genannten Passungsverhältnis zwischen dem Individuum und seiner Umgebung entsprechend, sei drauf verwiesen, dass bei einer Einschränkung erst die Anforderungen der Umwelt zur Behinderung führen – im Sinne von: Man wird behindert.

2 Anregungen zum Umgang mit den Schülerinnen und Schülern (SuS)

Aufgrund der Individualität des Phänomens der geistigen Behinderung lassen sich spezifische Anregungen zum unterrichtlichen Umgang nur für das einzelne Kind nennen. Speck [5] nennt folgende acht didaktische Prinzipien, die im Generellen berücksichtigt werden können.

1. *Das Individualisierungsprinzip:* Die »Unterschiedlichkeiten der individuellen Lernfähigkeiten« [5] der SuS bedarf der Differenzierung im Sinne von »jeden Schüler in seinem Lernen da abholen, wo er sich jeweils befindet«. [5]
2. *Das Aktivitätsprinzip:* Den SuS durch eigenes Tun und Handeln ermöglichen, selbstaktiv Erfahrungen zu sammeln.
3. *Das Ganzheitsprinzip:* Der Unterricht wird durch Erfahrungsorientiertheit und Situationsoffenheit organisiert.
4. *Das Prinzip der Lehrzielstrukturierung:* Die Lernroute klarlegen sowie Lehrziele individuell und spezifisch festlegen.
5. *Das Prinzip der Anschaulichkeit und der Übertragung:* Anschaulichkeit durch die Auseinandersetzung mit der Wirklichkeit bieten und den Transfer bisheriger Einzelkenntnisse und -fertigkeiten auf Neues ermöglichen.
6. *Das Prinzip der Entwicklungsgemäßheit:* Um Über- und Unterforderung zu vermeiden, gilt es, an den diagnostizierten individuellen Lernbedingungen anzusetzen.
7. *Das Prinzip des aktionsbegleitenden Sprechens:* Tun und Handeln werden gleichzeitig sprachlich ausgedrückt.
8. *Das Prinzip der sozialen Lernmotivierung:* Gruppenatmosphäre und Lehrer-Kind-Beziehung spielen eine bedeutende Rolle bei der Lernmotivation.

Für den Unterricht kann es des Weiteren sinnvoll sein, auf das *Konzept der leichten Sprache* zur Differenzierung zurückzugreifen. Mit vorgegebenen Regeln wird Sprache dabei so sehr vereinfacht, dass sie als Barriere für Verständnis und Teilhabe in den Hintergrund rückt. Leichte Sprache kann bei schwigigen Sachverhalten (Physik, Politik etc.) auch anderen SuS zugutekommen.

3 Weiterführende Informationen

- Bundesvereinigung Lebenshilfe: www.lebenshilfe.de/de/leben-mit-behinderung/unser-kind/
- Hogenboom, M. (2010): Menschen mit geistiger Behinderung besser verstehen. Reinhardt.

- Pitsch, H.-J. (2002): Zur Didaktik und Methodik des Unterrichts mit Geistigbehinderten. Athena.
- Sarimski, K./Steinhausen, H. C. (2008): Ratgeber Psychische Störungen bei geistiger Behinderung: Informationen für Eltern, Lehrer und Erzieher. Hogrefe.
- Terfloth, K./Bauersfeld, S. (2012): Schüler mit geistiger Behinderung unterrichten. Reinhardt.
- Informationen zur leichten Sprache: www.leichtesprache.org

4 Unterstützungsangebote

- Hilfe für Menschen mit geistiger Behinderung: www.andreas-gaertner-stiftung.de
- www.lebenshilfe.de. Unter »Die Lebenshilfe in ihrer Nähe« kann nach Landesverbänden etc. gesucht werden.
- Selbsthilfevereinigung. Eltern-, Fach- und Trägerverband für Menschen mit geistiger Behinderung und ihre Familien.

In aller Kürze

Menschen mit geistiger Behinderung brauchen besondere Unterstützung und Förderung. Das Phänomen geistige Behinderung ist höchst individuell. Entsprechend individuell und differenziert sollte im Unterricht darauf eingegangen werden. Es gibt bewährte und wissenschaftlich untermauerte didaktische Prinzipien, die bei einer personenbezogenen Förderung berücksichtigt werden sollten.

Epilepsie

Julia Seeliger

> Epilepsie oder »Fallsucht« ist eine Krankheit, bei der wiederholt Krampfanfälle auftreten. Sie beruht auf einer Funktionsstörung des zentralen Nervensystems. Häufig treten erste Anfälle schon in den ersten Lebensjahren auf. Unter Umständen können Wesens-, Verhaltens- und Intelligenzveränderungen die Folge sein.

1 Symptome und Hintergründe

Symptome

Im Allgemeinen unterscheidet man zwei Erscheinungsbilder von Anfällen:
- Der »Grand Mal« (»Großer Anfall«) kündigt sich meistens durch ein Unwohlsein des Betroffenen an. Dieser »Aura« genannte Vorbote kann Tage, Stunden oder Minuten vor dem Anfall auftreten:
  - plötzliche Bewusstlosigkeit und Versteifung der Muskulatur, häufig verbunden mit einem Sturz sowie einem Schrei oder Stöhnen
  - Kind hat einen starren Blick (Augen bleiben geöffnet) und hört auf zu atmen
  - Zuckungen in Extremitäten und Kopfbereich
  - Unter Umständen kommt es zu Zungenbissen und Urinabgang.
  - Anfall dauert in der Regel nur wenige Minuten und endet von selbst
- »Kleine Anfälle« oder »Petit Mal« haben verschiedene Erscheinungsformen. Bei SoS treten meist Absencen auf:
  - Bewusstseinspausen mit geöffneten Augen, SoS wirkt »verträumt«
  - verlangsamte Bewegungen, Tätigkeiten werden unterbrochen oder mechanisch fortgeführt

Manchmal treten auch nur Verhaltensauffälligkeiten (»psychomotorische Anfälle«) auf. Dabei wird die/der SoS unruhig, läuft unmotiviert herum, nestelt an der Kleidung, spricht undeutlich und macht Leck- und Schluckbewegungen. Bei Jugendlichen kommt es manchmal auch nur zu heftigen symmetrischen Muskelzuckungen im Schultergürtel.

In seltenen Fällen treten mehrere Anfälle innerhalb von Minuten oder Stunden auf. Kommt der Betroffene zwischendurch wieder zu Bewusstsein, so spricht man von einer Anfalls-Serie. Trifft dies nicht zu oder dauert ein Anfall länger als 15 Minuten, ist dies ein Status Epilepticus (»epileptischer Zustand«).

Epileptische Anfälle sollten immer von psychogenen Anfällen (Krampfanfall, der durch einen emotionalen Konflikt ausgelöst wird) oder Synkopen (Ohnmachten) unterschieden werden.

Häufigkeit

5 Prozent aller Menschen erleben im Laufe ihres Lebens einzelne epileptische Anfälle, Gelegenheitskrämpfe genannt, die durch besondere Einwirkungen hervorgerufen

werden. Treten die Anfälle häufiger auf, so kann man von einer aktiven Epilepsie sprechen. Hiervon sind 0,5 bis 1 Prozent der Bevölkerung betroffen. [1] Sie ist eine der am häufigsten auftretenden chronischen Krankheiten im Kindesalter [2]. Im Laufe der Kindheit und Jugend erkranken 0,3 bis 0,6 Prozent an einer Epilepsie. Dabei kann man in jedem Lebensalter erkranken. Epilepsien treten in allen sozialen Schichten und jeder Kultur gleich häufig auf.

Hintergründe
Epilepsien beruhen auf einer Funktionsstörung des Gehirns. Funktionsstörungen entstehen zum einen durch eine funktionelle oder strukturelle Schädigung des Gehirns, zum Beispiel durch Verletzungsnarben infolge eines Unfalls, Entzündungen oder durch Tumore. Wirken diese Schädigungen mit einer angeborenen erhöhten Anfallsbereitschaft zusammen, so kann es zu »Kurzschlüssen« im Gehirn kommen, d. h. die elektrischen Impulse nehmen einen falschen Weg. Dadurch kann ein Anfall ausgelöst werden. Epilepsie an sich ist nicht vererbbar, die erhöhte Anfallsbereitschaft aber schon.

2 Anregungen zum Umgang mit den Schülerinnen und Schülern (SuS)

Wenn die/der SoS medikamentös gut eingestellt und weitgehend anfallsfrei ist, ergeben sich kaum Auswirkungen auf den Unterricht.

Allerdings kann die Lern- und Leistungsfähigkeit der/des betroffenen SoS durch die Krankheit, Nebenwirkungen der Medikamente, psychosoziale Belastungen oder längere Krankenhausaufenthalte beeinträchtigt werden. Daher kann es ratsam sein, das Lehrerkollegium zu informieren. Zudem können Absencen oder psychomotorische Anfälle als fehlende Anstrengungsbereitschaft, Unkonzentriertheit oder sogar als Störung aufgefasst werden. Ob die Mitschüler ebenfalls informiert werden sollten, hängt vom Einzelfall ab: Treten im Unterricht Anfälle auf oder sind die Nebenwirkungen der Medikamente deutlich spürbar, ist dies sehr wichtig.

Durch einen Anfall kann ein Kind bei der Bearbeitung von Aufgaben leicht in Zeitnot geraten. Zudem kann die Schrift unleserlich werden oder es können bei einem Diktat Abschnitte fehlen. Die Lehrperson sollte dann entsprechend reagieren und z. B. mehr Zeit zur Verfügung stellen oder die fehlenden Passagen des Diktats wiederholen.

SuS mit Epilepsie sollten im Unterricht keine gefährlichen Arbeiten ausführen. Daher ist besondere Vorsicht in Fächern wie Werken, Chemie oder Physik geboten. Im Schulsport sollten keine Sportarten mit Absturzgefahr durchgeführt werden. Dazu zählen u. a. Geräteturnen, Radfahren oder Klettern. Ebenso ist darauf zu achten, dass Überanstrengung vermieden wird. Beim Schwimmunterricht sollte die/der SoS eine geeignete Schwimmweste tragen und auf Tauchen und Springen verzichten. Grundsätzlich sollte sich die Lehrperson bei den Eltern darüber informieren:
- wie ein Anfall anfängt,
- welche Hauptsymptome auftreten,
- ob das Kind das Bewusstsein verliert,
- wie das Kind vor Verletzungen zu schützen ist,
- wie lange ein Anfall dauert, wie sich das Kind nach einem Anfall verhält,

- ob und welche Notfallmedikamente verabreicht werden sollten und
- wann die Eltern oder ein Arzt informiert werden sollten. [3]

Bei Absencen oder psychomotorischen Anfällen sollte die/der SoS in Ruhe gelassen werden. Im Falle eines Grand Mal sollte die Kleidung gelockert und die/der SoS in die stabile Seitenlage gebracht werden. Keinesfalls versuchen, den Krampf mit Gewalt zu lösen! Sowohl die Lehrperson als auch die Mitschüler sollten Ruhe bewahren. Wenn dies möglich ist, können Letztere auch den Raum verlassen, um die/den betroffenen SoS in ihrer/seiner Hilflosigkeit nicht den Blicken anderer auszuliefern. Nur wenn eine Anfalls-Serie eintritt oder ein Anfall länger als fünf Minuten dauert, muss ein Arzt gerufen werden. Die Eltern sollten grundsätzlich über die Beobachtungen informiert werden.

Eventuelle rechtliche Folgen
Lehrer/innen sind in der Regel für Schäden oder Verletzungen, die im Zusammenhang mit einem epileptischen Anfall auftreten, nicht haftbar. [4]

3 Weiterführende Informationen

- Informationen zum Thema Epilepsie bekommt man über das »Informationszentrum Epilepsie« (IZE) der »Deutschen Gesellschaft für Epileptologie« und dessen Internetseite (www.izepilepsie.de).
- Für Lehrer/innen ist zudem die Internetseite des »Landesverbandes Epilepsie Bayern e. V.« (www.epilepsie-lehrerpaket.de) zu empfehlen.
- Über die »Stiftung Michael« können Hefte zu verschiedenen Themen bezogen werden.

4 Unterstützungsangebote

Der für Epilepsien zuständige Facharzt ist der Neurologe oder der speziell für Kinder und Jugendliche ausgebildete Neuropädiater. Zudem gibt es deutschlandweit 16 spezielle Epilepsie-Zentren, die u. a. von der Deutschen Gesellschaft für Epileptologie zertifiziert sind, und einige Epilepsie-Beratungsstellen. Eine Übersicht über entsprechende Ambulanzen, Schwerpunktpraxen, Epilepsie-Zentren und Beratungsstellen bietet die Internetseite der Deutschen Gesellschaft für Epileptologie: www.izepilepsie.de.

In aller Kürze
Epilepsie ist eine Krankheit, die auf einer Funktionsstörung des Gehirns beruht und verschiedenartige Anfälle auslösen kann. In der Schule treten meist Grand-Mal-Anfälle, Absencen oder psychomotorische Anfälle auf, die die/den SoS beim Lernen behindern können. Daher ist es wichtig, eine Epilepsie von eventueller Unaufmerksamkeit oder fehlender Anstrengungsbereitschaft zu unterscheiden.

Stottern und Stammeln

Nadine-Yasemin Harter

> Stottern ist eine Störung der Sprechflüssigkeit, bei der es nicht nur gelegentlich, sondern auffallend häufig zu Unterbrechungen im Redefluss kommt. [1,2]

1 Symptome und Hintergründe

Symptome
- auffällige Unterbrechungen im Satz [1,2,3]
  - Wiederholungen des ganzen Wortes oder ganzer Silben (»Ka-ka-katze«)
  - Verlängerung von Lauten (»Sssssiehst«)
  - unfreiwillige Blockierungen (»b—rauche«)
- häufig weitere individuelle Begleiterscheinungen [2,4]
  - individuelle Folgesymptomatik auf der sprachlichen, nicht-sprachlichen und emotionalen Ebene, wie
  - unbewusste Bewältigungsreaktionen (Fluchtverhalten; Vermeidungsstrategien)
  - bewusste Versuche zur Veränderung (Verlangsamung des Sprechtempos; weiche Stimme)

Häufigkeit [2,4,5]
- In Deutschland weisen 3 bis 5 Prozent aller Kinder eine Stottersystematik auf.
- Viele entwickeln die Störung bereits bis zum 6. Lebensjahr oder bei Eintritt in die Pubertät.
- Verhältnis von männlichem zu weiblichem Geschlecht beträgt bei Kindern 3:1.
- Davon tritt bei ca. 80 Prozent der Kinder eine Spontanheilung auf.
- Bei fast allen Kindern sind vorübergehende Sprech-Unflüssigkeiten erkennbar.

Hintergründe [1,4]
Der aktuelle Forschungsstand zeigt, dass mehrere Faktoren als Ursachen und zur Aufrechterhaltung zusammenspielen:
- Veranlagungsfaktoren (genetische Vorbelastung; Sprachentwicklungsstörung)
- auslösende Faktoren (zu schnell wachsender Wortschatz, sodass Probleme in der Sprachentwicklung entstehen)
- aufrechterhaltende Faktoren (Angst vor dem Stottern)

2 Anregungen zum Umgang mit den Schülerinnen und Schülern (SuS) [1]

Es wird ein symptomorientiertes Vorgehen befürwortet, d. h. die Konzentration liegt auf der Arbeit am flüssigen Sprechen, was motivationssteigernd wirkt.

Umgang mit mündlichen Leistungen durch zeitlich begrenzte Absprachen
- Mündliche Beiträge im Unterricht werden nur eingefordert, wenn die/der SoS sich meldet.
- SoS bei Beiträgen weder ignorieren noch anstarren
- Vorlesen findet nicht der Reihe nach statt, sondern nach Meldung.
- SoS nicht unnötig in Stresssituationen bringen
  - Die/der SoS wird nicht vor der Klasse abgefragt (SoS darf an seinem Platz sitzen bleiben; Abfragen in der Pause bzw. vor/nach dem Unterricht).
  - Fehlende mündliche Beiträge werden im persönlichen Gespräch thematisiert, um nach Lösungen zu suchen.
- Referate
  - werden in der Pause allein vor der Lehrkraft gehalten.
  - müssen nur schriftlich ausgearbeitet werden.
  - dürfen vom Tonband abgespielt oder vom Blatt abgelesen werden.
- Negative Reaktionen auf die Symptomatik (übertriebenes Korrigieren, Unterbrechen oder Zu-Ende-Sprechen) vermeiden
- Regelmäßige Gespräche mit SoS über Erfolg von Maßnahmen und Anpassungen

Achtung: Bei anhaltender Problematik kommt es zur Chronifizierung der Störung und somit zu einer immer geringeren Wahrscheinlichkeit der Veränderbarkeit. Daher das Gespräch mit den Eltern suchen und ggf. gemeinsam einen geeigneten spezialisierten Sprachtherapeuten/Logopäden finden. Eine frühe Therapie ist besonders erfolgversprechend.

Eventuelle rechtliche Folgen [1,2,3]
Bei Redefluss-Störungen kann auch ein Nachteilsausgleich in Form von Zeitzuschlag oder modifizierten Vorträgen (nur vor dem Lehrer) bewilligt werden (Dienstaufsicht).

3 Weiterführende Informationen

Wo kann ich mich auf die Schnelle informieren?
- Hansen, B./Iven, C. (2004): Stottern bei Kindern. Ein Ratgeber für Eltern und pädagogische Berufe. Schulz-Kirchner.
- Bundesvereinigung Stotterer-Selbsthilfe e. V. [1]
- Schindler, A. (2001): Stottern und Schule. Ein Ratgeber für Lehrerinnen und Lehrer.
- de Geus, E./Fleißner, A. (2011): »Manchmal stotter' ich eben.« Ratgeber für Kinder, 7 bis 12.
- Benny Comics 1-4 [6] (Benny, 12, meistert seinen ganz normalen Alltag – Schule, Mädchen, Hausarbeit etc. – pfiffig und selbstbewusst): www.jugend-infoseite-stottern.de/benni_1.html

Wo finde ich tiefgehende aktuelle Informationen?
- Ochsenkühn, C./Thiel, M./Ewerbeck, C. (2009): Stottern bei Kindern und Jugendlichen. Springer.

- Bundesvereinigung Stotterer-Selbsthilfe e.V.: Tel: 0221/139 1106 oder -1107, www.bvss.de

4 Unterstützungsangebote [1]

Anlaufstellen bei der Suche geeigneter Therapeuten:
- ivs-Geschäftsstelle: Tel: 0700/48766546, www.ivs-online.de
- Deutscher Bundesverband der akademischen Sprachtherapeuten (dbs) e.V.: Tel: 02841/988919, www.dbs-ev.de
- Deutscher Bundesverband für Logopädie (dbl) e.V.: Tel: 02234/37953 0, www.dbl-ev.de
- In Bayern: An jeder staatlichen Schulberatungsstelle gibt es einen Beauftragten für Redeflussstörungen, der Eltern und Lehrkräfte berät.

In aller Kürze

- Stottern bezeichnet eine länger anhaltende Sprech-Unflüssigkeit.
- Bei einer frühzeitigen Therapie sind die Symptome gut behandelbar.
- Zusammenarbeit mit einem spezialisierten Sprachtherapeuten
- keinen Sprechzwang der SuS, nur bei eigenständigem Melden
- Extrastellung/-behandlung der/des SuS, mit der Klasse besprechen
- kein übertriebenes Korrigierverhalten bei Sprechfehlern

Tic-Störungen

Miriam Majora

> »*Tics* sind plötzlich auftretende, unwillkürliche, rasche, sich wiederholende, nicht rhythmische motorische Bewegungen, die umschriebene Muskelgruppen betreffen (motorische Tics) oder vokale Produktionen, die plötzlich einsetzen und keinem offensichtlichen Zweck dienen (vokale Tics).« (S. 75 [1])

1 Symptome und Hintergründe

Symptome
Differenziert werden verschiedene Arten von Tic-Störungen (ICD-10; F. 95):
1. *Vorübergehende Tic-Störungen:* Tics treten weniger als zwölf Monate lang auf.
2. *Chronisch motorische Tic-Störungen:* Tics treten länger als zwölf Monate lang auf.

3. *Chronisch vokale Tic-Störungen:* Tics treten länger als zwölf Monate lang auf.
4. Wenn durch die Schwere der Tic-Störung verschiedene Lebensbereiche stark beeinträchtigt sind, sowohl motorische als auch vokale Tics auftreten und sich eine Chronifizierung abzeichnet, spricht man vom *Tourette-Syndrom*.

Motorische Tic-Störungen	Vokale Tic-Störungen
• häufiges Blinzeln • Grimassen ziehen • Kopfschütteln • Schulterzucken • sich kratzen • sich schlagen (ohne Selbstverletzung)	• räuspern • bellen • zischen • Wiederholung von Wörtern und Lauten • obszöner Wortgebrauch • husten

- Selten wird nur ein Tic gezeigt, in der Regel bestehen mehrere gleichzeitig und dabei oft auch motorische und vokale Tics.
- Tics können sich ändern oder abwechseln, sodass z. B. Blinzeln in zwei Monaten häufiger auftritt und anschließend kaum mehr.
- Bei der Auftretenshäufigkeit und spezifischen Ausprägung von Tics zeigen sich große interindividuelle Unterschiede, welche auch von äußeren Faktoren abhängen wie Stress, gewohntes Umfeld etc. [2]
- Abzugrenzen sind Zwangshandlungen, also eine bewusst kontrollierbare Bewegung, hinter der ein Zwangsgedanke (bei Unterlassen könnte ...) steht, [3] und Stereotypien, wiederholende, oft rhythmische und komplexere Bewegungen, welche aufgrund anderer Störungen (z. B. geistige Behinderung, Autismus) auftreten.

Komorbidität: [4]
- 50 bis 75 Prozent der betroffenen SoS weisen zudem eine ADHS auf.
- 20 bis 25 Prozent haben affektive (vor allem depressive) Störungen.
- 15 bis 20 Prozent haben Angststörungen.

Häufigkeit
- Ca. 4 bis 12 Prozent der Schülerinnen und Schüler (SuS) in der Grundschule sind temporär betroffen, 3 bis 4 Prozent chronisch.
- Jungen sind dreimal häufiger betroffen als Mädchen.
- Tic-Störungen beginnen in der Kindheit oder im Jugendalter. [5]
- Die Ausprägung der Tics in ihrem höchsten Schweregrad ist im 12. bis 14. Lebensjahr zu beobachten. [6]

Hintergründe
Die Entstehung von Tic-Störungen ist weitgehend ungeklärt. Es wird angenommen, dass genetische, neurobiologische und psychologische Faktoren für die Entstehung von Tics ausschlaggebend sein könnten. [2]

Zum Ausschluss kann in jedem Fall beachtet werden, dass etliche Medikamente, die regelmäßig eingenommen werden, Tics als Nebenwirkungen aufgeführt haben. In diesen Fällen sollte der behandelnde Arzt konsultiert werden.

Behandlungsmöglichkeiten:
- Wichtig: Zu beachten ist, dass Tics in stressbelasteten Situationen bzw. als Entwicklungsphasen im Kleinkindalter kurzzeitig auftreten und verschwinden können.
- Verhaltenstherapie: »Habit Reversal Training« (Training der Reaktionsumkehr): [7]
  - Dabei sollen gezielt Gegenbewegungen zu den Tics gesucht und eingeübt werden.
  - Begonnen wird mit einem Wahrnehmungstraining zum Auftreten von Tics. In der zweiten Phase werden gezielt inkompatible Verhaltensweisen (z. B. Augen weit öffnen statt blinzeln) trainiert und in der dritten Phase des Trainings generalisiert. Das Ziel besteht darin, die Tics bewusst wahrzunehmen und durch unauffälliges Verhalten zu ersetzen.
- Pharmakotherapie (je nach Schweregrad und subjektivem Leidensdruck).

2 Anregungen zum Umgang mit den Schülerinnen und Schülern (SuS)

Döpfner, Roessner, Woitecki und Rothenberger (»Ratgeber Tics«) geben für Lehrkräfte neun Grundprinzipien für den Umgang mit SoS an, die an einer Tic-Störung leiden. [8] Diese sollten abhängig vom Schweregrad individuell berücksichtigt werden:
1. Als Lehrkraft unbefangen mit den Tics umgehen
2. Die Akzeptanz der/des SoS in der Klasse unterstützen (Mitschüler informieren und Themen behandeln wie Integration, Miteinander, Anderssein; auf »Stars« mit derselben Störung hinweisen)
3. Nach Neigung und Begabung der/des SoS fördern
4. Eine entspannte Lernatmosphäre ermöglichen
5. Auf zusätzliche Probleme der/des SoS achten (SuS mit Störungen können zusätzliche psychische Probleme entwickeln, z. B. zwanghaftes Verhalten, Depressivität, Ängste)
6. Hilfestellungen im Unterricht anbieten (z. B. mehr Lernzeit)
7. Möglichkeit zum Verlassen des Unterrichts geben
8. Wenn nötig, Gelegenheit geben, dass die/der SoS Klassenarbeiten in einem anderen Raum schreiben kann
9. SoS bei der Verbesserung der Selbstkontrolle unterstützen

Besonders hilfreich ist die Unterstützung der Lehrkraft bei der Durchführung einer Therapie, weil es darum geht, gelernte Verhaltensweisen in den Alltag zu überführen und die Erfolge bewusst wahrzunehmen. Eine Absprache mit Therapeut und SoS ist in diesem Fall sinnvoll.

3 Weiterführende Informationen

- 40-seitiger Ratgeber, der für betroffene SuS Tipps zur Selbsthilfe enthält sowie Informationen und Hinweise zum Umgang mit Tic-Störungen: Döpfner, M./Roessner, V./Woitecki, K./Rothenberger, A. (2010): Ratgeber Tics: Informationen für Eltern, Lehrer und Erzieher. Hogrefe.

- Ausführliche und mit Fallbeispielen versehene Darstellung: Döpfner, M./Roessner, V./Woitecki, K./Rothenberger, A. (2010): Tic-Störungen. Hogrefe.
- Ein knapper Leitfaden für Lehrkräfte, herausgegeben von der Tourette-Gesellschaft Deutschland e. V., gibt eine Übersicht über Tic-Störungen. Abrufbar unter: www.tourette.de/wasist/lehrer_leitfaden.shtml.
- Die Homepage des »InteressenVerband Tic & Tourette Syndrom e. V.« bietet Informationsangebote für Betroffene und Angehörige sowie Tipps für die Schule zum Umgang mit betroffenen SuS. Es stehen Studien zum Download zur Verfügung sowie Informationen zu Ursache, Diagnostik und Behandlungsmöglichkeiten. Im Online-Shop des Vereins können DVDs, Bücher, Flyer und Poster zum Thema Tic-Störungen und Tourette-Syndrom kostenpflichtig bestellt werden: www.iv-ts.de/tics-tourette-syndrom.htm.

In aller Kürze

Tic-Störungen zeigen sich bei Kindern und Jugendlichen in plötzlichen und willkürlichen Bewegungen und/oder Äußerungen. Die Ausprägung und Dauer der Tic-Störung ist interindividuell verschieden und kann unterschiedlich starken Einfluss auf das Leben der Kinder und Jugendlichen haben. Im Rahmen der schulischen Arbeit sollten Lehrkräfte unbefangen mit den Tics umgehen, für eine aufgeklärte, informierte Atmosphäre im Klassenzimmer sorgen und die/den betroffene/n SoS in Möglichkeiten zur Selbstkontrolle unterstützen.

Die Autismus-Spektrum-Störungen (ASS)

Nicolas Majora

> »Alle **Autismus-Spektrum-Störungen (ASS)** sind tiefgreifende, genetisch verursachte Entwicklungsstörungen. Das Spektrum reicht von schwerster Behinderung bis hin zur nicht genau festgelegten Grenze der Normalität.« [1]

1 Symptome und Hintergründe

Symptome

Eine Autismus-Spektrum-Störung wird in der Regel vor dem fünften Lebensjahr diagnostiziert. Spätere Diagnosen beruhen auf anamnestischen Untersuchungen, die belegen, dass in der frühen Kindheit Symptome vorgelegen haben. Innerhalb der ASS werden verschiedene Abstufungen und Kategorien je nach Ausprägung des kognitiven Leistungsniveaus vorgenommen. Bei einer starken kognitiven Beeinträchtigung wird vom »Low-functioning-Autismus« gesprochen. Liegt der Intelligenzquotient im »normalen« Bereich oder ist nicht signifikant niedrig, ist die Rede vom »High-functioning-Autismus«. Häufig findet man noch die Unterteilung in frühkindlichen Autismus und Asperger-Syndrom.

Wie der folgenden Tabelle zu entnehmen ist, zeigen sich die Symptome der ASS vor allem in drei Bereichen: in der sozialen Interaktion, der Kommunikation und im Bereich Interessen/stereotypische Verhaltensweisen. [2] Die Symptome können im Klassenzimmer wie folgt auftreten. [3]

Beeinträchtigung der sozialen Interaktion	Beeinträchtigung der Kommunikation	Eingeschränkte Interessen und stereotypische Verhaltensweisen
Geteilte Aufmerksamkeit und Freude • kein Suchen von gemeinsamen Interessen • kaum oder unzureichende Reaktionen bei sozialem Austausch (kein Lächeln, keine Bestätigung) • eingeschränkte Kenntnis sozialer Regeln (»freches« und »unverschämtes« Verhalten) • Auffälligkeiten im Sozialverhalten (sozialer Rückzug, unangebrachtes Berühren von Personen) • hohe Erregung und unangepasstes Verhalten bei Veränderungen (z. B. Wechsel des Klassenzimmers) • fehlende oder eingeschränkte Empathie	*Nonverbales Verhalten* • Vermeidung von Blickkontakt • wenig gerichtete Mimik und Gestik • kaum Interaktionen mit dem Gegenüber • reduziertes soziales Lächeln • falsches oder mangelhaftes Interpretieren von Mimik und Gestik *Verbales Verhalten* • oft kein Spracherwerb (geringe Kognition) • umständliche (Eigen-)Sprache • angehacktes und unmelodisches Sprechen • kein Antworten auf Ansprechen • Nichtverstehen von Aufforderungen bzw. falsche Schlussfolgerungen	*Interessen* • Spezialinteressen (z. B. Lesen von Fahrplänen, technische Gerätschaften, Auswendiglernen von Reihenfolgen), die nicht unbedingt altersspezifisch sind *Stereotypisches Verhalten* • Aufreihen, Sortieren, Sammeln von bestimmten Gegenständen • Bewegungsstereotype zur Beruhigung (schaukeln, hin- und herwippen, Klopfgeräusche machen) • (zwanghaftes) Festhalten an bestimmten Gegenständen oder spezifischen Ritualen

Auch bei High-functioning-Autismus (z. B. bei hochbegabten Kindern mit Autismus) treten Symptome in den drei Kategorien auf. Oft können diese jedoch durch kognitive Überlegungen dieser Autisten kompensiert werden.

Häufigkeit

Die Auftretenswahrscheinlichkeit von ASS liegt nach neueren Studien bei ca. 6,5 von 1000 Personen; bei 150 Kindern hat durchschnittlich ein Kind eine Autismus-Spektrum-Störung. [4] Im Verlauf der letzten Jahrzehnte ist eine Zunahme der ASS zu verzeichnen, welche auf verbesserte Diagnose- und Testverfahren zurückgeführt werden kann. [5] Innerhalb der verschiedenen Ausprägungen gibt es Geschlechterunterschiede: Jungen sind häufiger von einer ASS betroffen als Mädchen. [6] Unter Autisten gibt es weniger Hochbegabte als in der Allgemeinbevölkerung, sodass der durch Medien sehr bekannte High-functioning-Autismus weitaus seltener auftritt als meist angenommen. Die Anzahl der Kinder mit geistiger Behinderung überwiegt deutlich. [7]

Hintergründe
Während sich die formulierte These der »fehlenden oder mangelhaften« emotionalen Zuwendung zum Kind durch die Mutter (»Kühlschrankmutter«) als eindeutig falsch herausgestellt hat, geht man heute von genetischen Determinanten und möglichen (pränatalen) Hirnschädigungen aus. [8] Die derzeitige Forschung untersucht den genauen Zusammenhang zwischen spezifischen Genen und der Entstehung einer ASS. [9] Auch wenn die Umwelt nicht Ursache der ASS ist, weiß man heute über die Möglichkeiten der Veränderung von Ausprägung und Ausmaß der ASS-Symptome durch die Umwelt.

2 Anregungen zum Umgang mit den Schülerinnen und Schülern (SuS) [1]

- kleinschrittig vorgehen und erwünschtes Verhalten belohnen (im Sinne des Operanten Konditionierens)
- übertrieben, intensiv loben (aufgrund der eingeschränkten Kommunikation wird sonst das Lob überhaupt nicht erkannt)
- strukturierende und ritualisierende Maßnahmen (geben Autisten Sicherheit und helfen, Sozialverhalten zu erlernen)
- auf kleine Gruppen und klare Arbeitsanweisungen achten
- Sozialverhalten einüben (wie begrüße ich jemanden, wie betrete ich einen Raum, wie spiele ich mit anderen, wann darf ich jemanden berühren und wann nicht, wie frage ich nach etwas etc.)
- Wichtig: Die SuS müssen die Situationen, in denen Sozialverhalten gezeigt werden soll, als angenehm und positiv empfinden, damit sie in Zukunft gewillt sind, sozial adäquates Verhalten zu zeigen.
- SuS, die an ASS leiden, können häufig Mimik und Gestik nicht interpretieren. Die Lehrkraft muss also mit klaren und einfachen Worten sagen, was sie meint (z. B. SuS anlächeln, um zu belohnen, klappt oft nicht. Sinnvoller ist es, zu sagen: »Das hast du gut gemacht!«)
- auf Ironie und ironische Bemerkungen verzichten, da diese ggf. nicht als solche erkannt werden
- Regeln vermitteln (dies betrifft alle Bereiche! Wann darf man aufstehen und wann nicht, wie stelle ich mich richtig an der Tür an, wo lege ich meine Stifte hin, wie öffne ich mein Buch etc.)
- Orientierung ermöglichen (z. B. durch Bildkarten oder Markierungen mit Kreppband zeigen, wo die SuS die Aufgaben finden, wo der eigene Platz ist, wo die Jacke hingehängt werden muss, wie die SuS zur Toilette und zurück kommen)

- Veränderungen ankündigen SuS mit ASS sind sehr empfindlich gegenüber Veränderungen. Die Lehrkraft muss frühzeitig Veränderungen ankündigen (z. B.: »In fünf Minuten gehen wir in die Pause«) und Veränderungen mit den SuS einüben (z. B. gemeinsam in den Pausenhof gehen)
- Auszeiten ermöglichen. SuS mit ASS nehmen Reize oft intensiver wahr. Entsprechend benötigen sie Auszeiten in einer reizarmen Umgebung. Auch die Verhaltensstereotypen dienen oft der Entspannung. Sie sollten daher in bestimmten Situationen erlaubt werden bzw. können als Belohnung eingesetzt werden.
- Gefahrensensibel sein: SuS mit ASS haben oft ein unzureichendes Gefahrengespür (z. B. laufen sie, ohne auf den Verkehr zu achten, auf die Straße, gehen an offene Fenster o. ä.).
- Sonderinteresse, falls vorhanden, stärken und in eine produktive Richtung lenken (Interessen für besondere technische Geräte (z. B. Autos) aufgreifen und auf bestimmte Besonderheiten verweisen (Funktion von Motoren, alternative Antriebsformen etc.))

Eventuelle rechtliche Folgen

Die Diagnose einer Autismus-Spektrum-Störung kann nur ein (Kinder-)Psychiater oder klinischer Psychologe stellen! Als Lehrkraft darf ich Eltern nur auf Symptome und Anlaufstellen aufmerksam machen.

3 Weiterführende Informationen

- Für einen schnellen Überblick über ASS bietet sich die Homepage www.autismus.de und www.autismus-kultur.de an.
- Informationen finden sich auch auf der Homepage des »Instituts für Schulqualität und Bildungsforschung« (ISB) Bayern im Bereich »MSD-Infobriefe«. [10]
- Meist haben regionale Autismus-Verbände eine Homepage, wo neben allgemeinen Informationen auch Treffen und Ansprechpartner in der Umgebung verzeichnet sind.
- Da die Diagnostik, insbesondere bei nicht eindeutigen Fällen, einen hohen Spezialisierungsgrad abverlangt, kann es sinnvoll sein, ein Autismuszentrum oder eine Kinder- und Jugendpsychiatrie aufzusuchen, welche es jedoch nur in wenigen großen Städten gibt.

4 Unterstützungsangebote

- beim zuständigen Schulpsychologen und bei (Mobilen) Sonderpädagogischen Diensten, in einzelnen Bundesländern gibt es einen eigenen MSD-Autismus (z. B. Bayern)
- bei örtlichen Kinder- und Jugendpsychiatern und Kliniken (in einzelnen Städten haben Kliniken besondere Autismuszentren, es lohnt sich hier auch mal ein weiter Anfahrtsweg)

- Autisten haben nach Paragraf 35a SGB VIII oft einen Anspruch auf einen Schulbegleiter, der unterstützend (allerdings auch behindernd, wenn das Kind weniger selbstständig wird) sein kann. Die Beantragung erfolgt in aller Regel durch die Eltern.
- Schüler mit ASS und durchschnittlichen/hohen kognitiven Leistungen profitieren stark von Autismusgruppen mit anderen Kindern/Jugendlichen. Sie werden in großen Städten oft in Kinder- und Jugendpsychiatrien und bei -psychiatern angeboten oder von Eltern oft selbst organisiert.
- Ausführliche Informationen und eine Link-Sammlung mit örtlichen Autismus-Verbänden finden sich auf der Homepage des »Bundesverbandes zur Förderung von Menschen mit Autismus«: www.autismus.de.

In aller Kürze

ASS sind genetisch determinierte Entwicklungsstörungen und werden in den meisten Fällen vor dem fünften Lebensjahr diagnostiziert. Es gibt verschiedene Ausprägungen, die von schwerster Behinderung bis hin zu leicht auffälligem Verhalten reichen können. Dementsprechend vielfältig sind Behandlungs- und Therapieansätze sowie praktische Umsetzungshinweise für Kinder mit ASS.

6.8 Merkmale einer Persönlichkeitsstörung

Borderline-Störung

Annemarie V. Rutkowski

> Die **Borderline-Persönlichkeitsstörung,** kurz BPS, oder Borderline-Akzentuierung als Vorstufe zur Störung äußert sich hauptsächlich in intensiven, aber instabilen zwischenmenschlichen Beziehungen, bei denen die Patienten einem (vermuteten) Verlassenwerden aktiv entgegenarbeiten. [1, 2]

1 Symptome und Hintergründe

Symptome

Das Erscheinungsbild der Störung hängt vom jeweiligen Stadium der Krankheit sowie dem Alter der Patienten ab und kann sich individuell auf sehr unterschiedliche Weisen manifestieren. [2]

- Instabile, intensive Beziehungen: Idealisierung von nahestehenden Personen (Partner, Therapeuten, Freunde etc.), welche den unrealistischen Erwartungen dauerhaft nicht gerecht werden könnten, was zu einem negativen Teufelskreis führt [3, 4]
- Affektive Instabilität und damit einhergehend starke Impulsivität und unberechenbare Stimmungsschwankungen[5, 6]: Die Reizschwelle, die Emotionen hervorruft, ist bei BPS-Patienten herabgesetzt.[5] Darüber hinaus wird das emotionale Ausgangsniveau verzögert erreicht. [6]
- Starker Ausdruck von Wut und Trauer: Gesteigerte Aggressivität oder dahinterstehende Trauer führen zu unangemessenen und heftigen Wutausbrüchen.
- Selbstverletzendes und/oder suizidales Handeln: Ritzen, zwanghaftes Kratzen etc. erfolgen mit dem Ziel, durch körperlichen Schmerz Kontrolle über Gefühle und negative Emotionen zu bekommen.[7] Selbstschädigendes Verhalten ist bei ca. 85 Prozent aller Borderline-Patienten zu beobachten.[5] Ebenso sind wiederholte Suizidversuche oder Androhung von Suizid häufige Symptome der Borderline-Störung.
- Identitätsstörung: im Sinne einer ins negativ verzerrten Selbstwahrnehmung, einer körperdysmorphen Störung sowie Unsicherheit bezüglich der sexuellen Identität oder zentraler Wertvorstellungen [3, 5]
- Gefühl der Leere
- Angst vor dem Verlassenwerden/Unerträglichkeit des Alleinseins: Einem vermuteten oder tatsächlichen Verlassenwerden durch eine wichtige, idealisierte Bezugsperson wird bewusst und aktiv entgegengearbeitet. Häufig wird dabei nach einiger Zeit nicht mehr die eigentliche Angst, sondern nur noch die dadurch verursachten Symptome wahrgenommen.[3]

- Mangelnde Realitätsprüfung unter Stress: aufgrund mangelnder Korrektur durch Feedback, was bis zur Depersonalisierung, Derealisation und halluzinogenen Erscheinungen führen kann [3]

Eine Borderline-Persönlichkeitsstörung kann außerdem mit anderen Störungen wie Depressionen, Ess-Störung, Substanzmissbrauch, somatoforme Störung, antisoziale Persönlichkeitsstörung (ASPD) eng verbunden sein (Gundrson 2005) [3].
Symptome einer Borderline-Akzentuierung überlagern sich auch häufig mit anderen Symptomen, z. B. manischer Depression, welche sich aggressiv äußert.
Im Allgemeinen sind SuS mit einer Borderline-Akzentuierung sozial integriert (Rohde-Dachser, 2004).[2]

Die Symptome der BPS kommen hauptsächlich in zwischenmenschlichen Beziehungen zum Vorschein. Aufgrund von stark belastenden Erfahrungen, denen Menschen mit einer Borderline-Störung oder einer Borderline-Akzentuierung in ihrer Kindheit ausgesetzt waren, tritt eine ins Negative verzerrte Selbstwahrnehmung auf, gepaart mit der Angst vor dem Verlassenwerden. Daraus resultiert häufig eine (gefühlte) Abhängigkeit von Bezugspersonen von Seiten der Patienten. [3] Dieser Hilflosigkeit wird sowohl mit Wut und Aggression, die ein Mensch mit Borderline-Syndrom gegen sich selbst auslebt,[8] als auch mit der Verherrlichung von Bezugspersonen begegnet. [3] Da andere diesen unrealistischen Erwartungen dauerhaft nicht gerecht werden könnten, entsteht ein negativer Teufelskreis, bei dem Erfahrungen, die zu einer Störung führten, wieder neu inszeniert werden. [3]

Häufigkeit
- BPS wird bei ca. 2 Prozent der Bevölkerung diagnostiziert,[9] davon ca. dreimal so oft bei Frauen (3 % aller Frauen im jungen Erwachsenenalter) als bei Männern (1 % aller Männer im jungen Erwachsenenalter). [5]
- Die Symptome einer Borderline-Akzentuierung treten zwischen dem 15. und 45. Lebensjahr auf.[14] Die Zahl der betroffenen Jugendlichen nimmt besonders im Alter zwischen 15 und 17 Jahren zu.[1] Allerdings gaben Patienten an, schon im Grundschulalter Gedanken an selbstverletzende Handlungen gehabt zu haben.[14] Das Krankheitsbild schwächt ab dem 25. Lebensjahr ab. [1] Von einer Borderline-Persönlichkeitsstörung wird klinisch erst ab dem 18. Lebensjahr gesprochen, davor wird meist eine Borderline-Akzentuierung diagnostiziert.
- Durch Zwillingsstudien konnten genetischen Dispositionen bei BPS-Patienten nachgewiesen werden. [5]

Hintergründe
Eine einzelne Hypothese über die Ursachen der Borderline-Störung kann nicht gegeben werden. Allgemein zeigt sich, dass es sich um eine für jeden Betroffenen individuelle Zusammensetzung von genetischen, neurobiologischen, psychischen und sozialen Faktoren handelt. [6,9]
Dazu zählen angeborene Temperamentserscheinungen, [1] die neurobiologisch auf eine gestörte Affektregulation [9] aufgrund von Veränderungen an zentral front-

limbischen Reaktionsmechanismen zurückzuführen sind. [5] Zu den psychischen und sozialen Faktoren gehört eine hohe Stressbelastung in der Kindheit und/oder frühe Kindheitstraumata, wie körperliche oder emotionale Gewalt, sexueller Missbrauch, schwere Vernachlässigung, Deprivation, lange Trennung von Bezugspersonen, mangelnde Selbstbehauptung in der Mutter-Kind-Beziehung etc., welche zu einer Störung bei der Entwicklung des Urvertrauens führen können. [1,5,9]

2 Anregungen zum Umgang mit den Schülerinnen und Schülern (SuS)

- Menschen mit einer Borderline-Persönlichkeitsstörung oder einer Borderline-Akzentuierung neigen dazu, Gruppen zu spalten, da sie Hilfe meist nur von einer Person in Anspruch nehmen und das Verhalten von anderen Personen ignorieren. Hier können gruppenbildende Maßnahmen helfen. Diese fördern sowohl den Zusammenhalt der Gruppe an sich als auch die Einbindung der/des SoS in die Gruppe. [1,10]
- Hilfreich ist, einen herzlichen, persönlichen aber distanzierten Umgang mit der/dem SoS zu pflegen. Dabei muss allerdings deutlich werden, dass es sich nicht um eine private Beziehung handelt. [10]
- Klare Anweisungen, definierte Grenzen und deutliche Kommunikation verhindern viele Konflikte präventiv. Falls es zu einem Missverständnis kommt, kann es hilfreich sein, sich die Symptomatik vor Augen zu führen: Menschen mit einer Borderline-Persönlichkeitsstörung oder einer Borderline-Akzentuierung leiten ihre Realität verstärkt aus ihren Emotionen ab und neigen zu einem Schwarz-Weiß-Denken. [8]
- Die/den SoS darauf hinzuweisen, dass ihr/sein Verhalten typisch für eine Borderline-Störung ist, ist keine Hilfe für eine Verhaltensänderung und führt ggf. nur zur Erniedrigung oder Bloßstellung. [8]
- Stellen Sie sicher, dass betroffene SoS sich in therapeutischer bzw. medizinischer Anbindung befinden. Sollte dies nicht der Fall sein, stellen Sie einen Kontakt (ggf. über die Eltern) her oder sprechen Sie im Team an, wer dies übernehmen kann.

3 Weiterführende Informationen

Literatur:
- Sendera, A./Sendera M.(2010): Borderline – die andere Art zu fühlen. Springer.
- Gundrson, J. (2005): Borderline – Diagnostik, Therapie, Forschung. Hans Huber.

4 Untersützungsangebote

- Borderline-Netzwerke e. V.: www.borderline-netzwerk.info
- Psychotherapeuten und Kinder- und Jugendpsychiater sowie psychiatrische Kliniken

> **In aller Kürze**
>
> BPS ist eine emotional instabile Persönlichkeitsstörung, die sich v. a. durch starke, instabile Beziehungen, welche von der Angst des Verlassenwerdens geprägt sind, impulsive Stimmungsänderungen und selbstverletzendes Handeln äußert. Die Symptome treten im Jugendalter auf und lassen im späten Erwachsenenalter nach. Gründe für eine BPS liegen häufig in der Kindheit des Betroffenen. Stellen Sie sicher, dass betroffene SoS professionelle Hilfe erhalten.

Schizophrenie und Psychosen aus dem schizophrenen Formenkreis

Alexandra Bednara

> »Die **Schizophrenen Störungen** sind im Allgemeinen durch grundlegende und charakteristische Störungen von Denken und Wahrnehmung sowie inadäquate oder verflachte Affekte gekennzeichnet. Die Bewusstseinsklarheit und intellektuellen Fähigkeiten sind in der Regel nicht beeinträchtigt, obwohl sich im Laufe der Zeit gewisse kognitive Defizite entwickeln können.« [1]

Der Verlauf der Schizophrenie kann sowohl kontinuierlich als auch episodisch erfolgen. Man unterscheidet hier vier bzw. fünf Phasen: [2,3]

- Prodromale Trema-Phase: In der Vorphase der Schizophrenie treten ständige Angespanntheit, Druck und Angepasstheit auf. Auch depressives und/oder aggressives Verhalten, sozialer Rückzug und zum Teil Drogenkonsum sind oftmals beobachtbar.
- Die akute Phase ist bestimmt durch vorwiegend positive, produktive Symptome (etwas Zusätzliches zum üblichen Durchschnittsleben, z. B. Stimmen hören).
- Als Übergang dient die Remissionsphase. Hier bilden sich die positiven Symptome zurück.
- In der Residualphase hingegen treten nun vorwiegend negative Symptome (etwas Einschränkendes und der Verlust von Fähigkeiten, z. B. sozialer Rückzug, Verlust kognitiver Leistungsfähigkeit) auf. Diese Phase beinhaltet am Ende allerdings auch das Abklingen der Symptomatik.
- Die Symptome der Schizophrenie können sich bei Nichtbehandlung chronifizieren.

1 Symptome und Hintergründe

Symptome

Prodromalerscheinungen (Auffälligkeiten, die vor der Erkrankung beobachtet werden können): [1,4]
- Bei Kindern und Jugendlichen sind tiefgreifende Veränderungen im Verhalten zu beobachten: z. B. regressives Verhalten, (depressive) Verstimmungen, Aggressionsdurchbrüche, Angst, Konzentrationsstörungen, motorische Unruhe, Antriebsminderungen mit Interessenverlust, Leistungseinbrüche in Schule und Lehre.

Schizophreniesymptome der Psychosen aus dem schizophrenen Formenkreis: [1,4]
- Im Kleinkindalter bis ca. 10 Jahre (tritt sehr selten auf): zunehmende Kontaktlosigkeit, Störungen der Motorik und Wahrnehmung, mangelhafte Sprachentwicklung bzw. Sprachabbau, Affektveränderungen, Antriebsveränderungen, Assoziationsstörungen, reduzierte intellektuelle Leistungen
- Zwischen 10 bis 14 Jahren: Störungen der Motorik und Ausdrucksmotorik, Angstsymptome, Depersonalisations-Erscheinungen, Halluzinationen, Denkstörungen, Wahnstimmung und Wahnsymptomatik
- Im Jugendalter: Zwangssymptomatik, Angstsymptome, Depersonalisations-Erscheinungen, Derealisations-Erscheinungen, Denkstörungen, phantastische Wahnbildungen, Halluzinationen

Häufigkeit [1,3,4]
Die Wahrscheinlichkeit, an Schizophrenie zu erkranken, liegt bei ca. 1 Prozent. In der Adoleszenz und im jungen Erwachsenenalter brechen die meisten Schizophrenien aus. Nur ein verschwindend geringer Teil der Schizophrenien zeigt sich vor dem 12. Lebensjahr und nur selten wird vor dem 15. Lebensjahr eine ausgeprägte schizophrene Psychose diagnostiziert.

Hintergründe
Es gibt bis heute keine genaue Erklärung, wodurch die Psychosen aus dem schizophrenen Formenkreis verursacht werden oder wie sie genau entstehen. Deshalb spricht man auch von einer multifaktoriellen Genese. Genetische Faktoren spielen zwar eine erhebliche Rolle, aber auch somatische Faktoren (Veränderungen in der Gehirnarchitektur und Nervenstoffwechsel) sowie psychosoziale Faktoren (Familie und gesellschaftliches Umfeld). [5] Oftmals können Psychostimulanzien (Drogen) den Ausbruch schizophrener Symptomatik begünstigen. [3]

2 Anregungen zum Umgang mit den Schülerinnen und Schülern (SuS)

Bei Verdacht auf Schizophrenie:
Achtung: Bei anhaltender Problematik kommt es zur Chronifizierung der Störung und somit zu einer immer geringeren Wahrscheinlichkeit der Veränderbarkeit. [3]

Eine Vorstellung bei einer Kinder- und Jungendpsychiatrie oder bei einem Kinder- und Jugendpsychiater und -psychotherapeuten ist bei dieser Störung daher dringend angeraten.

Bei bereits erfolgter Diagnose:
Die Behandlung ist mehrdimensional angelegt. [6] Ziel der Behandlung ist: Eliminierung ungünstiger Einflüsse äußerer Stressoren, Verminderung der individuellen Vulnerabilität, Verbesserung der Lebensqualität, Förderung der Kommunikationsfähigkeiten, Hilfe bei der Krankheitsbewältigung und Verringerung von Krankheits-Symptomen.[7]

Man unterteilt die Behandlung in: [6,7]
- Pharmakologische Behandlungsverfahren mit Neuroleptika/Antipsychotika. Bei einer bereits bestehenden Medikamenteneinnahme, -einstellung und -veränderung ist die enge Zusammenarbeit und das klare Formulieren von Absprachen zwischen Eltern, Lehrern und Klinik erforderlich. Die Einnahme der Medikamente ist trotz hoher Nebenwirkungen meist erforderlich.
- Psychotherapeutische Interventionen mit dem Ziel, Beziehung zwischen Gefühlen, Gedanken und Handlungen herzustellen, die Selbstwahrnehmung für Symptome der Prodromalphase zu erhöhen und eine realistische Auseinandersetzung mit der lebenslangen Diagnose zu erreichen. Des Weiteren wird an der Compliance zur Einnahme der Medikamente gearbeitet.

Damit die notwendigen Medikamente dauerhaft eingenommen werden, spielt die Psychoedukation eine erhebliche Rolle. Betroffene und Angehörige erhalten hierbei Informationen zur Krankheit und deren Behandlung, es wird am Krankheitsverständnis und am selbstverantwortlichen Umgang mit Schizophrenie gearbeitet. Die Unterstützung bei der Krankheitsbewältigung ist ein Merkmal der Psychoedukation. [7]

Je schlechter die medikamentöse Psychoedukation und die Mitbestimmung der/des an Schizophrenie erkrankten SoS, desto wahrscheinlicher ist ein selbstständiges Absetzen der Medikamente mit zunehmenden Symptomen des Prodromalstadiums. Als Lehrkraft muss ich daher wachsam sein. Wenn ich Veränderungen beobachte, informiere ich die/den SoS, die Eltern sowie behandelnde Fachkräfte über meine Beobachtungen. Die/den SoS kann ich bei Unzufriedenheit über Nebenwirkungen der Medikamenteneinnahme animieren, mit den zuständigen Fachkräften eine Veränderung/Neueinstellung der Medikamente zu besprechen anstelle eines selbstständigen Absetzens.

Eventuelle rechtliche Folgen [8]
Die Diagnose einer psychischen Störung aus dem schizophrenen Formenkreis darf nur ein (Kinder-)Psychiater oder klinischer Psychologe stellen! Als Lehrkraft darf ich allerdings Eltern auf Symptome aufmerksam machen und auch meine Beobachtungen schriftlich festhalten. Zudem ist eine interdisziplinäre Kooperation mit allen Beteiligten notwendig, um dem Kind/Jugendlichen ein Leben zu ermöglichen, in dem es mit der Lebenszeitdiagnose Schizophrenie umzugehen weiß.

3 Weiterführende Informationen

- www.selbsthilfeschizophrenie.de
- Die Internetseite www.leben-mit-schizophrenie.com gibt einen schnellen Überblick über Schizophrenie.
- Die Homepage www.kompetenznetz-schizophrenie.de bietet zusätzlich Informationen über Weiterbildungsangebote und aktuelle Forschungsschwerpunkte zum Thema Schizophrenie an.
- Ausführliche Informationen und Hinweise für Lehrer zum Thema Schizophrenie beinhaltet das Buch: Ratgeber Schizophrenie. Informationen für Betroffene, Eltern, Lehrer und Erzieher. [8]

4 Unterstützungsangebote

- beim zuständigen Schulpsychologen und bei örtlichen psychiatrischen sowie klinisch-psychologischen Zentren
- Ausführliche Informationen, Kontaktdaten, wichtige Adressen, Büchertipps zum spezifischen Themenbereich Schizophrenie, aber auch Informationen über allgemein psychische Krankheiten und ein vorgefertigtes Schulprojekt finden sich auf der Internetseite: http://openthedoors.de. Das »Bündnis für psychisch erkrankte Menschen« (BASTA) ist Teil des weltweiten Programms der »World Psychiatric Association« (WPA) und das Programm »Open the doors« richtet sich gegen Stigmatisierung und Diskriminierung psychisch erkrankter Menschen.

In aller Kürze

Schizophrenie ist eine Lebenszeitdiagnose, die meist erst im Jugend- und Erwachsenalter gestellt wird. Umso schneller eine Schizophrenie erkannt und diagnostiziert und behandelt wird, desto besser ist die Prognose.

Literatur (zu 6.2 bis 6.8)

ADHS (Aufmerksamkeitsdefizit-Hyperaktivitäts-Störung)

[1] BV-AH e. V. (2007): ADHS und Schule …was tun? Forchheim: Bundesverband Aufmerksamkeitsstörung/Hyperaktivität e. V.
[2] Döpfner, M. / Frölich, J. / Lehmkuhl, G. (2013): Aufmerksamkeitsdefizit-/Hyperaktivitätsstörung. (2. Aufl.) Göttingen: Hogrefe.
[3] Döpfner, M. / Schürmann, S. & Frölich, J. (1998): Therapieprogramm für Kinder mit hyperkinetischen und oppositionellen Problemverhalten. (2. Auflage). Weinheim/Basel: Beltz.
[4] Klicpera, C. / Gasteiger-Klicpera, B. (2007): Psychische Störungen im Kindes- und Jugendalter. Wien: Facultas.wuv.
[5] Lauth, G. / Naumann, K. (2008): Aufmerksamkeitsdefizit-/Hyperaktivitätsstörungen. In: Gasteiger-Klicpera, B. / Julius, H. / Klicpera, C.(Hrsg.): Sonderpädagogik der sozialen und emotionalen Entwicklung, Band 3, (S. 207-218). Göttingen: Hogrefe.
[6] Steinhausen, H-Ch. / Rothenberger, A. / Döpfner, M. (2010): Handbuch ADHS. Grundlagen, Klinik, Therapie und Verlauf der Aufmerksamkeitsdefizit-Hyperaktivitätsstörung. Stuttgart: Kohlhammer.
[7] Fröhlich-Gildhoff, K. (2007): Verhaltensauffälligkeiten bei Kindern und Jugendlichen. Stuttgart: Kohlhammer.
[8] Holowenko, H. (1999): Das Aufmerksamkeits-Defizit-Syndrom (ADS). Wie Zappelkindern geholfen werden kann. Weinheim/Basel: Beltz.

Störung des Sozialverhaltens

[1] Steinhausen, H.-C. (2002): Psychische Störungen bei Kindern und Jugendlichen. München: Urban&Fischer.
[2] Baierl, M. (2009): Familienalltag mit psychisch auffälligen Jugendlichen. Ein Elternratgeber. Göttingen: Vandenhoeck & Ruprecht.
[3] Deutsche Gesellschaft für Kinder- und Jugendpsychiatrie, Psychosomatik und Psychotherapie/ Bundesarbeitsgemeinschaft Leitender Klinikärzte für Kinder- und Jugendpsychiatrie, Psychosomatik und Psychotherapie/Berufsverband der Ärzte für Kinder- und Jugendpsychiatrie, Psychosomatik und Psychotherapie (Hrsg.) (2007): Leitlinien zur Diagnostik und Therapie von psychischen Störungen im Säuglings-, Kindes- und Jugendalter. Köln: Deutscher Ärzte Verlag. (Online abrufbar unter: http://www.awmf.org/uploads/tx_szleitlinien/028-020_S1_Stoerungen_des_Sozialverhaltens__F91__F92__11-2006_11-2011_01.pdf. (Abruf 02.03.15)
[4] Klicpera, C. / Gasteiger-Klicpera, B. (2006): Emotionale und verhaltensbezogene Störungen im Kindes- und Jugendalter. Wien: facultas wuv (UTB).
[5] Petermann, F. / Kusch, M. (1993): Entwicklungspsychologie von Verhaltensstörungen im Kindes- und Jugendalter. In: Petermann, F. / Petermann, U. (Hrsg.): Angst und Aggression bei Kindern und Jugendlichen. München: Quintessenz, S. 31-55.
[6] Lauth, G. W. / Heubeck, B. (2006): Kompetenztraining für Eltern sozial auffälliger Kinder (KES). Göttingen: Hogrefe.
[7] Petermann, F. / Koglin, U. (2013): Aggression und Gewalt von Kindern und Jugendlichen. Hintergründe und Praxis. Heidelberg: Springer.
[8] Klicpera, C. / Gasteiger-Klicpera, B. (2007): Psychische Störungen im Kindes- und Jugendalter. Wien: facultas wuv (UTB).

[9] Heinrichs, N. / Lohaus, A. (2011): Klinische Entwicklungspsychologie kompakt. Psychische Störungen im Kindes- und Jugendalter. Weinheim/Basel: Beltz.

[10] Mohler, B. (2006): Störungen des Sozialverhaltens. In: Steinhausen, H.-C. (Hrsg.): Schule und psychische Störungen. Stuttgart: Kohlhammer, S. 236-247.

[11] Hartung, J. (2011): Störungen des Sozialverhaltens. In: Lauth, G. W. / Linderkamp, F. / Schneider, S. / Brack, U. (Hrsg.): Verhaltenstherapie mit Kindern und Jugendlichen. Weinheim/Basel: Beltz, S. 370-381.

[12] Steinhausen, H.-C. (2010): Psychische Störungen bei Kindern und Jugendlichen. München: Urban&Fischer.

[13] Quaschner, K. / Theisen, F. M. (2008): Störungen des Sozialverhaltens. In: Remschmidt, H. / Mattejat, F. / Warnke, A. (Hrsg.): Therapie psychischer Störungen bei Kindern und Jugendlichen. Ein integratives Lehrbuch für die Praxis. Stuttgart: Thieme, S. 337-349.

[14] Schick, A. (2011): Entstehungsbedingungen aggressiven Verhaltens im Kinder- und Jugendalter. In: Deegener, G. / Körner, W. (Hrsg.): Gewalt und Aggression im Kindes- und Jugendalter. Ursachen, Formen, Intervention. Weinheim/Basel: Beltz, S. 20-34.

[15] Petermann, F. / Petermann, U. (2012): Training mit aggressiven Kindern. Weinheim/Basel: Beltz.

[16] Beelmann, A. / Raabe, T. (2007): Dissoziales Verhalten von Kindern und Jugendlichen. Göttingen: Hogrefe.

[17] Hautzinger, M. / Neale, J. M. / Davison, G. C. (2007): Klinische Psychologie. Basel: Beltz PVU.

[18] Petermann, F. / Warschburger, P. (1993): Verhaltenstherapie mit aggressiven Kindern. In: Petermann, F. / Petermann, U. (Hrsg.): Angst und Aggression bei Kindern und Jugendlichen. München: Quintessenz, S. 91-114.

[19] Braun, D. / Schmischke, J. (2006): Mit Störungen umgehen. Berlin: Cornelsen.

[20] Goetze, H. (2010): Schülerverhalten ändern. Bewährte Methoden der schulischen Erziehungshilfe. Stuttgart: Kohlhammer.

[21] Keller, G. (2012): Disziplinmanagement in der Schulklasse. Bern: Hogrefe.

[22] Wekenmann, S. (2009): Förderung sozialer Kompetenzen bei Kindern. In: Menzel, D. / Wiater, W. (Hrsg.): Verhaltensauffällige Schüler. Symptome, Ursachen und Handlungsmöglichkeiten. Bad Heilbrunn: Klinkhardt, S. 237-247.

[23] Müßigbrodt, H. / Kleinschmidt, S. / Schürmann, A. / Freyberger, H. J. / Dilling, H. (2010): Psychische Störungen in der Praxis. Bern: Huber.

[24] Raabe, T. / Beelmann, A. (2011): Gewalttätiges und dissoziales Verhalten von Kindern und Jugendlichen: Prävention und Intervention. In: Körner, W. / Deegener, G. (Hrsg.): Gewalt und Aggression im Kindes- und Jugendalter. Ursachen, Formen, Intervention. Weinheim/Basel: Beltz, S. 88-105.

[25] Schneider, W. / Berger, N. (2011): Verhaltensstörungen und Lernschwierigkeiten in der Schule. Paderborn: Schöningh.

[26] Döpfner, M. / Schmidt, M. H. / Petermann, F. (2001): Ratgeber Aggressives Verhalten. Informationen für Betroffene, Eltern, Lehrer und Erzieher. Göttingen: Hogrefe.

[27] Tillmann, K. / Holler-Nowitzki, B. / Holtapples, H. / Meier, U. / Popp, U. (2007): Schülergewalt als Schulproblem. Verursachende Bedingungen, Erscheinungsformen und pädagogische Handlungsperspektiven. Weinheim/München: Juventa.

[28] Schaupp, U. (2009): Schlag auf Schlag – Pädagogische Präsenz statt Aggression und Gewalt in der Schule. In: Menzel, D. / Wiater, W. (Hrsg.): Verhaltensauffällige Schüler. Symptome, Ursachen und Handlungsmöglichkeiten. Bad Heilbrunn: Klinkhardt, S. 185-212.

[29] Döpfner, M. / Schürmann, S. / Lehmkuhl, G. (2006): Wackelpeter und Trotzkopf. Weinheim/Basel: Beltz.

Gesteigerte Gewaltbereitschaft

[1] Stein, R.(2011): Grundwissen Verhaltensstörung. Baltmannsweiler: Schneider Verlag Hohengehren.
[2] Gugel, G.(2007): Gewaltprävention in der Sekundarstufe. Institut für Friedenspädagogik. www.schulische-gewaltpraevention.de/gewaltpraevention%20sekundarstufe/index.php?caption=Sekundarstufe%20Vorwort&k=0&o=0. (Abruf 30.06.2014).
[3] Kammler, T. (2013): Anerkennung und Gewalt an Schulen. Wiesbaden: Springer Fachmedien.
[4] Hillenbrand, C. (2008): Einführung in die Pädagogik bei Verhaltensstörungen. München: Ernst Reinhardt Verlag.
[5] Essau, C. / Conradt, J. (2004): Aggression bei Kindern und Jugendlichen. München: Ernst Reinhardt Verlag.
[6] Leitner, W. G. / Ortner, A. / Ortner, R. (2008): Handbuch Verhaltens- und Lernschwierigkeiten. Weinheim/Basel: Beltz Verlag.

Delinquenz im Jugendalter

[1] Boers, K. / Reinecke, J. (2007): Delinquenz im Jugendalter. Erkenntnisse einer Münsteraner Längsschnittstudie. Münster: Waxmann.
[2] Albrecht, P. (2000): Jugendstrafrecht. München: Verlag C.-H. Beck.
[3] Raithel, J / Mansel, J. (2003): Kriminalität und Gewalt im Jugendalter. Hell- und Dunkelfeldbefunde im Vergleich. Weinheim und München: Beltz Juventa.
[4] Ziehlke, B. (1993): Deviante Jugendliche – Individualisierung, Geschlecht und soziale Kontrolle. Opladen: Leske+Budrich.
[5] Hartnuß, B. / Maykus, S. (2004): Handbuch Kooperation von Jugendhilfe und Schule. Berlin: Lambertus Verlag.
[6] Scheffler, G. (2010): Wenn Jugendliche straffällig werden ... Ein Leitfaden für die Praxis, Bundesarbeitsgemeinschaft für Straffälligenhilfe e.V. Bonn: BAG-Straffälligenhilfe.

Amoklauf

[1] Nils Böckler, T. S. (2010): Schulamokläufer. Weinheim und München: Juventa Verlag Weinheim und München.
[2] Hurrelmann, K.(2005): Lebensphase Jugend: Eine Einführung in die sozialwissenschaftliche Jugendforschung. 8. Auflage. Weinheim und München: Juventa.
[3] Moore, M. H. (2003): Deadly Lesson: Understanding lethal school violence. Washington D.C.: The National Academic Press.
[4] Robertz, F. J. (2004): School Schootings: Über die Relevanz der Phantasie für die Begehung von Mehrfachtötungen durch Jugendliche. Frankfurt am Main: Verlag für Polizeiwissenschaft, Clemens Lorei.
[5] Schulpsychologin an der Realschule Pfaffenhofen a. d. Ilm. Susanne Krönauer, Informationen zum Ablauf in einem Kriseninterventionsteam. [Interview]. 18 April 2014.
[6] Psychologin der Kinder- und Jugendpsychiatrischen Beratungsstelle des Referats für Gesundheit und Umwelt der Landeshauptstadt München, Informationen zur Persönlichkeitsentwicklung und zum seelischen Wohlbefinden Jugendlicher. [Interview]. 28 April 2014.

Trennungsangst

[1] Suhr-Dachs, L./Petermann, U. (2008): Trennungsangst. In: Petermann, F. (Hrsg.): Lehrbuch der klinischen Kindepsychologie. Göttingen: Hogrefe, S. 343-357.
[2] Herren, C./Schneider, S. (2009): Störungen mit Trennungsangst, in: Petermann, F. (Hrsg.), Fallbuch der Klinischen Kinderpsychologie. Göttingen: Hogrefe, S. 32-51.
[3] Kölch, M./Plener, P. (2011): Emotionale Störungen bei Kindern und Jugendlichen. In: Fegert, J./Kölch, M. : Klinikmanual Kinder und Jugendpsychatrie und -psychotherapie. Heidelberg: Springer, S. 23-31.
[4] Klicpera, C./Gasteiger-Klicpera, B. (2007): Psychische Störungen im Kindes- und Jugendalter. Wien: Facultas.
[5] Lempp, T. (2011): Kinder- und Jugendpsychiatrie. München: Elsevier.
[6] Schneider, S. (2008): Angststörungen und Phobien (F93). In: Remschmidt, H./Mattejat, F./Warnke, A. (Hrsg.), Therapie psychischer Störungen bei Kindern und Jugendlichen. Ein integratives Lehrbuch für die Praxis. Stuttgart: Thieme, S. 251-264.
[7] Adornetto, C./Schneider, S. (2006): Angststörungen und Prävention von Angststörungen bei Kindern und Jugendlichen. In: Menzel, D./Wiater, W.: Verhaltensauffällige Schüler. Symptome, Ursachen und Handlungsmöglichkeiten. Regensburg: Pustet, S. 361-371.

Somatisierung (Körperliche Beschwerden trotz Negativbefund beim Arzt)

[1] Noeker, M. (2008): Funktionelle und somatoforme Störungen im Kindes- und Jugendalter. Göttingen u.a.: Hogrefe.
[2] Staal, N.G./Crijnen, A.A.M./Döpfner, M./Verhulst, F.C. (1999): Körperliche Beschwerden bei Kindern in Deutschland und in den Niederlanden. In: Monatsschrift für Kinderheilkunde, Februar 1999, S. 122-127.
[3] Morschitzky, H. (2007): Somatoforme Störungen. Diagnostik, Konzepte und Therapie bei Körpersymptomen ohne Organbefund. Wien u.a.: Springer.

(Selektiver) Mutismus

[1] Bahr, R. (2002): Schweigende Kinder verstehen. Heidelberg: C. Winter.
[2] Katz-Bernstein, N. (2011): Selektiver Mutismus bei Kindern. Erscheinungsbilder, Diagnostik, Therapie. 3. überarbeitete Auflage, München: Ernst Reinhardt.
[3] Schoor, U. (2009): Mutismus, in: Lehrbuch der Sprachheilpädagogik und Logopädie. Band 2. Erscheinungsformen und Störungsbilder. 3. Auflage, Stuttgart: Kohlhammer, S. 193-207
[4] Hartmann, B./Lange, M. (2005): Mutismus im Kindes-, Jugend- und Erwachsenenalter: Für Angehörige, Betroffene sowie therapeutische und pädagogische Berufe. 3. überarbeitete Auflage, Idstein: Schulz-Kirchner.
[5] Katz-Bernstein, N./Meili-Schnebeli, E./Wyler-Siedler, J. (2007): Mut zum Sprechen finden. Therapeutische Wege mit selektiv mutistischen Kindern. München: Ernst Reinhardt.
[6] Hartmann, B. (2009): Mutismus- Plädoyer für eine Forschungsoffensive innerhalb der Sprachheilpädagogik/Logopädie. In: Lehrbuch der Sprachheilpädagogik und Logopädie. Band 2. Erscheinungsformen und Störungsbilder. 3. Auflage, Stuttgart: Kohlhammer, S. 242-247.

Zwangsgedanken und Zwangshandlungen

[1] Deutsche Gesellschaft für Kinder- und Jugendpsychiatrie (2000): Leitlinien zur Diagnostik und Therapie von psychischen Störungen im Säuglings-, Kindes- und Jugendalters. Köln: Deutscher Ärzte-Verlag.
[2] Lehmkuhl, G./Poustka, F./Holtmann, M./Steiner, H. (2013): Lehrbuch der Kinder- und Jugendpsychiatrie. Göttingen: Hogrefe Verlag.
[3] Stengler, K. (2008): Zwänge verstehen und hinter sich lassen. Stuttgart: Thieme Verlagsgruppe.
[4] Deutsche Gesellschaft Zwangserkrankungen e.V. (ohne Jahr): http://zwaenge.de/betroffene/frameset_betroffene.htm (Abruf 04.09.2013).

Depressive Störungen bei Kindern und Jugendlichen

[1] Groen, G./Petermann, F. (2008): Depressive Störungen. In: Petermann, F. (Hrsg.): Lehrbuch der Klinischen Kinderpsychologie. Göttingen, Hogrefe, S. 427-443.
[2] Lempp, T. (2010): Depressive Störungen. In: Lempp, T. (Hrsg.): Kinder- und Jugendpsychiatrie. München: Urban und Fischer, S. 70-71.
[3] Deutsche Gesellschaft für Psychologie (2013): www.gesundheitspsychologie.net/index.php?option=com_content&view=article&id=89:larsalisa&catid=46:db-kindejugendliche&Itemid=88 (Abruf 15.04.2013).
[4] Brown, W. L. (2005): Mood disorders. In: Mash, E. J./Wolfe, D. A. (Hrsg.): Abnormal child psychology. Belmont: Thomson Wadsworth, S. 219-253.

Manie

[1] Faust, V. (2013): Psychosoziale Gesundheit. Von Angst bis Zwang. www.psychosoziale-gesundheit.net/seele. (Abruf 05.4.2014).
[2] Braun-Scharm, H. (2008): Bipolare Störungen im Kindes- und Jugendalter. www.dgbs.de. (Abruf 05.04.2014).
[3] Köhler, T. (1999): Affektive Störungen. Klinisches Bild, Erklärungsansätze, Therapien. Stuttgart: Kohlhammer.
[4] Essau, C. (2002): Bipolare Störungen. In: Essau, C.: Depression bei Kindern und Jugendlichen. Stuttgart: UTB, S. 23-25.
[5] Faust, V. (2003): Seelische Störungen heute. Wie sie sich zeigen und was man tun kann. München: C.H.Beck Verlag.
[6] Fegert, J. M. (2012): Affektive Störungen«. In: Eggers, C./Fegert, J.M./Resch, F.: Psychiatrie und Psychotherapie des Kindes- und Jugendalters. Heidelberg: Springer, S. 510-521.
[7] Remschmidt, H. (2000): Affektive Störungen«. In: Remschmidt, H.: Kinder- und Jugendpsychiatrie. Eine praktische Einführung. Stuttgart: Thieme, S. 196-206.
[8] Schweiß, I (2004): Die bipolare Erkrankung im Kindes- und Jugendalter. Stuttgart: Thieme:.
[9] Steinberger, K. (2007): AWMF online. Das Portal der wissenschaftlichen Medizin: www.awmf.org. (Abruf 05.04.2014).
[10] Mentzos, S. (1995): Depression und Manie. Psychodynamik und Therapie affektiver Störungen. Göttingen: Vandenhoeck & Ruprecht.
[11] Thomas, K. (1999): Affektive Störungen. Klinisches Bild, Erklärungsansätze, Therapien. Stuttgart: Kohlhammer.

Alkoholmissbrauch im Jugendalter

[1] Steinhausen, H. (2010): Psychische Störungen bei Kindern und Jugendlichen, Lehrbuch der Kinder- und Jugendpsychiatrie und -psychotherapie. München: Urban & Fischer Verlag.
[2] Remschmidt, H. / Mattejat, F. / Warnke, A. (2010): Therapie psychischer Störungen bei Kindern und Jugendlichen (Kart. Sonderausgabe): Ein integratives Lehrbuch für die Praxis, S. 259 f., vgl.
[3] Lempp, T. (2011): Kinder und Jugendpsychiatrie. München: Urban und Fischer.
[4] Petermann, F. (2008): Lehrbuch der Klinischen Kinderpsychologie. Göttingen: Hogrefe.
[5] Bundeszentrale für Gesundheitliche Aufklärung (BZGA) (2012): Die Drogenaffinität Jugendlicher in der Bundesrepublik Deutschland 2011. Der Konsum von Alkohol, Tabak und illegalen Drogen: aktuelle Verbreitung und Trends. Köln: Bundeszentrale für gesundheitliche Aufklärung.
[6] Landesstelle für Suchtfragen im Land Sachsen-Anhalt (2008): Umgang mit Suchtmittelkonsum und Suchtgefährdung in der Schule. Magdeburg: LIGA der Freien Wohlfahrtspflege im Land Sachsen-Anhalt e.V.
[7] DHS, Barmer GEK, Deutsches Rentenversicherung Bund, Die Drogenbeauftragte der Bundesregierung (2015): Aktionswoche Alkohol www.aktionswoche-alkohol.de/hintergrund-alkohol/lebensalter/jugendliche.html (Abruf: 04.03.2015)

Illegaler Drogenmissbrauch bei Kindern und Jugendlichen in der Schule

[1] Barth, V. (2009): Alkohol-/Drogenmissbrauch und -abhängigkeit bei Kindern und Jugendlichen. In: Menzel, D. / Wiater, W. : Verhaltensauffällige Schüler. Bad Heilbrunn: Klinkhardt, S. 307-330.
[2] Seifert, T. (2002): Zur Problematik und Begründung des Suchtmittelkonsums im Jugendalter. In: Deutsche Hauptstelle gegen die Suchtgefahren (Hrsg.): Suchtmittelkonsumierende Jugendliche in Einrichtungen der stationären Jugendhilfe. : Bramsche: Rasch Druckerei und Verlag, S. 173-181.
[3] Bundeszentrale für gesundheitliche Aufklärung (2012): Die Drogenaffinität Jugendlicher in der Bundesrepublik Deutschland 2011. Der Konsum von Alkohol, Tabak und illegalen Drogen: aktuelle Verbreitung und Trends. Köln: Bundeszentrale für gesundheitliche Aufklärung.
[4] Kuntz, H. (2003): Drogen- und Suchtprobleme in der Schule. Ein Erste-Hilfe-Koffer für Ernstfälle. In: Schulmagazin 5 bis 10, 71(2), S. 53-56.

Computerspielsucht

[1] Grüsser, S. M. / Thalemann, R. (2006): Computerspielsüchtig? Rat und Hilfe. Bern: Hans Huber, Hogrefe AG.
[2] Grüsser, S. M. / Thalemann, R. / Albrecht, U. / Thalemann, C. N. (2005): Exzessive Computernutzung im Kindesalter – Ergebnisse einer psychometrischen Erhebung. In: Wiener Klinische Wochenschrift 117, S. 188-195.
[3] Griffiths, M. D. / Davies, M. / Chappell, D. (2004): Online computer gaming. A comparison of adolescent and adult gamers. Journal of Adolescence, S. 27, S. 87-96.
[4] Kunczik, M. / Zipfel, A. (2010): Computerspielsucht. Befunde der Forschung. Bericht für das Bundesministerium für Familie, Senioren, Frauen und Jugend. www.bmfsfj.de/RedaktionBMFSFJ/

Broschuerenstelle/Pdf-Anlagen/Computerspielsucht-Befunde-der-Forschung-Langfassung,property=pdf,bereich=bmfsfj,sprache=de,rwb=true.pdf (Abruf 14.3.2014)
[5] Petry, J. (2010): Dysfunktionaler und pathologischer PC- und Internet-Gebrauch. Göttingen: Hogrefe.
[6] Schuster, B. (2013): Führung im Klassenzimmer. Disziplinschwierigkeiten und sozialen Störungen vorbeugen und effektiv begegnen – ein Leitfaden für Miteinander im Unterricht. Berlin, Heidelberg: Springer VS.

Anorexia Nervosa (Magersucht)

[1] Saß, H. / Wittchen, H.-U. / Zaudig, M. / Houben, I. (2003): Diagnostisches und Statistisches Manual Psychischer Störungen – Textrevision. Göttingen: Hogrefe Verlag.
[2] Sullivan, P. F. (1995): Mortality in anorexia nervosa. In: American Journal of Psychiatry 152, S. 1073-1074.
[3] Zipfel, S. / Löwe, B. / Herzog, W. (2008): Verlauf und Prognose der Anorexia nervosa. In: Herpertz, S. / de Zwaan, M. / Zipfel, S.(Hrsg.): Handbuch Essstörungen und Adipositas. Heidelberg: Springer Medizin Verlag, S. 44-46.
[4] Dilling, H. / Mombour, W. / Schmidt, M.H. (Hrsg.) (2011): Internationale Klassifikation psychischer Störungen. ICD-10 Kapitel V (F) Klinisch Diagnostische Leitlinien. Bern: Hans Huber.
[5] Pomeroy, C. (2001): Anorexia Nervosa, Bulimia Nervosa and Binge Eating Disorder: Assessment of Physical Status. In: Thompson, K. J. (Hrsg.): Body Image, Eating Disorders and Obesity: An Integrative Guide for Assessment and Treatment (S. 177-203). Washington D.C.: American Psychological Association.
[6] Herpertz-Dahlmann, B. (2008): Anorexia nervosa im Kindes- und Jugendalter. In: Herpertz, S. / de Zwaan, M. / Zipfel, S. (Hrsg.): Handbuch Essstörungen und Adipositas (S. 19-23). Heidelberg: Springer Medizin Verlag.
[7] Wissenschaftliches Kuratorium der Deutschen Hauptstelle für Suchtfragen e. V. (2004): Suchtmedizinische Reihe Band 3 Essstörungen. Hamm: Deutsche Hauptstelle für Suchtfragen.
[8] Lucas, A. R. / Beard, C. M. / O'Fallon, W. M. / Kurland, L. T. (1991): 50-year trends in the incidence of anorexia nervosa in Rochester, Minn.: a population-based study. In: American Journal of Psychiatry 148, S. 917-922.
[9] Walters, E. E. / Kendler, K. S. (1995): Anorexia nervosa and anorexic-like syndromes in a population-based female twin sample. In: American Journal of Psychiatry 152, S. 64-71.
[10] Jacobi, C. / De Zwaan, M. (2006): Essstörungen. In: H.-U. Wittchen & J. Hoyer (Hrsg.), Klinische Psychologie & Psychotherapie. Heidelberg: Springer, S. 883-907.
[11] Steinhausen, H.-C. (2005): Anorexia Nervosa. Göttingen: Hogrefe Verlag, S. 6.
[12] Fichter, M. / Warschburger, P. (2013): Eßstörungen. In: F. Petermann: Lehrbuch der klinischen Kinderpsychologie und -psychotherapie (S. 562-585). Göttingen: Hogrefe.
[13] Laessle, R. G. (2003): Essstörungen. In: H. Reinecker, Lehrbuch der klinischen Psychologie und Psychotherapie, Göttingen: Hogrefe, S. 358-395.

Bulimie (Ess-Brech-Sucht)

[1] Lempp, T. (2011): Kinder und Jugendpsychiatrie. München: Urban und Fischer.
[2] Steinhausen, H. (2010): Psychische Störungen bei Kindern und Jugendlichen, Lehrbuch der Kinder- und Jugendpsychiatrie und -psychotherapie. München: Urban & Fischer Verlag.

Remschmidt, H. / Mattejat, F. / Warnke, A. (2008): Therapie psychischer Störungen bei Kindern und Jugendlichen: Ein integratives Lehrbuch für die Praxis. Stuttgart: Thieme.
[3] Bundesfachverband Essstörungen e. V. (ohne Jahr): www.bundesfachverbandessstoerungen.de/de/n/bulimie_bulimia_nervosa.html (Abruf 02.06.2012).

Selbstverletzendes Verhalten

[1] Sendera, A. / Sendera, M. (2011): Kinder und Jugendliche im Gefühlschaos. Wien, New York: Springer Verlag.
[2] Fegert, E. R. (2012): Psychiatrie und Psychotherapie des Kindes- und Jugendalters. Berlin, Heidelberg: Springer-Verlag.
[3] Sedlak, F. (2007): Psychologie und Psychotherapie für Schule und Studium – Ein praxisorientiertes Wörterbuch. Wien, New York: Springer Verlag.
[4] Menzel, D. / Wiater, W. (2009): Verhaltensauffällige Schüler. Bad Heilbrunn: Klinkhardt. (Kap. 7)
[5] Petermann, F. / Winkel, S. (2009): Selbstverletzendes Verhalten. Göttingen: Hogrefe-Verlag.
[6] Deutsche Gesellschaft für Kinder- und Jugendpsychiatrie (ohne Jahr). www.dgkjp.de/kontakt. (Abruf 03.4.2014).
[7] Rote Tränen. Selbsthilfe-Community zum Thema selbstverletzendes Verhalten (ohne Jahr): »www.rotetraenen.de« (Abruf 03.04.2014).

Suizidales Verhalten bei Kindern und Jugendlichen

[1] Becker, K. / Meyer-Keitel, A.-E. (2008): Suzidales Verhalten. In: Petermann, F. (Hrsg.): Lehrbuch der Klinischen Kinderpsychologie. Göttingen: Hogrefe, S. 445-460.
[2] OECD (2012): »Suizid« in: Die OECD in Zahlen und Fakten 2011-2012. Wirtschaft, Umwelt, Gesellschaft, Organisation for Economic Cooperation and Development OECD, S. 270-271.
[4] Paulus, G. (2006): Krisenintervention in der Schule. www.vs-lam.de/krisenintervention.htm#krisenintervention. (Abruf 14.04.2013).
[3] Baving, L. (2004): Parasuizide bei Kindern und Jugendlichen. Kindheit und Entwicklung. Bd. 13, Nr. 1, S. 5-13.
[5] Berner Gesundheit (ohne Jahr): »Gemeinsam für mehr Gesundheit« www.bernergesundheit.ch/de. (Abruf 17.04.2013).
[6] D'Amerlio, R. / Archonti, C. / Falkai, P. / Pajonk, F. G. (2006): Psychologische Konzepte und Möglichkeiten der Krisenintervention in der Notfallmedizin« Notfall + Rettungsmedizin, Bd. 9, S. 194-204.
[7] Kamm, S. / Jehli, P. / Wiesner, P. (2002): Suizidprävention und Trauerverarbeitung in der Schule. www.vs-lam.de/suizid/suizidpraev-trauerverarb-in%20schule-72%20seiten.pdf. (Abruf 27.03.2014).

Prüfungsangst

[1] Schwarzer, R. (2000): Stress, Angst und Handlungsregulation (4. Auflage). Stuttgart: Kohlhammer.
[2] Warnke, A. / Schwenk, C. (2010): Angststörungen. In: Schulte-Körne, G. (Hrsg.): »P« wie Psychische Probleme im Kindes- und Jugendalter, Auffälligkeiten in der Schule erkennen und verstehen. Praxisheft Flohkiste. München: Domino Verlag Günther Brinek GmbH.

[3] Winkel, R. (2009): Der gestörte Unterricht (9. Auflage). Baltmannsweiler: Schneider Verlag.
[4] Suhr-Dachs, L. (2009): Prüfungsängste. In: Schneider, S./ Margraf, J. (Hrsg.): Lehrbuch der Verhaltenstherapie, Band 3: Störungen im Kindes- und Jugendalter. S. 573-592. Heidelberg: Springer.
[5] Geist, A. (2010): Prüfungsangst – Theorie. In: Honal, W./ Graf, D./ Knoll, F (Hrsg.): Handbuch der Schulberatung. München: Olzog Verlag.
[6] Institut für integrative Lerntherapie und Weiterbildung (ohne Jahr) www.iflw.de/wissen/pruefungsangst.htm (Abruf 30.05.14).
[7] Homepage Praxis für Psychosomatische Medizin u. Psychotherapie, Coaching, Mediation u. Prävention Dr. Dr. med. Herbert Mück (ohne Jahr): www.dr-mueck.de/Wissenschaftsinfos/Kinder-Jugendpsychiatrie/Pruefungsangst_Schueler.htm (Abruf 30.05.14).
[8] Rachmann, S. (2000): Angst. Diagnose, Klassifikation und Therapie. Bern: Huber.
[9] Geist, A. (ohne Jahr): Theorie der (Prüfungs-)Angst. Weiterbildung zur Beratungsfachkraft – Regionalkurs Oberbayern-West und München: www.schulberatung.bayern.de/imperia/md/content/schulberatung/pdfmuc/verschiedenes/angst_theorie.pdf (Abruf 03.06.14);
[10] Suhr-Dachs, L./ Döpfner, M. (2005): Leistungsängste – Therapieprogramm für Kinder und Jugendliche mit Angst- und Zwangsstörungen (THAZ) Band 1. Hogrefe.
[11] Leitner, W./ Ortner, A./ Ortner R. (2008): Handbuch Verhaltens- und Lernschwierigkeiten (7. Auflage). Weinheim/Basel: Beltz Verlag.
[12] Reimann-Höhn, U. (2010): Prüfungsangst bei Kindern und Jugendlichen. Online-Artikel auf der Homepage des Familienhandbuchs des Staatsinstituts für Frühpädagogik(IFP): www.familienhandbuch.de/schule/schulprobleme/prufungsangst-bei-kindern-und-jugendlichen (Abruf 30.05.14)

Schulangst

[1] H. Schröder (1980): Schulangst. In: Arnold, W./ Eysenck, H./ Meili, R. : Lexikon der Psychologie Band 3. Freiburg: Herder Verlag.
[2] Schulz, B./ Weber, P. A. (2006): »Das große NEIN zur Schule« – Schulangst und Schulphobie Erscheinungsformen, Verlauf, Ursachen und Behandlungsmöglichkeiten. Schriftliche Hausarbeit im Rahmen der Ersten Staatsprüfung für das Lehramt der Sekundarstufe II, Universität Duisburg-Essen: www.uni-du-e.de/imperia/md/content/biwi/einrichtungen/isp/weber/examensarbeit_weber.pdf (Abruf 30.05.14).
[3] Ihle, W./ Jahnke, D./ Esser, G. (2003): Kognitiv-verhaltenstherapeutische Behandlungsansätze nicht dissozialer Schulverweigerung: Schulphobie und Schulangst. In: Praxis der Kinderpsychologie und Kinderpsychiatrie 52(6), S. 409-424.
[4] Gutscher, G. (2009): Schulangst und Schulverweigerung: www.schulberatung.bayern.de/imperia/md/content/schulberatung/pdfschw/pdfschw0809/schulangst_verweigerung_ref_gutscher_02_09.pdf (Abruf 30.5.14).
[5] Leitner, W./ Ortner, A./ Ortner R. (2008): Handbuch Verhaltens- und Lernschwierigkeiten (7. Auflage). Weinheim/Basel: Beltz Verlag.
[6] Warnke, A./ Schwenk, C. (2010): Angststörungen. In: Schulte-Körne, G. (Hrsg.): »P« wie Psychische Probleme im Kindes- und Jugendalter, Auffälligkeiten in der Schule erkennen und verstehen. Praxisheft Flohkiste. München: Domino Verlag Günther Brinek GmbH.
[7] Winkel, R. (2009): Der gestörte Unterricht (9. Auflage). Baltmannsweiler: Schneider Verlag.

Legasthenie und Lese-Rechtschreibschwäche (LRS)

[1] Deutsches Institut für Medizinische Dokumentation und Information (DIMDI): ICD-10-GM. Version 2014. Systematisches Verzeichnis. Internationale statistische Klassifikation der Krankheiten und verwandter Gesundheitsprobleme, 10. Revision – German Modification –, 2013. www.dimdi.de/dynamic/de/klassi/downloadcenter/icd-10-gm/version2014/systematik/(Abruf 12.05.2014)

[2] Klinik und Poliklinik für Kinder- und Jugendpsychiatrie, Psychotherapie und Psychosomatik. Ludwig-Maximilians-Universität. www.kjp.med.uni-muenchen.de/forschung/legasthenie/ueberblick.php (Abruf 02.06.2014).

[3] Mattejat, F. / Remschmidt, H. / Warnke, A. (2008): Therapie psychischer Störungen bei Kindern und Jugendlichen. Ein integratives Lehrbuch für die Praxis. Stuttgart: Georg Thieme Verlag.

[4] Leitner, W. G. / Ortner, A. / Ortner, R. (2008): Handbuch Verhaltens- und Lernschwierigkeiten. 7. überarbeitete und erweiterte Ausgabe, Weinheim/Basel: Beltz Verlag.

[5] Hemminger, U. / Roth, E. / Schneck, S. / Warnke, A. (2002): Legasthenie. Leitfaden für die Praxis. Göttingen u. a.: Hogrefe-Verlag.

[6] Benz, E. (2005): Praxisbuch Legasthenie. Lese- und Rechtschreibschwäche. Ursachen und Erscheinungsformen. Übungsvorschläge für Therapie und Alltag. 10. Auflage, Schaffhausen: Schubi.

[7] Klicpera, C. / Schabmann, A. / Gasteiger-Klicpera, B. (2010): Legasthenie – LRS. Modelle, Diagnose, Therapie und Förderung. 3. aktualisierte Auflage. München, Basel: Ernst Reinhardt Verlag.

[8] Deutsches Institut für Medizinische Dokumentation und Information (DIMDI): ICD-10-GM. Version 2014. Systematisches Verzeichnis. Internationale statistische Klassifikation der Krankheiten und verwandter Gesundheitsprobleme, 10. Revision – German Modification –, 2013, www.dimdi.de/dynamic/de/klassi/downloadcenter/icd-10-gm/version2014/systematik/(Abruf 12.05.2014).

[9] Kultusministerielle Bekanntmachung (KMBek) vom 16.11.1999 (geändert am 11.8.2000) zur Förderung von Schülern mit besonderen Schwierigkeiten beim Erlernen des Lesens und des Rechtschreibens abrufbar unter: Staatliches Schulamt in der Landeshauptstadt München: Legasthenie/LRS. www.schulamt-muenchen.musin.de/index.php?option=com_content&view=article&id=33:legasthenie-lrs&catid=22&Itemid=105 (Abruf 20.08.2014).

[10] Sekretariat der ständigen Konferenz der Kultusminister der Länder in der Bundesrepublik Deutschland (2007): Grundsätze zur Förderung von Schülerinnen und Schülern mit besonderen Schwierigkeiten im Lesen und Rechtschreiben oder im Rechnen, hg. von Staatliche Schulberatungsstelle für Oberbayern-Ost. www.schulberatung.bayern.de/imperia/md/content/schulberatung/pdf/bs_071115_grundsaetze_lrs.pdf (Abruf 24.05.2014).

Dyskalkulie (Rechenstörung, Rechenschwäche)

[1] Jacobs, C. / Petermann, F. (2007): Rechenstörungen. Göttingen: Hogrefe Verlag.

[2] Kaufmann, S. / Wessolowski, S. (2006): Rechenstörungen. Diagnose und Förderbausteine. Seelze: Kallmeyer Verlag in Verbindung mit Klett Erhard Friedrich Verlag.

[3] Rochmann, K. / Wehrmann, M. (2009): Bloß kein Minus … lieber Plus!. Osnabrück: Arbeitskreis des Zentrums für angewandte Lernforschung gemeinnützige GmbH.

[4] Jacobs, C. / Petermann, F. (2007): Rechenstörungen. Ratgeber. Göttingen: Hogrefe Verlag.

[5] Jacobs, C. / Petermann, F. (2007): Diagnostik von Rechenstörungen. Göttingen: Hogrefe Verlag.

[6] Lorenz, J. (2003): Lernschwache Rechner fördern. Lehrer – Bücherei: Grundschule. Berlin: Cornelsen.
[7] Born, A./Oehler, C. (2008): Kinder mit Rechenschwäche erfolgreich fördern. Ein Handbuch für Eltern, Lehrer und Therapeuten. 2. überarbeitete und erweiterte Aufl., Stuttgart: Kohlhammer.
[8] Aster, M. (2009): Neurowissenschaftliche Ergebnisse und Erklärungsansätze. In: Fritz, A./Ricken, G./Schmidt, S. (Hrsg.): Handbuch Rechenschwäche. Weinheim/Basel: Beltz Verlag.
[9] Krajewski, K. (2008): Vorhersage von Rechenschwäche in der Grundschule. Hamburg: Verlag Dr. Kovac.
[10] Lorenz, J. (2009): Zur Relevanz von Repräsentationswechsel. In: Fritz, A./Ricken, G./Schmidt, S.(Hrsg.): Handbuch Rechenschwäche. Weinheim/Basel: Beltz Verlag.
[11] Gaidoschik, M. (2006): Rechenschwäche – Dyskalkulie. Eine unterrichtspraktische Einführung für LehrerInnen und Eltern. Horneburg: Persen Verlag GmbH.
[12] Landerl, K./Kaufmann L. (2. Auflage, 2013): Dyskalkulie. München: Ernst Reinhardt GmbH.
[13] Lempp, T. (2011): Kinder und Jugendpsychiatrie. München: Urban und Fischer.
[14] Warnke, A./Plume, E./Oehler, C. (2008): Rechenstörung. In: Remschmidt, H./Mattejat, F./Warnke, A. (Hrsg.): Therapie psychischer Störungen bei Kindern und Jugendlichen: Ein integratives Lehrbuch für die Praxis. Stuttgart: Thieme Verlag.

Hochbegabung

[1] Racherbäumer, K. (2009): Hochbegabte Schulanfängerinnen und Schulanfänger. Münster: Waxmann Verlag.
[2] Götting, G. (2006): Keine Angst vor Hochbegabung. München: Knaur Ratgeber Verlage.
[3] Bundesministerium für Bildung und Forschung (2010): Begabte Kinder finden und fördern. Bielefeld: Bertelsmann Verlag.
[4] »Begabungspsychologische Beratungsstelle,« Ludwig-Maximilians-Universität München. www.psy.lmu.de/begabung/hochbegabung/intellektuell/index.html. (Abruf 10.8.2012).
[5] Deutsche Gesellschaft für das hochbegabte Kind e.V., www.dghk.de/hochbegabung/wie-koennen-erzieher-und-lehrer-hoch-begabte-kinder-foerdern. (Abruf 10.8.2012).
[6] Stapf, A. (2010): Hochbegabte Kinder, Persönlichkeit, Entwicklung, Förderung. München: C.H. Beck Verlag.
[7] »Hochbegabtenförderung e.V.« www.hbf-ev.de/. (Abruf 10.8.2012]
[8] »Deutsche Gesellschaft für das Hochbegabte Kind e.V.«. www.dghk.de/. (Abruf 10.8.2012).
[9] »Karg Stiftung« (ohne Jahr). www.karg-stiftung.de. (Abruf 10.8.2012).
[10] »Begabungspsychologische Beratungsstelle« Ludwig-Maximilians-Universität München (ohne Jahr). www.psy.lmu.de/begabung/index.html. (Abruf 10.8.2012).
[11] »Begabungspsychologische Beratungsstelle« Universität Würzburg (ohne Jahr), www.begabungsberatungsstelle.uni-wuerzburg.de/. (Abruf 10.8.2012).
[12] »Begabungsdiagnostische Beratungsstellen« Universtät Marburg (ohne Jahr). www.uni-marburg.de/fb04/ag-pp-ep/brain.(Abruf 10.8.2012).
[13] Zimbardo, P.G. (2008): Psychologie. München: Pearson Studium.

Mobbing/Bullying

[1] Olweus, D. (2006): Gewalt in der Schule. Was Lehrer und Eltern wissen sollten – und tun können. 4.Auflage, Bern: Huber.
[2] Skof, S. (2007): www.schulpsychologie.at/fileadmin/upload/persoenlichkeit_gemeinschaft/mobbing_Handreichung_2007.pdf (Abruf:04.03.2015)

[3] Taglieber, W. (2005): Berliner Anti-Mobbing-Fibel www.schulsozialarbeit.li/uploads/media/Berliner_Anti-Mobbing-Fibel.pdf (Abruf: 4.3.2015)
[4] Ebner, W. (ohne Jahr): Mobbing in Schulen: www.mobbing-in-schulen.de/pages/rechtliche-aspekte/zusammenfassung.php (Abruf: 04.03.2015)
[5] Hemker, A. (ohne Jahr): Schüler gegen Mobbing. www.mobbing-in-der-schule.info (Abruf: 04.03.2015)
[6] Gugel, G. (2008): Handbuch Gewaltprävention- Für die Grundschule und die Arbeit mit Kindern. Grundlagen-Lernfelder-Handlungsmöglichkeiten. Tübingen: Institut für Friedenspädagogik Tübingen e.V.
[7] Graf, D. (2012): Mit Mut gegen Mobbing. Ein Praxisleitfaden zum Projekt Schule als Lebensraum-ohne Mobbing. München: Staatsinstitut für Schulqualität und Bildungsforschung.
[8] Haigh, G. (1990): Managing Classroom Problems in the Primary School. London: Paul Chapman Publishing Ltd.
[9] Bödefeld, A. (2006): …und du bist weg! Bullying in Schulklassen als Sündenbock- Mechanismus. Berlin: LIT Verlag.
[10] Rigby, K. / Smith, P. / Pepler, D. (2004): Working to prevent school bullying: Key Isues. In: Smith, P. K. / Pepler, D. / Rigby, K. (Hrsg.): Bullying in schools- how successful can interventions be?. Cambridge: University Press, S. 1-12.
[11] Tattum, D. (1989): Violence and Aggression in Schools. In: Tattum, D. P. / Lane, D. A. (Hrsg.) Bullying in Schools. London: Trentham Books, S. 7-19.
[12] Melzer, W. / Schubarth, W. / Ehninger, F. (2011): Gewaltprävention und Schulentwicklung. 2. Auflage. Bad Heilbrunn: Klinkhardt.
[13] Schäfer, M. (2008): Mobbing im Klassenzimmer. In: Schneider, W. / Hasselhorn, M. (Hrsg.): Handbuch der Pädagogischen Psychologie. (S. 515-526) Göttingen: Hogrefe Verlag.
[14] Stephenson, P. / Smith, D (1989): Bullying in the Junior School. In: Tattum, D. P. / Lane, D. A. (Hrsg.): Bullying in Schools. London: Trentham Books, S. 45-57.
[15] Salmivalli, C. / Lagerspetz, K. / Bjorkqvist, K. / Osterman, K. / Kaukiainen, A. (1996): Bullying as a Group Process. Participant Roles and Their Relations to Social Status Within the Group. In: Aggressive Behavior 22, S. 1-15.
[16] Scheithauer, H. / Hayer, T. / Petermann, F. (2003): Bullying unter Schülern: Erscheinungsformen, Risikobedingungen und Interventionskonzepte. Göttingen: Hogrefe.
[17] Alsaker, F. (2004): Quälgeister und ihre Opfer: Mobbing unter Kindern – und wie man damit umgeht. Bern: Huber.
[18] Blum, H. / Beck, D. (2012): www.no-blame-approach.de/no_blame_approach.html (Abruf: 4.3.2015)
[19] Elterninitiative gegen Mobbing und Gewalt an Schulen (EMGS) e.V. (ohne Jahr) www.emgs.de (Abruf: 04.03.2015)
[20] Bäßler, A. / Kretschmer, K. (ohne Jahr): www.mobbing-schluss-damit.de (Abruf: 4.3.2015)
[21] Bieg, S. / Behr, M. (2005): Mich und Dich verstehen. Ein Trainingsprogramm zur Emotionalen Sensitivität bei Schulklassen und Kindergruppen im Grundschul- und Orientierungsstufenalter. Göttingen: Hogrefe.
[22] Cierpka, M. (2005): Faustlos. Wie Kinder Konflikte gewaltfrei lösen lernen. Freiburg: Herder.
[23] Petermann, F. / Petermann, U. (2005): Training mit aggressiven Kindern. Weinheim/Basel: Beltz.
[24] Scheithauer, H. / Fairplayer e. V. (ohne Jahr): www.fairplayer.de (Abruf: 4.3.2015)
[25] Spröber, N. / Schlottke, P. / Hautzinger, M. (2008): Bullying in der Schule: das Präventions- und Interventionsprogramm ProACT + E. Weinheim/Basel: Beltz PVU.
[26] Kasper, H. (1998): Mobbing in der Schule: Probleme annehmen, Konflikte lösen. Weinheim: AOL + Beltz Pädagogik.

Elterliche Trennung/Scheidung

[1] Fthenakis, W. / Walbiner, W. / Wolf, J. (2003): Gruppeninterventionsprogramme für Kinder mit getrennt lebenden oder geschiedenen Eltern. www.familienhandbuch.de/cms/Familienbildung_praev2.pdf (Abruf 06.6.2014).
[2] Kölch, M. / Fegert, J. M. (2010): Intervention bei Scheidung/Trennung. In: Remschmidtz, H. / Mattejat, F. / Warnke, A.: Therapie psychischer Störungen bei Kindern und Jugendlichen, Stuttgart: Thieme, S. 484-492.
[3] Statistisches. Bundesamt (2013): Weniger Ehescheidungen im Jahr 2012 www.destatis.de/DE/PresseService/Presse/Pressemitteilungen/2013/07/PD13_253_12631.html. (Abruf 04.03.2015).
[4] Hetherington, E. M. / Kelly, J. (2003): Scheidung – die Perspektive der Kinder. Weinheim/Basel: Beltz-Verlag.
[5] FOCUS Online (2007): Scheidungsrecht. Was Eltern zusteht und was Lehrer beachten müssen. www.focus.de/familie/erziehung/scheidung/was-eltern-zusteht-und-was-lehrer-beachten-muessen-scheidungsrecht_id_2293413.html. (Abruf 6.6.2014).
[6] Steinhausen, H. (2010): Psychische Störungen bei Kindern und Jugendlichen. München: Urban & Fischer Verlag.

Tod eines Familienmitglieds

[1] Haagen, M. / Möller, B. (2013): Sterben und Tod im Familienleben. Göttingen: Hogrefe.
[2] Rosner, R. / Wagner, B. (2009): Komplizierte Trauer. In: Maercker, A. (Hrsg.): Post-traumatische Belastungsstörungen. Heidelberg: Springer.
[3] Znoj, H. (2004): Komplizierte Trauer. Göttingen: Hogrefe.
[4] Kübler-Ross, E. (2001): Interviews mit Sterbenden. München: Droemer Knaur.
[5] Ministerium für Kultus, Jugend und Sport Baden-Württemberg (2008): Vom Umgang mit Trauer in der Schule. Handreichung für Lehrkräfte und Erzieher/innen. Baden-Baden: Koelblin-Fortuna-Druck. (auch online unter www.veid.de/data/user/Broschueren/Vom_Umgang_mit_Trauer_in_der_Schule_2009_04.pdf, Abruf 12.05.2014)
[6] Karasch, J. (2008): Grenzerfahrung: Tod. Rottenburg am Neckar: Bischöfliches Ordinariat der Diözese Rottenburg-Stuttgart.

Verwahrlosung

[1] Berufsverband der Kinder- und Jugendärzte/Niethammer, D.: Pressemitteilung vom 31.05.2007. www.bvkj.de/bvkj-news/pressemitteilungen/news/article/auswirkungen-von-gewalt-vernachlaessigung-und-misshandlung-auf-gesundheit-und-entwicklung-von-kinde (Abruf 02.03.2015)
[2] Hofer, R. (2008): Verwahrlosung interdisziplinär begreifen. Augsburg: Brigg Pädagogik.
[3] Fachstelle Kinderschutz im Land Brandenburg (2008): Kinderschutz-ABC 26 Artikel über den Schutz von Kindern vor Vernachlässigung und Gewalt. (Broschüre) online abrufbar unter: www.fachstelle-kinderschutz.de/cms/upload/Publikationen/Broschueren/Band_3_aktuell.pdf (Abruf 02.03.15)
[4] Deutscher Kinderschutzbund (ohne Jahr): Stellungnahme Kindesvernachlässigung. www.kinderschutzbund-mg.de/text.php?id=3&s=read. (Abruf 26.8.13; nicht mehr online verfügbar, aber im Online-Anhang dieses Buches bereitgestellt)
[5] Staatsministerium für Arbeit und Sozialordnung, Familie und Frauen (2012): Gewalt gegen Kinder und Jugendliche – Erkennen und Handeln. Leitfaden für Ärztinnen und Ärzte. (Bro-

schüre) online abrufbar unter: www.stmas.bayern.de/imperia/md/content/stmas/stmas_internet/jugend/aerzteleitfaden.pdf (Abruf 02.03.15)
[6] Ortner, A. / Ortner, R. (1993): Verhaltens- und Lernschwierigkeiten. Weinheim/Basel: Beltz.
[7] Deutsches Jugendinstitut: Kindesvernachlässigung – ein unterschätztes Risiko? Artikel vom 1.5.2010. www.dji.de/index.php?id=42263. (Abruf 02.03.2015)
[8] Gellert, K. (2007): Vernachlässigte Kinder. Saarbrücken: VDM Verlag.
[9] Frank, R. (2008): Misshandlung, Ablehnung und Vernachlässigung. In: Esser, G. (Hrsg.): Lehrbuch der Klinischen Psychologie und Psychotherapie bei Kindern und Jugendlichen. Stuttgart: Thieme, S. 474-483.
[10] Körner, W. / Deegener, G. (2006): Risikoerfassung bei Kindesmisshandlung und Vernachlässigung. Theorie, Praxis, Materialien. Lengerich: Pabst.
[11] Deegener, G. (2005): Formen und Häufigkeiten der Kindesmisshandlung. In: Körner, W. / Deegener, G. (Hrsg.): Kindesmisshandlung und Vernachlässigung. Göttingen: Hogrefe, S. 37-58.
[12] Deutscher Kinderschutzbund Landesverband NRW/Institut für soziale Arbeit (2006): Kindesvernachlässigung. Erkennen – Beurteilen – Handeln. (Broschüre) online abrufbar unter: www.bug-nrw.de/cms/upload/pdf/erwachsen/media_get.pdf (Abruf 02.03.15)
[13] Klicpera, C. / Gasteiger-Klicpera, B. (2007): Psychische Störungen im Kindes- und Jugendalter. Wien: facultas wuv (UTB).
[14] Deneke, C. (2005): Misshandlung und Vernachlässigung durch psychisch kranke Eltern. In: Körner, W. / Deegener, G. (Hrsg.): Kindesmisshandlung und Vernachlässigung. Göttingen: Hogrefe, S. 141-154.
[15] Zobel, M. (2005): Misshandlung und Vernachlässigung durch süchtige Eltern. In: Körner, W. / Deegener, G. (Hrsg.): Kindesmisshandlung und Vernachlässigung. Göttingen: Hogrefe, S. 155-170.
[16] Bender, D. / Lösel F. (2005): Misshandlung von Kindern: Risikofaktoren und Schutzfaktoren. In: Körner, W. / Deegener, G. (Hrsg.): Kindesmisshandlung und Vernachlässigung. Göttingen: Hogrefe, S. 317-346.
[17] Deegener, G. (2009): Diagnostik bei körperlicher Misshandlung, Vernachlässigung und sexuellem Missbrauch. In: Irblich, D. / Renner, G. (Hrsg.): Diagnostik in der Klinischen Kinderpsychologie. Die ersten sieben Lebensjahre. Göttingen: Hogrefe, S. 418-429.
[18] Rauschenbach, T. (2007): Fremdunterbringung und gesellschaftlicher Wandel. In: Bürger, U. / Münder, J. / Rauschenbach, T. / Schröer, H. (Hrsg.): Wohin steuert die stationäre Erziehungshilfe?. München: SPI im SOS Kinderdorf, S. 8-39.
[19] Textor, M. R. (1995): Forschungsergebnisse zur Familienpflege. In: Warndorf, P. K. / Textor, M. R. (Hrsg.): Familienpflege. Forschung, Vermittlung, Beratung. Freiburg: Lambertus, S. 43-66.

Häusliche Gewalt gegen Kinder

[1] Lercher, L. / Kaselitz, V. (2002): Gewalt in der Familie – Rückblick und neue Herausforderungen. Wien: Bundesministerium für soziale Sicherheit und Generationen.
[2] Lamnek, S. / Otterman, R. / Vogl, S. / Luedtke, J. (2012): Tatort Familie. Häusliche Gewalt im gesellschaftlichen Kontext. Wiesbaden: Springer VS.
[3] Pankofer, S. / Mertens, B. (2011): Kindesmisshandlung. Körperliche Gewalt in der Familie. Paderborn: UTB Schöningh.
[4] Cizek, B. / Kapella, O. / Steck, M. (2001): Signale und Folgen gewaltsamer Handlungen an Kindern. Wien: Bundesministerium für Soziale Sicherheit und Generationen.
[5] GiG-net Forschungsnetz Gewalt im Geschlechterverhältnis (2008): Gewalt im Geschlechterverhältnis: Erkenntnisse und Konsequenzen für Politik, Wissenschaft und soziale Praxis. Opladen: Budrich.

[6] Fuchs, M./Lamnek, S./Luedtke, J./Baur, N. (2009): Gewalt an Schulen. 1994 – 1999 – 2004. Wiesbaden: VS Verlag.
[7] Wahl, K. (1990): Studien über Gewalt in Familien. München: DJI Deutsches Jugendinstitut.
[8] Markefka, M./Nauck, B. (1993): Handbuch der Kindheitsforschung. Berlin: Leuchthand.
[9] Polizei-Beratung (ohne Jahr). www.polizei-beratung.de/themen-und-tipps/gewalt.html. (Abruf 14.05.2014).
[10] Brandstetter, M. (2009): Gewalt im sozialen Nahraum. Zur Logik von Prävention und Vorsorge in ländlichen Sozialräumen. Wien: VS Verlag.
[11] B.I.b.h. Gewalt, Gewalt ist nie ok. BIG Präventionsprojekt. www.gewalt-ist-nie-ok.de/info/lehrerInnen.htm. (Abruf 06.05.2014).

Sexuelle Gewalt

[1] Dölle, A./Nehring, R./Techniker Krankenkasse Landesvertretung Sachsen-Anhalt (Hrsg.) (2007): Gewalt gegen Kinder und Jugendliche, Ein Leitfaden für Ärztinnen und Ärzte in Sachsen-Anhalt zu Früherkennung, Handlungsmöglichkeiten und Kooperation. Magdeburg: Techniker Krankenkasse Landesvertretung Sachsen-Anhalt.
[2] Huser, J./Leuzinger, R. (2011): Grenzen – Prävention sexueller Gewalt, Vorbeugung, Erkennung und Behandlung von sexueller Gewalt gegen Kinder und Jugendliche. Kerpen: Kohl.
[3] Klemm, T./Röhring, J. (2012): Skandalisierung sexuellen Kindesmissbrauchs im interkulturellen Vergleich. Leipzig: Leipziger Wissenschaftsverlag.
[4] Greeff, A. (2008): Resilienz, Widerstandsfähigkeit stärken – Leistung steigern, Praktische Materialien für die Grundschule. Donauwörth: Auer.
[5] Baldus, M./Utz, R. (2011): Sexueller Missbrauch in pädagogischen Kontexten. Faktoren. Interventionen. Perspektiven. Wiesbaden: VS-Springer.
[6] Laubenthal, K. (2012): Handbuch Sexualstraftaten. Die Delikte gegen die sexuelle Selbstbestimmung. Heidelberg: Springer.
[7] Weigend, T. (2008): Strafgesetzbuch mit Einführungsgesetz, Betäubungsmittelgesetz, Wehrstrafgesetz, Wirtschaftsstrafgesetz, Völkerstrafgesetzbuch und weitere Vorschriften. München: Deutscher Taschenbuch (C.H.Beck-Texte im dtv).
[8] Wabnitz, R. (2012): Grundkurs Kinder- und Jugendhilferecht für die Soziale Arbeit. München: Reinhardt.

Hörschädigung

[1] Leonhardt, A. (2010): Einführung in die Hörgeschädigtenpädagogik. München: Reinhardt.
[2] Born, S. (2009): Schulische Integration Hörgeschädigter. München: LMU.
[3] Bringmann, M. (2013): Einsatz technischer Hörhilfen bei der Unterrichtung von Schülern mit Hörschädigung an allgemeinen Schulen. Hamburg: Kovac.
[4] Schöler, J. (2009): Alle sind verschieden. Auf dem Weg zur Inklusion in der Schule. Weinheim/Basel: Beltz.
[5] Bayerisches Staatsministerium für Unterricht und Kultus (Hg.) (2006): Nachteilsausgleich für hörgeschädigte, körperbehinderte und sehgeschädigte Schüler. An die Gymnasien in Bayern, einschließlich der Schulen besonderer Art sowie an die Ministerialbeauftragten für die Gymnasien (per OWA). Aktenzeichen: VI.b – 5 S 5300 – 6.108417. Bayerisches Staatsministerium für Unterricht und Kultus. München. Online verfügbar unter http://www.schulberatung.bayern.de/imperia/md/content/schulberatung/pdf/nachteilgym.pdf (Abruf 04.03.2015)

Sehbehinderung

[1] Lang, M. / Hofer, U. / Beyer, F. (2008): Didaktik des Unterrichts mit blinden und hochgradig sehbehinderten Schülerinnen und Schülern. Stuttgart: Kohlhammer.
[2] Schöler, J. (2009): Alle sind verschieden. Auf dem Weg zur Inklusion in der Schule. Weinheim/Basel: Beltz.
[3] Bayerisches Staatsministerium für Unterricht und Kultus (Hg.) (2006): Nachteilsausgleich für hörgeschädigte, körperbehinderte und sehgeschädigte Schüler. An die Gymnasien in Bayern, einschließlich der Schulen besonderer Art sowie an die Ministerialbeauftragten für die Gymnasien (per OWA). Aktenzeichen: VI.b – 5 S 5300 – 6.108417. Bayerisches Staatsministerium für Unterricht und Kultus. München. Online verfügbar unter http://www.schulberatung.bayern.de/imperia/md/content/schulberatung/pdf/nachteilgym.pdf (Abruf 04.03.2015)

Geistige Behinderung

[1] Theunissen, G. / Kulig, W. / Schirbort, K. (Hrsg.) (2007): Handlexikon Geistige Behinderung. Stuttgart: Kohlhammer.
[2] Fornefeld, B. (2009): Grundwissen Geistigbehindertenpädagogik. München: Ernst Reinhardt.
[3] Mühl, H. (2006): Schulische Didaktik und Methodik. In: Wüllenweber, E. / Theunissen, G. / Mühl, H. (Hrsg.): Pädagogik bei geistigen Behinderungen. Ein Handbuch für Studium und Praxis. Stuttgart: Kohlhammer.
[4] Neuhäuser, G. / Steinhausen, H.-C. (Hrsg.) (2003): Geistige Behinderung. Stuttgart: Kohlhammer.
[5] Speck, O. (2005): Menschen mit geistiger Behinderung: Ein Lehrbuch zur Erziehung und Bildung. München: Reinhardt.
[6] Dilling, H. / Mombour, W. / Schmidt, M. H. (Hrsg.) (2013): Internationale Klassifikation psychischer Störungen. Bern: Huber.
[7] Kulig, W. / Theunissen, G. / Wüllenweber, E. (2006): Geistige Behinderung. In: Wüllenweber, E. / Theunissen, G. / Mühl, H. (Hrsg.): Pädagogik bei geistigen Behinderungen. Ein Handbuch für Studium und Praxis. Stuttgart: Kohlhammer.
[8] Theunissen, G. (2007): Geistige Behinderung. In: Bundschuh, K. / Heimlich, U. / Krawitz, R. (Hrsg.): Wörterbuch Heilpädagogik. Bad Heilbrunn: Julius Klinkhardt.

Epilepsien

[1] Berlit, P. (2007): Epilepsien. In: Berlit, P.: Basiswissen Neurologie. Heidelberg: Springer, S. 248–261.
[2] Schüller, J. (2009): Alle sind verschiedene. Auf dem Weg zur Inklusion in der Schule. Weinheim/Basel: Beltz.
[3] Sälke-Kellermann, R. A. (2009): Epilepsie bei Schulkindern. Schriften über Epilepsie Bd. 4. Hamburg: Stiftung Michael.
[4] Epilepsie Leherpaket. Landesverband Epilepsie Bayern e. V. www.epilepsie-lehrerpaket.de/docs/51_aufsichtspflicht.html. (Abruf 21.3.2014).
[5] Etschenberg, K. (ohne Jahr): Chronische Erkrankungen als Problem und Thema. In: Schule und Unterricht. Handreichung Für Lehrerinnen und Lehrer der Klassen 1–10. Köln: Bundeszentrale für gesundheitliche Aufklärung.

Stottern und Stammeln

[1] Hansen, B./Iven. C. (2011): Stottern bei Kindern. Idstein: Schulz-Kirchner Verlag.
[2] Thiel, M. M./Ewerbeck, C./Ochsenkühn, C. (2010): Stottern bei Kindern und Jugendlichen. London, Heidelberg, Berlin: Springer.
[3] dbl. (2013): Deutscher Bundesverband für Logopädie e.V. www.dbl-ev.de/kommunikation-sprache-sprechen-stimme-schlucken/stoerungen-bei-kindern/stoerungsbereiche/sprechen/stottern.html (Abruf 08.6.2014).
[4] Goldner, C. (2011): Logopädische Praxis. http://logopaed.beepworld.de/aphasie.htm (Abruf 08.06.2014).
[5] Lukaßen, D. (kein Datum). kinder.de. Entwicklung – Wenn Kinder Stottern. www.kinder.de/themen/kleinkind/entwicklung/artikel/wenn%20-kinder-stottern.html (Abruf 08.06.2014).
[6] Studierende der Lehranstalt für Logopädie am Universitätsklinikum der RWTH Aachen (Kurs 2003): Stottern und jetzt? Die Website für stotternde Jugendliche: www.jugend-infoseite-stottern.de/benni_1.html (Abruf 08.06.2014).

Tic-Störungen

[1] Döpfner, M./Rothenberger, A. (2007): Tic- und Zwangsstörungen. In: Kindheit und Entwicklung (16), S. 75-95.
[2] Ludolph, A.G. (2013): Chronische Tic-Störungen und Tourette-Syndrom. In: Fegert, J.M./Kölch, M. (Hrsg.): Klinikmanual Kinder- und Jugendpsychiatrie und -psychotherapie. Berlin: Heidelberg, S. 142-153.
[3] Döpfner, M./Goletz, H. (2008): Zwangsstörungen. In: Petermann, F. (Hrsg.): Lehrbuch der klinischen Kinderpsychologie. Göttingen: Hogrefe, S. 413-426.
[4] Döpfner, M./Roessner, V./Woitecki, K./Rothenberger, A. (2010): Tic-Störungen. Göttingen: Hogrefe.
[5] Döpfner, M./Rothenberger, A. (2008): Tic-Störungen. In: Petermann, F. (Hrsg.): Lehrbuch der Klinischen Kinderpsychologie, Göttingen: Hogrefe, S. 311-326.
[6] Neuner I./Schneider, F. (2012): Tic-Störungen und Tourette-Syndrom. In: Schneider, F. (Hrsg.): Facharztwissen Psychiatrie und Psychotherapie. Berlin, Heidelberg: Springer, S. 459-466.
[7] Azrin, N. H./Nunn, R. G. (1973): Habit-reversal: A method of eliminating nervous habits and tics. Behaviour Research and Therapy Nr. 11, S. 619-628.
[8] Döpfner, M./Roessner, V./Woitecki, K./Rothenberger, A. (2010): Ratgeber Tics: Informationen für Eltern, Lehrer und Erzieher. Göttingen: Hogrefe.

Autismus-Spektrum-Störungen (ASS)

[1] Schirmer, B. (2011): Schulratgeber Autismus-Spektrum-Störungen. Ein Leitfaden für LehrerInnen. München: Ernst Reinhardt Verlag.
[2] Resch, F. (1996): Entwicklungspsychopathologie des Kindes- und Jugendalters. Weinheim/Basel: Psychologie Verlags Union.
[3] Amorosa, H. (2010): Schulalter. In: Noeterdaeme, M./Enders, A. (Hrsg.): Autismus-Spektrum-Störungen (ASS): Ein integratives Lehrbuch für die Praxis. Stuttgart: Kohlhammer, S. 50-53.
[4] Amorosa, H. (2010): Epidemiologie. In: Noeterdaeme, M./Enders, A. (Hrsg.): Autismus-Spektrum-Störungen (ASS): Ein integratives Lehrbuch für die Praxis. Stuttgart: Kohlhammer, S. 31-34.

[6] Remschmidt, H./von Aster, S. (2011): Kinder- und Jugendpsychiatrie, Eine praktische Einführung. Stuttgart: Thieme.
[5] Bölte, S. (2009): Epidemiologie. In: Bölte, S. (Hrsg.): Autismus, Spektrum, Ursachen, Diagnostik, Intervention, Perspektiven. Bern: Huber, S. 65-72.
[7] Schepker, R. (2007): Tiefgreifende Entwicklungsstörungen«. In: Marneros, A./Rohde, A. (Hrsg.): Geschlechtsspezifische Psychiatrie und Psychotherapie: Ein Handbuch. Stuttgart: Kohlhammer, S. 287-292.
[8] Sinzig, J./Schmidt, M. H. (2008): Tiefgreifende Entwicklungsstörungen. In: Petermann, F.: Lehrbuch der klinischen Kinderpsychologie. Göttingen: Hogrefe, S. 173-186.
[9] Rost, I. (2010): Neurobiologische Erklärungsansätze, Genetik und Autismus-Spektrum-Störungen. In: Noeterdaeme, M./Enders, A. (Hrsg.): Autismus-Spektrum-Störungen (ASS), Ein integratives Lehrbuch für die Praxis. Stuttgart: Kohlhammer, S. 117-138.
[10] Institut für Schulqualität und Bildungsforschung (ISB) Bayern (ohne Jahr): Infobrief Autismus-Spektrum-Störungen, www.isb.bayern.de/foerderschulen/mobil-sonderpaedagogische-dienste-msd/ (Abruf 11.5.2014).

Borderline-Störung

[1] Dulz, B./Herpertz, S./Kernberg, O./Sachsse, U. (2011): Handbuch der Borderline-Störungen. Stuttgart: Schattenhauer.
[2] Rohde-Dachser, C. (2004): Das Borderline Syndrom. Bern: Hans Huber Verlag.
[3] Gundrson, J. (2005): Borderline: Diagnostik, Therapie, Forschung. Bern: Hans Huber Verlag.
[4] Bohus, M. (2002): Borderline Störung. Göttingen: Hogrefe-Verlag GmbH & Co. KG.
[5] Bohuns, M./Schmahl, C. (2006): Psychopathologe und Therapie der Borderline-Persönlichkeitsstörung. In: Deutsches Ärzteblatt 49, S. 3345-3352.
[6] Bohus, M./Schmahl, C./Lieb, K. (2004): New developments in the neurobiology of borderline personality disorder. In: Curr Psychiatrie Rep 6, S. 43-50.
[7] Dulz, B./Schneider, A. (2004): Borderline-Störung -Theorie und Therapie. Stuttgart: Schatthauer.
[8] Sendera, A./Sendera, M. (2010): Borderline: Die andere Art zu fühlen. Wien: Springer Verlag.
[9] Peichl, J. (2007): Die inneren Trauma-Landschaften. Stuttgart: Schatthauer.
[10] Lohmer, M. (2007): Borderline-Theapie – Psychodynamik, Behandlungstechniken und therapeutische Settings. Stuttgart: Schattenhauer.

Schizophrenie und Psychosen aus dem schizophrenen Formenkreis

[1] Dilling, H./Freyberger, H. (Hrsg.) nach dem englischsprachigen Pocket Guide von J. Cooper (2011): Taschenführer zur ICD-10-Klassifikation psychischer Störungen, Mit Glossar und Diagnostischen Kriterien ICD-10: DCR-10 und Referenztabellen ICD-10 v.s. DSM-IV-TR. Bern: Hans Huber.
[2] Finzen, A. (2002): Schizophrenie, Die Krankheit verstehen. Bonn: Psychiatrie.
[3] Häfner, H. (2005): Das Rätsel Schizophrenie, Eine Krankheit wird entschlüsselt. München: C.H. Beck.
[4] Steinhausen, H. (2010): Psychische Störungen bei Kindern und Jugendlichen, Lehrbuch der Kinder- und Jugendpsychiatrie und -psychotherapie. München: Urban & Fischer.

[5] Bäuml, J. (2008): Psychosen aus dem schizophrenen Formenkreis, Ratgeber für Patienten und Angehörige Leitfaden für professionelle Helfer Einführung für interessierte Laien. Heidelberg: Springer Medizin.
[6] Hell, D. / Schüpbach, D. (2008): Schizophrenien. Heidelberg: Springer Medizin.
[7] Deutsche Gesellschaft für Psychiatrie, Psychotherapie und Nervenheilkunde (Hrsg.) (2006): Praxisleitlinien in Psychiatrie und Psychotherapie. Band 1, Behandlungsleitlinie Schizophrenie. Darmstadt: Steinkopff.
[8] Huppert, R. / Kienzle, N. (2010): Ratgeber Schizophrenie, Informationen für Betroffene, Eltern, Lehrer und Erzieher. Göttingen: Hogrefe.

Übersicht Online-Materialien

Zu vielen der Themen, die in diesem Buch angesprochen werden, finden Sie Online-Materialien auf der Produktseite des Buches unter www.beltz.de:

Material	Hilfreich für folgenden Anlass
Gesprächsprotokoll	siehe Kapitel 4: »Dokumentation, Informations- und Schweigepflicht«
Schülerbeobachtungsbogen (Leistung)	siehe Kapitel 4: »Dokumentation, Informations- und Schweigepflicht« und 5.1: »Schritt 1: Schüler/innen beobachten«
Schülerbeobachtungsbogen (Sozialverhalten)	siehe Kapitel 4: »Dokumentation, Informations- und Schweigepflicht« und 5.1: »Schritt 1: Schüler/innen beobachten«
Selbstbeobachtungsprotokoll	siehe Kapitel 4: »Dokumentation, Informations- und Schweigepflicht« und 5.1: »Schritt 1: Schüler/innen beobachten«
Förderplan	siehe Kapitel 5.5: »Schritt 5: Einen Förderplan erstellen«
	Hilfreich bei folgenden Auffälligkeiten
Selbstbeobachtungsprotokoll	alle Auffälligkeiten
Kommunikationskarten	alle Auffälligkeiten
Soziale Situationen und Rollenspiele	alle Auffälligkeiten
Arbeit mit Gefühlskarten	alle Auffälligkeiten
Lobzettel	alle Auffälligkeiten
Progressive Muskelentspannung	alle Auffälligkeiten, insbesondere bei Störung des Sozialverhaltens, gesteigerter Gewaltbereitschaft und Ängsten
Interviewleitfaden für Konzentrationsstörungen	ADHS und Auffälligkeiten mit Konzentrationsstörungen
Die eigene Aufmerksamkeitsspanne	ADHS und Auffälligkeiten mit Konzentrationsstörungen
Strategien zur Selbstorganisation (ToDo-Liste)	ADHS und Auffälligkeiten mit Störung der Konzentration oder Impulskontrolle
Strategien zur Selbstorganisation (Handlungspläne)	ADHS und Auffälligkeiten mit Störung der Konzentration oder Impulskontrolle, Prüfungsangst
Verbesserung des Aufgabenverständnisses: Selbststrukturierung und Bewältigung von komplexen Aufgaben	ADHS und Auffälligkeiten mit Impulskontrollstörungen
Alternativen zum Impuls	ADHS und Auffälligkeiten mit Störung der Impulskontrolle
Strategien zur Selbstorganisation (To-do-Liste)	ADHS und Auffälligkeiten mit Störung der Impulskontrolle, Hochbegabung, Depression
Vorbereitung auf die Prüfung	ADHS und Auffälligkeiten mit Impulskontrollstörungen oder Konzentrationsstörungen, Prüfungsangst
Einteilung in kleine Schritte: Selbststrukturierung und Bewältigung von komplexen Aufgaben	ADHS und Auffälligkeiten mit Impulskontrollstörungen oder Konzentrationsstörungen, Dyskalkulie, Prüfungsangst, geistige Behinderung
Körperschema der motorischen Unruhe	ADHS und Auffälligkeiten mit motorischer Unruhe
Einsatz von Selbstinstruktionskarten	ADHS, Störung des Sozialverhaltens, gesteigerte Gewaltbereitschaft
Kontingenzvertrag	Störung des Sozialverhaltens, gesteigerte Gewaltbereitschaft
Zauberstein und Zauberspruch	Trennungsangst, Prüfungsangst, Schulangst, selektiver Mutismus
Liste der Gelassenheit	Depression, Süchte, Mobbing
Abwärts- und Aufwindgedanken	Depression, Ängste (insbesondere Prüfungsangst und Schulangst)
Freude- und Spaß-Skala	Depression, Süchte
Angstleiter	Ängste, selektiver Mutismus, Somatisierung
Gefühlsthermometer	Störung des Sozialverhaltens, gesteigerte Gewaltbereitschaft, selbstverletzendes Verhalten, Depression
Life-Game-Plan	Computerspiel- und Onlinesucht